21세기 진보운동의 기획

21세기 진보운동의 기획

지은이/ 김진균

초판인쇄일/ 2003년 1월 2일
초판발행일/ 2003년 1월 9일

발행인/ 손자희
발행처/ 문화과학사
주소/ 110-300 서울시 종로구 관훈동 198-16 남도빌딩
전화/ 335-0461   팩스/ 720-0466
e-mail: transics@chollian.net
homepage: http: //www.jinbo.net/~moonkwa

출판등록/ 제1-1902 (1995. 6. 12)

값/13,000원

ISBN 89-86598-39-6   93330

문화과학 신서

21세기 진보운동의 기획

김진균

문화과학사

서문

한 생애에서 격동의 세기 전환을 겪어 보기는 드문 길일 것이다.

1945년 종전과 해방, 중학교 입학과 6.25전쟁. 대학생 시절이던 1960 년의 4.19혁명(대통령이 하야하고 멀리 미국으로 망명을 가다니!), 박정 희 장군의 쿠데타와 군부집권, 그리고 경제개발계획들…. 1968년 전임강 사로 교수 생활의 시작, 삼선개헌과 72년 남북공동성명 및 유신체제, 79 년의 대통령 저격 사망(대통령이 부하의 손에 죽다니!!), 80년 민주항쟁 과 5.18광주사태, 신군부의 집권, 4년 1개월간의 교수직 해직, 87년 6월 항쟁과 노동자대투쟁, 동구권 사회주의국가들의 해체, 92년 군부독재의 퇴거와 문민정권의 등장, IMF사태와 2차 문민정권, 비정규직의 확대와 남북정상의 만남 그리고 새로운 남북한시대의 전개, 2003년 2월 정년퇴 임. ―내가 태어나기 전의 100여년도 격동의 시기였지만, 그로부터 이어 진 나의 생애에도 격동의 시기가 연속되고 있었고, 이제는 아주 새로운 차원의 시대로 진입하고 있다.

전세계가 자본주의의 획일적 작동에 포섭되어 그 어떤 여지도 남아 있 지 않다는 사실, 패권주의적 군사력이 일방적으로 초국적자본의 운동을 받쳐주고 있다는 사실, 전세계 인민들이 비정규적이고도 노동생략적인 일에 매달려 살아야 하는 사태, 사람을 포함한 모든 자원들이 정보화되어 감시되고 통제되고 있다는 사실, 이것들이 새로운 세기 초에 우리 앞에 전개되고 있는 상황이다.

새로운 차원의 시대를 맞아, 범인들인 우리는 이 엄청난 상황들을 일상 생활에서 겪어내야 한다. 더욱이 전지구적 인류의 일투이면서 남다르게 반세기 이상 분리되어 살아온 우리는 식민지유산과 냉전의 유산을 씻고

통일을 이루어 새로운 전망을 형성해야 한다. 그러나 남북교류가 기층민중이 일상생활에서 생계를 꾸리는 데 정말 도움을 줄 것인지, 북한사람들에게도 그러할 것인지, 정보화되는 기술적·제도적 바탕이 지상에서 이루어온 민주화 효과를 인터넷 세상 안에서도 이루어낼 것인지, 아니면 인터넷 안에서의 통제가 바깥세상에까지 역효과를 가져올 것인지 가늠하기 어려운 지경이다.

이제 우리는 새로운 시대를 가늠하고 대비하기 위해, 민주주의를 넓고 깊게 검토하고 실현키는 데서 실마리를 찾아가야 한다. 민주주의는 단지 정치적 차원의 지평에 머물러 있는 것이 아니다. 전지구적 통합자본주의가 지역적으로 전지구를 포섭하는 동시에 인간 사회생활구성에서도 미시적 차원에 이르기까지 혹은 인간의 동기와 욕망의 구성의 모든 구석까지 포괄해가고 있다면 민주주의 기본가치도 그와 마찬가지의 범위로 따지고 확보해야 할 일이다. 인권의 범위가 넓고 깊어져야 한다는 뜻이다.

나에게는 인식을 위한 탐색의 길이 두 가지 축을 이루고 있다. 하나는 자본과 이에 동전의 양면을 이루어온 국가를 발전적 차원에서가 아니라 모든 대상을 차별화하고 배제하고 통제하고 폭압하는 맥락에서 인식해야 한다는 것이다. 즉 자본과 국가에 내재된 폭력을 철저히 인식하는 축을 말한다. 다른 하나는 일상생활에서 혹은 이에 기반하고 있는 사회운동 맥락에서 이러한 모순이 어떻게 표출되고 있고 이를 제어하거나 극복하기 위해서는 어떻게 해야 하느냐 하는 문제를 따져 사회운동을 만들어 내거나 생성시키는 일에 관한 논의이다. 그래서 자본과 국가에 내재한 폭력을 인식하고 이를 넘어서기 위해서는 정치적 패권과 경제적 착취가 제거된 상자이생(相資以生)의 길이 추구되어야 한다는 명제를 세우기도 한다. 이를 추구해 가는 길도 결국 인식의 영역과 실천의 영역 양자에서 검토되어야 할 것이다.

이 책은 몇 년 사이 이러한 맥락에서 쓴 글들을 모은 것이다. 다양한 주제와 다양한 매체를 통해 주장되었던 것들이다. 나는 교수라는 직업을 가지고 일을 행해 왔지만 글은 오직 논문 형태만을 쓴 것은 아니다. 다른 형태로 쓴 글도 인식하는 자세나 책임을 가져야 할 무게는 동일하다고 느낀다. 문화과학의 손자희 박사도 글쓰는 방식에서 이러한 자세이어야 한다는 데 생각을 같이 하고 있었다.

이 글들 중에 오래 전의 것이 하나 있다. 80년대 초반이 한국의 교육문화에 관하여 전반적인 검토를 한 것이다. 아마도 현재 한국의 교육에 위기가 있다면 그 원인이 이미 이 글에서 다루어지고 있을 것이다. 그 외의 글들은 대체로 최근에 세기말과 세기초에 성찰과 전망을 하면서 쓴 것이 대부분이고 또 대체로 사회운동영역과 연결되어 쓴 글들이다. 나의 문제의식은 언제나 학계와 실천 영역을 연계하여 이루어지곤 한다. 학교에서의 강좌, 특히 대학원 강의에서 '변동과 변혁' '군산복합체' '근대적 주체형성' '자본주의 및 사회주의 생산과정' '자본과 국가에 내재한 폭력'을 주제로 다룬 것 등과 또다른 주제들은 사회운동론, 영상사회학, 교육사회학 강좌를 통해서 개발되곤 하였다. 『진보평론』, 『문화과학』, 산업사회학회의 학술토론회와 기관지 『경제와 사회』, 산업노동학회의 활동과 기관지 『산업노동연구』, 그리고 민주화를 위한 전국교수협의회, 교수노동조합, 사회진보연대와 진보네트워크센터, 민주노총 등의 연계된 활동에서의 체험이 중요한 자원을 이루어 주었다.

모두 감사할 따름이다.

2003년 새해를 맞이하면서
김진균 쓰다

차례

1장

민중연대의 새로운 길

연대해서 살아가기 위하여
―그 진보적 의미를 살펴본다

1.

조선조에 임진왜란이 나서 일본군이 이 강산에서 휩쓸어 간 것은 일용 도구나 기구 및 그 제작자, 그리고 글을 하는 학자들이었다. 그들은 조선의 이런 문물을 가져가서 척박한 일본 땅에 문명을 새롭게 전개했다. 그 한 가지 예가 그릇 만드는 기술이다. 일본은 현재 일용 도자기 그릇 제작에서 세계적으로 명성이 높다. 당시 조선은 예술품으로서의 백자는 그 어디서도 흉내낼 수 없는 불가사의한 작품을 내고 있었지만, 일상생활에서의 자기그릇은 쇠퇴하고 있었다.

그 이유는 여러 가지겠지만 우선 한 가지만 말하자면, 그릇 만들어 국가에 공물로 바치는 도공들에게 값을 제대로 쳐주지 않았을 뿐만 아니라, 그들의 신분조차 제대로 대우하지 않았기 때문이다. 값을 제대로 쳐주지 않으니 하급관리들도 책임지고 좋은 그릇을 구입해 조달할 수 없었다. 그릇은 점점 밑바닥이 꺼칠해지고 그것이 나무로 만든 밥상이나 제상에 흠을 내고 하니 그릇을 쉽게 깨버리는 악순환이 거듭되었다. 하급관리에게 표준적인 공식적 봉급이 있는 것도 아니고 물품구입의 재원이 국가예산으로 책정되어 있지도 않았으니, 하급관리가 살아가기 위한 방편은 민중을 착취하거나 부정부패를 저지르는 수밖에 없었다.

이러한 문제에 직면하여, 실학자들은 우선 일용기구의 쓰임을 좋고 편리하게 하기 위하여 이용(利用)의 과제를 제기하였다. 물, 불, 나무, 쇠, 흙의 요소의 성질을 잘 이해하여 제조하면 사람들의 생활이 편리해질 수 있고 이렇게 되면 사람들의 삶이 두터워진다(후생〔厚生〕)고 주장하였다. 실학자들은 물론 과학기술의 발전이 가져다주는 이점을 겨냥한 것이며, 여기에는 이 이점이 인간의 삶을 풍요롭게 할 수 있다는 생각까지 들어있다. 그런데 실학자들은 이 이용후생을 하자면 기술을 발전시키는 것도 중요하지만 그러한 직분을 수행하는 사람을 잘 대접해야 한다는 점도 강조하였다. 말하자면 농공상의 직업종사자를 신분차별 하지 않고 경제적인 보상을 제대로 해야 한다는 것이다. 동시에 상인이나 공인 혹은 농민이 쓰임에 이롭게 한다는 이용의 원리를 자신의 이익증진을 위해서 남용한다면 그것은 후생을 가져오는 것이 아니라 폐단을 가져와서 사회질서를 왜곡할 수 있다는 점도 경고하였다.

실학자들은 또한 당시 오랜 역사의 폐습으로 내려오고 있는 노비를 해방시켜야 제대로 그들의 능력이 개발될 수 있고, 또한 서얼에 대한 차별을 없애고 능력이 있는 사람이면 신분이나 출신, 지역에 관계없이 국가에서 등용하여 국가의 일에 복무케 해야 한다고 주장하였다. 신분해방의 문제는 17세기 이후 더욱 중요한 과제로 대두되었는데, 공식적으로 천민이 해방된 것은 갑오농민전쟁이 있고 난 후 갑오경장 때인 19세기 말이었다.

여기서 추출되는 것은 과학기술의 이용과 신분해방이 사회발전을 가져온다는 점이다. 물론 신분해방이 되었다고 해서 발전이 저절로 담보되는 것은 아니다. 우리의 역사경험으로 보면 아직 지주-소작제가 엄연히 존속하는 동안에는 신분해방이 되었다 해도 소작농민의 미래는 암담하였다. 지주-소작제가 우리나라에서 폐지된 것은 1945년 이후였다. 말하자면 봉건제와 일본제국주의 지배에서 벗어난 직후에야 가능했던 것이다.

2.

남한은 1948년 단독으로 정부를 수립하였다. 분단된 것이다. 그런데 남한의 헌법은 민주공화국임을 선포하였다. 따라서 국적을 갖는 모든 사람은 동등한 법적 평등과 기본권을 향유하는 국민으로 규정되었다. 일정한 연령 이상의 사람은 남녀를 불문하고 참정권을 가질 수 있게 되었다. 그런데 우리나라 건국 초기에 두 부류의 사람이 국민의 자격을 실제로 거부당했다. 하나는 나환자였다. 나환자는 일반인의 일상생활에서 배제되어 사람으로서 대접을 받지 못하였다. 다른 하나는 '빨갱이'였다. 해방 직후 미군정이 점령군 행세를 하면서부터 민족을 좌우로 나누기 시작하여 좌익을 남한 국가건설과정에서 배제하였으며 반공을 '국시'로 삼을 정도로 국가체제가 반공주의를 기초로 하여 만들어졌다. 해방 이후 농민과 노동자의 사회운동이 전개된 지역이나 그 지역민들은 정당한 국민의 대우를 받지 못하였고 일상생활에서조차 동등한 대우를 받기 어려웠다. 제주 4.3사태는 이를 잘 증명해 주고 있다. 현재에도 폐기되지 않고 지배블록이 유용하게 이용하고 있는 국가보안법은 이러한 배제의 논리를 갖고 있는 것이다.

근대 이후 2-3백년 사이 공동체의 형태가 국민국가형태로 정비됨에 따라 인간은 국민이라는 자격으로 규정되었다. 국민의 자격을 얻지 못하면 인간 취급을 받기 어려웠다. 그렇기 때문에 국적에 따라 사람을 차별하는 것이 근대국가의 상례가 된 것이다. 외국인에게 내국인과 동등한 권리를 부여하는 것은 현재에도 드물다.

3.

한국은 4.19혁명을 거치면서 민주적 권리를 그나마 구축해갈 수 있었다. 인권에 대한 관념이 국민 각계 각층으로 확대되어 갔다. 헌법에서 규정한 바와 같이 행복하게 살 권리와 더불어 일할 권리, 생존의 권리를 차츰 인식하게 되었다. 민족경제학자 박현채 교수는 민중의 '생활상의 요구'를 충족시켜 주는 과제를 중시하였다. 생활이란 기본적으로 생존을 위한 것이고 의식주에 관련된 것이며, 의식주에 대한 일정한 수준을 기본 생활수준이라는 개념으로 말할 수 있게 되었다.

당시 경제정책은 농업기반으로부터 공업기반으로 옮겨가는 것이었는데, 이것은 사회적으로 보자면 농민을 농촌 삶터로부터 도시나 공단지역으로 내몰아 싼 노동력으로 노동하게 한다는 뜻이다. 옮겨간 곳에 변변한 살 집이 마련되어 있는 것이 아니기 때문에 판잣집 달동네가 만들어지는 것이고, 도시의 물가가 높으니 낮은 임금으로 살아가기 힘든 것이고, 의무교육이 제대로 시행되지 않으니 교육비가 높아가고, 강도 높은 장시간 노동에서 발생하는 산재나 직업병을 위한 의료보험제도가 없으니 노동현장에서 다치거나 병든 사람이 제대로 치료를 받을 수 없게 되는 생활을 감내해야 했다.

한 국가의 생산력이 발전하면 그 국민의 기본생활 수준이 높아간다는 것은 일반적인 경제학적 가설이었다. 1961년부터 우리나라는 경제개발 5개년계획을 세워서 정부가 주도하여 순차적으로 수행하였다. 그런데 경제발전계획이라는 것은 가용한 자원을 국민들 사이에 어떤 목표에 따라 배정한다는 뜻이다. 이 자원의 배치, 그리고 경제발전으로부터 나오는 성과물을 배치하는 방법은 한 국가를 구성하고 있는 사람들의 계급 위치를 결정하는 데 핵심적이다. 여기서 우리나라는 자본주의 발전의 길을 택하였다.

차츰 자본가계급과 노동자계급의 분화가 나타나기 시작했고, 경제적 잉여는 자본가계급의 수중으로 집중되는 현상이 구조적으로 정착하기 시작했다. 70년대에 중화학공업을 추진함으로써 이런 양극화현상은 더욱 깊어만 갔다. 이 양극화현상에 따라 생활상의 요구가 더욱 절실하게 된 노동자, 농민, 빈민은 차츰 그들의 생존권 요구를 집단적으로 제기하기 시작하였다. 이미 도시와 대공단 지역에 집결해 살아가고 있던 노동자들은 임금인상과 노동조건을 위하여 노동조합을 결성하고 파업에

돌입하고자 하였다. 그러나 대한민국 정부는 이들의 요구를 억압하기 위하여 노동조합 결성과 쟁의를 반공이라는 이름으로 구속 탄압하였을 뿐만 아니라, 그것도 모자라서 다른 이유들을 더 붙여 1972년 유신을 단행하고 유례없는 군사독재를 더욱 강화하였다.

생존권을 위한 투쟁은 이 투쟁을 위해 필요한 결사의 자유, 집회의 자유, 표현의 자유를 쟁취해야만 하였다. 이 자유조차 억압하면 할수록 정권은 더욱 독재적이고 전체주의적이 된다. 이런 독재정권은 내적으로 취약한 법이어서 언젠가는 붕괴된다. 1979년 박정희 대통령의 죽음은 또한 정치적 위기를 연출하였다. 독재정권하에서 장기간 억압되었던 정치적 기본권 요구는 생존권 요구를 기초로 하여 80년 봄 전국적으로 분출되었지만, 민중의 정치적 요구를 담아낼 정치적 세력이 조직되어 있지 못하여 군사정권이 대두하게 된 것이다.

80년대의 사회운동은 일단 군사독재를 역사적으로 제거하는 것만으로도 벅찼다. 이 군사독재체제는 단지 정치적 민주주의를 탄압하는 데 그친 것이 아니다. 생산된 부는 더욱 소수에게 집중되면서 독재정권의 부패와 연결되고, 사회 전반, 즉 종교, 교육, 예술, 도시계획, 스포츠와 오락 영역에까지 군사주의적 획일주의를 팽배하게 만들고 있었기 때문에, 이 장기적 군사독재를 붕괴시키는 변혁의 힘은 자유민주주의 이념만으로 길러지는 것은 아니었다.

그리하여 80년대 중후반에는 계급문제를 정확하게 포착하고 자본축적의 성격을 잘 인식하고 부르주아 성격의 국가를 잘 판단하여, 사회 전반적 구조를 보다 민주적인 것으로 변혁시키는 데 힘을 모아낼 수 있는 사상과 이데올로기 및 운동의 전략이 필요하였다. 여기에 맑스주의가 도입되었던 것이다. 이 맑스주의의 도입은 정치적 기본권 중에서 특히 학문의 자유, 출판의 자유, 사상의 자유가 확대 심화되는 것이 절실히 필요하다는 점을 보여주었다. 이러한 기본권의 확대에 의하여 민중의 생활상의 요구가 잘 충족되지 않고 있는 구조적 지점을 찾고, 이를 극복하기 위한 전략 전술이 어떻게 구성되어야 한다는 생각, 상상력을 길러낼 수 있었던 것이다.

　자본주의는 사적 소유를 전제한다. 한국에서 자본주의 발전은 가진 자들의 사적 소유를 절대적으로 보장했다. 가령 산업단지나 아파트단지를 조성하게 될 경우, 정부는 대기업의 이익에 맞게 토지수용령을 만들어서 거의 강제적으로 토지를 수용하기조차 했다.

　맑스주의는 이 절대적인 소유권에서 발생하는 문제들, 즉 사회의 전체 이익을 해치거나 남의 이익을 해치면서도 특정인의 이익을 강화하는 모순을 사회적 소유라는 차원에서 검토케 하는 사유방식을 열어주었다. 영국이나 소련에서 국유라는 소유형태를 제도적으로 보장하는 사례가 있기는 하지만, 사회적 소유는 여기서 더 나아가 국유에서 오는 폐단도 넘어서면서 민중 전체의 이익을 증진할 수 있는 사회적 소유 내지 사회성을 문제삼도록 하는 것이었다. 물론 한국에서는 사회적 소유를 적극적으로 사유할 수는 없었다. 단지 현실적으로 국영기업과 공익사업이 있을 뿐이었다. 그런데 문제는 이 기업이나 사업조차 보통 정치적 권력과 유착되어 불합리하게 운영되거나 부패고리와 연결되어 있곤 해서 그것의 적극적인 의의를 찾기 어렵게 하고 있다. 물론 사회적 소유 내지 소유와 사용에 있어서 사회성의 문제는 토지문제나 금융기구 그리고 국영기업에 관하여 적극적인 인식을 하게 하는 것이었다. 그리고 80년대의 변혁지향적 운동에서는 기본적으로 계급타파를 목표로 하고 있었지만 그런 사회를 형성해 나아가는 전략적 과정까지 엄밀히 사유되기는 어려웠다.

　물론 부르주아 국가에도 '공공'의 단위기능은 배치되어 있다. 전기, 수도, 우편, 통신, 교육, 철도 등등이 공공의 의미차원에서 제도적으로 운용되고 있는 것이다.

4.

　그러나 이 공공부문마저 1997년 한국경제가 IMF 관리사태하에 들어감에 따라 그 위상이 소멸되기 시작했다. 세계은행을 비롯한 국제금융 기구는 한국에게 구조조정을 강제적으로 요구하였다. 그중 가장 핵심적 인 것이 국가가 경영하거나 국가관리하에 있는 모든 기업을 민영화시키 는 것이었다. 이 공공기업 민영화는 국내자본만이 아니라 외국자본에게 더 유리하게 되도록 진행되고 있다. 현정권은 공공성을 폐기하고 민영 화하는 일을 도맡아하고 있다. 교육에서도 공공성이 폐기되고 있다. 필 요로 하는 교육 내용이 학교내에서 이루어지지 않고 모두 학교 밖에서 이루어지도록 강제하여 사교육비를 학부모에게 감당시킬 뿐만 아니라 교 육 자체의 의미와 과정을 학교가 포기하게 만든다. 어떤 중고등학교에서 는 학생들이 학교 밖에서 배우는 사설 과외학업을 학교 건물 안으로 들 어오게 하는 일마저 벌어지고 있다. 이처럼 한국에서는 공공성이라는 개 념과 그 사회적 의의가 사라지게 될 운명에 있다.

현재 WTO에서 다루고 있는 다자간투자협정은 모든 국가에게 투자 우 선을 위해 조치하도록 요구하고 있다. 이러한 협정의 원형 하나가 현재 미국, 캐나다 및 멕시코가 참여하고 있는 북미자유무역협정이다. 이 투 자에는 환경이나 인권 및 고용을 고려한 제한 조건이 설정될 수 없으며, 내국인과 외국인 구별 없이 오직 투자하고자 하는 '자본'가에게 완전 개방 되어야 한다. 한국에서 한국전력회사가 몇 개의 회사로 나누어 불하되듯 이 일단 국가가 소유하거나 관리하는 모든 형태의 기업이 민영화되어야 하고 이 불하에는 투자자의 제한이 없어야 한다는 것이다. 물이나 전기, 가스의 공급이 나중에는 모두 사기업에서 행해지도록 한다는 것이다.

이와 같이 다자간투자협정이 이루어지게 되면 이 지구상에서는 투자 의 제국이 이루어질 것이다. 여기에서의 공공성에는 사회성이란 개념이 일절 삭제된다. 그리고 투자에는 오직 효율성만 전제되기 때문에, 고용 창출이 우선되지 않을 뿐더러 환경파괴를 고려하지 않아도 된다. 어떤 국가가 이를 핑계로 해서 투자를 제한하면 그만큼의 손해를 배상해야 한 다. 현재 발전된 첨단과학기술이 생산과정에 적용되면 될수록 생산현장에 노동력은 삭제된다. 따라서 새로운 기술도입에 따른 구조조정은 노동자의 제거를 전제한다. 이러한 진행은 소수의 사람만이 다소 안정적으로 고용되고 나머지 대다수는 적은 수입의 일시적 노동에 종사하도록 하거나 퇴출당한다. 세상은 바야흐로 불안정한 삶을 영위하도록 강제한다.

일자리가 없거나 축소되거나 하여 임금을 벌지 못하는 대다수 사람은 어떻게 생존해야 할 것인가? 이것이 불안정한 삶의 시대에 가장 큰 과제이다. 우리나라는 서구에 비하여 생존을 위한 사회보장제도를 거의 발전시켜본 경험이 없다. 물론 서구조차 80년대 이후 사회보장제도가 약화 내지 대거 축소되고 있다. 생활상의 요구가 이제 생존 자체의 문제로 전환되고 있다.

이 경우 사람은 어떻게 살아야 하는가 하는 근본적 문제를 질문하게 된다.

5.

이런 상황임에도 불구하고, 우리는 군수품 구입에 오히려 더 많은 비용을 지출하도록 강요당하고 있다. 우리나라는 해마다 국방예산이 일정하게 증액되고 있다. 또한 미국을 비롯한 외국으로부터 무기를 도입하고 있으며, 더욱이 차세대전투기 도입도 결정되었다. 미국을 비롯한 자본주의 선진국의 대기업들이 주로 무기 생산 및 판매 기업이며, 그들은 세계적으로 무기 구매를 충동질하고 전쟁을 자신들의 장으로 삼고 있다. 전쟁의 수행도 전쟁의 억제도 국가 단위가 책임지고 수행토록 해왔던 것인데, 무기 구입비를 줄여서 사회복지에 지출토록 하자는 주장은 오히려 너무 순진한 것으로 치부되고 있다.

그런데 2001년 9월 11일 미국 심장부에 발생한 비행기자폭 테러사건은 무기사용의 양상을 바꾸어 놓고 있다. 적대국가가 어디인지 모호해졌고, 강대국을 이길 국가가 어디인지를 고민해왔던 전략가들은 알 수 없는 소수의 테러 공격에 어떻게 대응해야 할지 당황하고 있다. 이러한 양상이 무기 소비를 줄이게 될 것인가? 어느 누구도 장담하지 못할 것이다. 그렇다고 미국이 복수심에 의해 적대국가로 지목한 아프간에 폭격을 감행하고 있다고 하더라도 그간 대량생산된 무기를 한없이 소비시킬 수는 없는 일이다. 전쟁에 아무런 책임도 없는 민중들이 수없이 죽어가는 것을 인류가 그냥 보고 있을 수 없기 때문이다.

6.

위에서 여러 가지 장황하게 이야기한 것은 결국 정의는 민중의 삶에서 그 뜻이 찾아진다는 점을 말하기 위함이었다. 생존권이 기본이고, 이를 지키고 확대하기 위해서는 정치적 기본권이 확대 발전해야 한다. 일하고 살 권리뿐만 아니라 자기들이 규정한 대로 행복하게 살 권리가 보장되어야 한다. 자본의 이윤을 위해 지구상의 무수한 사람이 소득을 보장받지 못한다든지, 전쟁에 의해 살상되어야 한다든지, 살아가야 할 터전의 환경과 생태계가 파괴되어서는 안 된다는 점은 이 지구촌 누구나 인정하고 있다. 자본과 무기가 가진 살상하고 파괴하는 작용을 제거하는 일이 가장 중요한 정의의 길이 될 것이다.

지구촌 민중은 각자가 살아온 가치가 있고, 또한 살아가면서 추구하는 가치가 있게 마련이다. 믿는 신도 결국 사람을 경건하고 가치있게 살게 하려는 구성물 중의 하나일 것이다. 서로의 필요에 의해 서로의 능력과 감성과 도덕성이 서로를 위한 자원이 되게 어울려 사는 방법이 추구되어야 할 것이다. 서로 연대하는 이 과정에 패권이나 착취가 개재되면 어울려 연대하는 삶의 방식을 파괴하기에 이른다. 이런 문제는 한 나라 안의 사람만을 이해하는 데서 가능한 것은 아니다. 국경을 넘어 서로 어울리는 지구촌이 되듯이 이 지구촌 안에 사는 민중은 서로 연대해서 살아가는 방식을 더욱 적극적으로 개발해야 할 것이다.

『노동자문예 삶들』, 2001년 겨울.

21세기 세계질서와 아래로부터의 민중운동

1. 기업의 지배시대로?

20세기 말에 전세계적인 규모로 실업자가 경제적인 선후진국을 막론하고 대량으로 발생하고, 그 어느 국가를 막론하고 경제위기를 맞이한 듯이 불안한 상태에 있음을 보고 있다. 전후에 전개된 세계적 자본주의의 재편은 미국으로 하여금 세계적으로 경제적·군사적·정치적 헤게모니를 구사하게끔 하였다. 이것이 적어도 80년대를 지나면서 미국의 세계적 헤게모니는 약화되어 세계편재가 미국과 유럽(특히 EU), 그리고 일본의 세 축으로 바뀌고 있다고 하지만 그 편재의 핵심에는 그동안 자본-생산의 세계화를 진행시킨 한 주체로서 성장한 초국적기업이 자리잡고 있는 구조가 강화되어 왔다. 따라서 세기가 바뀌고 20세기 후반에 잉태된 모순이 새로운 세기에 어떤 효과를 미쳐서 변환의 길을 열 것이라고 전망하더라도, 우선 우리가 여기서 가정해야 할 것은 20세기 후반에 촉진되었던 경향이 상당히 지속되리라는 점이다. 그 경향 추세에는 이미 사회주의 국가들 중에서 동구에 자리잡고 있던 국가들이 90년대에 들어오면서 몰락하고 전세계적으로 자본주의가 획일적으로 운동을 하고 있고(그 획일적 운동에 사회주의경제체제가 견디어내지 못했을 것이다.) 그 획일적 운동을 유기적으로 연동하거나 뒷받침하는 체제화가 상당히 강화되는 것으로 일단 전제해 놓고 보는 것이다.

한국에서의 세계화 담론은 90년대에 들어와서 그 이전 80년대 자본주의를 세계적 차원에서 이해하고자 하던 세계체제론과는 다른 정치적 맥락에서 제기되었는데, 그 '세계화' 문제를 객관적으로 분석하는 작업이 없을 수는 없었다. 그리하여 생산의 세계화가 일단 거론되었다. 생산의 세계화는 미국이 2차대전 이후 국제적으로 확산시킨 초국적기업이 주동하고 있으며 이는 한편으로 초국적기업이 세계 곳곳에 산재하면서 기업 내 국제분업을 이루고 있으며 따라서 그 초국적기업이 산재한 나라들을 국제적으로 하나의 수직통합체계로 묶어간다. 한편 이들은 미국뿐만 아니라 유럽과 일본의 그것들을 서로 융합하는 동시에 따라서 생산영역외의 부문들, 즉 통신·운송·금융·에너지 및 기술 부문들과의 사회적 분업을 유기적으로 확장시키고 있다. 따라서 이들 초극적기업들은 '국제적 콘체른 복합기업'이다. 이 초국적기업들은 발전돈 또는 내장하는 통신컴퓨터기술에 기초한 정보통신망과 통신위성을 하부구조로 하여 '네트워크기업'으로 운영되고 있다. 따라서 이 초국적기업은 그 경제적 힘이나 하부구조의 성격에 의하여 국민국가보다 더욱 크고 막강하며 '국민경제'의 틀을 뛰어넘고 있다.[1]

그런데 이 초국적기업은 내장하는 첨단과학기술이나 산업의 영역으로서 첨단전자정보통신기술을 기반으로 하여 군수산업을 발전시킴으로써 국가와 더불어 또 하나의 독자적인 세계체계를 구성해 왔다. 2차대전 후 냉전체제가 세계적으로 구축되는 과정에서 미국은 핵무기개발과 핵전쟁체계에 기반한 전세계적 방어방을 구축하였으며 이 과정에서 미국의 군수산업과 핵군사전략을 상호견인하면서 군사기술체계를 우주군사체계로 발전시켰다. 이런 의미에서 미국의 경제체제는 '경제의 군사화'로 특징화되고 자본주의 선진국들을 그렇게 특징적으로 이끌어서 국가독점자본주의를 완성해 왔다. 물론 이 우주군사체계는 첨단전자통신컴퓨터기술[2]을 하부구조로 하고 그 군수산업의 핵심에 초국적기업이 자

---

1) 김진균, 「'세계화' 패러다임과 한국」, 『경제와 사회』 22호, 1994년 여름, 32-40쪽.

리하고 있는데 따라서 초국적기업은 군사초국적기업이기도 한 것이다.

초국적기업의 세계체제가 이미 각 민족국가의 주권을 넘어서 작동하고 그 힘이 강화되고 있는데 그 체제를 기능화시키고 있는 것은 세계은행 및 국제금융기구(IMF) 그리고 WTO와 같은 기구이고 이 기능은 각종 협의조약으로 각국을 그 체제 속으로 융합시키고 있고 그 하부구조에 우주군사체제와 각 지역단위의 군사협약이 자리하여 그 물질적 기반을 구성하고 있다. 따라서 초국적기업이 어떤 주체의 주권보다도 더욱 강력하게 세계를 주도하게 되었다. 동시에 80년대 영국의 대처리즘이나 미국의 레이건정책에 의하여 더욱더 국영 또는 공영 기업이 민영화됨에 따라 국가가 관장하던 공공영역이 사기업으로 넘어가서 이윤추구의 대상으로 전환되어감에 따라 사회에 대한 전반적인 지배력이 기업으로 더욱 집중되고 있는 것이다. 그리하여 세계는 기업이 지배하는 사회로 변

---

2) 같은 글, 39쪽 표-3 및 Stockholm International Peace Research Institute, *SIPRI Yearbook 1998: Armaments, Disarmament and International Security*, Oxford University Press, 1998, p. 200.
1996년 OECD와 개발도상국에 있어서 무기생산 100대 기업 판매액과 비율은 다음과 같다. 미국 38개 기업 86.3＄b 55.2%, 서구OECD 40개 기업 55.6＄b 35.5%(프랑스 11개 기업 19.9＄b 12.7% / 영국 12개 기업 19.7＄b 12.6% / 독일 9개 기업 8.4＄b 5.4% / 이태리 2개 기업 3.7＄b 2.4% / 스웨덴 2개 기업 1.8＄b 1.8% / 스위스 2개 기업 1.1＄b 0.7% / 스페인 2개 기업 1.0＄b 0.6%), 기타OECD 14개국 10.5＄b 6.7%(일본 7개 기업 7.2＄b 4.6% / 한국 1995년 3개 기업 2.0＄b 1.3% / 호주 2개 기업 0.6＄b 0.4% / 터키 1개 기업 0.4＄b 0.2% / 캐나다 1개 기업 0.3＄b 0.2%), 비OECD 8개국 4.0＄b 2.5% (이스라엘 5개 기업 2.5＄b 2.5% / 인도 2개 기업 1.0＄b 0.6% / 남아프리카 1개 기업 0.5＄b 0.3%) 그리고 pp. 261-266에는 위의 범위에서 100대 무기생산업체가 제시되어 있다. 순서대로 20개만 보면 다음과 같다. Lockheed Martin(미국), McDonnell Douglas(미국), British Aerospace(영국), Northrop Grumman (미국), General Motors, GM(미국), Hughes Electronics(GM)(미국), Thomson(프랑스), ThomsoN-CSF (Thomson)(프랑스), GEC(영국), Raytheon(미국), Boing(미국), DCN(프랑스), United Technologies(미국), Daimler Benz, OB(프랑스), TRW(미국), Daimler-Benz Aerospace, DASA(DB)(프랑스), General Dynamics(미국), Linton(미국), Mitsubish Heavy Industries(일본), IRI(이태리), Aerospatiale Groupe(프랑스), Finmeccanica(IRI) (이태리), Rockwell International(미국), Alcatel Alsthom(프랑스). -2개가 추가되어 있음. 미국은 1991년에 비하면 상당히 줄었다. 즉 1991년에는 100대 기업에 47개 기업이 차지하고 있고 무기판매액은 108.9＄b이고 그 비중은 60.9%였다. 그러나 미국의 막강한 위치는 아직도 지속되고 있고 세계 굴지의 초국적기업은 무기생산과 판매와 떼어놓을 수 없다.

하고 있다고 지적되기도 한다. 이러한 일련의 과정이 신자유주의 이념으로 분식되고 있다.[3] 선진자본주의 국가들에서 20여년간 신자유주의 헤게모니를 지속코자 하였으나 그 위기가 노정되고 있는데 이러한 위기의 탈출구를 찾아내어 계속하여 초국적기업이 세계를 지배하기 위해서 다자간투자협정을 추진하고 있다. 이미 신자유주의체제 자체는 전지구적으로 위기를 맞고 있다 하더라도 그 위기를 극단적으로 다자간투자협정을 통하여 돌파하려는 것이기 때문에, 초국적기업들의 세계체제는 이 다자간투자협정의 내용으로서 목적과 목표 및 그 지향점을 잘 나타내고 있다고 볼 것이다. 여기서 우선 이 다자간투자협정의 추진내용을 살펴보자.

2. 다자간투자협정

97년초 OECD회원국을 대상으로 정부의 간섭과 규제에 구속받지 않는 투자규정의 수립을 제안하는 「다자간투자협정: 강화된 본문과 주석」("Multilateral Agreement on Investment: Consolidated Texts and Commentary")이라는 OECD 기밀문서가 공개됨으로써 초국적기업들의 전지구적 신자유주의화의 본색이 드러나게 되었다.[4] MAI에 대한 준비작업은 오래 전에 거의 10년간 진행되어 왔지만 공식적인 협상은 95년에 시작되었고 97년 1월에 와서 첫 번째 협정 초안이 마련되었다. 이때까지는 가장 신자유주의 로비그룹 멤버들이 협상자로 참여했지만 97년에 와서 순조롭게 진행되리라던 협상이 몇몇 당사자 국가들의 이해 대립과 환경운동가들과 노동조합의 반발에 부딪쳐 98년에 들어와서도 가을까지 협상조인이 연기되고 있다.

---

3) 김성구·김세균 외, 『자본의 세계화와 신자유주의』, 문화과학사. 1998. 신자유주의 헤게모니가 20년간의 지속 속에서 이제 그 위기를 노정하고 있다. 국가의 재정적자와 채무증대는 기하급수적으로 증대하였을 뿐만 아니라 자유화조처의 확대 속에서 위기의 조정수단들을 상실함으로써 세계경제의 위기메커니즘은 최근의 금융/통화위기에서 극명하게 보여지는 것처럼 통제불능의 상태로 빠져들어 가고 있다. (17쪽)
4) 이 MAI의 본문은 http://www.citizen.org/gtw 또는 http://www.essential.org/monitor/monitor.html에 실려 있다.

이 다자간 투자협상은 본질적으로 "초국적기업에게 정부의 간섭과 규제에 구속받지 않으면서 전세계를 상대로 언제 어느 곳에서나 사고, 팔고, 사업을 옮길 수 있는 무제한적인 '권리'와 '자유'를 부여하게 될, 전반적인 새로운 일련의 전세계적 투자 규정을 수립할 목적"을 가지고 있다. 이 MAI는 이미 북미자유무역협정(NAFTA)에 의해 선도되고 있지만, WTO보다도 그 회원 수가 훨씬 적어서 불과 29개국밖에 되지 않는 OECD에서 협상을 맺음으로써 북미자유무역협상보다도 더 '높은 수준'의 투자협정이 전세계적인 토대 위에서 수립될 수 있는 보증수단을 마련한 셈이다. 요컨대 MAI는 각 국가가 자기의 국내경제를 조절하는 데 무엇을 할 수 있고 무엇을 할 수 없는지에 대한 엄격한 제한을 부과하는 전세계적 투자규정을 통해 초국적기업에게 권능을 부여하려는 것인데, 예컨대 국가가 여러 가지의 사회적, 경제적, 환경적 목적을 위한 일종의 도구로서 투자정책을 사용하는 것은 MAI에서는 금지할 것이다. 따라서 기업들은 새로운 권능을 부여받는 대신에 그것에 상응해서 고용, 노동자, 소비자, 환경 등에 관련된 아무런 책임과 의무도 갖지 않게 된다는 것이다. 이렇게 되면 21세기는 초국적기업이 전세계적 투자협정으로써 자신을 위한 무대를 마련하는 것이 된다. 따라서 이 MAI는 "초국적 기업의 이윤과 경쟁에 유리한 측면에서 각국 정부에 의해 보호되는 헌장"이다.[5] 초국적기업을 위한 "헌장"이라고 감히 말할 수 있는 것은 첫머리에서 초국적기업에 대한 언급이 있었지만 500개의 세계적 거대기업 중에서 총 477개가 OECD회원국에 근거를 두고 있기 때문이다.

다자간투자협정은 서명한 국가에 대하여 외국인 투자가들에게 경제를 완전히 개방할 것을 규정한다. 여기서 투자는 아주 폭넓게 정의되는데, 말하자면 '투자자에 의해 소유되거나 통제되는 모든 종류의 자산'으

---

5) Tony Clark, 「비상사태! 초국적기업의 세계지배를 위한 다자간투자협정(MAI)」, 국제연대행동네트워크, 『20/80, 제4차세계대전』, 1998, 63-65쪽. 이 글은 1997년 4월 Sierra Club과 함께 한 오타와의 세계무역기구에 대한 공동전선(Common Front on World Trade Organization)을 위해 준비한 것이다.

로 투자를 정의한다. 그것은 '영리를 목적으로 하거나 그렇지 않은 사업체'로 '계약상의 권리들'과 '지적 소유권'(특허권, 저작권, 산업디자인, 사업상의 기밀 등)으로, 그리고 '법률 또는 계약에 준하여 부여된 권리들'(예컨대 이권, 면허, 관허, 허가장 등)을 모두 포함한다. 이러한 규정은 투자자로서의 기업을 위한 일련의 특권을 규약화함으로써 기업들(투자자)은 OECD의 계약당사자로서의 국민국가와 동등하게 정의됨으로써 동등한 법적 지위를 갖게 된다. 그리하여 해외에 근거를 둔 기업들과 투자자들은 MAI의 '내국민대우'와 '최혜국'조항에 의하여 특별한 권리를 부여받는다. 이 조항에 의하여 정부는 다른 나라의 기업들에게 자국 기업에 주어지는 것과 똑같은 호혜적 대우를 제공해야 하고 더 나아가 '경쟁기회의 평등한 보장'도 해야 한다. 더 나아가 이전의 해외투자자에 흔히 부과하던 것과 같은 것(예컨대 고용내역, 수출입쿼터, 기술이전, 현지구매 등등)을 부과하는 것이 금지된다. 그리고 분명히 MAI는 소유권의 규약에 덧붙여서 '자본의 자유로운 이동의 권리'를 강조한다. 이익을 모(母)기업으로 이전하는 것을 보장하여야 하고 더 나아가 '투자자는 (부당한 이유로) 소유권을 빼앗긴 자신의 투자에 대해 배상받을 수 있는 절대적 보장책'을 제공받아야 한다. 이러한 투자자로서의 기업은 MAI에 의거하여 한 국가 안의 모든 수준의 정부로부터 투자의 권리가 확보되어야 한다는 것이다. 그리하여 분쟁의 절차를 설치함에 있어서 투자자 기업에게는 손해를 끼쳤다고 판단된 국가의 여러 정부를 제소할 수 있는 반면에 정부는 '자신의 국민들을 대표하여 손해를 끼친 기업을 제소할 수 있는 상응하는 권리를 부여받지 못하고 있다. 그리하여 MAI에 있어서는 종전에 시민이 가지고 있던 정치적 권리가 기업으로 이동하고 투자자로서의 기업은 정치적 권리를 확장하고 보장받는 것이다.[6]

MAI는 초국적기업으로 하여금 국민국가의 정책에 대하여 가공할만

---

6) 같은 글, 65-66쪽.

한 정치권력을 휘두르도록 만들 것이다. MAI는 기업의 정치권력을 증대시키는 수단들을 많이 포함하고 있다고 평가되고 있다. 우선 MAI에 들어있는 '내국민대우'와 '최혜국'조항은 국가소유 기업들이 민영화될 때 외국기업에게도 내국기업과 동등하게 대우하기를 새롭게 규정하는 것이다. 입찰의 기회를 동등하게 부여해야 하고 정부들로 하여금 지역의 노동자나 공동체가 그 회사를 사거나 주식을 일반국민에게 나누어주거나 해서는 안된다. 그리고 정부가 그들의 국영기업체나 독점체의 경영에 있어서도 '오직 상업적 고려에 따라서만 행동하기를 요구받을 것이다. 따라서 예컨대 지역공동체에 값싸게 서비스를 제공하는 수력발전이나 상수도사업은 이 조항에 의하여 금지되는 것이다. 그러므로 '국내기준'에 따르는 국가독점체는 금지되어야 하는 것이다. 더 나아가 어떤 정부라도 자신의 법률적 수단에 의해 그 영토내에서 해외기업에 의한 투자의 경영, 관리, 유지, 사용, 향유 또는 거부 등에 손해를 끼치지 못한다. 즉 '해외기업들은 공정하고 동등한 대우와 완전하고 항구적인 보호'를 받아야 하는 것이다. 투자유인에 있어서도 '내국민대우'와 '최혜국'조항에 의해 규정되어야 한다. 세액공제와 내국세, 보조금, 대부금, 채무보증과 같은 금융혜택에 관해서도 직접적으로 관련된다. MAI가 초국적기업에 주는 가장 강력한 무기는 투자자-국가간 분쟁해결 절차라고 지적되고 있다. 즉 MAI의 분쟁절차에 따르면 '투자자나 그의 투자에 대해 손실을 입히는 '또는 입히는 것 같은' MAI 조항의 어떠한 위반에 대해서라도 기업이 정부를 직접 제소할 수 있는 권력'을 제공한다. 심지어 계획한 투자에서 이익을 올릴 기회를 잃어버리는 경우에도 그것은 투자자 편에서 분쟁을 성립시킬 수 있는 유형의 손실이 될 것이다. 기업이 소송을 제기하면 정부는 법정에 출두하여야 하고 그 법원은 제소당한 국가의 법률에 의해서가 아니라 투자협정 자체의 규약에 의하여 판결되어야 한다. 그리고 모든 배상은 '의무적'이고 '마치 그것이 법원의 최종 판결과 같이' 집행될 것이다. 어떤 정부도 정당한 지급요구에 기반한 기업의 배상요구를 거부할 수 없다. 그것이 혹 '공동정책'에 역행할지라도.

MAI에는 강력한 보호장치가 마련되어 있다. MAI가 조인되면 그 조인한 국가들은 MAI의 원칙과 조건에 부합하지 않는 국긴국가의 어떠한 공식적 법률이라도 그것은 축소되고 최종적으로 철폐되어야 한다는 '복귀조항'(rollback clauses)을 준수해야 한다. 설령 각국이 예외조항을 갖는다고 하더라도 모든 의무조항에 적용되지 않아야 한다. 따라서 협정 조인은 협정 조인국들에게 '협정에 부합하지 않은 기존의 법률, 정책 또는 계획은 종결되어야 하는 출발점'이 되는 것이다. 동시에 협정조인국들은 미래에 '협정에 부합하지 않는' 어떠한 새로운 법틀, 정책 또는 계획을 도입하지 못할 것이다(이것은 협정의 '정지'[stanc still]조항이다). 이것은 이전에 민영화되었던 경제부분에 대해 공공적 소유나 통제를 다시 도입하거나 과거에 해체된 규제를 재도입하는 일은 이 MAI에서는 금지된다는 것을 의미한다. 따라서 '정지'조항이 '복귀'조항과 결합하면 '톱니바퀴'효과를 나타낼 것이다.

MAI의 정치적 보호수단 중에서 가장 중요한 것은 다음과 같은 보호조항일 것이다. 즉 '초국적기업이 다른 나라의 노동, 환경기준과 인권을 침해하는 경우 그 정부에 의하여 간섭을 받지 못하도록 한다'. '최혜국'조항의 적용은 이와같은 기준에 근거하여 초국적기업을 차별하지 못하도록 할 것이다. 동시에 어떤 나라에서 인권을 억압하거나 노동자의 단체행동을 억압한다는 이유로 여러 가지 금지조치, 제재조치 또는 수출금지조치 등으로 투자를 제한하는 것은 MAI규약 위반으로 간주되어 철회될 것이다(만데라 등장이전 남아프리카공화국에서의 인종차별에 대하여 세계적으로 경제금지조치를 취했던 일은 이 MAI에서는 불가능할 것이다). 마지막으로 협정조인국들은 이 MAI가 효력을 발휘한 후 5년까지 탈퇴할 수 없으며 그 이후에 탈퇴하더라도 그 정부는 거기에서 15년 더 그 나라에서 진행되고 있는 투자에 대하여 보호히야 한다는 탈퇴조항이 더 이례적으로 20년간 실제적으로 묶여 있어야 한다는 점이 MAI

의 철갑옷 같은 보호막이 되는 것이다.[7]

3. 하나의 지구촌

위에서 요약해본 MAI는 신자유주의의 극치일 것이다. 전세계에 걸쳐 투자의 벽을 허물기 위한 초안이라고 보면 되겠다. 이 다자간투자협정은 지난 10여년간 투자의 자유를 위하여 부분적으로 또는 전세계적으로 지역적 지구적 경제자유화 협정들에서 초국적기업이 추구해온 목표 위에서 더욱 포괄적인 소망으로 이루어진 것인 동시에 그렇게 맺어졌던 WTO(세계무역기구), 나프타, EU, Mercosur 등이 이 MAI 앞에서 창백해질 것임에 틀림없다. 초국적기업은 60년대 중반 세계 GDP의 17%를 차지하던 것이 95년에는 33%를 좌지우지하고 세계무역의 2/3를 그들의 생산망에 의존시키며 급속하게 팽창하고 있다. 이 초국적기업은 OECD에 자리잡고 있다. MAI가 조인되면 이 OECD에 속한 초국적기업은 미국, 유럽과 일본의 영역을 넘어 제3세계를 향하여 투자규제를 철폐시켜 나갈 것이다. 신자유주의의 삼두마차인 WTO, IMF와 IBRD는 MAI가 정점에 서서 이끌고 내세우는 목표와 기능에 의하여 새롭게 규정될 것이다. 그리고 종전까지 국민국가의 테두리 안에서 동원되고 조절되던 그 국민국가의 자원은 주민에 대하여 오히려 주민-국민의 권력보다도 그 국민국가의 보증을 받아가면서 직접 투자하는 기업 또는 초국적기업의 정치권력이 압도할 것이다.

이 MAI협정은 투자만을 보증하는 데 초점이 맞추어져 있다. 이 협정은 외국기업의 직접투자를 통제할 수 있는 국가의 권리를 부정하는 것이다. 종전에 국가가 그 국가의 국민이나 주민을 위하여 공공복지, 노동자의 노동조건과 고용, 직업, 자연환경과 생태계, 문화에 관하여 공적 관점에서 보호조치하거나 공공사업으로 행해 왔던 것이, 이제는 그런 이유로서는 외국자본의 투자를 제약할 수 없게 될 것이라는 점이

---

7) 같은 글, 66-70쪽.

MAI에서 명백해지고 있다. 따라서 국내에서 위와 같은 관점에서 경제발전을 위한 국민 혹은 지역민 투자를 우선하던 국가적 경제정책결정이 이 MAI 앞에서 무위로 돌아가야 할 것이다. 그렇게 된다면 크게 두 가지 효과가 발생할 것이다.

첫째 국민이나 주민의 요구가 투자정책에 반영되는 길이 봉쇄되고 초국적자본의 이윤동기가 가장 우선될 것이다. 따라서 경제적 민주주의를 발전시킬 민주주의적 정치과정을 위협하거나 파괴할 것이다. 2차대전 이후 미국 자본이 제3세계에 투자될 때, 경제개발의 효율성을 정치적으로 보장한다는 의미에서 독재정권이 미국자본의 지지를 받았던 경험으로 미루어 보건대, MAI는 결과적으로 세계 곳곳에 독재정치체제를 친화적으로 설정하게 될 우려가 있다. 이 효과는 제3세계에 정치적으로나 경제적으로 치명적이 될 것임에 틀림없다. 노동자가 노동조건의 개선을 위해 단결권을 갖고 단체행동권을 가지고 있더라도, 그것은 투자되는 자본 앞에서는 무력해질 것이다. 왜냐하면 투자행위에 손해를 끼친다는 의미에서 노동자의 단체행동에 대해 노동자나 그 국가에 손해배상을 요구할 수 있을 것이고, 쟁의의 경우 대체노동의 투입을 막는 국내노동법 조항이 MAI조항 앞에서 무력해져 대체 노동력을 해외에서 공수해서 투입하더라도 막을 수 없게 되어 파업이 파괴될 것이다. 투자자에 우선해서 노동자를 보호할 국내 법률은 무용지물이 되거나 또는 그 조항이 MAI조항에 맞도록 고쳐져야 할 것이다.

둘째 초국적자본의 투자는 대규모 사업을 진행시킬 것이다. 그 중에서도 사회간접자본에 대한 투자는 급속하게 증대될 것이다. 이 대규모 투자에 의하여 오랜 역사를 통해서 자연환경과 조화롭게 적응해서 살던 지역주민의 공동체와 그 환경이 붕괴될 것이다. 이러한 현상은 이미 세계 곳곳에서 발생하고 있다. 지역의 주민과 민중은 삶의 터전을 잃고 외지로 또는 외국으로 이주불안정노동자의 형태로 떠돌이 신세로 전락할 것이다. 유럽의 45개 초국적기업을 대표하는 ERT(유럽산업회의)는

1994년 '초유럽 교통네트워크(TENs)' 마스터 플랜을 기획하여 유럽 전역에 고속철도노선과 고속도로 및 공항의 확장을 제의하였고 봄유럽교통장관회의(ECTM)는 중앙과 동부유럽까지 연결하는 아홉 개 '통로연결'을 결정하였다. 이 거대한 고속도로망은 산과 강과 마을과 동식물 서식처를 파괴할 것이다. 제안에는 고용을 창출할 것이라고 주장했지만 실제로 실업자만 증가하였다. 이 도로를 통하여 과잉생산된 상품이 세계의 전지역을 향해 운송될 것이다. 자동차산업은 화물수송을 위해 더욱 확장할 것이다. 전세계적으로 항공수송은 매년 7%씩 성장하고 1970-1994년간 유럽의 도로 화물수송은 146.2% 증가하였다. 그동안 철도화물수송은 22.3% 감소하였다. 따라서 앞으로 아시아와 유럽을 잇는 고속도로는 기획이 구상되고 있다. 항공기 생산도 증대하고 세계적으로 공항은 절대적으로 많이 증설되고 있다. 지구촌은 이제 조그마한 지역공동체에서 생산된 식품을 먹는 것이 아니라 대량생산된 표준화된 음식을 먹어야 한다. 초국적자본은 지역의 전래되는 종자를 없애고 있다. 그것이 바로 '지적 재산권'보호로서 진행되고 있다.[8] 이러한 산업을 위해 에너지산업에 적극 투자해야만 한다. 핵발전소를 위해서 유럽에서는 EBRD(유럽재건개발은행)는 특히 핵에너지 프로젝트에 돈줄을 대주고 있고 더구나 중앙과 동부의 유럽에 핵산업체를 위해 투자를 돕고 있다. 그리고 나이지리아에서는 세계에서 악명높은 초국적기업인 셸(Royal/ Dutch Shell)이 10여년 동안 니제르 델타지역에서 석유를 추출해 오면서 석유유출, 가스폭발, 삼림파괴 등 델타지역의 환경을 파괴하고 있고 또한 수십만 민중의 삶을 황폐화시켰으며 이에 저항하는 주민에 대해 군사정권은 탄압을 일삼아 왔다.[9] 전기의 생산과 순환저축을 위하여

---

8) 인도 카르나타키주 농민연합(KRRS)은 미국의 최대 종자 교역업체인 Cargill사를 상대로 종자싸움을 전개하고 있다. 그 회사의 종자는 한해 곡물로 자랄 뿐인 교배종이며 자연산 종자와 달리 새로운 종자를 생산치 못하는 불모의 종자이다. 천만명 회원을 거느리고 있는 농민연합은 이 회사가 물러갈 때까지 투쟁할 것을 내세우고 있다. A SEED Europe, *Hot Spring '98*, 1998, pp. 32-34.

9) Ibid., pp. 54-55.

댐을 건설하는 데도 환경과 주민의 삶을 황폐화시키는 경우가 대부분이다. 앞에서도 논급하였지만 군수산업은 국가독점자본주의 하부토대와 같이 자리잡고 국가예산의 일정한 부분을 지출토록 한다. 그리고 전지구적 군수무역은 적과 적 사이에 거래토록 한다. 말하자면 살인을 사업으로 만들고 있다. 군산복합체는 군사초국적기업의 전지구적 거래를 위하여 세계 각국에 연계하여 두뇌집단이 중심이 되어 정치, 경제, 학술과 관료, 영화와 만화, 그 어느 영역이든지 간에 서로 연결시켜 무기개발과 무기도입 그리고 무기생산에의 투자를 위해 영향력을 발휘한다.[10] 현대 첨단기술이라고 하는 극소전자기술은 사업의 전영역과 사회생활의 여러 수준에 적용되고 있다. 그 첨단기술은 우선 노동력을 생략시킨다. 즉 생력(省力)이 그 극소전자기술의 일차적 효과에 속한다. 극소전자기술을 생산과정에 적용시킴으로써 생산노동이나 비생산노동 영역에서 인력을 퇴출시킬 뿐만 아니라 고용을 불안정하게 만든다. 즉 불안정고용 노동자를 양산한다.[11] 위와 같은 경향들은 신자유주의의 '세계화' 기치 아래에서 진행되고 있고, 21세기의 상당한 기간 동안 그 효과들은 하나의 세계적 질서를 경향적으로 형성해 갈 것이다. 그 과정에서 지구의 '주민'과 '민중'은 자연과의 일정한 적응으로 공동체를 이루어 살던 양식으로부터 초국적자본이 형성하는 '만들어진 사회'에 떠들이처럼 살아갈 것이다. 민중의 삶은 기반으로 삼았던 자연과 공동체가 무너진 상태에 내팽겨쳐져 불안정한 노동형태로 80%가 20%의 안정된 사람을 위해 살아가야 할 형편에 있게 될 것이라는 전망이 강력히 대두하고 있다.[12] "세계의 지배자들은 새 시대를 열기 위하여 정신없이 돌아다닌다."

---

10) 김진균·홍성태, 『군신과 현대사회: 현대 군사화의 논리와 군수산업에 관한 연구』, 문화과학사, 1996, 제2장 군산복합체와 전쟁, 43-69쪽.
11) 박준식·이영희 편저, 『기술혁명과 노동문제: 극소전자 기술혁경의 영향과 대응』, 두리, 1991. 특히 1부 3장 현대의 경제위기와 ME합리화, 2부 2장 ME합리화 아래에서의 노동편성과 고용 실업, 그리고 3장 ME합리화 아래에서의 노동강도와 노동시간 참조.
12) 한스 피터 마르틴·하랄드 슈만, 『세계화의 덫: 민주주의와 삶의 질에 대한 공격』, 강수돌 역, 영림카디널, 1997, 1장 '20 대 80'의 사회.

4. 아래의 힘으로부터 생성하는 전지구적 연대

사실 1998년에 들어와서 4월에 MAI협상이 중단된 채 6개월간 OECD 국가들은 그동안 집요하게 반대해온 세계 각국 대중들의 저항에 부딪쳐 그들과의 진지한 평가와 협의를 수행하고자 했으나 실패하고 협상조인이 연기되고 있다. 대다수 나라들은 아무런 영향 평가를 하지 않았으며 이 협정의 영향(단지 핀란드와 영국만이 협약 전에 환경평가를 했다)과, 투자규범에 대해 전면적인 탈규제의 이 모델에 대하여 각국 정부는 공개적인 논쟁을 회피하거나 오히려 설득하려 했다. 오직 프랑스만이 전면적인 평가를 거쳐 지금은 다자간투자협정에서 철수한 상태이다. 세계적인 저항을 불러일으키고 있는 점은 근래 두 가지 사태에 대한 인식으로부터 고조되고 있다. 그 하나는 1998년 8월에 MMT화학물의 수송을 금지한 캐나다정부에 대해 보상을 요구하기 위해 에틸사가 북미자유무역협정 수용(收用)조항을 이용한 소송에 캐나다정부가 굴복을 하고 1,300만불을 보상금으로 지출하였을 뿐만 아니라 에틸사가 MMT의 판매를 재개하도록 동의하였다. 이에서 보듯이 이 북미자유무역협정의 수용과 분쟁해결에 기초한 다자간투자협정의 해당 조항의 잠재적 위험이 명백해지고 있다.[13] 둘째는 97년 동아시아에 불어닥친 위기가 금융위기를 필두로 해서 전반적인 경제가 황폐해지고 이것이 전세계적인 도미노현상을 야기하고 있다는 사태를 전세계 민중들이 직접 보고 체험하고 있다는 것이다. 이에 대한 IMF의 대응에 대하여 전세계적으로 비판과 저항이 일어나고 있다. 이러한 사태는 탈규제화된 자본시장에 대한 공포를 불러일으키고 있다. 심각하게 투기적 금융 흐름을 규제해야 한다는 주장이 세계적으로 일어나고 있고 그것에 대해 상당히 합의되어 가고 있다. 전면적인 투자 자유화를 골간으로 하는 MAI는, 고삐 풀린 기업들이 야기할 대량실업문제, 규제에 대한 도전, 자연자원에 대한 가속

---

13) 유럽기업감시단(Corporate Europe Observatory, CEO), 「다자간투자협정 6개월에 걸친 '협의와 평가'의 실상」, 국제연대정책정보센터, 『인터내셔널뉴스』 제341호, 1998년 10월, 10-14쪽.

화된 착취와 생태계 파괴라는 문제에 직면하여, 전면적으로 폐기되어야 할 문제로 등장하고 있다.

앞에서도 언급하였지만 MAI는 OECD를 주도하고 있는 초국적기업이 그동안 WTO나 IMF 그리고 세계은행을 앞세워 지역별로 여러 가지 형태의 투자협정을 수행해왔던 경험을 통하여 이제 그들이 추구하는 목표와 이상을 전면적으로 그리고 지구적으로 추구하고자 하는 것으로 제시된 것이다. 현재 그 다자간투자협정이 전세계적으로 저항을 받고 있지만 초국적기업들은 그들의 금융자본의 투자드라이브 압력에 의하여 그러한 목표를 쉽사리 폐기하기는 어려울 것이다. 따라서 이에 저항하는 전지구적 민중은 적어도 세 가지 차원에서 대응의 길을 찾지 않을 수 없을 것이다. 첫째는 현재 국민국가내의 민주적 역량을 고양하여 국민국가의 기능을 재정비하고 그것을 바탕으로 '신자유주의'와 '세계화'를 민중지향적으로 방향을 잡게 하는 것, 둘째 민중운동의 차원에서 국민국가와 '세계화'되는 시공간에 충만하는 연대적 틀을 잡아가는 것, 셋째 자본주의의 첨단기술에 바탕하는 전지구적 연대의 틀을 추구하는 것. 이를 간단히 살펴보자.

1) 근대국민국가에 대하여 간단히 전제하고 가고자 한다. 근대에 설립한 국민국가는 근래에 와서 상향적으로 또는 하향적으로 해체하는 경향이 나타났고 동시에 국민국가의 주권을 넘어서는 힘들이 자본주의의 '세계화'와 동반하여 나타났다. 물론 초국적기업과 이들에 기반하는 세계적 경제기구, 그리고 군산복합체 또는 군사블록들이다. 그리고 그 경향에 있어서도 국민국가는,

(1) 한편으로 전지구적 자유주의화에 필요한 정보의 동원과 관리기능의 강화와 동시에 그것에 적합한 법적 통제와 관리의 강화를 요청받고 있다. 예컨대 IMF가 구제금융을 요청한 국가에 대한 IMF관리 프로그램은 그 국가의 정보관리와 법적 강제가 동원되지 않으면 불가능하다.

초국적금융자본의 투기적 투자도 그 당사자 국가의 강력한 보장 없이는 불가능하다. 그리고 전통적으로 국민국가가 통제를 강화해온 화폐와 노동 및 인구정책에 있어서 화폐가 세계은행이나 IMF에 의해 더욱더 관리되는 차원이 강화되어온 반면에 노동에 대한 통제는 아직 강력하게 국민국가의 몫이다. 한국에서도 97년 이후 IMF프로그램에 들어감으로써 더욱더 두 가지 부분, 그 프로그램에 의한 법적 조치와 노동자통제 (한국은 국가적 정책에 의하여 유례없는 정리해고의 회오리에 휩싸여 있다.[14])의 강화가 강제되고 있다. 따라서 국민국가의 기능문제는 단순히 약화되었다는 관점으로 정리될 성질이 아니다.

(2) 국내문제에 대한 조절기능이 상당히 확보되고 있음을 지적해야 한다. 예컨대 프랑스에 1997년 전환점을 이룩한 실업자운동을 들 수 있다. 프랑스는 실업자가 전체노동인구의 12%를 차지할 정도로 높고 그 실업률이 장기적으로 고정된 채 지속되고 있었는데 1994년이 되자 실업에 대한 연대투쟁조직이 조직되고 드디어 1997년 12월에서 다음해 3월까지 3개월 동안 프랑스 실업자 대행진이 전개되었다. 이 실업자운동은 실업문제를 정치적 문제로 전환시켜 결국 프랑스정부로 하여금 직접적

---

14) 한국에 있어서 IMF의 회오리는 오히려 다자간투자협정을 상정하지 못할 정도로 강하다. 김대중정권은 IMF 프로그램을 수행함에 있어서 그리고 기업의 구조조정과 정리해고를 추구함에 있어서 이미 MAI의 여러 가지 조항을 이행하고 있음을 보여주고 있다. 한국의 IMF프로그램과 그 사태에 대해서는 다음을 참조함. 한국노동이론정책연구소, 『경제위기와 신자유주의 그리고 노동운동』, 1998 / 김영규, 『IMF: 공황, 개혁과 개방』, 인하대학교 출판부, 1998 / 『경제와 사회』 38호(1998년 여름) 특집-세계자본주의, IMF와 오늘의 한국사회-김재훈: IMF, 국제투기자본, 축적구조의 변화, 이주희: IMF위기에 대한 정치경제학적 해석, 공제욱: IMF구제금융이후 한국자본주의의 재벌구조 개편, 강내희: IMF의 신자유주의 공세와 문화변동, 김진균: 실업자를 주체의 범주로 / 김성구・김세균・조희연, 『IMF체제와 한국사회위기논쟁』, 문화과학사, 1998 / 민주와 진보를 위한 지식인연대, 『민주와 진보』 5호(1997. 8) 기획-신자유주의적 '개혁'의 본질과 민중적 개혁의 방향성에 대한 모색 / 민주와 진보를 위한 지식인연대 『연대와 전망』 2호(1998. 4) 기획-실업의 문제점과 부문별 대응방향 / 『연대와 전망』 창간호(1998년 3월) 동향-경제: 선택은 하나? 신자유주의, 국제: '자유'무역과 세계무역기구에 반대하는 지구적 민중행동, 통일: '노동권'을 보편적 쟁점으로 하는 통일운동 / 『연대와 전망』 3호(1998. 5-6) 기획-구조조정, 민영화 그리고 공공성의 축소 / 장상수・백필규・엄동욱 외 'IMF와 실업', 1988, http://econdb. seri-samsung. org/cgi-bin/

개입정책을 만들어내게끔 하였다. 프랑스정부는 실업자수당을 개선하지 않을 수 없었다.[15] 따라서 노동정책을 비롯한 조절기능은 국제적 또는 지구적 기구에서 이루어지는 것이 아니다. 그리고 이 조절기능이 그 국민국가의 민주화 수준과 차원에 따라 국가의 성격이나 형태를 상당히 달리할 수 있는 것이다. 따라서 국민국가를 민주적인 형태로 지속시키거나 발전시키는 문제는 결국 그 국민 혹은 넓은 범위의 노동자의 민주적 역량에 달려 있게 된다. 그렇지 않을 경우에는 국가가 초국적기업의 이익을 위해 민중을 억압하게 될 것임은 여러 사례에서 보이고 있다.

2) 초국적자본의 투자의 영역과 대상, 그리고 투자의 방식이나 형식 및 경로가 다양하기 때문에 세계 각국에서 이로부터 제기되는 문제양식이 다르고 문제대상이 다르기 때문에 민중의 저항운동도 각양각색이다. 그런데 이 운동들이 국내의 타운동과 연대하거나 국외의 운동과 연대하는 힘이 강화되고 있음이 주목된다. 여기서는 몇가지 사례를 간단히 소개하면서 그것이 함축하고 있는 바를 끄집어내고자 한다.

(1) 프랑스 실업자운동: 실업자운동은 프랑스의 중앙집권적체제와 관련하여 점거운동을 정부기관의 건물로 순차적으로 늘여갔는데, 90년대에 접어들어서 가장 중요한 전환은 다른 '사회운동'과 다양한 차원에서 결합하고 연대한 데 있었다. 이 연대과정에서 실업자문제가 교원, 새로운 노동운동, 정보, 사회적 배제에 대한 주거권, 이민법 반대, 파시스트적 국민전선문제, 여성권리와 같은 문제와 결부해서 결사체들이 생겨나서 그 문제를 부각시키고 여론의 지지를 받는 것으로 나아갔다. 이 실업자운동은 프랑스에서도 80년대의 노동계급운동과는 판이한 새로운 차원으로 고양되는 것이었으며 따라서 노동계급운동은 반드시 사회운동과의 관련성에서 재정의되고 재구성되어야 한다는 점을 명백히 보

---

15) 크리스토프 아귀똥(Christophe Aguiton)-실업반대 유러마치(Euro March), 「프랑스의 실업자운동」, 서울국제민중회의, 『IMF에 도전하는 민중—신자유주의, IMF 그리고 국제연대』, 문화과학사, 1998.

여주었다. 우선 실업자운동은 노동총동맹과 연대하는 과제를 개발하여 노동단체로 하여금 지지와 소극적 자세 양자로 구분케 하면서 노동조합 운동을 고양시키는 효과를 가졌다. 한편 실업자운동은 그 주체가 실업 자였으며, 이들의 운동과 연대했던 임금생활자나 학생운동은 일단 일회 성 과제해결이나 시위운동에서 자기들 고유생활로 돌아가지만, 이 운동 에 참가하였던 노동조합운동가들은 그 후에도 남아서 노조운동에 새로 운 충원을 해주면서 실업자운동과 노동운동의 결합의 길을 추구하였으 며, 더욱이 실업자운동에 참가한 실업자는 계속 운동에 참가한다는 것이다. 그리고 프랑스 좌파에 대하여 실업문제를 분명한 과제로 삼도록 전환시킨 효과도 있었다.

프랑스 실업자운동은 실제로는 이제 불안정한 고용상태에 있는 임금 생활자의 협력을 이끌어내기 위해 첫발을 내디딘 데 불과하다는 것이다. 직업과 고용의 불안정성은 신자유주의정책에 의하여 심대하게 조성 되고 있다. 단기계약에 의한 고용형태가 증대되고 있다. 따라서 안정된 임금생활자라도 불안정한 상태에 있음을 느끼고 있는 것이다. 이러한 상황이 실업자로 하여금 주체로서 운동을 조직하고 지속적으로 수행할 수 있도록 하며 사회적 연대의 폭을 넓게 하고 있다는 것이다. 그리고 이 실업자운동은 유럽전역에 있어서도 실업자운동의 확산 계기를 제공 하고 있고 '분명히 사회적이고 민주적이며 사회운동의 승리자'가 되는 또 다른 양상을 보여준다는 것이다. [16]

(2) 프랑스 실업자운동과는 달리 농촌과 원주민에 기반하면서 신자유 주의에 맞서는 독특하면서도 보편성을 띤 운동이 멕시코에서 전개되고 있는 사빠띠스따운동이다. 여기서 1994년에 본격적으로 일어난 그들의 운동을 자세히 소개하지는 않겠다. 다만 그들은 북미자유무역협정을 통 하여 멕시코는 경제가 더욱 악화되었으며 원주민은 1989년에 국제노동 기구가 체결한 협정 가운데 원주민과 부족에 관한 169조항에 의하여 원

---

16) 같은 글, 155, 160-162, 163-166쪽.

주민의 권리와 존재에 대한 보증을 멕시코정부가 승인했음에도 불구하고 이 보증이 폐기되고 있음에 대해 저항하고 있다. 그들은 북미자유무역협정이 시작부터 폭력적임을 선언하고 있다. 그들은 평등과 정의의 유토피아를 건설코자 하며 일상적 실천에서 여성에 대한 차별을 철폐코자 하며 자연을 보존하며 존경의 인간관계를 복원코자 한다. 그들은 아직 소박한 유토피아를 나타내고 있을 뿐이지만, 명백히 신자유주의를 반대하고 초국적 금융자본과 초국적기업과 은행을 반대하며 초국적자본을 지지하는 보수적 정권을 반대한다. 그리고 세계 곳곳에서 신자유주의에 대해 저항하고 착취를 비난하고 시민불복종 행동을 조직해 나갈 것을 촉구하고 있다. 17)

(다) 유럽을 중심으로 전세계 민중의 연대망을 만들어가고 있는 하나의 예가 〈자유무역과 세계무역기구에 반대하는 지구적 민중행동(People's Global Action against "Free Trade" and WTO)〉인데 이 운동은 〈연대 평등 환경 개발을 위한 행동(A SEED[Action for Solidarity, Equality, Enviorment and Development] Europe)〉이 주관하고 있다. 이 PGA 제1차 국제회의는 1998년 2월 스위스 제네바에서 세계 약 3백명의 민중운동가들이 모여 개최하였다. 이 PGA는 철저하게 탈중심과 자율을 운영의 기본원리로 하고 있으며 강령이 없다. 다만 선언문이 있을 뿐이다. 민중의 문제를 경쟁과 경쟁력으로 해결하려는 원칙을 거부한다. 대신 존엄과 평등, 정의 그리고 자유라는 틀 속에서 상호 협력과 연대의 원칙을 지지한다. 우선 무엇보다도 신자유주의를 반대한다. 특히 세계화가 역사의 출발 이래로 안정적으로 살아온 전통사회에 고통을 주며 동질성, 표준화 및 일치를 위한 추진은 세계의 민중을 고통으로 몰아넣고 있다고 본다. 특히 식량난이 초국적기업의 유전자 자원에 대한 지적재산권(생명특허 도입) 독점에 연유함을 주목한다. 18) 이 "지구적행동"도

---

17) 다이나 다미안(멕시코 사빠띠스따), 「신자유주의에 맞서는 사빠띠스따들의 외침」, 『IMF에 도전하는 민중―신자유주의, IMF 그리고 국제연대』, 106-113쪽 참조.
18) PGA는 네 가지 점에서 신자유주의를 반대한다. 첫째, 사회적으로 그리고 환경적으

아직 시작에 불과하다. 그러나 이들은 MAI에 대하여 전지구적으로 컴퓨터통신망을 통하여 세계 곳곳에서 그 협정에 관여하는 국가들의 정부기관에 대하여 다양한 저항을 조직하기도 하였다. 이 운동에는 이미 종교, 인종, 원주민, 환경, 식량과 생명특허, 성, 문화, 매체와 교육, 기업지배, 민중, 세계시장과 같은 다양한 변수가 각각의 변수로서가 아니라 신자유주의에 반대하는 종합적 맥락에서 그리고 국민국가의 중앙적 단위가 아니라 그 밑의 지방적 단위가 포괄되는 접근방식을 추구하고 있다는 점에서 새로운 민중연대를 실험하고 있다.

3) 위의 '지구적 행동'이 MAI에 대한 전지구적 저항을 조직하는 데 컴퓨터통신망을 이용하고 있듯이, 1998년 68개국 565개 조직이 서명하여 발표한 바 'OECD에게 보내는 MAI에 관한 NGO공동선언문'도[19] 자본에 의해 세계화의 인프라라고 말하는 바 인터넷 컴퓨터통신망의 전지구적 연결망에 의하여 신속하게 구성되었던 것이다. 세계 곳곳의 민중의 활동이 이제 세계적인 전자통신망을 통해 신속하게 전세계에 알려지고 있고[20] 또한 그 소식이 중계되고 있으며 민중운동을 위한 지원과 연대도 이를 통해서 신속하게 이루어지고 있다. 또한 민중의 운동주체들에 의한 국제모임도 이 전자통신망을 통해 준비되고 조직되는 사례가 거의

로 파괴적인 지구화의 추진자인 국제무역기구와 아태경제협력체(APEC), 북미자유무역협정(NAFTA), 그리고 유럽연합(EU)와 같은 무역협약들에 대해 분명 반대한다. 둘째, 초국적자본이 오로지 현실적인 정책 결정자로 존재하는 편향적이고 비민주적인 제도들에 있어서 로비라는 것을 반대한다. 셋째, 정부와 기업들의 행동에 대한 응답으로서 비폭력 시민불복종과 지역민중에 의한 지역적 대안들의 건설을 요구한다. 넷째, 탈중심화와 참된 민주주의의 근본적인 철학에 복무한다. 로드 하빈슨, 「신자유주의에 도전하는 지구적 민중행동」, 『IMF에 도전하는 민중―신자유주의, IMF 그리고 국제연대』, 204-211쪽; 「PGA 보고: 1) 자치와 연대를 위하여, 2) 제네바 현장 보고서, 3) 일일보고서」, 『20/80, 제4차 세계대전』, 2-20쪽 참조.

19) http://www.carleton.ca/~shick:/joint.htm(『20/80, 제4차 세계대전』, 112-115쪽 참조.)
20) 1997년 1월 한국의 민주노총파업이 통신자원봉사단에 의하여 인터넷으로 실시간으로 세계에 알려지자 세계의 전역에서 통신을 통해 지지와 연대를 하였을 뿐만 아니라 신문과 텔레비전에 의한 뉴스 보도가 종래의 보도통제에 의하여 차단되던 장애를 뛰어넘는 효과를 가짐으로써 세계 각국 연관 노동단체가 직접 대표를 파견하여 연대를 해주었다.

보편화되고 있다. 21) 이러한 현상은 세계화(혹은 지구화)과정은 이제까지 초국적자본에 의하여 발전된 것이라면 이제는 '아래로부터의 과정' 즉 아래로부터의 지구화가 열리고 있다는 사실을 확인하고 있다는 점이다. 그런데 초국적자본에 의해 세계화를 진행시킬 때에 그 기능을 담당했던 전문적 기술직 노동자 혹은 중간층이 초국적 금융자본의 투기적 투자에 의한 금융위기가 유발되자 고용으로부터 퇴출당하는 대량해고자 내지 대량실업자 또는 비정규노동자 형태로 전환되고 있는 현상이 세계 곳곳에서 대량실업 사태와 함께 나타나고 있다. 소위 중간층 몰락이 이 대량실업 발생과 동시에 진행되고 있는 것이다. 이 현상은 상층의 중간층도 고용에 있어서 안전하지 못하다는 것이 사실로 관명되고 있음을 보여준다. 이 현상은 '중간층'의 본질을 드러내준다. 그들의 노동도 본질적으로 자본과 대립되어 있다는 것을 확인하는 것이다. 이에 따라 지구적 네트워킹을 민중적 차원에서 형성해가는 데 있어서 그 민중의 범위가 넓혀지는 동시에 그 네트워킹을 담당하는 인력도 자체 충원되는 기반이 조성되고 있다는 것이 극소전자시대 민중운동의 특징으로 꼽힐 수 있을 것이다.

5. 이론적 기획문제

세계화는 한편으로 이제 그 문명적 효과를 민중 또는 해방세력에게 새롭게 주고 있다는 사실을 인정해야 하는 데서 새로운 세기에도 지속될 낡은 지배질서를 전복할 수 있는 틈을 찾을 수 있을 것이다. 초국적 자본은 전지구적 투자를 감행함에 있어 자연자원은 그 상태가 '자연' 상태로부터 필요에 따라 첨단기술의 이용 여부가 결정되어 문명화되는 것

---

21) 민주노총과 여러 민주민중운동단체가 공동으로 '서울국제민중회의 조직위원회'를 구성하여 1998년 9월 8일-12일 서울에서 개최한 서울국제민중회의—'IMF에 도전하는 민중'에 독일, 멕시코, 미국, 일본, 필리핀, 인도네시아, 태국, 방글라데시, 프랑스, 영국, 네덜란드 등등에서 민중운동가들이 참석한 것도 모두 이러한 전자통신망을 이용한 데서 가능하였다.

이지만 그 생태적 환경에는 파괴의 위험성이 증대하고 이것이 그 지역의 주민에게 일차적으로 황폐화된 환경을 줄 것이다. 그런데 한편으로 그 자본이 동원하는 노동자는 원시적, 전근대적, 근대적 혹은 탈근대적 사회 조건에 살고 있고 이 노동자는 처음에는 그 노동자가 속해 있는 공동체의 기술적-사회조직적 노동통제를 이용함으로써 생산의 세계화에 있어서 분할된 생산과정에서 비동시대적인 통제가 동시대적 통제메커니즘 속에서 작동하도록 하는 것이었지만 신자유주의적 통제는 야만적, 전근대, 근대, 탈근대의 진화론적 국면보다는 동시적 현존의 상태를 인식케 하고 동시에 그 야만적 형태가 탈근대적 미래에 관한 메시지까지 준다고 인식되는 형국에 있도록 한다. 이것은 자본에 의하여 현현하는 노동자의 존재는 그 존재의 국면이 이중대립적 국면(근대와 탈근대, 현대와 전통, 자본주의와 사회주의 등등)에 관념적 재단에 구애됨 없이 노동의 담지자로서의 본질을 드러내게 하면서 하나의 혼합된 지구촌에 현존케 한다는 것을 점차 인식케 하는 것이다. 그렇지만 사회에 제기되는 문제와 과제형태는 천태만상으로 서로 다르게 나타날 수 있다. 예컨대 1998년 9월의 세계민중대회에 온 태국 노동자는 한국에 자주적 노조의 설립을 처음으로 시도하고 있는 태국의 노동자를 도와달라고 눈물로 호소한다. 한국의 민주노동조합은 고용안정과 정리해고반대를 외친다. 프랑스 실업자운동은 실업을 하나의 직업으로 간주할 만한 프로젝트를 주장하는 한편, 한국에서는 아직 실업자와 비정규노동자가 주체적으로 노동운동을 전개하지 못하고 있다. 일본에서는 필리핀 여성이주노동자의 국적문제가 심각하게 제기되는 데 반하여, 이스라엘에서는 아랍인 여성노동자의 해고문제가 제기된다. 대만의 고산원주민은 매춘을 선택이 아니라 생존의 근거로 인식하고 공창제를 반대한다. 이러한 문제가 현상적으로 보면 모두 한 국가내의 국지적 또는 지역적 문제이고 그 자체대로 독특한 성격을 가지고 있고 동시에 그 문제를 풀고자 하는 운동도 또한 그렇게 인식될 수 있을 것이다. 그러나 세계화는 또는 초국적

자본의 지구적인 투자는 지구질서를 복합적이고 상호의존적임과 동시에 불균등하고 비대칭적으로 만들기 때문에 이 질서에 도전하는 대안운동도 그렇게 되어야 하는 것이고 또한 자본주의가 세계화하는 한에 있어서 통신과 문화를 고도로 촉진하는 것이므로 새로운 해방운동에 있어서도 새로운 지형을 열어주는 것인바, 문화적 세계화 때문에 대안적 운동도 '정보적 국제주의'의 형식을 띠면서 대안적인 지구적 연대문화를 필요로 하는 것이다.[22]

우리는 위와 같은 논의를 통해서 한 나라 안의 지방적 바탕의 문제나 운동의 과제가 이미 지방적-지구적 공간과 다중적 지위와 특정한 시대적 정세에 있는 것이고 따라서 대안적 운동도 그러한 정세에 있기 때문에 자율적, 민주적, 복수적 세력들에 의해 공동으로 건설되어야 하는 문제인 것이다. 따라서 초국적자본의 세계화전략에 있어서 자본에 의해 동원되는 노동은 본질적으로 자본과 대립적이고 그 대립적 정세가 세계화에 편입되어 오는 지구촌의 어느 지방적 공간에서의 특수한 문제로 제기되는 지점을 인식할 필요가 있다.[23] 그러나 대안적 운동은 이미 지구화 차원에 있는 것이다. 자본주의가 국경으로 경계지었던 차이와 차별에서 오는 갈등, 그리고 대체로 그 국가경계선에서 구획되었던 역사적 문화의 동일성과 배제성, 이러한 공간과 갈등으로부터 대안적 운동이 생성된다는 점을 인식한다면 대안운동은 이미 근대적 가치로서 치부되었던 자유와 평등과 연대가 지구화된 세계 속에서 문화적 관용과 창조로서 더욱 확대되어야 할 것이다. 인종, 민족과 종교, 성과 세대, 그리고 그것이 특수하게 사회적으로 역사적으로 드러났던 형태의 세력과 차이를 인정하고 감내하여 복수적인 힘으로 새로운 대안을 추구하는 것을 위해 이론적 기획을 적극적으로 전개해야 한다고 본다.

---

22) 피터 워터만, 「사회운동들, 지방적 공간들과 지구화된 공간들―아래로쿠터의 지구화를 위한 함의들」, 『IMF에 도전하는 민중』, 246-248쪽 참조.
23) 김윤자, 「신자유주의와 세계의 정치사회운동」, 김성구·김세균 외, 앞의 책, 155-158쪽 참조.

한국사회에 있어서 노동운동을 비롯한 사회운동은 자본의 세계화 국면에서 열려있고 열린 만큼 대안적 운동의 면모로 전환되어야 할 것이다. 우리는 80년대까지 군사독재체제에 대항하여 민주화운동이 전개되었고 그 중심에 차츰 민주노동운동이 자리를 잡기 시작하였다. 그리고 한편으로 통일운동이 축을 이루고 있었다. 초국적자본의 근거지 미국에 대해서는 냉전체제에 의하여 맹목적이고, 자본주의적 발전기획에 의하여 성의 문제, 환경문제, 군축-평화문제, 지적재산권문제(생명특허와 관련된 지적재산권)가 거의 억압되고 있었다. 그 중에서 노동문제가 80년을 지나면서 겨우 민주적 바탕에서 전국적 차원의 조직을 일구어내었다. 그런데 국제금융에 의한 공략을 받아 대량실업자와 불안정고용 노동자가 양산되었다. 민주노동운동 측에서 보면 고용보장과 실업자대책이 우선적 전략과제일 것이다. 그러나 대량실업자가 고정적으로 있게될 전망이고, 세계적으로 실업자가 양산되고 있다면 이 실업자와 비정규직노동자에 대한 실천적 기획안이 과제로 떠오르고 있다. 이 부분에 대한 이론적 기획이 더 절실하기도 하다. 우리나라는 민족공동체로서는 근현대를 지나면서 전통적 신분이 거의 소멸하고 동시에 장기적인 쇄국으로 인하여 다양한 인종과의 접촉과 공존의 경험을 갖지 못하였다. 종교적 차이가 생활양식의 차이에 의한 적대를 야기할 만하지도 않았다. 냉전구조는 미국을 맹목적으로 대하게 했지만 여타 인종과 민족에 대해서는 배타적이라 할만큼 문화적 관용을 습득할 수 있었던 것은 아니고 오히려 냉전이데올로기에 의한 흑백논리적 판단방식이 더 발전하였다. 가부장적 구조에 의한 성적 억압은 강하였지만 그것이 전통적 신분과 강고하게 결합되어 잔존해 힘을 발휘하는 것은 아니다. 이러한 구조에서는 자본주의적 발전과정에서 계급구조가 그 골간을 이루었다. 이 의미는 다른 요소에 의한 중첩적 모순의 층이 그만큼 얇다는 의미일 것이다. 장기적으로 군사주의적 지배체제가 분단요인과 결부되어 이 계급구조를 억압하여 왔던 것이다. 이제 그 계급정치적 구도가 표면화되었다.

민주노동운동은 그동안 투쟁성, 전투성, 조직적 성장력, 반합법적 운동, 운동에의 헌신성과 희생을 특징으로 하여 세계적으로 민중운동의 전범으로서 주목을 받았고 또한 자본에 장기적으로 편입되어 있던 자본주의선진국 노동자에게 노동자의 지위와 역사적 사명에 대하여 각성을 주었으며, 제3세계 민중운동에게는 노동운동의 중심성을 깨닫게 하였다. 이제 직접적으로는 IMF에 대응하는 것으로의 대안적 세력운동으로 탄생하는 동시에 다중적인 '지구화'된 민주운동의 기수로서 또는 거점으로서 자리매김하기를 요구받고 있다. 곧장 북한에 대한 전략도 세워야할 것이고 또한 여기에도 앞으로 전지구적 전망을 하면서 이론적 기획이 세워져야 하는 것이다. 전지구적 민중운동의 대안은 당장은 진화론적 전망을 소실하였다. 오히려 민중운동이 각자 동일한 바탕에 있으면서도 독자적으로 출현하는 여러 사회운동과 함께 연대해가는 과정에서 초국적기업의 지구적 지배를 극복하는 전략과 이론적 기획이 마련되어야 하고 그것이 지금 당장에도 상당히 가능한 바탕을 검토하는 일이 필요하다.

〈동국대학 사회과학연구소 학술토론회〉, 『사회과학연구』 6호, 1998.

미국심장테러, 보복심 그리고 정의를 위한 현자들의 지혜

1.

현자의 지혜는 결국 민중에게 있는가 보다. 미국 국방장관이 아프카니스탄 공격을 위해 친미 아랍 국가들을 설득하러 나섰지만, 사우디아라비아는 아프칸 공격을 위한 사우디아라비아내 미군기지 사용을 거부했다. 거부 이유는, 이슬람 국가에 대한 미국의 공격을 지원하는 것이 아랍 전역의 거센 반미정서를 불러일으킬 수 있기 때문이라는 것이다. 사우디아라비아를 비롯하여 친미적인 이집트나 오만에서도 정치지배블록은 친미 전통을 따르고자 하나, 민중들은 미국의 아프간 보복 전쟁에 협조하기를 거세게 거부하고 있다. 테러에 대한 무자비한 보복전쟁의 악순환을 막고자 하는 현자의 지혜는 결국 민중에게서 나오는 것이다.

2.

소련이 붕괴하자 미국은 인종과 종교, 지역 및 마약밀매조직의 분쟁이 발생할 가능성이 커지고 있다고 진단하였다. 그 분쟁은 작은 전쟁과 테러 발생의 형태를 띠면서 유출된 핵무기가 사용될 가능성이 커지고 있다고 보았다. 따라서 미국은 이러한 분쟁에서 핵무기 피해의 확산을 막고 평화를 유지하기 위해서는 분쟁지역의 국가가 주권 차원에서 지원을 요청하지 않더라도 한편으로는 유엔의 평화유지군을 형성하는 동시에 미군이 독자적으로 다국적군을 편성해서 개입할 것임을 천명하였다.

3.

당시 상상한 테러 형태로 보아서는, 지난 9월 11일 미국심장부에서 발생한 테러는 상상을 뛰어넘는 것이었다. 이번 테러에서 드러나는 현대적 특징은 첫째, 이미 생산라인에서 제조하는 모든 물품이 민간용과 군수용을 구분할 수 없을 만큼 그 용도가 융합되고 있다는 점을 반영하고 있다는 점이다. 말하자면 한 생산라인에서 민수용도 만들고 군수용도 동시에 만든다는 사실과, 어떤 용도로 만들더라도 그것은 모두 무기 자체라는 것이다. 이번에 동원된 민간항공기가 그러하다. 둘째, 지리적으로 특별한 군사 전선은 이미 사라지고 있다는 점이다 미국은 걸프전쟁에서 비록 전선을 지리적으로 설정했지만 실제로 보면 고전적 개념의 전선을 무화시켜 버린 경험이 있다. 그것을 토플러는 제3전쟁 형태 즉 지식전쟁이라고 이름지었는데, 이제 그 전선이 일반 민간인들의 일상적 활동의 장소인 미국 심장부에서 하나의 명확한 새로운 형태로 나타난 것이다. 그리고 이 지역은 경제적 패권을 세계적으로 행사하는 그런 곳이며, 이런 전선에서는 군인과 민간인이 공격 대상에서 구분되기 어려워진다.

4.

테러에 대한 분노가 전세계적으로 치솟게 되었다. 불타오른 복수심에서 미국은 곧장 이번 사태를 '테러전쟁'이라 규정짓고 더러운 전쟁의 방법을 동원해서라도 복수하겠다고 천명하였다. 미국의 CNN방송은 복수욕망을 세계에 증폭시켰다. 미국 주도의 매스미디어는 종전 인간의 다양한 욕망을 부추켜서 소비의 제국에 예속되게 해왔던 그 기능을 더욱 발휘해서 지구촌 모든 사람들에게 복수와 전쟁의 욕망을 부추기고 있다. 미국은 보복전쟁을 위해 국가안보체제를 더욱 정교하게 구성해가고 있고 미의회와 대부분의 국민은 대통령에게 전쟁 결단의 힘을 모아주고 있다. 마치 기술적인 군사적 판단만이 남은 듯한 상황이다.

　미국의 전쟁 준비를 강력하게 말리는 나라는 없다. 대부분의 국가 원수들은 미국의 오만한 패권주의의 실체에 겁먹은 듯이 복수전쟁의 와중으로 끌려들어가고 있다. 더욱이 일본은 이 기회를 통해 직접적인 군사체제의 확장에 열중하고 있다. 한국은 더욱 미묘한 처지에 빠지고 있다. 미국이 북한을 이번 테러의 혐의자 범주에 넣지 않은 것만으로도 한반도의 전쟁준비 분위기는 약간 비껴가고 있지만 일본의 일상적 군사대국화 시도를 제어할 분위기를 만들지는 못하는 처지에 있다.

5.
　2차대전 이후 미국이 주도해온 핵무기체제는 첨단무기 개발을 조장해 왔다. 이 첨단무기는 극대적 기술과 극소적 기술이 합쳐서 발전하는 것이다. 미국 대자본은 이 두 기술 사이에서 이윤의 확대를 꾀해 왔다. 우주를 향하던 극대기술에 부착된 극소기술은 연약한 사람조차 휴대할 수 있는 핵무기를 만들어내고 있다. 두 가지 군사기술적 대응책이 동시에 요구될 것이다. 하나는 미국이 지금까지 미사일공격망(흔히 방어망이라고 한다)인 MD의 구축을 더욱 강화하는 것이다. 그리고 동시에 일상생활 영역에서 미시적 방어망 내지 공격망을 구성하기 위한 휴대핵무기 종류와 소규모단위의 임무수행 군대(및 경찰 혹은 특정 민간집단)를 수없이 만들어낼 것이다. 이 두 번째 부분은 시민의 일상생활 영역에서 구축되어야 하기 때문에 상시적이고 미시적인 감시 검열 통제의 메커니즘 구축을 동시에 요청한다. 또한 무기가 민간용과 군수용의 구분이 없어지는 것과 마찬가지로 시민의 생활영역이 여기에 많이 포섭될 것을 요구할 것이다. 이러한 메커니즘은 소위 안보전문가들의 안보우위 인식 판단능력에 의존하여 이끌어지게 될 것이다. 미의회가 이미 국가의결의 최고 권위를 대통령과 군사전문가들에게 위임하는 것과 같은 형국이 시민사회 전반에 전개될 것이다. 이 일이 미국에서만 전개되는 것이 아니다. 겁먹은 모든 국가가 모방할 것이다.

복수욕망의 세계화와 무기의 세계적 확산 및 우주적인 군사 통신정보 관리망은 군산복합체의 욕망에 따라 전지구적 민중의 삶을 더욱 질곡으로 내몰 것이다. 따라서 미국내에서의 안보위주 전체주의적 관리체제는 전지구적 전체주의적 협력관계를 요구하고 있다. 미국의 요구에 조응하는 국가는 미국의 관리망에 연결됨으로써 혹은 유사한 관리체계를 수립해감으로써 전체주의의 면모를 갖게 될 것이다. 이미 전지구적 통합자본주의 운동에 의하여 불안정한 생활에 내몰리고 있는 지구촌 민중들은 그 복수심의 확장에 의한 부담을 더 짊어져야 할 판이다. 아랍민중이 미군 군사기지 제공을 거부하는 지혜를 발휘했듯이 전세계 민중의 지혜는 상호 연대하여 이 전체주의적 경향을 막아야 하는 막중한 소임을 다해야 할 것이다. 전쟁반대, 테러반대, 전체주의 반대, 세계평화 민중연대망의 구축이 요청된다.

『내일신문』, 2001. 10. 10.

자본과 근대국가에 내재한 폭력을 넘어 정의를 추구하기 위하여
─상자이생(相資以生)을 검토함*

1.

근현대 사회가 '근대국가'와 '자본주의' 두 가지의 유기적 구성이 높아지고 상호 융합되어 그것이 작동하는 운동의 힘이 전지구를 하나의 체제로 통합할 정도로 발전하고 있음을 우리가 겪고 있다. 동시에 이 두 가지는 인간이 갖고 있는 이성(理性)에 일관되게 하는 것을 전제로 하고 있는 동시에, 이 일관화가 인간과 사회 및 환경에 대하여 배제/폭력을 행사하고 있음도 겪고 있다. 이에 대하여 근래에 이를 극복하기 위한 지혜로서 동양의 고전적 관념으로부터 상생(相生)과 화이부동(和而不同)을 제시하기도 한다. 이 자리에서는 이 의미를 자본과 근대국가의 맥락에서 살피고 인류의 미래를 위해 어떤 단초가 될 수 있을까에 대해 궁리해보고자 한다.

2. 상생(相生)에 대해

조선조 18세기 말과 19세기 초 미래를 기획하고자 했던 일군의 실학

---

* 이 글은 『경제와 사회』, 2001년도 여름호에 실린 「자본과 근대국가에 내재한 폭력을 인식하기 위하여」(8-26쪽)를 대폭 수정 보완한 것이다.

자에 의하여 명쾌한 명제가 제시되었다. 오행(五行, 즉 화 수 목 금 토) 은 모두 하늘이 부여한 것이고 땅이 비축한 것인데 어느 하나가 다른 것을 낳았다는 의미에서 상생이 아니라 상자(相資)함으로써 생(生)한다, 즉 상자이생(相資以生)이라고 하는 것이라고 정식화하였다.(『연암집』, 洪範羽翼序) 각 물질을 다른 물질의 자원이 되게 함으로써 상생한다는 것이다. 그리하여 물이나 불, 쇠와 나무 그리고 흙의 성질을 잘 알아서 서로 자원이 되게 하면 이것을 사람은 이용(利用)하고 그리하여 후생(厚生)할 수 있다는 것이다. 사람들이 이 각 물질을 자기 이익에만 전용한다면 후생, 상생을 해갈 수 없다고 지적하였다. 실학자들이 제시한 민물(民物)이 상자함으로써 상생한다는 명제는 신분제에 의한 모순을 극복하고 새로운 사회를 구상하는 단초였다고 생각된다.

상자이생에서는 우선 만물에 대한 과학적 이해가 필요할 것이다. 그것은 새로운 과학의 시대를 예고하는 것이었다. 그리고 상자하자면 이를 효율적이게 하는 사회적 메커니즘이 필요할 것이다. 실학자들은 사농공상, 그 어느 하나도 중요시하지 않음이 없어서 그 사민(四民)을 사회의 기능, 그리고 사람들이 맡는다는 의미에서 직능을 중요시하였다(사농공상의 신분관념으로부터의 탈피).[1]

3.

상자한다는 의미에서 시장과 화폐는 아주 중요한 의미를 지니는 것이다. 그런데 화폐와 시장이 자본주의와 융합함으로써 상생의 의미를 아주 넘어서는 문제영역을 사회체제화함을 검토해야 할 것이다.

주지하다시피 자본제 생산양식은 상품형태가 그 기본적 형태이다. 인간은 어떤 종류의 욕망을 충족시켜 주는 대상에게 질적 차원에서 사용가치를 부여한다. 이 사용가치는 곧 상품으로서는 교환가치를 갖게 된

1) 김진균, 「박지원의 사회학적 안목에 관하여」, 『비판과 변동의 사회학』, 한울, 1983, 315-332쪽; 김태영, 「조선 후기 실학의 전개」, 『실학의 국가개혁론』, 서울대출판부, 1998, 97-140쪽.

다. 자본제 생산양식의 기본형태로서의 상품형태론은 상품군(群)이 만들어내는 사회관계의 형태를 상정하고 가치형태라는 기본적 사회관계에 기초한 구조분석을 상정한다. 사용가치를 가지고 있는 것을 노동생산물로 만들어냈다고 하더라고 교환과정이라는 사회적 관계가 없다면 상품의 형태로 존재할 수 없다.

그런데 인간의 욕망은 '존재의 욕망'이다. 욕망의 목적은 존재 자체이다. 이 목적은 똑같은 경우에 놓인 타자를 통해서만 추구된다. 따라서 존재의 욕망은 타자의 욕망을 모방하는 것이다.[2] 타자는 모방해야 할 대상이지만 타자는 또한 경쟁상대이기도 하다. 그러므로 자본제 생산양식에 있어서 사용가치는 이 가치를 지닌 물(物)을 모방적으로 소유하고자 하는 타자에 의하여 그 사회적 의의를 갖게 된다. 따라서 모방충동에 의거한 '주체 – 대상 – 경쟁상대'의 삼각형이 '가장 간단한 가치형태'이다. 여기서 상품의 사용가치가 (사람을 직접 지배하는) 욕망을 물(物)의 전유(專有)로 방향전환시키는 역할을 한다. 그런데 이 전유에는 교환관계가 수립되어야 한다. 교환관계는 주체 A와 B 사이에 가치표현의 능동적 담지자와 수동적 담지자라는 위치가 정립되어야 하고 양자간에 욕망이 승인되도록 해야 한다. 이 승인과정은 '주체 – 대상 – 경쟁'을 필수적으로 동반한다. 교환관계에는 사회적인 전체수준에서 각자가 소유한 상품들을 등가로 포착하는 관계로서 끊임없이 그 위상을 전환시켜 내고 따라서 주체 – 대상 – 경쟁을 끊임없이 증식하게 하고 동시에 서로 뒤얽혀짐으로써 상품 '전원(全員)에 의한 전원'의 혼동이 발생한다. 따라서 욕망의 기본적인 대립관계에서 보편적인 경쟁이 일반화된 폭력으로 이행한다. 바야흐로 자본주의사회는 상대적 가치형태와 등가형태의 두 위치를 에워싸고 모든 구성원이 격렬한 쟁탈전을 전개한다. 여기서 이 상호적 폭력을 창조적 폭력으로 전환시키는 계기가 주어진다. 하나

[2] 김승국, 「마르크스가 본 전쟁과 평화—Gewalt의 이해를 중심으로」, 숭실대학교 박사학위논문, 1996, 35쪽. 이하 이 단락에서는 50-51쪽, 52-53쪽, 56-57쪽, 59-62쪽, 63쪽, 65쪽을 참고하였다.

의 물(物)이 그것이 원래 가진 사용가치가 삭탈되는 희생물로 제시된다(사용가치로서의 소비가 배제된다). 이 희생물이 자본게 생산양식에서 화폐로 제시된다. 이 배제로서만 상호적 폭력의 연쇄작용을 단절할 수 있다. 이 배제는 만장일치로 이루어져야 한다. 이 만장일치에 의하여 폭력을 포기하는 것이 아니라 배제된 물(物)에게로 폭력을 집중시키는 것이다(이 폭력이 만장일치적이기 때문에 질서와 평화를 회복시킨다).

화폐가 제도화됨으로써 화폐는 시스템을 형성하게 되고 교환관계를 조직하여 숫자에 법의 힘을 부여한다. 화폐는 단일성과 통일성을 나타낸다. 그리하여 화폐는 교환자들의 관계 속에 뛰어들어서 '경쟁에 의한 적대관계'를 조정한다. 화폐로 평가된 가치체계를 통하여 숫자가 보편적으로 개재되고, 이 개재에 의하여 모방의 적대관계는 소유욕망으로 된다. 사람들은 타자가 보유한 것을 자기 것으로 삼기 위하여 자신이 갖고 있는 것을 포기한다. 싸게 사서 비싸게 팔아 넘기는 취득적 폭력을 일상적으로 행사한다. 자본주의사회에서는 사용가치를 필요에 따라 전유하려는 것이 아니라 화폐(숫자)로 표시된 가치를 전유하려고 한다. 화폐는 결국 취득적 폭력의 수단인 동시에 매개자이기도 하고 적대관계를 화폐라는 보편적 작동에 은폐하기조차 한다. 왜냐하면 화폐 자체가 만장일치의 폭력수단으로 승인되었기 때문이다.

화폐는 취득적 폭력을 수반하고 있다. 근대화폐는 물리적 폭력이 아니라 배제효과로서의 폭력이다. 화폐자본의 발전은 화폐가 몰고 다니는 폭력을 인간과 인간간의 직접적인 관계에 나타나지 않게 하고 전반적으로 물(物)과 물과의 관계로 이전시킨다. 즉 상품세계의 구조는 사회관계의 추상화와 더불어 폭력의 사용도 인격적 의존관계에 내개하는 폭력을 물적 세계로 옮기는 메커니즘으로 작동케 하는 것이다. 따라서 한국에서 벌어지고 있는 구조조정에 의한 해고 해직이라는 배제적 폭력행사도 교환가치에서 등가가치를 계산하는 방법을 정당화시키는 것이다. 화폐가 자본으로 전환되던 자본주의체제는 근본적으로 배제라는 폭력을 제도화시킨 것이며 동시에 자본의 유기적 구성이 높아감에 따라 그 추상화된 배제적 폭력의 효과를 사회 전반에 일반화시키는 것이었다. 화폐의 폭력이 자본의 폭력으로 전환된 것이다. 따라서 화폐자본의 등장은 자본이 "경제적 가치형태임과 동시에 경제적 사물을 지배하는 폭력"이 되고, "자본제 생산양식은 경제적 생산양식임과 동시에 폭력의 생산양식이기도 하다."[3]

4.

이제 세계는 전지구적 자본주의 전일화가 하나의 '투자'제국의 형성을 향해 진행되고 있고 종전의 국가별 또는 블록별로 관장되어 오던 여러 수준의 경쟁체제가 공존하고 있으면서도 이들이 지층화되고 위계적으로 통합되고 있다. OECD가 준비하고 현재 WTO로 넘겨져 조인을 위해 각축을 벌이고 있는 '다자간투자협정안'(MAI)은 투자제국의 최종적인 이상으로 제시된 것이다. 이것은 "초국적 기업에게 정부의 간섭과 규제에 구속받지 않으면서 전세계를 상대로 언제 어느 곳에서나 사고, 팔고, 사업을 옮길 수 있는 무제한적인 '권리'와 '자유'를 부여하게 될, 전반적인 새로운 일련의 전세계적 투자 규정을 수립할 목적"을 가지고 있다.[4] 이 다자간투자협정안은 각 국가가 자기의 국내경제를 조절하는 데 무엇을 할 수 있고 무엇을 할 수 없는지에 대한 엄격한 제한을 부과하는 전세계적 투자규정을 통해 초국적기업에게 권능을 부여하려 하는 것인데, 예컨대 국가가 여러 가지의 사회적 경제적 환경적 목적을 위한 일종의 도구로서 투자정책을 사용하는 것이 금지될 것이다. 따라서 기업들은 새로운 권능을 부여받는 대신에 그것에 상응해서 고용, 노동자, 소비자, 환경 등에 관련된 아무런 책임과 의무도 갖지 않게 된다는 것이다.

---

3) 같은 글, 65쪽.
4) 김진균, 「21세기 세계질서와 아래로부터의 민중운동」, 『사회과학연구』 6호, 동국대학교 사회과학원, 1998, 72쪽. 이 다자간투자협정안은 www. citizen. org/gtw 또는 www. essential. org/monitor/monitor/html에 실려 있다. 다른 참조물로서는 문아영, 김민환, 남은희, 이인규, 이준구, 「다자간투자협정(MAI)에 관한 연구」, http://plaza. snu. ac. kr/~jkkim1/wwwboard/crazyWWWBoard. cgi?db=report.

다자간투자협정은 서명한 국가에 대하여 외국인 투자가들에게 경제를 완전히 개방할 것을 규정한다. 그리고 다자간투자협정은 투자를 아주 폭넓게 정의하고 있다. 투자는 '투자자에 의해 소유되거나 통제되는 모든 종류의 자산'이라고 정의된다. 그것은 '영리를 목적으로 하거나 그렇지 않은 사업체'로 '계약상의 권리들'과 '지적 소유권'(특허권, 저작권, 산업디자인, 사업상의 기밀 등)으로, 그리고 '법률 또는 계약에 준하여 부여된 권리들'(예컨대 이권, 면허, 관허, 허가장 등)을 모두 포함한다.[5] 이러한 투자의 폭넓은 개념규정은 애매한 점이 없는 것은 아니지만 전지구적 자본운동이 상품으로, 대상으로 삼고 있는 영역이 그만큼 확대 심화되었음을 반영한다고 할만하다. 즉 "실제로는, 운송양식, 도시생활 혹은 가정생활이나 부부생활양식 변화에서, 더욱이 대중매체, 여가뿐만 아니라 꿈조차 산업화됨으로써, 이미 한 순간도 자본의 지배를 피할 수 없게 되는"[6] 세상으로 변모한 것이다. 이 자본의 지배는 단지 한 국가단위에서 일어나는 것이 아니라 국가단위의 경계선을 넘어서고 종전에 그 국가가 가지고 있던 물질적 대상의 생산양식뿐만 아니라 역사적 문화적 품목들, 도덕적 정서적 품목들마저 해체하여 교환가치의 상품으로 새롭게 생산해내는 것이다.

다시 한번 요약하면, 다자간투자협정안에서 투자를 규정하는 데는 위와 같이 상품의 대상이 확대되고 투자의 국경선을 해체시키고 있을 뿐만 아니라 종전에 국민국가형태 안에서 상품에 역사적으로 문화적으로 부여되었던 사용가치가 그것대로 존재할 수 없고 거의 모두가 전지구적 맥락에서 교환가치로 전환되어야 함을 전제로 하고 있다. 잉여가치는 이미 사용가치에서 생겨나는 것이 아니라 전적으로 교환가치에서 생겨나는 것이고 자본의 통합적 구성은 이제 "화폐적, 금융적인 자본의 기호화양식에 의거할 뿐만 아니라 더욱 근본적으로는 과학 기술적, 미시-거

---

5) 문아영 외, 앞의 글.
6) 펠렉스 가따리, 「권력구성체의 적분으로서의 자본」, 『진보평론』 6호, 2000년 겨울, 235쪽.

시 사회적, 대중매체적 등의 제어 절차 전체에 의거"[7] 하게 되었다.

그런데 전지구적인 통합적 자본의 유기적 구성에 있어서는 사용가치가 교환가치로 된다는 점을 유의해야 한다. 즉 잉여가치가 교환가치에 의하여 창출된다는 것은 고전적 정의일 수 있지만, 사용가치를 생산하던 노동력에 잉여가치의 형성을 위해 잉여노동을 강제하던, 즉 노동일에 의한 잉여가치의 창출 메커니즘을 인식하던 자본주의시대로부터 이제 그 질적 변화가 수반되고 있다. 생산력은 이제 상품으로 동원된 노동력이 제공하는 노동에 의하여 창출되는 것 이상의 단계로 접어든 것이다. 몇 세기에 걸쳐 생산과정에 도입한 발전한 과학과 기술, 특히 근래 첨단과학기술이 자본의 유기적 구성을 높여왔고 이제 그 과학기술에 의한 생산성이 인간의 노동을 거의 무시하는 단계로 접어든 것이다. 전지구적 자본주의체제는 인간의 노동보다도 기계노동에 의하여 생산성이 거의 결정적으로 좌우되는 체제를 의미하게 되었다. 기계장치에 의하여 생산성이 향상되는, 다시 말하자면 인간적 노동시간보다도 기계적 노동시간이 더 우세하게 생산성을 향상시키는 현재 자본의 유기적 구성 차원에서 본다면 기계노동이 잉여가치를 창출하는 것이 된다.[8] 이러한 사태는 맑스가 인간의 노동시간에 기초하여 잉여가치를 인식하던 도식으로부터 거의 단절적으로 벗어나는 일이다. 잉여가치는 점점 기계가 요구하는 '잉여노동'에 의존한다. 이럴 경우 자본은 점점 인간노동력을 생산과정에서 소외시키게 된다.

여기서 두 가지 딜레마가 생긴다. 첫째는 노동자가 노동력으로 상품화되어야 잉여가치가 창출되는데 이제 노동력이 임금소득을 취득하는 방식이 폐기되기 시작한다. 이것은 곧 인간노동을 잉여가치를 산출하는 모든 과정에서 배제하는 것이고 그 산출은 기계노동에 더욱 의존하게 되는 것이고 설령 인간노동이 필요하다고 하더라고 기계를 보조하는 일

---

7) 같은 글, 237쪽.
8) 같은 글, 234-235쪽.

에 배치됨으로써 노동의 배치와 고용이 점차 부차적인 대상으로 전락한다는 점이다. 전세계적으로 진행되고 있는 구조조정은 노동력을 점차 불안정한 고용상태로 또는 실업자로 내몰고 있다. 한국에서는 이것이 90년대 후반에 전반적인 문제로 제기되었다.[9] 둘째는 이러한 잉여가치를 둘러싼 노동자와 자본가의 투쟁이 포디즘에서 처리되던 기업수준에서의 노사관계가 뿌리째 허물어진다는 점이다. 잉여가치를 둘러싼 문제의 핵심은 점점 통합된 세계자본주의에서 도출될 수밖에 없다는 것이다.[10]

잉여가치를 기업에서가 아니라 통합된 세계자본주의에서 도출해야 한다는 것은 곧 기계노동이 산출하는 잉여가치, 즉 기계적 생산물의 분배를 둘러싸고 사회세력들간에, 기본적으로는 자본가계급과 광범한 노동자계급이 싸움을 전개한다는 것이다. 다시 말하자면 그동안 노동력 재생산에 필요한 것으로서의 임금 산정, 즉 노동가치에 기초해서 산정했던 임금에 의하여 생계가 보장되어야 한다는 도식이 폐기되기에 이르렀다. 오히려 노동자의 생존기준은 그 결정이 기계적 생산물의 분배를 둘러싼 싸움의 정치적 결정에 의존할 수밖에 없다는 것이다.

물론 자본은 사회적 통제력을 단지 경제력에만 의존하는 것은 아니다. 자본은 모든 종류의 인간생활의 미시적 차원에까지 침투하여 자기들이 원하는 대상으로 전환시키고자 노력한다. 인간마저도 세계적인 망을 가진 통신/미디어 수단을 동원해서 인간의 심미적-리비도적인 방법까지 동원하여 자본주의 코드대로 움직일 수 있는 인간으로 전환시킨다. 물론 그 기초적 수단은 임금노동자를 통제하는 것으로 시작한다. 그리고 그 노동자와 생활을 함께 하고 있는 노인들, 부인들, 아이들까지 모두 자본의 통제 아래서 인간의 심층적 욕망을 자본에 예속되도록 그리고 그 예속되는 비용까지 물게 하면서 코드화시킨다.

---

9) 사회진보연대 불안정노동연구 모임, 『신자유주의와 노동의 위기: 불안정노동연구』, 문화과학사, 2000, 제1장 '불안정노동을 어떻게 볼 것인가?' 및 제2장 '불안정노동의 원인은 무엇인가?'를 참고할 것.
10) 펠렉스 가따리, 앞의 글, 237쪽.

5.

근대국가의 형태는 처음부터 군국주의에 기초하고 있었음이 지적되고 있다.[11] 국가의 자본주의적 동원이 전쟁과 안보에 겨냥되어 왔고 관료제가 그 조직적 체계를 이루어주고 있었다. 국가의 이해와 국가에 의해 조정되던 자본의 운용이 결국 세계 1-2차 대전을 겪게 만들었고 그 결과로 자본과 국가의 운동이 일치해가는 경향을 갖게 되었다. 더구나 통합된 자본의 전지구적인 유기적 구성을 위한 진행은 평화롭게 낙관적으로 수행되는 것이 아니다. '경제의 군사화'명제가 성립될 정도로 자본의 운동이 국가의 군사적 요구와 융합해서 진행되었다. 이렇게 군산복합체와 군산초국적기업의 선도에 의하여 첨단정보관리체제에 의한 전지구적/우주적 전쟁관리방식이 전쟁을 자본주의 생산방식을 포획해가는 장으로 삼아 왔다.[12] 바야흐로 전쟁양식도 '지식전쟁양식'으로 바뀌고 이 지식전쟁양식은 이전의 전쟁양식을 압도적으로 절멸시키고 있다.[13] 이것은 단순한 문명의 충돌이 아니다. 자본의 운동에서 경제의 군사화와 군산복합체, 더 나아가 군민복합체(말하자면 자본의 유기적 구성과 국가/사회의 유기적 구성이 더욱 융합한다는 의미에서)에 바탕

---

11) 주류사회과학이론에서 경제학이나 사회학, 그리고 자유주의적이거나 다소 사회민주주의적인 정치적 수사에서는 평화자본주의에 관한 낙관적인 이론이 지배적이었다. Michael Mann, *States, War and Capitalism Studies in Political Sociology*, Basil Blackwell, 1988, p. 125.

12) 김진균·홍성태, 『군신과 현대사회—현대 군사화의 논리와 군수산업에 관한 연구』, 문화과학사, 1996. 특히 1장 '군신은 잠들지 않는다'/ 2장 '군산복합체와 전쟁'/ 3장 '지구화, 정보화, 그리고 군사화의 동학: 군사기술경제 패러다임의 모색' 부분을 참조. 1945년부터 1990년까지의 전체 2,340주 중에서 전쟁이 없었던 기간은 단지 3주에 불과할 정도로 2차대전 이후 전쟁은 지구에서 계속 진행되었다. (56-57쪽 참조) '경제의 군사화' 문제에 관해서는 위의 책, 2장과 다음을 참조, 김진균, 『한국의 사회현실과 학문의 과제』, 문화과학사, 1997, 3장 '세계화를 이해하기 위한 하나의 모색'과 4장 '세계화 패러다임과 한국'.

13) 앨빈 토플러, 『전쟁과 반전쟁—21세기 출발점에서의 생존전략』, 한국경제신문사, 1994. 제3물결전쟁이 곧 지식전쟁이다. 그가 적절히 표현하고 있듯이 "평화와 전쟁"은 결혼한 것이고 "군수 및 민수산업을 통합하여 동일한 생산라인에서 군수제품과 민수제품을 바로 생산하게 된다."(270쪽)

하여 전쟁의 수행을 필수불가결하게 담당하는 것은 항상 근대국민국가였다. 국가가 전쟁과 같은 폭력을 사용한다는 사실이 자본제생산양식과 유기적으로 결합되어 왔고 현재 초국적자본의 운동이 기존의 국민국가의 경계를 넘어서면서 전지구적으로 통합된 자본의 유기적 구성에 군산 초국적기업이 가장 정상적인 구성요소로 내장되고 있다고 판단한다.

그러면 국민국가형태는 다자간투자협정안과 같은 사태에 의하여 어떻게 규정되고 있는가. 자본의 유기적 구성의 성장에 수반해 국가의 유기적 구성도 성장해오는 사이에 자본과 국가는 자본주의 재생산 헤게모니를 공유해감으로써 자본제 생산양식이 경제적 생산양식의 재생산인 동시에 폭력의 재생산양식인 것을 그대로 국가의 기능으로 삼아 왔다. 이제 전지구적 자본주의 획일화에서, 통합된 자본의 유기적 구성의 구성요소로서의 국가는 위에서 언급된 다자간투자협정안에서 역사적인 고유한 역할을 규정받고 있다. 다자간투자협정안에서는 투자자로서의 기업을 위한 일련의 특권을 규약화함으로써 기업들(투자자)은 국민국가와 동등하게 정의됨으로써 동등한 법적 지위를 갖게 된다. 그리하여 해외에 근거를 둔 기업들과 투자자들은 MAI의 '내국민대우'와 '최혜국'조항에 의하여 특별한 권리를 부여받는다. 이 조항에 의하여 정부는 다른 나라의 기업들에게 자국 기업에 주어지는 것과 똑같은 호혜적 대우를 제공해야 하고 더 나아가 '경쟁기회의 평등한 보장'도 해야 한다. 더 나아가 이전의 해외투자자에 흔히 부과하던 것과 같은 것(예컨대 고용내역, 수출입쿼터, 기술이전, 현지구매 등등)을 부과하는 것이 금지된다. 그리고 분명히 MAI는 소유권의 규약에 덧붙여서 '자본의 자유로운 이동의 권리'를 강조한다. 이익을 모(母)기업으로 이전하는 것을 보장하여야 하고 더 나아가 '투자자는 (부당한 이유로) 소유권을 빼앗긴 자신의 투자에 대해 배상받을 수 있는 절대적 보장책'을 제공받아야 한다. 이러한 투자자로서의 기업은 MAI에 의거하여 한 국가 안의 모든 수준의 정부로부터 투자의 권리가 확보되어야 한다는 것이다. 그리하여 분쟁의 절차를 설치함에 있어서 투자자 기업은 손해를 끼쳤다고 판단된 국가의 여러 정부를 제소할 수 있는 반면에 정부는 자신의 국민들을 대표하여 손해를 끼친 기업을 제소할 수 있는 상응하는 권리를 부여받지 못하고 있다. 그리하여 MAI에 있어서는 종전에 시민이 가지고 있던 정치적 권리가 기업으로 이동하고 투자자로서의 기업은 정치적 권리를 확장하고 보장받는 것이다.

MAI는 초국적기업으로 하여금 국민국가의 정책에 대하여 가공할만한 정치권력을 휘두르도록 만들 것이다.[14] MAI는 기업의 정치권력을 증대시키는 수단을 많이 포함하고 있다. 우선 MAI에 들어있는 '내국민대우'와 '최혜국'조항은 국가소유기업들이 민영화될 때 외국기업에게도 내국의 기업과 동등하게 대우하기를 새롭게 규정하는 것이다. 입찰의 기회를 동등하게 부여해야 하고 정부들로 하여금 지역의 노동자나 공동체가 그 회사를 사거나 주식을 일반국민에게 나누어주거나 해서는 안된다. 그리고 정부가 그들의 국영기업체나 독점체의 경영에 있어서도 오직 '상업적 고려'에 따라서만 행동하기를 요구받을 것이다. 따라서 예컨대 지역공동체에 값싸게 서비스를 제공하는 수력발전이나 상수도사업은 이 조항에 의하여 금지되는 것이다. 그러므로 '국내기준'에 따르는 국가독점체는 금지되어야 하는 것이다. 더 나아가 어떤 정부라도 자신의 법률적 수단에 의해 그 영토내에서 해외기업에 의한 투자의 경영, 관리, 유지, 사용, 향유 또는 거부 등에 손해를 끼치지 못한다. 즉 '해외기업들은 공정하고 동등한 대우와 완전하고 항구적인 보호'를 받아야 하는 것이다. 투자유인에 있어서도 '내국민대우'와 '최혜국'조항에 의해 규정되어야 한다. 세액공제와 내국세, 보조금, 대부금, 채무보증과 같은 금융혜택에 관해서도 직접적으로 관련된다. MAI가 초국적기업에 주는 가장 강력한 무기는 투자자-국가간 분쟁 해결절차라고 지적되고 있다. 즉 MAI의 분쟁절차에 따르면 '투자자나 그의 투자에 대해 손실을 입히는', '또는 입히는 것 같은' MAI조항의 어떠한 위반에 대해서라도 기업이 정

---

14) 문아영 외, 앞의 글 참조.

부를 직접 제소할 수 있는 권력'을 제공한다. 심지어 계획한 투자에서 이익을 올릴 기회를 잃어버리는 경우에도 그것은 투자자편에서 분쟁을 성립시킬 수 있는 유형의 손실이 될 것이다. 기업이 소송을 제기하면 정부는 법정에 출두하여야 하고 그 법원은 제소당한 국가의 법률에 의해서가 아니라 투자협정 자체의 규약에 의하여 판결되어야 한다. 그리고 모든 배상은 '의무적'이고 '마치 그것이 법원의 최종 관결과 같이' 집행될 것이다. 어떤 정부도 정당한 지급요구에 기반한 기업의 배상요구를 거부할 수 없다. 그것이 혹 '공동정책'에 역행할지라도.

MAI에는 강력한 보호장치가 마련되어 있다. MAI가 조인되면 그 조인한 국가들은 MAI의 원칙과 조건에 부합하지 않는 국민국가의 어떠한 공식적 법률이라도 그것은 축소되고 최종적으로 철폐되어야 한다는 '복귀조항'(rollback clauses)을 준수해야 한다. 설령 각국이 예외조항을 갖는다고 하더라도 모든 의무조항에 적용되지 않아야 한다. 따라서 협정 조인은 협정 조인국들에게 '협정에 부합하지 않는 기존의 법률, 정책 또는 계획은 종결되어야 하는 출발점'이 되는 것이다. 동시에 협정조인국들은 미래에 '협정에 부합하지 않는' 어떠한 새로운 법률, 정책 또는 계획을 도입하지 못할 것이다(이것은 협정의 '정지'(standstill)조항이다). 이것은 이전에 민영화되었던 경제부분에 대해 공공적 소유나 통제를 다시 도입하거나 과거에 해체된 규제를 재도입하는 일은 이 MAI에서는 금지된다는 것을 의미한다. 따라서 '정지'조항이 '복귀'조항과 결합하면 '톱니바퀴' 효과를 나타낼 것이다.

6.

자본의 전지구적인 획일적 작용은 다자간투자협정안에서 추구하듯이 '투자자의 제국' 건설을 바로 눈앞에 둔 것처럼 보일 정도이다. 그 협정안에서 명시하듯이 투자자들은 인간 존재 자체를 무시한다. 인간의 삶과 그 질을 고려하지 않는다. 인간이 살아가야 하는 자연환경과 생태계의 파괴에 관심이 없다. 오직 투자만이다. 국가는 투자자를 보위하는 역할만 강화될 뿐이다. 피지배블록에 대한 정보관리와 감시통제 그리고 경찰국가적 역할이 요구되고 있을 뿐이다. 이 '제국'에서 투자자들의 경쟁이 완전히 사라지는 것은 아니다.

자본의 운동 자체가 자본가들의 경쟁을 항상 유도하는 것이기 때문이다. 그 투자자들, 초국적자본과 그 기업은 '제국'의 최고 권력을 잡기 위하여 투쟁할 것이다.

현존하는 어떠한 생산양식도 동시에 절멸시킬 수 있는 파괴력을 자본주의 자체가 마련해 놓고 있다. 이 지구를 수백번 넘게 파괴시킬 수 있는 핵폭탄을 강대국들이 그대로 보유하고 있다. 이 파괴력을 억지할 능력을 인간의 이성(理性)에 기대할 수 있을 것인가? 자본의 운동은, 자본주의는 인간의 이성에 의하여 혹은 이성에 이끌리어 발전해온 것이 아닌가? 인간의 이성적 판단은 무한한 합리성 추구를 가능케 하였다. 자본의 운동으로, 근대국가의 형태로, 과학-기술을 그 지렛대로 하였다. 이성은 인간이 가진 다른 특성을 잘라내기 시작하였다. 동일화가 추구되었다. 그 동일화 척도에서 인간을 차별화-서열화하였다. 이 이성적 판단이 자본과 근대국가내에 동시에 배제와 강제 및 폭력을 내재화시켰다. 어떤 역사적 국면에서는 그 폭력이 현현되기도 하였다. 인간의 이성적 판단력이 이끌었던 근대혁명은 인류에게 자유와 평등과 정의라는 기본적이고도 보편적인 가치를 창출하였다. 이 기본적 가치는 한편으로 부르주아 국가형태 속에서 억압되었다. 국가의 이데올로기적 장치와 헤게모니는 그 기본적 가치가 국가구성원 전체(특히 여성과 어린이 그리고 노동자 및 비국적인, 소수인종)로 확산되는 것을 막았다. 다른 한편으로 사회주의국가는 인민을 대표한다는 당의 이성적 판단의 기준에 의하여 인종과 종교와 성과 지역을 획일적으로 억압함으로써 사회주의적 자유와 평등과 정의를 더욱 보편적인 것으로 성장 전화시키는 데 실패하였다.

이러한 논의를 통해서, 전지구적으로 통합되는 자본주의체제와 국가

형태는 상자이생의 사회구성관과는 엄청나게 괴리가 생기는 것이다. 상자를 위한 효율적인 사회적 메커니즘으로의 화폐와 시장은 자본주의와 융합하여서 배제/폭력/착취의 운동메커니즘을 내장하게 되었다. 한 쪽에 대한 착취는 상자가 될 수 없다. 생태계를 파괴하는 이용(利用)은 상자를 어긋나고 상자할 수 있는 자연적-사회적 조건을 파괴한다. 인간을 상품으로 동일화하고자 하는 자본의 운동은 그 자체가 배제와 폭력을 수반하고 있다. (同而不和) 이제 생산이 인간노동보다도 기계노동에 더 의존함으로써 자본은 상품으로서의 인간조차 대량으로 폐기처분하는 상황을 연출하고 있다. 근대국가가 공화국형태의 국민국가형태를 보편화시키고 자유와 평등과 정의를 기본 가치로 보편화하고자 하였으나 인간을 이성적 차원에서 서열화시키고 상품화로 차별하는 더서는 차이를 인정하는 어떠한 공화(共和)도 불가능하게 된다. 역사적으로 보건 공화국 이름으로 민주주의의 발전이 억제되곤 하였다. 그러므로 상생의 가치는 시장과 화폐 그리고 자본주의와 근대국가에 내재한 배제/폭력을 의심하는 데서 출발해서 검토되어야 할 것이다. 즉 상자(相資)가 살려지지 않는 상생은 불가능하다. 화이부동(和而不同)도 그 속에 어떤 패권이 존재한다면 불가능하다.

7.

상자이생의 관점에서 보면, 노동-고용-임금소득-생계라는 종전의 노동자통제방식 혹은 사회체제가 수정되어야 한다. 기계적 노동에서 우세하게 잉여가치가 창출되기 전에는 자본도 노동자를 노동력으로 상품화시킨 의미에서 노동을 정의하였고 노동자도 그런 의미에서 노동을 하고자 하고 그렇게 하지 않으면 사람이 사는 것이 아니라고 할 정도로 '일중독'에 걸리고 그 노동은 고용을 통해서만 가능하게 했던 것이다(그렇기 때문에 취업하고자 죽도록 경쟁을 하게 되는 것이었다). 그리고 인간의 노동시간에 기초하여 임금을 산출하고 이를 소득으로 배분케 하여 생계, 즉 노동력 재생산이 가능한 것으로 도식화하였던 것이다. 이제는 노동/비노동-고용/비고용-임금/비임금소득-생계라는 정식화가 생자이생의 첫 과제로 해결의 길을 찾아야 할 것이다. 비노동은 여기서 생산성이 기계노동에 우세하게 의존하게 됨에 따라 인간은 반드시 노동을 해야만 생존하게 된다는 전제를 철폐하고 인간으로서의 존재 자체 이유만으로 생존한다는 전제를 설정하는 것이다. 자본주의에서 노동이 어떤 형태의 고용으로서만 가능하다는 조건이 이제 철폐되고 있다. 흔히 말하듯이 죽을 듯이 일해야 하는 20%의 인간과 자본주의적 의미의 '할 일' 없이 지내야 하는 불안정한 사람 80%가 되는 사회가 도래하였다. 노동을 하지 않고도 고용이 되지 않고도 임금을 받지 않고도 살아가야 할 사람과 세상, 다시 말하자면 임금소득만이 아닌 다른 형태의 소득이 자본주의적인 노동을 고용형태를 취하지 않아도 취득되도록 하는 것, 15) 말하자면 기계노동에 의하여 생산된 것을 배분하게 하는 어떤 사회구성을 상상해야 하는 것이다. 두 가지 문제가 있다. 하나는 인간의 최저한의 생계를 규정하는 것, 그리고 다른 하나는 이에 따라 기계노동의 생산물을 배분하는 것: 이것이 사회적 세력들간의 정치적 투쟁에 의하여 결정된다는 것. 그리고 사회적 세력들의 구성은 정의적으로 자본이 이미 근대국가의 경계선을 초월하여 작동하는 것과 마찬가지로 기존의 국가의 경계선을 넘어서는 차원에서 인식되어야 한다. 따라서 국내에서 전개하고 있는 '신자유주의'에 대항하는 모든 종류의 민중적 투쟁은 기업 수준의 노사관계 차원에서 목표가 설정되는 것이 아니라, 전지구적 통합된 자본의 운동에 대하여 기계노동에 의하여 조성된 잉여가치의 배분에 겨냥된 맥락에서 인식되고 판단된 전략에서 추진되어야 할 것이다. 16)

---

15) 이런 의미에서 노동의 거부가 거론되기도 한다. 예컨대, 『문화과학』 20호, 1999년 겨울, 특집 '노동과 노동거부': 강내희, 「노동거부와 문화사회의 건설」과 고병권, 「노동거부 정치학: 새로운 '구성'을 향한 투쟁」 참조.

16) 한국에서 전개되고 있는 WTO반대운동, 노동조건의 개악없는 노동시간의 단축운동(송유나, 「현시기 노동시간 단축투쟁은 무엇을 의미하는가」, 『사회진보연대』, 2001년 3월호, 12-19쪽), 자본주의적 사회조직과 가부장적 가족구성의 원리를 해체하는 여성주의

전지구적인 자본의 획일적 운동에 대하여 이미 전세계적 민중의 저항[17]은 자본의 유기적 구성에 튼튼한 인프라를 구축해주고 있는 극소전자기술의 통신망을 이용해 국제적 연대의 새로운 면모를 나타내고 있다. 전세계적 민중은 급속히 전지구적 자본의 약탈적 지배를 인식함으로써 연대를 모색하고 있는 것이다. 우선 국제적 민중저항을 추구하고 있다.[18] 이러한 민중연대운동에서 가장 절실한 것은 운동의 대상을 정확히 파악하는 일이다. 세계 곳곳에서 드러나는 모순적 현상은 한 국가 내의 국지적 또는 지방적인 문제 형태로 표출되고 그 자체대로 독특한 성격을 가지고 있으며 이에 대하여 즉각적으로 대응하는 운동도 그렇게 인식한 수준에서 전개될 것이다. 그러나 세계화 또는 초국적자본의 전지구적 투자행위는 전지구적 질서로 하여금 복합적이고 상호의존적임과 동시에 불균등하고 비대칭적인 것으로 드러나게 만드는 것이므로 이에 도전하는 민중운동도 그러한 비대칭성을 갖게 마련이다.[19] 그러므로 고통받는 민중이 인종, 민족, 언어와 종교, 성, 거주 지역, 역사와 문화를 달리하면서 그 차이가 근대국가 형태를 통하여 자본의 차별화작동에 의하여 상호 배제-적대하던 경험으로부터 벗어나서 그 차이를 인정하고 (이 차이를 인정하고 감내한다는 것은 자율성에 대한 인정과 감내를 의

노동시간 단축운동(신경아, 「노동시간과 여성의 노동경험」, 『문화과학』 20호, 1999년 겨울, 86-87쪽 참조), 비정규직생존운동, 공기업민영화반대운동, 대우자동차 해외매각반대운동 등이 이러한 맥락에서 점검되고 운동의 의의가 주어져야 한다.

17) 한국에서 특수하게 사용되던 종전의 민중 개념을 확대할 필요가 생긴다. 물론 여기서도 노동자계급이 가장 기본적이다. 자본주의 세계화는 "피지배블록에서도 분산되고 구획되고 분단 통치되는 피지배층을 아우르는 세력으로서 민중을 형성시키는 과정이기도 하다. 이 민중은 종전의 국경을 횡단하는 힘으로써 기본적으로 초국적자본에 저항하는 기반이 될 것이다…. (이들은) 궁극적으로 자본운동에 대하여 저항하는 광범한 민중의 계급적 대응"을 하게 된다. 김진균, 「민중의 연대확장을 위한 계기로 삼자」, 『진보평론』 창간호, 1999년 가을, 17쪽.

18) 김진균, 「21세기 세계질서와 아래로부터의 민중운동」, 〈동국대학 사회과학연구소 학술토론회〉, 『사회과학연구』 6호, 1998; 투자협정 WTO반대 국민행동, '시애틀, 프라하 그리고 서울: 신자유주의 세계화를 반대한다', 2000, http://antiwto.jinbo.net; 세계사회포럼, 「포르토 알레그레가 행동결집을 요청한다」, 『문화과학』 25호, 2001년 봄, 306-311쪽.

19) 김진균, 앞의 글, 85쪽.

미하는 것이다[20]) 감내하면서 연대를 추구하는 훈련을 쌓아야 한다는 점이다. 이 점에 있어서 자본과 국가의 유기적 구성의 고도화에서 추구되어 왔던 온갖 이데올로기적 효과에 대하여 인식론적 단절의 틈새를 찾아 나가야 하는 과제가 제기된다.

자본제 생산양식과 근대국가에 내재한 배제/강제/폭력을 소멸시킬 수 있는 인식론적 방법은 어떻게 추구되어야 할 것인가? 현재 전지구적으로 일고 있는 세계적 민중연대의 투쟁에서 그 단초를 찾아야 할 것이다. 민중의 판단과 주장이 항상 옳거나 그 판단의 우월성이 보장되는 것은 아니다. 그렇지만 민중의 요구를 외면하면 정의를 인식해낼 수가 없다. 우선은 근대국가 형태와 자본의 운동의 권역 안에서 억압되어온 자유와 평등과 정의를 해방시켜 그것이 기초했던 이성적 판단을 넘어서서 인간에 대한 더 넓혀진 인식론적 전환이 필요하다는 점을 절감하게 된다.[21] 역사적 국면에서 비대칭적인 상황에 있는 세계적 민중들의 연대에 이성적 판단에 우월하는 감성적-도덕적 판단, 말하자면 인간의 존재만으로도 귀중하다는 것, 그리고 존재 자체가 욕망이라는 것에 기본적 가치부여가 우선해야 할 것이다. 온갖 질곡과 착취와 지배력을 감내하고 넘어서는 동시에 생존하는 인간, 서로 차이나는 인간에 대한 감내(받아들임 즉 서〔恕〕)와 이에 바탕하는 연대의 모색(인〔仁〕)이 절실하다는 생각이다. 어떤 형태의 패권주의도, 그것이 계급지배이든 제국주의이든 이것이 배제되는 동시에 민중이 상자해서 살아가는 화이부동(和而不同) 사회를 형성해가는 문제가 인간이 인간의 도리를 하면서 살아가는 사회를 기획하는 일이 될 것이다.

충북대 인문학연구원 주최 평화학 국제심포지엄 〈사랑, 정의, 평화 그리고 인류의 미래〉 기조연설, 2001. 10. 29.

---

20) 윤수종, 「집중화에서 자율적 조직화로」, 『문화과학』 25호, 2001년 봄, 44-66쪽. 자율화와 구성적 권력의 문제가 운동적 차원에서 더욱 탐구되어야 할 문제로 제기되어 있다.
21) 김진균, 「민주주의: 성찰적 전망」, 『문화과학』 18호, 1999년 여름, 22-23쪽.

'세계화'와 98년의 한국위기

97년 말 외환금융위기로 표출된 한국의 경제위기는 '국가-사회 위기'라는 총체적 모습으로 떠오르고 있다. 한국의 20세기 후반 경제성장 기치는 '세계화' 구호에서 다시 한번 호도되었던 '그림자'가 드디어 세기말적 타락같은 현상으로 위기가 나타났다. 이 위기는 그야말로 '세계적 차원'에서 사회주의국가들의 몰락에 연쇄하여 선진-중진을 막론하고 자본주의적 발전의 '기적'을 추구했던 모든 국가들이 얽히고 설킨 형태로 나타나고 있다. 이런 와중에서 우리는 문제점을 깊이 생각해 보고 그 위기 탈출의 방향을 모색해야 할 것이다.

객관적으로 보자면 80-90년대에 들어와서 자본주의 선진국의 과잉축적자본은 지구적 차원에서 그 투자의 길을 찾아 전일적으로 그리고 남김없이 지구의 모든 곳을 휩쓸었다. 90년 전후 사회주의 국가들이 몰락함으로써 세계적 차원에서 자본의 진출을 견제하는 요소는 제거되었고 중동과 같은 국가들의 종교적 제어력도 걸프전쟁을 통해서 어지간히 제압하여 자본의 세계적 규모의 작동 안에 끌어들일 수 있었다. 이 틈에 한국의 자본도 여러 형태의 자본과 어울려서 자본의 세계화, 생산의 세계화, 그리고 노동력을 세계적으로 동원하는 세계화를 진행해 왔는데, 그 경제행위의 책임주체는 역시 기업, 그리고 그 기업이 소속한 국민국가의 보증이었다. 한국의 대기업은 그런 면에서 국가의 지원과 보증을 과도하게 받아왔으며, 그러한 지원을 받고 자란 대자본은 세계화의 물결의 파고로부터 국내의 기득조건을 강고하게 견지하려는 과정에서 동맥경색을 자초하고 말았던 것이다.

우리나라에서 독특하게 생성한 '재벌'의 전체주의적이고 봉건주의적 성격을 타파하는 일이 이번 경제위기 극복의 핵심적 조건임이 국내뿐만 아니라 IMF에서조차 지적되고 있다. 이 조건에 대해서는 그동안 국내의 객관적 판단에 의하여 누차 강조되었지만, 독점자본 블록에서는 애써 외면해왔던 것이다. 그동안 적어도 경제적 민주주의를 주장하는 진보적 정치세력이 그러한 정치적 요구를 부르짖었어도 쟁점화되지 못한 것이 사실이다. 우리는 이번 국가-사회의 위기를 통하여 건강하고 민주적인 주체적 정치세력이 미약한 토대에 놓여있음을 절실하게 인식할 필요가 있다. 노동자와 민중의 정치세력화는 이 차원에서 그 의의가 크다는 점이 지적되어야 할 것이다.

공업화와 도시화가 진행되면서 종래의 가족형태와 가족의 기능은 급격하게 변하고 있다. 그럼에도 불구하고 가족 중심으로 삶의 터전을 지키려는 가족주의는 끈질기게 지속되고 있음을 성찰해볼 필요가 있다. 자녀를 적게 출산한다든지 여성의 사회적 진출이 빈번해지고 상속이 남녀평등으로 이루어지고 있으며, 연대와 결속이 강하게 이루어지는 친족의 범위가 축소되어 핵가족 형태가 발전하여 양육을 정서적으로 결속하는 기능은 축소되고 있다. 반면 기업은 대개가 주식회사 형태로 운영되고 있음에도 불구하고 자본의 운영이 순전히 '대가족'의 울타리로 관리되어 대자본은 '재벌'로 키워지고 작은 소유지분인데도 불구하고 각종 산업의 각종 업종을 경영하는 거대한 선단을 이루어 한국의 경제를 지배하기에 이르렀고, 재벌내의 기업에 대하여 상호지불보증을 함으로써 '대가족'의 면모를 과시해 왔다. 그리고 그 재벌은 분가와 상속을 마치 옛날 지주가 땅을 자식들에게 분가 상속하듯 하고 있다. 그리고 재벌들은 그 선단의 위력을 이용하여 국가가 보증하는 각종 국내외 자금을 끌어다가 이용하였다. 말하자면 가족의 울타리에 경제성장의 이름으로 모은 거대한 기득권을 움켜잡고 '가부장'의 절대적 의사결정에 의존하여 자기들의 그룹을 유지·확대·보호하려 한 것이다. 이러한 가족주의적 울타리는 국외의 자원을 동원해서 국내의 독점을 강화하고 유지하는 데는 유리하였다. 더구나 그 독점자본이 성장하는 데는 장기간의 군사독재정치체제가 유리한 조건을 제공해 주고 있었다. 왜냐하면 군사독재정권은 독재의 비용을 정경유착이라는 맥락에서 독점의 자본블록에서 조달해야만 했기 때문이었다. 이와 같았기 때문에 가족주의적 재벌이 '세계화'의 자본주의 운동 환경변화에 유연하게 대처하지 못한 함정이 자체 내에 생겨나게 된 것이다.

이러한 가족주의가 이번 외환금융위기를 맞이해서 해체당해야 할 운명에 처해진 것이다. 달리 말하자면 세계적 금융자본의 운영에 대처하는 기업의 조직이 '가족주의' 우선의 조직원칙을 폐기하지 않으면 안되는 상황에 직면한 것이다. 소유가 경영에서 확실히 분리되는 원칙적 조건, 그리고 재벌이라는 선단이 소유와 경영의 분리에서 해체되고 전문적 경영의 기업으로 독립되고 정비되어야 하는 것, 첨단기술의 개발과 전문적 인력의 지속적 훈련과 조달, 그리고 무엇보다도 거대국제금융의 자금조달이 한국경제에 미치는 영향에 대한 미세한 차원에서의 지속적인 검색과 판단체계, 즉 체계적이고 책임내재한 인지과학적 체계의 구축이 필요했던 것이다.

따라서 우선 자본의 세계적 규모 운영에 대하여 가족주의적 자본운영의 원칙을 폐기하는 것이 첫 번째 과제이다. 노동자들은 이 점에 각별히 유의해서 구조개혁의 첫걸음을 내디뎌야 할 것이다. 한편 노동자도 삶의 방식을 너무 과도하게 가족주의적 원리에 집착하는 관습으로부터 탈피할 길을 찾아야 한다. 이미 가족의 전통적 기능을 유지하기란 어려운 것이다. 자녀의 양육과 노인들의 부양을 단지 가족을 바탕으로 수행하기란 어렵게 되었고 그것은 자본주의적 경쟁원리로서는 지속시키기 어려운 것이다. 그렇다면 가족의 전통적 기능을 사회적으로 또는 국가 차원에서 담지하는 제도적 장치를 모색해야 한다. 이러한 문제는 그동안 선진자본주의나 사회주의 제도의 시험을 통해서 사회보장제도로 해결을 시도해왔다. 물론 어느 국가의 어떤 사회체제에서도 이러한 문제를 제도적으로 완전히 해결한 경우는 없었다. 그렇지만 실업과 해고에 대한 사회적 안전장치나 사회보장제도의 발전은 적어도 이러한 문제를 해결하고자 시도해왔던 것이다. 이러한 사회제도의 발전은 단지 국가차원의 대의정치제도가 수립되고 노동자를 포함한 일반국민의 보통선거권의 확보만으로 해결되는 것이 아니었다. 하나하나의 제도적 개선은 노동자들이 단결해서 투쟁해온 장구한 시간을 통해서 가능했던 것이다. 노동자들의 단결투쟁은 노동조합을 만들고 거기에 노동자가 조합원으로 대다수 노동자가 가입하는 것이 요건일 것이다. 그리고 더욱 그러한 요구를 정치적으로 주장할 수 있어야 한다. 노동자가 노동조합을 토대로 하여 그 조직적 기반을 갖고 정치적 요구를 할 수 있는 정치적 매체를 조성해 나아가야 한다. 노동자는 자본가나 부르주아계급처럼 자기들의 이익을 사회적으로 관철하기 위하여 자금과 인력을 내놓을 수가 없다. 경제적 잉여를 손에 여유있게 쥘 수가 없기 때문이다. 여기에 가족주의에 빠져있다면 더구나 사회적인 일에 어떤 요소도 투여할 수가 없다. 노동자는 그렇기 때문에 몸과 시간을 제공할 수밖에 없다. 노조를 만들고 노동자의 정치적 요구를 주장하기 위한 조직적 기반을 만들기 위해서 몸과 시간을 스스로 제공하지 않으면 일을 도모할 수가 없다. 가족주의적 삶의 원칙을 넘어서는 노동자 연대의 틀을 스스로 만들고 그 틀 위에서 노동자가 아닌 사람들의 삶도 깃들 수 있는 둥지를 넓혀가야 할 것이다.

현재에도 국가의 존재와 기능은 중요하다. 그런데 특히 자본이 국제통화기금의 이름으로 특정 국가의 금융위기 내지 경제위기에 개입하는 사태는 종래의 국가 존재와 그 기능을 변모시키고 있다. 벌써 80년대부터 우리나라에서도 근대국가형태에 대한 논란중에 근대국가형태의 주권을 넘어서는 힘의 존재를 지적하고 있었다. 우리나라는 이번 경제위기에서 그러한 힘의 존재를 '세계화' 맥락의 배경적 존재로 인식하게 되었다. 전에는 근대국가형태의 주권들이 국제관계라는 맥락에서 상호주권 불가침의 원칙을 존중하는 체 하면서 국가의 내부 조절기능을 인정해 주고 있었다. 이제 '세계화' 속에 근대국가의 주권을 초월하는 힘의 존재는 근대국가의 내부조절 기능을 정치적으로 인정하려 하지 않는다. 이 조건이 소위 '세계화'담론의 세계체제 속에서 변하고 있는 것이다. 그렇다고 해서 어떤 종류의 자본이 국내에 들어와서 고용만 창출해주면 좋다고 말할 수는 없는 것이다. '세계화'에는 세계 곳곳의 노동력이 세계 속으로 이동하고 있다. 이러한 조건의 변화에도 불구하고 아직도 국가는 사람들의 삶의 역사적 터전으로 다뤄져야 하는 기능을 가지고 있다. 따라서 노동자가, 그리고 민중이 한 국가-사회의 터전을 가꾸는 사람들이라면 오고 가는 노동자들을 보편적인 인간-노동자로 대접해야 할 사명이 있는 동시에 국가-사회의 지배기능이 노동자-민중 지향이 되도록 민주적이고 진보적인 권력세력을 구축해야 할 요구가 있는 것이다. 그렇기 때문에 국가에 대한 책임있는 정치적 주장을 할 수 있어야 하는 것이다.

한편 오늘날 우리가 맞이하고 있는 경제위기는 두 가지 점을 고려해 보아야 한다. 첫째 그 경제위기가 세계적으로 발생하고 있다는 점이다. 물론 후진국에서는 장기적인 독재-가족체제에 얽매어 있던 국가에서 우선적으로 발생하고 있다. 그렇기 때문에 모든 후진국-발전도상국가들이 자본주의발전 방식에 따라 모두가 발전한다고 해서 위기가 본질적으로 해결된다는 것을 보장하는 것은 아니다. 왜냐하면 선진국이라고 하는 국가들조차 부채와 불황과 실업에 허덕이고 있기 때문이다. 따라서 실업과 정리해고와 고용불안 및 생활파괴 현상은 단지 한국의 노동자뿐만 아니라 태국, 인도네시아, 프랑스, 일본, 멕시코 등 지구 어느 국가의 노동자도 당면하고 있는 것이다. 자본이 세계적으로 작동하면 그 작동의 대상이 되는 노동자가 동일한 상황에 빠지는 위험은 동일한 것이다. 그렇기 때문에 노동자의 운동에는 세계적 연대의 조건이 강화되고 있는 것이다. 97년 초 노동자파업투쟁 당시 인터넷망을 통한 소식의 실시간 전달과 이해소통에 의하여 국제적 연대운동이 활발했던 경험이 있다. 따라서 노동운동진영에서는 국내에서 국제통화기금과의 협상에 참여할 것을 주장할 뿐만 아니라, 세계적 규모에서 과잉자본으로 각국의 경제를 파국으로 몰아가고 동시에 장악하려는 국제통화기금의 시도에 대해 지속적인 저항을 조직하도록 요구하거나 나서야 할 것이다.

둘째로, 국내에서 쟁점으로 거의 떠올리지 않고 있는 문제가 하나 있다. 지난 대통령선거 당시에 '민주와 진보를 위한 국민승리 21' 대통령 후보만이 한국의 경제위기를 극복하는 하나의 조건으로 국방비를 삭감하고 남북한 사이에 군축평화통일의 길을 찾자고 주장하였다. 이상하게도 국제통화기금측에서 처음 한국 정부에 요구한 사항 중에 무기수입을 자제하고 국방비를 줄일 것이라는 항목이 있었다. 그런데 처음 한번만 그런 보도가 나온 뒤에 어느 쪽도 그 문제를 거론하지 않고 있다. 그런데 묘하게도 『한겨레신문』 98년 1월 10일자에 셀리그 해리슨이 「군비축소의 이중효과」라는 글을 기고하고, 거기에서 '천정부지로 치솟는 국방비'를 줄이고 '해외로부터의 값비싼 군사장비 구매계획을 포기해야' 실업보상이나 여타 사회복지 지출을 국제수준으로 올릴 수 있고 남북간의 긴장을 풀기 위해 남북상호간에 상호 병력감축 논의를 할 수 있게 된다는 요지를 발표한 바 있다.

미국을 중심으로 한 거대자본이 한국의 국방비감축을 제안한 것은 자체 모순을 발로한 것이다. 미국의 군산복합체, 즉 미국의 거대자본은 한국의 군장비 도입에서 커다란 이익을 챙기고 있다. 이 점이 문제인 것이다. 이 군비축소문제는 한국에 있어서는 무기생산에 종사하고 있는 몇몇 재벌에게는 이익이 되지 않겠지만 사회복지-교육-의료 등의 분야에 지출을 늘일 수 있고 남북한간의 출혈적인 군비경쟁을 막고 북한의 경제위기를 극복하여 남북간의 경제협력을 증진시킬 수 있는 여지를 증대시킬 수 있다. 또한 지금 한국이 당면하고 있는 외환금융위기 및 경제위기를 극복하는 지름길일 수 있다. 그런데 국내의 어떤 세력도 이 문제를 정면으로 거론하지 않고 있고 국제금융기금측이나 미국 거대자본 누구도 입을 봉해 버리고 오직 정리해고만이 해결책인 양 내세우고 있다는 것이다.

한국의 노동자들은 정리해고의 논란에 정신을 잃을 것이 아니라 조직적으로 이 군비축소 문제를 정면으로 거론하고 국가예산구성의 비중이 사회보장과 교육 쪽으로 옮겨가도록 주장하여야 할 것이다.

대구노동정책연구소,『노동연구』25호, 1998. 1.

한국의 정체성을 위하여

1.

분단된 한국민족사회는 사회주의국가들의 붕괴와 그 헤게모니의 약화와 더불어 전반적으로 시장, 자유 및 민주주의가 보편화되는 경향과, 가족, 종교, 인종, 민족, 국가와 같은 역사적 주체의 근거매김이 주창되는 경향이 상호 교차되는 새로운 상황—기존의 상호교차 상황과는 다른—으로 가는 세계체제적 상황에 놓여 있다.

자본과 기술, 노동력, 정보의 세계적 이동이 자본주의적 맥락에서 진행되고 있다. 이와 연계된 초국적기업들 또는 그와 연관된 국제기구, 그리고 그러한 초국적기업과 파트너 기능을 다하고 있는 초국적 군산복합체는 종전의 국민국가 경계 안에서의 규정과 조정의 한계를 초월하여 주권국가의 개념을 수정시키고 있다. 그렇지만 그러한 요소에 대한 정보기지 및 관리는 국가 조직에서 이루어지고 있고, 또한 그 기능은 계속될 것이다.

2.

생산의 세계화, 기술의 세계화 및 노동의 세계화는 급속도로 진행될 것이고, 자본의 세계적 결합 운동은 한 나라를 넘어서서 작동할 것이다. 노동에 대한 통제는 종전 각각 역사적 문화의 특색을 지녀온 국민국가의 전통적인 통제형태와 한편으로 잘 발전된 통제형태—즉 보편적인 직업 전문적 교육과 근본적으로 과학적 관리방법에 연유하여 발달한 조직형태—가 서로 융합하여 여러 비동시적 형태를 전자의 약화 내지 제거를 기반으로 하여 보편화시키는 경향으로 나아갈 것이다.

3.

이러한 시장확대 경향은 종전에 국민국가의 국적과 문화, 전통의 구속으로부터 노동력을 해방시키고자 하는 정세로 나아갈 것이다. 이것은 봉건체제로부터 인민을 해방시키던 자유와는 다른 새로운 차원의 자유이다(ILO의 노동조건에 관한 권고안은 이의 전형적인 예이다). 이것은 국적을 달리하는 인종이 시장원칙에 따라 자유롭게 국민국가의 제약을 넘어서서 이동하고 보편적인 노동의 조건, 고용의 조건을 추구하는 자유를 의미한다. 따라서 이러한 자유를 담보로 할 사회적 조건의 하나로 정치적 민주주의, 경제적 민주주의, 문화적-사회적 민주주의 원칙에 의하여 사회가 조직될 것을 요구하게 될 것이다. 지난 20세기에 들어와 실험되고 추구되었던 각종 형태의 정치적 민주주의체제는 한 나라의 경계를 넘어서는 세계적 보편적 차원의 민주주의를 추구케 할 것이다. 자본주의 시장원리의 확장은 또한 노동자통제를 둘러싼 민주주의적 권력관계 구축을 위한 범세계적으로 제기되는 정치적 요구와 충돌하고 타협하거나 아니면 더욱 커진 변혁적 과제에 직면할 것이다.

4.

적어도 2세기에 걸쳐 확고하게 구축되어 국제관계를 구성해온 근대적 민족(국민)국가는 위와 같은 세계적 보편화 경향에 의하여 그 속에 담아냈던 가족, 친족, 지역공동체, 종교, 인종을 기반으로 하는 공동체를 해체시키고자 하거나 또는 그 공동체의 근거를 변화시키고 있다. 봉건적 또는 전통적 주체조건에 결부되어 있던 인민을 그것으로부터 해방시켜 자유롭게 하는 동시에 인권의 동등한 담지자로서 공화국의 평등한 일원으로서 정치적 공동체를 이루어 왔고, 그 이전의 가족이나 종교 또는 인종에 따른 차별적 관계 구조를 자유, 평등, 정의의 연대구조로 보편화시켜 왔다. 자본주의 발전에 따른 계급분화와 계급투쟁도 국가가 인민의 보편적 기본권 수호라는 원칙에 따라 조정하고 순화시키려 했다.

5.

전통적 가족관계도 남녀관계의 탈차별화 원칙에 의해 변화되고 있다. 그러나 두 가지 모순된 경향이 동시에 나타나고 있는 것 같다. 첫째, 가족이 개인주의 경향에 압도되는 동시에, 둘째 세계적 보편화 경향에 반역하여 가족의 공동체에 주체의 근거를 더욱 강한 집착으로 구성하려는 욕구가 제기되고 있다는 사실이다.

한국은 그간 일련의 가족법 개정을 통하여 남녀의 거의 평등한 균분 상속제의 도입, 가산(家産)의 부부공동형성 인정에 따른 공유개념의 확산, 보편적인 교육기회 제공, 동성동본 결혼금지의 거의 완전한 폐기, 전통적인 대가족 해체에 따른 핵가족화, 인구의 노령화와 그 부양문제 등으로 격심한 변화를 겪고 있다. 가족과 친족에 근거한 정체성이 급속도로 상실되어 가고 있고, 반면에 한국은 기독교국가나 회교국가와 같은 종교적 정체성은 약하지만 상당히 제고되고 있다.

그러나 한편 남북한을 통틀어 민족에 대한 정체성은 거의 배타적일 정도로 대단히 강하다. 한민족은 언어, 인종, 지리적 차원에서 동일하다고 가상된 정체성이 근 반만년, 짧게는 근 일천년의 자연사적 바탕을 가지고 있고, 그 역사 속에서 인근 민족들과 오랜 분쟁, 19세기 말과 20세기 전시기에 걸쳐 경험하고 있는 제국주의 열강의 힘에 의한 압박 등에 의하여 민족주의적 정체성은 더욱 확고하게 형성되었다. 한편 한민족의 자연사적 정체성은 세계보편화 과정에서 이입되어 오는 타국적 이(異)인종에 대하여 보편적 인권(또는 기본적 노동인권)에 기반하는 인류시민으로 끌어안는 수준높이기를 추구해야 할 것이다. 바야흐로 중첩적 정체성과 기본권의 융합이 요구되는 것이다.

6.

거의 3세기에 걸쳐 근대민족국가가 세계적으로 구축 완료되고 오히려 부분적으로는 근대민족국가의 해체현상마저 나타나는 세계적 상황에서 우리 민족은 오래된 자연사적 기반을 가지고도 통일된 근대적 민족국가를 형성시켜 내지 못하고 있다. 세계적 보편화과정에서 남북통일에 의한 근대적 민족국가 형성은 시급한 과제로 대두되고 있다. 주변의 중국과 일본이 경제적, 군사적 대국으로 등장하고 있지만 그렇다그 세계적 보편화과정에서 그 국민국가로서의 형태를 해체할 기미는 나타나기 어려울 것이다. 따라서 한민족의 통일국가 형성은 그러한 정세에 대응하는 조건으로서도 요구되고 있는 것이다. 남북한에 대한 자연사적 민족 정체성만이 아니라, 근대민족국가의 완성과 세계적 보편화경향에 대응하여 더 넓은 차원의 정치적 기본권 형성 차원에서 민족정체성이 강구되어야 한다.

7.

한국은 내부의 여러 해체적 경향에 대응하여 국가 전체 차원에서 주체의 정체성 구성을 위한 조치가 필요하다. 노인, 어린이, 그리고 여성이 차별없이(또는 차이가 인정된 차원에서의 자유와 평등 그리고 연대) 통합되는 정체성 전략이 정책적으로 추구되어야 한다. 그것은 일차적으로 사회보장제도의 확립일 것이다.

정체성 구축에 있어서 자본주의 축적과의 기묘한 교차점을 찾아 정체성의 경제적, 정치적 의미구조를 포착해야 한다. 시장에 따른 노동조건의 악화, 유연화전략에 의한 정리해고, 해고위협, 실업의 만연, 파견제 또는 시간제 등 불안정노동에 따른 고용불안, 노조의 약화, 노동자와 민중의 정치적 요구의 통로 미비 또는 봉쇄 등은 정체성의 기반을 제거하는 것이다. 인간다운 노동조건과 고용의 안정이 우선적으로 한 공동체 삶에 가장 핵심적이고 기본적인 것이다.

2020년이나 2030년이 되면, 남북한 합쳐 인구 8천만에 노령인구는 지금의 두 배가 되고 어린이는 줄되 양육과 교육에 대한 사회적 배려는 더욱 요구될 것이다. 따라서 20-40대 경제활동인구의 부양 부담은 현재보다 더욱 가중될 것이다. 기술발전과 산업의 고도화로 생산성이 더욱 높아진다고 하더라도, 노동일의 단축요구와 경제적 부담의 가중은 공동체 전체 안정화와 정체성 구축의 원칙에 의하여 충분히 검토되어야 할 것이다. 그 핵심에는 고용안정 확립과 해고, 실업에 대한 민중의 불안에 대한 방책이 자리잡아야 할 것이다.

8.

세계적 보편화 경향과 주체정체성 문제는 한편으로 다른 인종, 민족, 국가에 대한 넓은 이해를 촉구한다. 그러면서 동시에 이 보편화경향에 대하여 뿌리를 내리고 살 수 있는 정체성의 공동체 기반 구축전략 역시 동시에 추구해야 할 것이다.

〈대선의 사회정책적 의의 토론회〉, 1997. 9. 13.

내가 자주 읽는 시

1.

시를 빚어내는 분들이야 산고의 고통과 희열을 함께 가져보리라 생각된다. 읽는 자들은 그런대로 마음에 와닿으면 읽는 맛은 일단 찾은 셈이 될 것이다. 그런데 시의 낭송을 듣는 감동도 이들에 못지않게 크다할 것이다. 사실 나는 듣는 편이 더 많이 가슴에 와닿은 경험이 있어서 그 감동이 생각날 땐 흥분되기도 한다. 80년이 지나고 이 세상이 암흑천지로 숨죽어 있을 때 사람들이 모인 어떤 자리에서나 혹은 술한잔 걸치는 뒷풀이에서 고인이 된 성내운 교수가 목소리를 가다듬고 신경림의 「농무」, 양성우의 「겨울공화국」, 특히 문익환 목사의 「꿈을 비는 마음」을 읊어내는데 그 감동은 어쩔 수 없이 가슴을 저미게 하였다.

1990년은 우리나라가 격정의 시대를 지나는 시기로, 아직 87년의 대투쟁이 격정의 용트림을 하던 시기였다. 마침 그 해는 4월혁명이 일어난 지 30년이 되는 해인 동시에, 이제 겨우 4월혁명을 그나마 변혁의 맥락에서 기념할 수 있던 시기였다. 그 해 사월혁명연구소가 주축이 되어 기념문화행사를 연세대 강당에서 개최했는데 마지막 막이 내리기 전에 백기완 선생이 장시를 읊었는데 그것이 장내에 끼얹은 감동은 이루 말할 수 없었다. 그리고 죽은 김남주가 시를 육성으로 남겨 놓은 것조차 얼마나 가슴을 조이게 하는가. 80년대에 나온 시들은 감격적이었다. 문병란 시인의 「직녀에게」를 겨울 소백산에서 노래로 듣는 정경, 신인들의 모음집 「저 푸른 자유의 하늘」(1987년), 그리고 90년대를 한참 지나서도 제주 4.3을 눈물겹게 부르짖는 문무병 시의 울림, 조진태의 「다시, 새벽길」이 주는 용기….

2.

나 같이 무딘 사람은 특히 사회과학을 실증주의적으로 공부한 사람은 현실과 사실을 관찰하는 데 직관력의 힘이 잘 솟아나지 않는다. 옛날 조선조 학자들은 공부를 한다 하면 시를 하고 경서를 읽고 그리고 객관적인 진술을 하는 글을 쓰기도 했다. 나 같은 사람은 시와 문학에 대한 소양이 길러지지 않았다. 그러니 우리나라 50년 격동사를 접하는 데 인식과 판단이 편향적일 수밖에 없다. 모순은 보는 것이 아니라 먼저 느껴야 하는 것이다. 인식은 단지 이성(理性)적인 인식만이 있는 것이 아니라 감성적(感性的)인 인식이 먼저 있는 법이다. 감성적 인식의 결핍이 나에게는 항상 문제가 된다. 이런 점에서 보면 조선조 후기 실학자 다산 정약용은 참으로 우리에게 훌륭한 전범이 되어주었다. 우리가 십여년 넘게 다산의 『목민심서』 역주작업을 할 때 함께 참여했던 송재소 교수가 다산의 시를 번역 출판하였다. 다산은 서정시나 우화시나 자연시나 간에 사실성을 바탕으로 하여 당시 현실의 모순, 가난한 농민들이 착취당하는 현실을 드러내었다. 그러한 시적 감응성으로 현실을 감성적으로 인식하였고 이에 바탕하여 세상을 개혁하는 실제적인 저서들인 『목민심서』와 『경세유표』를 쓸 수 있었고 더 나아가 형이상학적 세계도 열어갈 수 있었다고 생각된다.

현실적 모순을 감성적 인식으로 묘사한 시들이 많다. 송재소 교수가 편한 책에 보면 「굶주리는 백성들」이나 「수심에 싸여」, 그리고 「농가의 여름조차」 모두가 그러한 성격의 작품들이다. 나는 그 중에서 가장 절정에 닿아 있다고 생각되는 '애절양'을 자주 읽는다. 내가 현실에 대해

인식하는 힘이 모자라거나 무디어진다고 여겨질 때마다 이 시를 보게
된다.

3.

애절양(哀絶陽)[*]

갈밭마을 젊은 여인 울음도 서러워라
현문(縣門) 향해 울부짖다 하늘 보고 호소하네

군인남편 못 돌아옴은 있을 법도 한 일이나
예부터 남절양(男絶陽)은 들어보지 못했노라

시아버지 죽어서 이미 상복 입었고
갓난 아인 배냇물도 안 말랐는데
삼대(三代)의 이름이 군적에 실리나니

달려가서 억울함을 호소하려도
범 같은 문지기 버티어 있고
이정(里正)이 호통하여 단벌 소만 끌려 갔네

남편 문득 칼을 갈아 방안으로 뛰어들자
붉은 피 자리에 낭자하구나
스스로 한탄하네 "아이 낳은 죄로구나"

잠실궁형(蠶室宮刑)이 또한 지나친 형벌이고
민(閩)땅 자식 거세함도 가엾은 일이거든

자식 낳고 사는 건 하늘이 내린 이치
하늘 땅 어울려서 아들 되고 딸 되는 것

---

* 정약용 저/송재소 역주, 『茶山詩選』 창작과비평사, 1981, 238-241쪽에서 인용.

말 돼지 거세함도 가엾다 이르는데
하물며 뒤를 잇는 사람에 있어서랴

부자들은 한평생 풍악이나 즐기면서
한 알 쌀, 한 치 베도 바치는 일 없으니

다 같은 백성인데 이다지 불공한고
객창에서 거듭거듭 시구편(鳲鳩篇)을 읊노라

이 시는 다산이 강진에 귀양가 있을 때 지은 것이다. 한 백성이 아이를 낳은 지 나흘만에 군적에 올리고 이정(里正)이 소를 빼앗아가니 자식 낳은 죄라고 하여 칼을 뽑아 남자 생식기를 잘라버렸다(男絶陽). 그 아내가 그것을 들고 관아에 가서 하소연하나 문지기가 가로막아 버렸다. 이 사실을 두고 이것은 잠실에서 남자 생식기를 자르는 궁형보다도 더 심하고 중국 민땅 사람 자식을 거세해서 종으로 삼는 것보다 더 가엾은 일로서 당시 군정(軍丁)의 문란한 정치를 묘사하였다. 시구편은 통치자가 백성을 고루 사랑해야 한다는 것을 뻐구기에 비유해서 읊은 『시경(詩經)』의 편명이다.

『노나메기』 4호, 2001년 봄.

2장

신자유주의 시대의 운동 전략

문명과 야만

1.

문명은 인간의 물질적 지적 도덕적 문화의 발전을 의미한다. 이 문명은 인간의 지고한 가치를 실현하고자 하는 인류의 노력에 의하여 성취된 결과이다. 따라서 문명은 인간이 당면하는 물질적 이데올로기적 질곡으로부터 해방시켜 인간다운 삶의 완성을 향해 진행한 결실이기도 하다. 이 문명화과정에서 인간은 지고한 가치로서 그 존엄성과 자율성이 추구된다. 이 인간의 개념에는 남·녀·노·소와 인종, 장애인에 어떠한 차별의 인식도 개재되는 것을 거부한다.

반면 야만은 인간의 문명화과정에서 의도했건 혹은 의도하지 않았던 간에 인간의 지고한 가치와 인간 생활 자체를 훼손하거나 저해하는 모든 것을 의미한다. 물질적 발전이 오히려 소수의 인간에게 극대한 혜택을 차지하게 하는 동시에 대다수 인류를 궁핍과 그것이 의한 인간성 훼손을 가져온 것이 사실로 확인되는데, 이것은 문명화과정이 야만을 초래한 것이다.

지구상에 나타나고 있는 여러 야만의 현상이 현대 문명의 본질에서 비롯되는 것인지를 살펴보아야 우리는 그 야만으로부터 탈출할 수 있는 계기와 전망을 찾을 수 있을 것이다.

2.

인간생활은 공동체적인 삶과 개인적 자유가 조화하는 데서 진전한다. 여기서 중요한 개념이 상자이생(相資以生)이다. 사회를 구성하는 요소들과 사회들간에는 존재의 차이가 있음과 동시에 각 요소들이 다른 요소에 자원으로 들어가서 새로운 생성을 만들어낸다. 각 요소는 다른 요소로 전환되는 데서 새로운 생성을 한다. 여기서 진보적 과정을 발견할 수 있다.

교환은 따라서 인간생활에서 공동체적 삶의 기초와 개인적 자유의 활로를 제공하는 것이다. 교환이 시장에서 발전되고 교환의 이용을 위하여 화폐가 발전하였다. 이 교환은 인간의 필요에 대하여 사용가치를 가진 사물을 필요에 따라 유통되도록 하는 것이다.

이 시장이 자본주의체제에 내화하여 극단적인 형태로 발전하고 있다.

3.

교환수단으로 발전한 화폐는 화폐로 표시된 가치를 전유하는 경쟁사회를 구성해왔다. 화폐는 교환관계에서 교환자들에게 '경쟁에 의한 적대관계'를 조성한다. 자본주의 발전은 화폐경제를 보편화시킴으로써 인간과 인간집단의 구성적 요소들을 모두 화폐화시키는 경향을 조성하는 동시에, 화폐라는 작동 속에서 그 화폐를 취득하는 데서 발생하는 적대와 폭력을 보편적 사회메커니즘으로 은폐한다. 화폐는 취득적 폭력을 수반하고 있으며 이 폭력은 물리적 폭력이 아니라 배제효과로서의 폭력이다. 이 배제효과는 더욱 강화되고 있으며, 특히 여성과 어린이, 노인들, 제3세계 노동자가 이 배제의 희생물로 빠르게 전환되고 있다. 인간이 상품화되는 것이 야만의 첫 걸음이었다면, 이렇게 배제되는 인간들의 삶의 현실은 야만의 상태를 극적으로 표현하고 있다.

4.

과학과 기술은 자연을 인간과 연결하여 인간의 필요에 가장 중요한 물질적 요소를 자연으로 하여금 인간에게 제공하도록 하고 있다. 자연과 인간도 '상자이생'의 순환에 있고 따라서 인간의 삶이 자연의 풍요로운 생성과정과 더불어 존재하였다. 따라서 과학과 기술은 인간 문명의 발전에 가장 중요하고도 극치적 조화의 요소로 간주되었으며 인류의 근현대문명은 이 과학과 기술의 진보성에 기반하고 있음도 특징적이다.

그러나 과학과 기술은 19세기에 차츰 독점자본주의의 요소로 편입되기 시작하였고, 이후 독점자본의 요구에 부응하는 방향으로 동원되고 그 발전이 유도되었다. 바야흐로 과학과 기술이 자본의 구성요소로 전환된 것이다.

이에 따라 두 가지 문제가 발생하였다. 하나는 과학과 기술이 독점자본에 동원됨으로써 보편적인 문명 혜택을 인류 전체에 평등하게 부여하지 못하게 된 점이다. 오히려 그것들은 독점자본에게 거대한 이익을 집중되게 하였다. 이렇게 됨으로써 자연의 요소는 과학과 기술에 의하여 동원되는 메커니즘에서 상자이생의 원리에 순응하지 못했을 뿐 아니라 자연이 독점자본의 이윤동기에 의하여 파괴되기 시작하였다. 이 파괴는 전지구적 환경, 지구를 둘러싼 대기권에까지 효력을 미쳐 그것들을 인간에게 유해한 환경으로 혹은 생태계로 변모시킨다. 뿐만 아니라 인간과 인간집단의 지역적 공동체에서 인간에게 상자하는 환경을 조성치 못하고, 지구촌을 사막화하며, 식량과 식수의 고갈에 직면하게 하고 있다.

다른 하나는 과학과 기술이 극단적인 무기의 발전을 가져 왔다는 점이다. 핵무기는 인류를 절멸의 위기에 놓고 있다. 무기체제는 이미 우주적 체제를 구성하였다(SDI, MD). 과학과 기술이 자본의 구성요소가 되었듯이 과학과 기술이 적용된 무기체제는 시장을 요구하고 있으며, 세계적 규모의 전쟁이 아니더라도 국지적이지만 항상적인 전쟁을 필요로 하게 되었다. 전쟁의 도발은 이제 강대국(미국)의 자의적 결정에 의하여 자행되고 있다. 이 전쟁은 어떠한 명분을 내세워서 당사국의 주권과 유엔의 협의를 거의 무시하고 결정되고 있다. 그러나 전쟁은 전지구적 독점자본이 요구하는 자원의 획득을 위한 것으로 판명나고 있다. 즉 전쟁도 결국 자본의 계산이라는 비용가치를 앞세운 데서 결정되고 다른 어떤 가치도 배제하고 있다는 것이 드러난 셈이다.

그 국지적 전쟁에 소요되고 소비되는 자원은 20세기에 경험한 바 두 차례 세계대전의 규모를 능가하고 있다. 이 전쟁에서 인간은 극도로 사상되고 궁핍과 굴욕, 여성에 대한 강간, 어린이 폐기를 강요당하고 있다.

5.

과학기술은 자연과 인간의 순환관계에서 인간이 추출하는 잉여가 인간 삶의 질적 향상을 도모하는 데 기여할 수 있다고 인식되었다(진보관). 그런데 발전된 과학은 노동과정과 일반적 생활과정에 적용되는 범위가 더욱 확대됨에 따라 노동을 생략하는 효과를 더욱 크게 가지게 되었다. 과학과 기술이 인간노동을 대신하는 범위가 확대되고 있기 때문이다. 한편 이렇게 조성된 자본은 산업자본으로 혹은 생산에 투자되기보다는 투자금융자본으로 전세계를 횡행하면서 '국민경제'를 교란하고 지구촌의 전민중을 불안한 삶의 형태로 몰아가고 있다.

그 투기자본은 잉여가치가 기계노동에 의하여 주요한 부분이 형성됨으로써, 자본을 인간노동(내지 인간의 존재)을 고려하는 경향과는 정반대의 경향으로 나가게 하고 있다. 인간은 따라서 노동으로부터 제거되고 있는 경향이다. 이로써 사람들은 현실에서 불안정한 노동과 불안정한 생활로 내몰리고 있다.

이에 인간은 노동을 통해서 인간 가치를 실현한다는 가정이 폐기되고 있다. 동시에 노동으로부터 거부된 삶은 '노동으로부터 해방'된 삶의 추구마저도 폐기하도록 강요당하고 있다. 왜냐하면 불안정한 노동과 불안정한 삶에 놓여있는 민중들은 아직 자본이 펼치고 있는 불안정하고 파편화된 소득의 배제적이고 폭력적인 배치를 걷어치우고 필요에 따른 소득배치의 방법을 획득하지 못하고 있기 때문이다.

6.

자본의 지배적이고 획일적인 전지구적 지배와 군사력의 일방적 행사
는 결국 전지구적 독점자본이 추구하는 '제국'을 건설하고 있다.

　　　〈진보적 지식과 양심의 소리 2002년도 토론호〉, 2002. 4. 15.

전략적 구상을 위한 모임이 있어야

지난 2년간을 중심으로 생각해 보면, 세계의 자본 흐름에 대해 한국에서는 두 가지 대응운동이 있었다고 보인다. 그 하나는 한국영화 상영일수와 관련하여 현재 유지되고 있는 스크린쿼터제 폐지를 요구하는 미국측 압력에 대항하는 행동이었고, 다른 하나는 OECD에서 추진했던 '다자간투자협정' 반대운동이었다. 앞의 문제는 일단 유보시켜 놓고 있지만 한미투자협정회담이 계속 진행되면 언제나 쟁점이 될 문제이고, 이 문제는 또한 한국의 문화산업 또는 시청각문화산업 전반에 관한 정책 점검을 필요로 하는 사안이다. 따라서 민예총의 기관지나 문화연대에서도 이 문화산업정책과 관련한 토론과 제안이 제출되고 있다. 물론 이 산업정책 이전에 사실 한국 문화와 역사, 그리고 한국인의 삶의 질 문제를 먼저 연구하고 분석하고 이론화하는 작업이 요구되고 있기도 하다.

그런데 이 문화산업 문제는 별도로 단일하게 제기되는 것은 아니다. '다자간투자협정 시안'을 보면 투자의 전반적 개념 그리고 그 개념의 포괄적 근거 기반으로서 세계화되는 자본주의를 주목하지 않을 수 없게 된다. 한국의 영화시장을 전면 개방하라는 요구나 일본의 한국의 문화시장에 대한 개방 요구나, 자동차회사 판매를 공개하라거나 한국전력을 민영화시키고 분할해서 해외자본에 매각하라는 요구가 동일한 다자간투자협정의 맥락에 놓여 있는 것이다.

다자간투자협정은 결국 조인되지 못해서 WTO로 넘겨졌고, 이 문제를 검토하기 시작한 회담이 1999년 11월 30일 미국 시애틀에서 이루어진 각료회담이다. 여기에 맞서 지구촌 민중운동이 집결하여 격렬하게 저항했던 것이다. 그러나 사실 이 시애틀 회담에 대해 우리나라 민중운동 진영은 아예 문제 인식도 하지 못했거나 또는 개별적인 대응을 했을 뿐이었다. 전농이 가장 두드러지게 농산물 문제를 두고 싸웠다.

97년부터 무자비하게 시작된 IMF전략에 따른 대량해고 사태와 노동자의 비정규직화 또는 불안정화는 그 사실 자체는 별도로 나타난 것 같지만, 이미 다자간투자협정안에서 세계적인 거대자본의 투자행위에 의하여 발진되고 있었던 것이다. 한국의 거대기업에 대하여 IMF의 힘을 빌려 국가가 단행하고 있는 정비작업도 결국 한국 자본을 세계적 거대자본에 유기적으로 연결시키는 것에 불과한 것이고, 이 과정에서 노동자를 비롯한 민중의 고통이 집중·집적되는 것이다.

문제의 본질이 그러한 차원에서 발생한다면, 대량해고, 미취업, 불안정고용 및 비정규직 노동자 급증 문제와, 한국전력을 비롯한 공기업의 민영화와 해외매각 문제, 국립의료기구의 민영화 문제 그리고 한국 문화산업에 대한 개방요구, 음식물 개방요구 문제, 종자회사의 해외자본으로의 소유권이전 문제, 한국 동식물 종자에 대한 해외자본의 지배를 비롯한 전반적인 지적 재산권 강화 문제 등의 현안문제들에 대해 전술적인 대응방식은 차이가 있더라도 그러한 문제를 기본적으로 인식하고 이해하는 전략적 차원의 문제는 민중운동단체들이 함께 대응해야 한다.

현재 IMF극복 국민운동의 전선체가 있고 한미·한일 투자협정과 WTO반대를 위한 전선체가 있기는 하지만, 총체적인 인식을 위한 전략 모임을 위하여 적극적인 모색이 필요하다. 연구하는 사람들, 정책을 구상하는 사람들, 실천운동을 구상하고 집행하는 사람들이 한 자리에서 이 토론을 전개해야 하는 시급성이 요구된다.

영화배우나 감독들이 종전의 민중운동전선에 대해 서먹해 하다가 스크린쿼터폐지 반대운동에서 만나 힘을 합쳐 나갔듯이, 좀더 열린 자세로 영역의 울타리를 넘어 구상을 위한 연대의 기반을 만들어야 할 것이다. 이 전략구상을 만들어가야 부문별 각종 문제에 대응하는 운동들이 핵심적 목표를 지향할 수 있을 것이고 민중의 힘을 더욱 집중시켜 나갈 수 있을 것이다.

『WTO 반대 국민행동』 3호, 2000.

신자유주의를 반대하는 전략과 총선의 문제

1.

민주노총은 지난 2월 1일과 2일 사이에 네덜란드 암스테르담서 개최된 4개국 노총회의에 참가하였다. 이 회의에는 민주노총 외에, 남아공 COSATU, 브라질CUT, 네델란드 FNU가 참석하였다. 이 회의에서는 99년 11월 30일에 개최된 WTO 씨애틀 각료회의 이후 WTO를 둘러싼 쟁점과, 2000년 4월 남아공에서 열리는 제17차 ICFTU(국제자유노련) 총회에 대한 공동대응이 가장 큰 관심사항이었고, WTO 뉴라운드 협상과 관련한 사항, 다국적기업에 대한 공동대응, 여성문제, 비공식부문에 관한 사항, 노동조합과 NGO의 관계, 에이즈문제, 노등조합의 투쟁에 대한 문제를 논의하였다고 한다. 이 회의 결과 자유무역, WTO 무역협상, 신자유주의에 관한 공통의 입장을 표명하고 적극 대응하기로 하였다고 한다.

"현 상황에서의 자유무역은 각 나라의 발전수준에 따라 선진국과 개발도상국가에 서로 다른 충격을 주고 있다. 따라서 무역협상은 이들 나라의 사정에 따라 다양하게 접근되어야 한다. 무역협상에 핵심 노동조항을 포함시켜야 한다는 것이 FNU가 추진하고 있는 무역협상관련 정책방침이었다. 그런데 이 문제에 대한 KCTU, COSATU, CUT의 문제인식은 FNU보다 광범위한 영역을 포함하고 있었다. 이들 노조들은 무역자유화가 국가간의 불평등, 한 국가내에서의 불평등, 사회정의, 여성평등, 빈곤 그리고 사회경제발전에 미치는 전반적인 영향과 관련하여 무역협상에 노동조건을 연계시키는 문제까지 고려하고 있었다. 무조건적인 자유무역은 노동자들의 이익에 도움이 되지 않는다. 노동조건은 항상 존중되어야 한다. 그러나 어떤 국제기구가 노동기준의 이행을 감독하여야 하는가에 대한 문제제기가 있었다. 참가노조들은 자유무역원칙이 무엇보다 중요하다는 WTO의 주장을 비판하였다. 그리고 참가노조들은 사회통합, 개발의 다양성에 대한 요구, 환경, 문화와 노동권과 같은 문제들이 주요하다는 인식을 공유하였다. 참가노조들은 국제기구들과 이들 기구의 활동범위에 있어서 균형있는 상호관계를 다음과 같이 요구했다. "우리는 WTO협상이 중단되어 있는 시기를 무역자유화와 무역협상이 개발도상국에 미치는 영향을 검토하는 데 활용해야 한다고 주장한다. 그리고 저개발국가들을 위한 특별한 조치들이 검토되어야 한다. 우리는 무역과 개발문제에 대한 토론에 노동자들을 참여시킬 것이며, 자유무역에 대한 공개적인 토론을 강화할 것이다."

그리고 다국적 기업에 대한 표명도 있었다. "다국적기업은 경제의 세계화에 있어서 중요한 이슈이다. 다국적기업의 정책은 전세계인의 생활에 영향을 미치고 있다. 다국적기업의 고용창출 효과는 제한적인 반면, 현지기업을 인수하는 데는 열중하고 새로운 영역에 대한 투자는 하지 않고 있다. 다국적기업은 저임금, 세금면제, 환경과 노동기준을 회피할 수 있는 지역을 찾아 자본을 이동시키고 있다. 따라서 다국적기업의 전반적인 기업전략이 노동조합의 전략과 대응의 초점이 되어야 한다. 4개 노총은 몇몇 다국적기업을 선정하여 조사와 캠페인을 벌이자는 민주노총의 제안을 환영하며 이는 지구적인 행동을 조직할 수 있는 노동조합운동의 역량에 달려있다. 대상이 될 다국적기업의 선정 과정은 노동조합간의 연대를 강화시키는 데 기여할 것이다."

2.

여기서 의견합치를 본 사항은 민주노총이 '노동운동발전전략위원회'에서 집중적으로 연구, 논의할 것이지만, 4개국 노총회의에서 다룬 여성문제, 비공식부문, NGO와의 관계, 에이즈문제도 상호연관성의 맥락에서 충분히 인식되고 판단되어야 할 것이다. 그러나 위의 문제사항은 단지 민주노총 차원의 문제만이 아니라 사회 전반에 관련된 문제이다. 그런데 지금까지 우리나라에서는 이러한 문제에 대하여 전반적이고 총체적인 인식과 판단의 터전이 마련되어 있지 않다. 따라서 우리는 '전략적 구상을 위한 회의'가 상설적으로 그리고 심도있고 책임감있게 구성되고 진행되어야 한다고 본다. 나는 『WTO반대 국민행동』 3호에서 이러한 문제제기를 한 바 있다.

···문제의 본질이 그러한 차원에서 발생한다면, 대량해고, 미취업, 불안정 고용 및 비정규직 노동자 급증문제와, 한국전력을 비롯한 공기업의 민영화와 해외매각 문제, 국립의료기구의 민영화 문제 그리고 한국 문화산업에 대한 개방요구, 음식물 개방요구 문제, 종자회사의 해외자본으로의 소유권이전 문제, 한국 동식물 종자에 대한 해외자본의 지배를 비롯한 전반적인 지적재산권 강화문제 등의 현안문제들에 대해 전술적인 대응방식은 차이가 있더라도 그러한 문제를 기본적으로 인식하고 이해하는 전략적 차원의 문제는 민중운동단체들이 함께 대응해야 한다.
현재 IMF극복 국민운동의 전선체가 있고 한미·한일 투자협정과 WTO반대를 위한 전선체가 있기는 하지만, 총체적인 인식을 위한 전략모임을 위하여 적극적인 모색이 필요하다고 본다. 연구하는 사람들, 정책을 구상하는 사람들, 실천운동을 구상하고 집행하는 사람들이 한 자리에서 이 토론을 전개해야 한다.

3.

이런 문제의식에서 보면 올해 총선 국면에서는 어떻게 해야 할 것인지 분명해진다. 십여 년 동안 발전·성장해온 시민들의 민주의식이 이제 총선 국면을 맞이해 〈총선시민연대〉를 결성하고 국회의원 낙천운동을 전개하여 전국적인 국민의 관심을 모으고 그 운동의 효과로 낙천운동 대상자들이 각 정당에서 낙천되도록 힘을 경주하고 있다. 이 운동은 시민운동이 성숙하였음을 보여주는 것이고 정치권력이 국민을 마음대로 우롱하던 시대를 청산해가는 단계를 지나고 있는 것 같다. 한국에서도 시민의 힘이 바탕이 되는 자유주의 시대, 민주주의 시대가 오고 있는 것 같다.

그런데 노동자측에서도 낙천자를 골라내고 있다고 소문이 들린다. 이런 생각이 떠오른다. 노사정위원회에서 허구적으로 노동자의 정리해고를 몰아붙이던 정치인이 공천을 받아 나오면 어쩔 것인가? 민주노총 비상대책회의를 하고 있는 장소 근처에 술 먹은 기운으로 나타나서 정리해고를 받아들여야 한국경제가 산다고 떠들던 정치인이 출마를 한다면 어쩔 것인가? 현대자동차가 장기적인 파업을 하고도 결국 식당 근무 여성노동자들을 정리해고해서 전국적으로 정리해고의 빌미를 실질적으로 제공했던 노조위원장에게 '위대한 역사적 결단'이라고 말했던 정치인을 당선시켜줄 수 있겠는가?

사실 시민단체가 공천 낙천운동을 전개하는 것도 힘겹고 역사적인 일이다. 더구나 법적 뒷받침도 없이, 오히려 불법이다라는 판단이 이미 나오고 있는 마당에 낙천인사를 공천하고 선거에 출마한 사람을 낙선시키는 운동으로 전화 발전시키는 일은 엄청나게 어려운 일임에 틀림없다. 그래서 민주적이고 투명한 공천과정을 주문해도 듣지 않는 기존 정당의 정책적 특색을 국민적 판단과 심판의 기준으로 삼자고 주장하는 일 자체는 엄두도 못 낼 일이다. 가부장적 권위체제에 뿌리박고 있고 모든 정치적 권한을 한 사람에게만 돌려놓은 비민주적 정당체제를 바꾸고, 한국의 정치적·경제적·군사적 운명이 걸려 있는 문제에 대한 정책적 대안을 내놓고 국민의 판단에 의하여 의원을 선택하자는 주장을 한들 기존 정당의 사람들 귀에 들리기나 할 것인가!

그렇지만 1997년 이후 소위 IMF사태 이후에 국내외에 벌어지고 있는 사태는 심각한 것이다. 해고자가 늘어나고 불안정취업자가 대다수를 이루고 모든 민중의 삶이 도탄에 빠졌다. 그럼에도 불구하고 군수산업을 억제하고 국방비를 줄이려는 국내외의 군축 평화 노력은 보이질 않는다. 이러한 정세에서 우리는 좀더 과감하게 정책을 놓고 총선에서 국민의 판단을 촉구해야 하는 노력을 경주해야 한다. 출마하는 개인에게나 정당에 대하여 민주노총은 적어도 4개국 노총회의에서 합의한 안을 정책으로 구체화시켜 의견을 물어야 한다. 그 질문에 다한 대답을 모아 정보로 저장하여 의정활동을 검색해가야 할 것이다.

　그리고 당선시켜야 할 사람도 신중하게 찾아나가야 한다. 시민운동이 단지 낙천과 이미 공천된 사람의 낙선운동만 하는 것도 힘겨운 일이 되겠지만, 더욱 적극적으로 누구를 당선시켜야 할 것인가 하는 작업을 위한 준비도 필요하다. 대안적 정치세력이 없는가? 없다고 판단된다면, 키울 수 있는 방도가 이번 선거를 통하여 모색될 수는 없는가? 낙천운동과 낙선운동만으로써 3김 권위주의적 정치체제, 여기에 역겹기 짝이 없는 지역감정의 공고화된 정치적 퇴적물을 구조적으로 씻어낼 수 있을 것인가? 기대하지도 기대해 보지도 않겠지만, 이번 선거를 통해 3김 찬가가 지역적으로 울려퍼진다면, 우리가 역사를 민주화의 새로운 단계로 올려놓았다고 자부할 수 있겠는가? 단견과 편견과 아집만으로 가득찬 기존 정치블록이 창의력과 상상력, 그리고 민주적 가치와 민중에 대한 깊은 애정을 가져야 풀어갈 초국적자본의 전지구적 총공세에 대처할 궁리가 나오겠는가? 앞서 제기한 전략구상을 위한 회의어서 이 문제를 가장 구체적이고 세세한 정책으로 만들어내어 이를 위한 정치적 세력을 검색하고 퇴거시켜야 할 정치세력과 등장시켜야 할 정치세력을 구분하도록 판단하고, 이후 국민, 민중 그리고 시민이 행동하도록 노력해야 할 것이다.

『접속』 3호, 2000. 2. 14.

스크린쿼터 논란과 밀레니엄라운드

　최근 스크린쿼터 문제가 우리 사회를 뜨겁게 달구고 있다. 정부가 한미투자협정을 성사시키기 위해 미국의 요구를 수용, 현행 극장 당 년 1백46일(최소 1백6일)인 한국영화 의무상영 일수를 2002년부터 년 92일로 축소하려는 것은 목전의 금전적 이익을 위해 우리문화의 미래 전체를 팔아넘기는 것이자 한국영화 죽이기에 다름 아니다. 심지어 스크린에서만 보던 영화인들이 이를 저지하기 위해 거리투쟁에 나섰다. 시민단체들도 이에 가세함으로써 지금 스크린쿼터 사수운동은 영화인들만이 아니라 온 국민이 참여하게 된 일종의 범국민운동으로 확산되고 있다. 한국영화 사상 초유의 일이며, 정부도 영화인들의 예상외의 강한 반발에 놀라는 듯하다.

　하지만 한국영화를 잘 만들면 스크린쿼터 같은 보호막이 필요없을 것 아니냐는 반론도 만만치 않다. 지금 같은 경제위기를 넘어서려면 철강같이 중요한 산업분야의 투자유치를 위해 영화와 같이 작은 분야를 양보하는 '대승적' 태도가 필요하다든가, 문화도 좋지만 경제를 먼저 살려놓아야 문화가 살 수 있다는 주장들이 그것이다. 얼핏 보면 영화인들과 정부가 문화와 경제 중 어느 것이 우선인가를 놓고 우선순위를 매기는 싸움 같아 보인다. 그러나 최근 들어 문화와 경제의 상관관계가 점점 밀접하고 복잡하게 얽히고 있어 이분법적인 시각으로는 문제를 풀기 어렵다고 본다.

우선 이미 영화는 단지 문화예술적 차원의 문제가 아니라 이미 그 자체가 새로운 경제이다. 엄청난 사전광고 효과를 지닌 영화/영상산업은 21세기에는 그 직접적 부가가치가 단일 산업으로는 가장 높은 순위에 이를 것으로 전망되며, 간접적 효과는 이루 헤아리기 어렵다.

또한 한국영화의 경쟁력 향상과 스크린쿼터의 유지는 양자택일적인 것이 아니라 오히려 밀접한 상관관계를 맺기 때문에 문제가 복잡하다. 영화인들의 주장처럼 아무리 잘 만들어도 배급망을 잃게 되면 붕괴하는 것이 영화산업의 특징이기 때문이다. 할리우드 영화가 40% 이상 배급망을 장악한 영국의 경우 97년에 제작된 영화의 절반 이상이 상영되지 못한 비운을 맞고 있다고 한다. 더구나 한국영화는 과거와는 달리 급속하게 시장점유율이 향상되고 있으며(프랑스, 일본과 함께 미국 외에 자국영화가 25% 이상 시장점유율을 유지한 3개 국가의 하나), 최근에는 칸느영화제를 비롯한 세계 유수의 영화제에 다수의 작품이 문자 그대로 '입성'하는 등 질적인 성장을 보이고 있다.

그런데 영화인들은 바로 이런 성장 자체가 스크린쿼터의 힘이라며 그렇기 때문에 스크린쿼터가 축소되어서는 안 된다고 주장한다. 왜 이런 역설적인 주장이 가능할까?

만일 한국영화가 적어도 국내시장에서는 충분한 경쟁력을 지닐 수 있다면 이론상으로는 해외영화와 일대 일의 경쟁이 가능해야 하는 것이 아닐까? 바로 여기서 '경쟁'의 의미를 잘 살펴볼 필요가 있다. 문제의 핵심은 자유경쟁과 독점 사이의 변증법이다. 할리우드영화의 직배 문제는 시장개방과 자유경쟁을 채택할 것이냐 아니냐의 문제로만 보일 수도 있지만, 공정거래의 관점에서 보면 할리우드영화는 이미 세계영화시장을 80% 가량 독점하고 있는 위협적인 존재다.

신자유주의적인 관점에서 보면 스크린쿼터는 과잉보호장치이자 자유무역을 방해하는 조치로 보이겠지만, 공정거래의 관점에서 보면 할리우드 영화는 그 존재 자체가 독점금지법으로 규제되어야 할 대상이다. 여기서 정말 어려운 점은 어디까지가 자유경쟁이고 어디까지가 독점인가를 결정하는 기준이 모호하다는 것이다. 특히 양자간투자협정 같은 경우에 그 기준은 힘의 논리에 의해 좌우된다. 돈을 꾸는 입장에게 그 기준은 더욱 불리하게 작용할 것임은 자명하다.

사실 99년부터는 서비스분야의 개방을 둘러싼 밀레니엄라운드가 시작될 예정이다. 이 라운드는 21세기의 주력산업이 될 지식정보영상시장의 점유권을 둘러싼 새로운 전쟁이다. 이번 한미투자협정에서 영상산업에 대한 '문화적 보호조치'를 유지하지 못한다면 밀레니엄라운드에서는 더욱 불리한 입장이 될 것이다.

우리 정부가 이렇듯 강대국의 힘의 논리에 밀릴 경우 국민들이 나서는 수밖에 없다. 그러나 국제적인 자유경쟁과 독점의 변증법이라는 보다 큰 맥락에서 보면, 우리 정부와 국민들의 단결된 힘만으로 강대국들의 거센 압력에 대응하기는 힘들다. 이런 이유로 반독점을 위한 국제연대가 요망되는 것이다. 영화인들과 시민단체들의 이번 연대운동은 그런 점에서 문화와 서비스 분야에서 요구되는 반독점 국제연대를 위한 적절한 출발점이 될 수 있다.

동아일보, 1998. 12. 11.

통합적 시청각문화산업—우리의 대응은?

한국은 OECD회원국이다. 1997년부터 알려지기 시작한 다자간투자협정안은 OECD가 회원국들 사이에 투자협정을 하여 이를 통해 전세계 모든 국가에 적용해 나가자는 발판을 마련하고자 하였다. 이 안은 1998년 4월에 조인하고자 하였으나 여의치 못하여 다시 10월에 조인하고자 하였다. 그러나 전세계적인 저항에 부딪쳐 99년으로 넘기면서 조인을 위한 새로운 토론틀을 마련하고 있다. 이 협정안에는 포괄적인 넓은 의미에서 투자가 규정되어 있고(인간 사회생활의 모든 영역에 걸친다고 생각하면 될 것이다), 투자가 결정되면 해고, 산재, 강과 산 그리고 대기에 대한 파괴나 오염, 인간의 삶과 공동체의 공공성 파괴에 미치는 효과 따위의 이유를 들어서 반대할 수 없다. 그리고 어떤 국가가 그러한 이유로 손해를 끼쳤다고 판단되면 그 국가가 투자기업체에 손해배상을 해주어야 한다. 또한 외국투자자에게 내국투자자와 동일한 대우를 해주어야 하고, 그런 의미에서 공공성 때문에 유지해오던 공공업체도 모두 민영화해야 한다. 더욱이 민영화에 외국인투자자도 내국인과 동일한 대우를 해야 하는 규정을 설정해 놓고 있다.

이렇다면 전세계 곳곳에 돈을 벌만 하다고 판단되던 또는 돈을 벌 수 있는 조건을 만들어서라도 투자하는 초국적자본으로서야, 아무 거리낌없이 강력한 공권력을 가진 국가의 보장을 받아가면서 전세계를 지배할 수 있을 것이다. 그 투자는 금융영역에서만이 아니라 제조업 영역, 컴퓨터통신 영역 그리고 정보-영상-문화산업 그리고 지적 영역(이 것은 생명공학의 발전으로 유전자 지적 영역에까지) 어느 하나 남김없이 이윤을 찾을 만하다면 나라와 인종과 종교와 지역을 무시하고 투입될 것이다. 한국에서는 이 다자간투자협정이 일반에게는 거의 알려지지 않았다. 그렇지만 한국의 재벌들과 정부는 다르다. 우선 재벌들이야 그 협정이 절대 불리할 것이 아니라 거대한 초국적자본의 원군을 업든지 또는 그 아류와 같은 행세를 할 수 있을 터이니 그리고 국내의 저항적인 노동운동세력을 견제, 억압하는 데도 유리할 터이니 반대할 이유가 없고 먼저 발설하여 저항에 부딪힐 필요도 없었을 것이다. 마찬가지로 정부에서는 외국자본이 무한정 들어와야 한국경제의 위기가 소생할 듯이 생각하고 있던 97-98년 기간에 미리 그 초안에 찬성을 거듭해 놓고 있었던 것이다.

그 다자간투자협정안은 세계 인권-환경-노동의 민간운동세력으로부터 저항을 받았는데, 특히 프랑스가 프랑스 문화산업의 주권을 내세워 문화산업은 그 협정 대상에 포함시킬 수 없다고 끈질기게 버텼다. 프랑스는 문화산업을 '통합적 시청각문화산업'이라고 포괄적인 체계개념으로 파악하고 이를 문화주권(文化主權) 이념으로 주창했던 것이다. 미국은 북미투자협정에서 이 다자간투자협정의 요체를 실현하였는데 커나다와 멕시코의 거대 금융자본은 그 협정으로 이익을 보고 있지만 두 나라의 경제는 위기국면으로 접어들어 갔거나 들어가고 있으며 그 때문에 멕시코 민중의 고통은 말할 것도 없고 몇 년째 호경기라고 일컬어지는 미국에서도 많은 민중은 고용불안에 휩싸여가고 있다. 미국의 다자간협정 전략은 한국에서는 먼저 한국이 IMF에 얻어맞고 미국에 투자협정을 요청하니 근래에 와서 철강, 쇠고기, 지적 소유권, 그리고 영화 영역에서 그동안 야금야금 또는 획하니 차지해왔던 수준을 넘어서 자기들의 이익을 확보할 조건을 확실히 만들어내 한국에 강요하고 있는 것이다. 쇠고

기는 이미 마음껏 수출하는데 중간 장사의 길을 더욱 터야 한다는 것이고, 영화는 영화관에서 1년에 한국영화를 상영해야 하는 의무 상영일수를 아예 없애야 한다는 스크린쿼터제 폐지를 주장하는 것이 그 예이다. 이제 한국에서도 그 동안 거의 무심했던 문화산업에 대한 주권 문제를 스크린쿼터 문제로 인해 인식하게 되었다.

우선 문화산업을 '통합된 시청각문화산업'의 체계적 개념으로 이해해야 종합적이고 유기적인 대응이 나올 수 있다. 이제 거기에는 방송도 예외일 수 없다. 방송개혁위원회가 통합방송법을 통과시켜 위성방송에 대기업, 언론사와 외국자본의 참여를 약 3분의 1 정도 허용하고자 한다. 그러면 그 효과는 곧 지상파와 케이블 TV에도 미칠 것이고 그러면 중기적으로 앞에서 말한 다자간투자협정의 이상과 목표가 초국적자본에 의하여 한국에서 끊임없이 추구될 것이다. 이제 우리는 '통합적 시청각문화산업' 차원에서 그 대응의 길을 찾지 않으면 그냥 우리나라 영상-정보의 온갖 매체는 두 가지 차원에서 위기를 맞은 것이다. 한편으로 매체의 내용이 미국 할리우드에 근거를 두고 생산되는 잡동사니로 채워질 것이고 다른 한편으로 피디든 기자든 매체 종사자들이 싸구려 연봉 또는 싸구려 시간제 임금을 받게 될 불안정고용의 터전에 내동댕이쳐질 것이다.

『PD연합회보』, 1999. 2. 25.

신자유주의 시대 우리 문화산업의 대응방향에 관하여

1.

우리나라 일반인이 소위 국제적인 초국적자본의 실질적인 힘을 절감하게 된 것은 한국이 갑자기 97년 국제금융의 직접적 통제에 들어간 사태 이후일 것이다. 금융위기 앞에 정치체제가 흔들려서 대통령입후보자들이 IMF 총재의 신임을 얻어야 했고 그 배후에 있는 미국의 신임을 받아야 했고, 군사독재에 의하여 무소불위의 지위에 올라 한국의 경제에 효율성을 올리고 국제경쟁의 선두주자로 자처하던 재벌도 그 허약한 구조가 드러나기 시작하였다. 이제 장시간저임금체제에서 벗어나려던 노동자와 일반 취업자들이 그 직종과 산업영역을 불문하고 심지어 독재정권이 자기들의 기반으로 육성했다는 중산층마저 무너져 내렸듯이 대량해고와 대량실업, 그리고 대량 미취업 상태에 처하게 되었다. 이러한 사태가 종전에 흔히 인식하듯이 국내의 정치, 경제의 어떤 착오와 실패에 의해 발생한 것이 아니라 현단계 자본주의의 지구적 작동에 의하여 발생하고 있다는 것이 새로운 국면이며, 이는 '신자유주의적 지구화'라는 이름으로 명제화되고 있다.

2.

'신자유주의 지구화'는 단순한 지구촌 경제의 대세인 것만이 아니다. 오히려 태풍이 몰아치듯 강도와 속도가 고도로 합쳐져 한국 경제와 이에 유기적으로 관련된 여타 정치, 사회, 문화의 체제도 급속한 전환을 요구당하고 있다.

이 지구화가 신자유주의적이라는 의미에서 새로운 현상임을 몇가지로 요약하면 다음과 같다. 1) 첫째, 1989년 동구권 사회주의국가 붕괴 이후 지구상 대부분의 국가가 부르주아 민주주의 구조를 갖게 됨으로써 정치적으로 동질화되고 있다. 둘째, 지금의 '지구화'는 강대국끼리의 전쟁은 피하고 주변부에서의 저강도 전쟁에 의해 보완되는바 중심부 자본들간의 비군사적 경제전쟁이라는 형태상의 특징을 갖고 있다. 셋째, 첨단 통신 및 교통수단의 발전으로 지표상에 공백은 존재하지 않게 되고 원칙적으로 원하기만 하면 언제 어디서든 원하는 상대방과 '접속'할 수 있다. 이것은 경제적으로 지구가 하나의 시장으로 형성되었음을 의미한다. 넷째, 지구화된 세계경제는 극소전자기술의 혁명적 발전에 기초하여 탈국경화된 자본운동을 주축으로 전개되고 있다. 다섯째, 지구화의 주역은 초국가적으로 활동하는 초국적자본의 초국적기업이다. 이들은 근대국가의 주권을 넘어서는 힘으로 세계경제를 재사유화하며 통제하고 있다. 여섯째, 지구화는 시장의 그리고 경쟁의 지구화이다. 오직 계산 가능한 비용이 판단기준이 되며 이러한 맹목적 경쟁법칙 앞에 다른 어떤 가치도 단지 부수적인 장식물로 전락한다. 이 과정에서 불평등화가 전지구적 차원에서 진행된다. 일곱째, 이제 산업자본과 실물경제로부터 독자적인 금융자본이 헤게모니를 장악한다.

이러한 신자유주의 자본주의는 종래 근대국가가 자본과 노동, 그리고 금융 등 모두 내부에서 조절적 기능을 수행하던 것을 폐기시키고 오히

---

1) 이해영, 「신자유주의적 지구화와 한미투자협정(BIT)」, 『월간 현장에서 미래를』 46호, 1999년 8월, 21-24쪽.

려 신자유주의적 자본의 운동이 관철되도록 하는 '재편의 담지자'로 변하고 있다. 우리나라로 보면 IMF의 구조조정 프로그램을 통해서 일차적으로 그 재편의 압력이 진행되는 것이지만 동시에 국가를 앞세운 '투자협정'의 새로운 형태로 진행되고 있다. 이제 한국이 직면하고 있는 '한미투자협정'과 '한일투자협정'이 신자유주의 지구화의 국가적 틀짜기를 요구하고 있는 것이고 그 투자협정의 배경에는 OECD에서 작년에 협정조인하려 했던 '다자간투자협정'의 틀이 버티고 있다.

3.

   문화산업에 관해 논의하자면 간단히 문화에 대해 이해를 해야 한다. 문화는 일반적으로 말하자면 한 사회의 생활양식을 말한다. 따라서 문화라는 생활양식은 그 사회구성원들의 역사적 생활을 통해 자연환경과 인간들간의 상호관계를 유기적으로 통합해가는 과정에서 형성된 것이다. 경제적 생활을 위해 생산된 재화와 서비스는 생산력을 지표하는 것이지만 그것이 생활양식으로 구성되는 데는 그 사회구성원들의 의미가 부착되어 의미(가치 규범) 구성의 양식을 표현해낸다. 근대국가의 형성 과정에서는 이전 인간공동체(또는 민족태)가 가지고 있던 양식들이 하나의 중심국가로 형성되고 경계지우는 과정을 겪으면서 그 국가의 역사와 문화를 통합적으로 구성하기 시작하였으며 그런 의미에서 문화 또는 생활양식이 비교될 수 있었던 것이다. 사실 근대국가 형성기에는 두 가지 보편화가 융합되어 진행되었다. 즉 하나는 자본주의이며 하나는 정치적 형태로서 부르주아 민주주의였다. 그 보편화의 힘은 국가경계를 구획하는 동시에 그 경계들의 관계는 주권을 인정한다는 의미에서 국제관계였다. 그 보편주의는 국가 내부를 통합하는 동시에 외부에 대하여 외압하는 힘으로서 제국주의나 국제적 전쟁 양태 경향을 가지기도 하였다. 따라서 근대국가의 문화는 한편으로는 근대국가 구성원의 정체성, 즉 주체성을 근거지우는 바탕이었다. 동시에 자본주의와 민주주의의 의미를 보편화시키는 양태이기도 하였다.

근대국가 형성에 중요한 요소였던 인쇄기술의 발달은 도서와 신문, 잡지, 달력, 사진을 발전케 하였다. 출판산업은 근대국가에서 하나 내지 둘의 언어를 국어로 만들어내는 데 기여하였다. 소설과 시는 국가의 역사와 역사적 인물을 그렸다. 민속음악을 국민음악으로 승화시키는 것도 악보를 인쇄하여 배급하고 궁정과 교회당 외의 음악관을 자본의 힘으로 건립할 수 있었기 때문이었다. 음악은 전통적인 음악기기를 벗어나서 축음하고 녹음할 수 있는 기술과 그 산업의 발전에 의하여 국민음악을 넘어서서 세계적 교류가 가능하게 되었다. 사진기술의 발전은 초상화의 단계를 넘어서서 대중정치의 발판을 조성하는 동시에 인쇄술과 융합해서 인간의 경험적 세계를 단지 서적으로 한계지웠던 경계를 훨씬 뛰어넘게 하였다. 이 사진기술이 가져다준 경험세계의 확대는 제국주의적인 경제적, 정치적, 군사적 기획을 가능케 한 효과도 가져왔다. 라디오의 발전은 문화적 정체성을 확고하게 심화시키는 효과를 가져온 반면 대중정치의 장르를 확장하고 이미지 조작의 정치적 효과를 나치 독일에서 전형적으로 보여주었다. 영화는 더구나 종합적 차원에서 자본과 정치적 이데올로기와 상품과 예술, 이 모든 것이 국가단위에서 조절되는 지적, 감성적, 도덕적 구성의 질서와 그 헤게모니를 국외로 방출하는 데 기여하였다. 이쯤 되면 근대국가의 형성에서 이성과 의식이 강조되던 단계로부터 무의식의 질서구성 단계로 넘어갈 것이다. 여기에 TV의 발전은 인간 일상생활의 모든 영역에 그리고 감성과 무의식의 층위에, 단층없는 시간에 국가적 통제역능뿐만 아니라 거대한 독점자본이 창출해내고 장악해내는 자본주의적 욕망의 일상생활세계를 전체적으로 통어하는 통로를 만들어냈던 것이다. 따라서 문화는 한편으로 근대국가 주체구성원의 정체성 근거로서 발전하는 동시에 그 문화를 담아내는 재화들이 차츰 산업으로 발전하면서도 그 정체성의 심화 확대라는 차원에서 인식하였던 것이다. 그렇기 때문에 근대국가의 형성기와 전성기, 적어도 '지구화'시대라고 불리기 전에는 문화와 문화산업은 근대국가 정체성 (생활양식의 발전이라는 문제)에 관련된 것이며, 자본주의가 제국주의적인 힘으로 한 근대국가에 들어와서 기존 사회구성을 해체시키는 충격을 주게 되면 외래문화의 침략이라는 의미에서 배격하려는 것은 너무나 자연스러운 것이었다.

이러한 단계에서는 근대국가는 문화정책이 대체로 전통적 문화를 보존하며 그것을 개발하더라도 근대국가의 역사적 동일성을 발전시키는데 기여하도록 하는 것이었다. 역사연구, 전통적인 생활관습연구, 언어·종교·사상·문학·미술·음악·춤, 그것의 역사적 근원과 발전에 대한 인문학적, 인류학적 내지 고고학적 연구가 이론진영을 이루도록 하였으며(국학 기초분야 연구 지원), 출판과 전시, 예술공연을 위한 정책적 지원도 역사적 동일성과 그 내용의 풍부함을 드러내는 데 대체로 초점이 맞추어져 있었다. (한국에서는 이러한 문제에 대한 문화정책은 별도로 검토되어야 할 것이다.)

4.

'신자유주의적 지구화'는 몇가지 동반어가 있다. 우선 '정보화시대'이다. 기술적으로는 극소전자기술 혁명이 가져온 컴퓨터 통신기술이 가장 먼저 지적될 수 있다. 이 기술 자체가 첨단산업을 지칭할 정도이며 이 기술의 발전과 동반하는 과정에서 대륙간탄도미사일을 개발하고 관리할 우주군사관리체제가 발전하였다. 사물과 인지-판단-노동의 과정을 정보화하고 정보로서 통어하게 되었다. 따라서 종래에 '지식'이라고 불렸던 것이 전부 '정보화'된다. 이 기술은 정보를 '자본'으로 만들어내고 있다. 인간의 노동 대신에 정보화된 기술과 기계체제로 작업을 함으로써 '기술노동'의 확산을 가져온다. 정보화시대는 노동현장에서 계속해서 노동력을 생략시켜 나가고 있다. 이 기술은 집적회로의 발전에 의하여 정보의 집적량이 고도로 향상되고 정보전달의 속도를 빠르게 함으로써 송신과 수신이 거의 실시간으로 이루어진다. 이 성능이 하루하루 높아지고 있다. 이것은 이차대전 이후 미국의 자본이 해외에 투자하던 형태를 바꾸어놓고 있다. 말하자면 초국적기업의 탄생을 가져온 것인데 이 기업은 '국제적 콘체른 복합기업'으로서 '네트워크기업'이며 이들 초국적기업은 생산과 판매가 거의 실시간 통제에 의하여 운영된다. 2)

이 정보화는 사물에 대한 정보론적 자료화와 인식을 요구한다. 물론 정보화는 우선 모든 사물과 이미지에 대하여 기초정보화를 요구하고 이를 위해 막대한 투자를 요구한다. 한국에서는 행정정보화(주민등록, 세무, 토지, 은행, 병역, 군사행정 등)에도 정보화가 진행되고 있다. 물론 문화영역에 대해서도 정보화가 진행되고 있다. 일단 정보화가 컴퓨터 통신망에 올라오면 국내뿐만 아니라 국제적으로 소통되는 영역이 확대되고 있다.

'영상시대'라는 말도 있다. 오히려 '정보-영상'시대라는 말이 더욱 적절할 것이다. 사진, 영화를 넘어서 컴퓨터 통신기술은 사이버스페이스를 구축하고 거기에 영상-정보가 축적되고 흐르도록 하고 있다. 여기에는 문자영상만이 아니라 화상영상이 중요한 자원이 된다. 사이버스페이스에는 모든 정보가 일단 영상으로 뜨게 된다. 이 영상정보가 융합하는 극단적인 형태가 두 가지로 나타나고 있다. 공중파 인공위성 TV방송과 인터넷이다.

인공위성 TV망은 각국의 문화를 지구에 알리며 서로 이해증진을 위한 인간주의적 가치관을 확산할 수 있는 반면에 여기 역시 자본과 정보의 헤게모니가 작동하는 곳이다. 지구촌 사람들에게 송신의 근원지에서 발송하는 정보에 담겨 있는 이미지는 발송자의 동기와 가치가 스며있게 마련이며 이는 근대국가형태에 의미있게 매달려(또는 갇혀) 사는 사람들의 의식을 해체시킬 수도 있다. 이 방송은 이미 의류, 음악, 미술, 영

---

2) 김진균, '세계화패러다임과 한국', 김진균, 『한국의 사회현실과 학문의 과제』, 문화과학사, 1997, 56-73쪽 및 '세계화를 이해하기 위한 하나의 모색: 군사기술적 체계를 개입시켜', 46-55쪽 참조.

화 등 몇몇 장르에 발생하고 있는 패션을 뉴스와 지식의 구성과 의미, 심지어 정치형태에도 패션을 일으키는 효과를 내고 있다. 사람들은 각 국의 문화를 해체시키고 지구촌을 횡행하는 또는 전일화하는 자본의 움 직임에 민감하게 자신의 의식과 무의식, 욕망을 적응케 한다. 이러한 현상은 현재 전세계적으로 확산되고 있는 인터넷에 의하여 더욱 보강되 고 새롭게 영역을 개척하고 있다. 이 영상-정보화는 디지털 기술의 발 전과 보급에 의하여 가속화되고 있다. 모든 정보화가 사실 디지털화를 요청하고 있고 이것이 지구화의 양상을 새롭게 진행시키고 있다.

예컨대 지구촌은 이미 몇몇 국가를 제외하면 영화산업은 미국 할리우 드에 의하여 시장이 80% 이상 지배되고 있다. 영화상영관을 통한 시장 점유율도 그 정도일 뿐만 아니라 비디오를 통한 시장점유율도 그에 못 지 않다. 미국에는 지금 디지털 기술에 의하여 영화배급형태가 바뀌고 있다. 첫째는 인터넷을 통해서 영화를 전송하고 판매하는 방식이다. '웹 케스트'의 등장이다. 인터넷 웹사이트를 통해 영화를 보고자 하는 사람 들은 자기 컴퓨터 앞에서 영화를 볼 수 있고 또한 다운로드해서 저장해 놓고 볼 수 있게 된다. 물론 돈을 지불해야 한다. 돈을 지불하는 방식도 전자통신방식에 의한 카드결재일 것이다. 둘째는 종래 극장에 필름을 보내던 방식에서 벗어나서 필름 대신 인공위성을 통해 디지털 부호로 영화를 배급하는 방식(DPS)이다. 극장은 그 디지털 부호를 받을 시설 만 하면 영화사의 필름 배급을 받지 않고서도 방영할 수 있게 된다. 미 국에서 이 두 가지 방식의 산업이 급속도로 발전하고 있다. 이 방식은 극장, 비디오, 케이블, 유료채널 위성방송이 주축이던 영상물 시장의 판도를 바꾸어 놓을 것이고 영화의 세계동시 개봉도 가능케 할 것이므 로 할리우드제국의 지배는 더욱 강고해지고 한국에서 벌어지고 있는 스 크린쿼터 제도의 의미도 곧장 바뀌게 될 것임에 틀림없다.

디지털기술은 컴퓨터를 통해 발전하면서 영화에서 사물과 사람을 찍 은 것과 그려넣은 것이 혼합하는 기술이 발전한다. 즉 영화와 애니메이션이 혼합되어 그 경계가 분명해지지 않는다. 따라서 영상-정보에 있어서 디지털 컴퓨터의 발전은 실제와 가상이 혼합된다. 따라서 문화산업은 실재에 대한 사회과학적 연구에 의한 지식과 이론이 예술과 산업으로 연합되는 것이다. 그러므로 이러한 뉴미디어의 발전은 실재에 대한 영상-정보와 가상의 영상이 합쳐져서 사람들로 하여금 '진실'이라고 인식케 하는 규정적 권력으로 부상할 것이다. 더구나 이 뉴미디어의 발전이 초국적자본의 투자에 의하여 발전되는 것이라면 결국 진실규정권력의 원천이 거기서 나온다고 말할 수 있게 될 것이다.

5.

신자유주의시대라는 것은 결국 위에서 언급한 바와 같이 정보화시대 또는 영상-정보시대 혹은 디지털시대라는 특징과 전지구적으로 전일적 지배경향을 갖는 자본주의가 행사하는 힘이 합쳐진 시대일 것이다. 그리고 문화산업은 실물로 나타나는 문화산업 항목들, 예컨대 도서, 신문 잡지, 음반, 라디오, 텔레비전, 영화, 사진, 미술, 광고 및 새로운 시청각 제품과 서비스의 설비와 제품에 관한 것만 아니라 그 속에 담게 되는 내용의 생산과 소비에 관한 범위까지가 포괄되는 것이다. 말하자면 하드웨어와 소프트웨어 그리고 콘텐츠웨어에 관련되는 산업이며 여기에도 자본의 투자는 이윤을 쫓아 투여되는 대상으로 급부상하는 것이며 정보화가 전지구화되는 만큼이나 이미 콘텐츠에서 부가가치가 높아지는 형국을 맞아 마치 새로운 시대는 '문화시대'라는 레벨이 붙기조차 한다.

그러므로 한미(일)투자협정에서나 다자간투자협정에서 이 문화산업에 대한 이해가 필수적이며 98년 다자간투자협정에 대하여 프랑스가 사생결단코 자기들의 문화주권 수호를 내걸고 '통합적 시청각문화산업'은 예외조항으로 취급되어야 한다고 그 협정조인을 반대했던 이유가 다분히 여기에 있었다 해도 과언이 아니다. 미국은 양국간 투자협정을 위하여 1994년 표준안을 마련하여 이것을 기준으로 하여 이미 43개국과 협정을 체결하였다. 이 표준안이 결국 북미자유무역협정의 기초가 되었으며 다자간투자협정의 기본 이상과 목표를 세우는 데 그 선도력을 발휘하고 있다.

　미국 투자협정표준안이나 다자간투자협정에서는 투자의 개념이 광범위하다. 예컨대 문화산업의 경우에도 여러 형태의 기업, 그 기업의 지분이나 주식, 여러 형태의 자본참여, 이로부터 파생되는 권리, 계약상의 권리(턴키, 건설 및 관리계약, 생산 및 수입분배계약), 금전청구권과 실행청구권, 면허 및 허가와 같이 법에 따라 부여되는 권리가 그대로 적용될 수 있을 것이다. 특히 문화산업과 더욱 직접적 관련이 있는 분야는 다음과 같다. 저작권 및 이에 관련된 권리, 특허권, 식물의 다양성에 대한 권리, 산업디자인, 반도체 설계디자인에 관한 권리, 노하우 및 기업기밀 정보를 포함하는 사업비밀, 상표권 및 상호권을 포함하는 지적재산권이다. 지적재산권은 정보산업을 장악해가는 가장 큰 무기이다. 이 지적 재산권은 하드웨어와 소프트웨어에서뿐만 아니라 콘텐츠웨어 영역을 장악하는 지렛대이다.

　디지털 기술의 발전은 문화를 디지털화한다고 하였는데 이것은 특히 콘텐츠웨어의 핵심분야이다. 우선 이에 대응하는 문화정책은 그 디지털화의 문제이다. 우선 우리나라의 역사와 문화 일반, 사상, 미술, 음악, 소리, 빛, 색깔, 골격과 신체, 옷과 신발, 나무와 산, 바다와 물, 계곡, 건축물, 그리고 인물 하나하나와 사건, 민중들의 삶의 결, 가족생활, 결혼생활, 거주생활, 식생활, 성생활, 믿음과 종교, 소망과 절망 등, 이 모든 것에 대한 기초학문적 연구와 정보화가 이루어져야 소프트웨어의 기반을 쌓을 수 있다. 이 분야에 대한 장기적인 발전전략이 없으면 지구화되는 영상정보화의 '내용'을 만들어낼 수가 없을 뿐만 아니라 문화산업의 기반을 만들어낼 수가 없다. 그렇지 못하면 외국자본에 의해 만들어지는 외국문화내용의 영상정보화된 자극에 휘몰릴 뿐이고 더구나 그것에 의해 만들어진 또는 한국시장을 겨냥해서 만들어진 '의제된 속물 한국문화'의 수입에 의해 매몰될 수밖에 없을 것이다. 앞서 이론과 예술과 산업이 만나고 융합하는 지점이 여기에 있고 이것에 대한 전략적 접근이 필요하다.

6.

미국 표준안이나 다자간투자협정이 모두 강조하는 것이 적용투자의 창설, 취득, 확장, 경영, 관리, 운용, 매각, 또는 다른 형태의 처분에 관하여 '내국민대우'와 '최혜국대우'를 해야 한다. 기업활동은 국내외 투자자 모두에게 동일한 대우를 해야 한다는 점이다. 만일 외국인투자자가 한국에 와서 영화상영관을 설립하거나 음악당, 박물관, 통신사와 신문사, 그리고 방송사를 설립하거나 정기간행물을 발간한다고 해도 이것을 국내법으로 제한할 수가 없다. 지하자원, 수산자원, 수력과 경제상 이용할 수 있는 자연력이 국내외 투자자의 대상이 될 수 있는 것과 마찬가지로 방송사와 통신사도 공공성이나 균형있는 개발목적으로 제한했던 제약을 지속할 수 없다. 국영 또는 공공기업은 언젠가 사(민)영화되어야 하고 그 경우 투자기회는 국내외 투자자에게 개방되어야 한다. 그리고 투자자는 입국과 체류에 제한이 있을 수 없고 투자회사의 최고경영자의 지위를 차지할 수 있다.

투자에 있어서 의무이행 강제의 금지조항이 폐지된다. 종전에 외국인 투자에 대하여 대체로 다음과 같은 의무이행 강제가 있었다. (1) 국내 생산물이나 용역의 일정한 량을 구매하거나 사용해야 하는 것, (2) 생산, 수출의 특정한 양 및 가치 또는 외화의 획득과 관련하여 재화 혹은 용역의 투자에 의한 수입을 제한하는 것, (3) 일정한 양을 수출토록 하는 것, (4) 위의 (2)와 같이 상품 혹은 재화에 의한 단매를 제한하는 것, (5) 기술이전의 이행조건, (6) 연구개발을 해야 하는 것 등이다. 이러한 의무이행 강제의 조건은 미국 표준안이나 다자간투자협정에서 모두 제외시킨다. 따라서 문화산업의 경우도 이러한 조건은 철폐될 것이다. 지금 문제가 되고 있는 스크린쿼터문제는 외국영화수입에 대하여 한국영화를 보호육성하기 위하여 한국영화(영어로 local content로 표기된 것)를 상영관에서 일정한 일수로 상영하게 한 것이다. 물론 미국 표준안에서나 다자간투자협정안에서는 이것이 제거되어야 한다는 주장이다. 현재 미국은 한국의 영화관계자뿐만 아니라 국민의 저항에 부딪쳐 이를 당장 협상의 주제로 삼지는 않지만 오히려 이를 늦추더라도 문화산업 전반에 대하여 투자를 자유롭게 할 수 있는 조건을 협상에서 얻어내려고 할 것이라는 추측도 나오고 있다. 왜냐하면 문화산업은 그 자체 단순한 것이 아니라 보다 더 크게 통합적인 산업인 동시에 부가가치가 높은 것이기 때문이다. 한국의 애니메이션 산업은 세계 애니메이션 작품의 거의 60%를 하청으로 맡아 열악한 노동조건과 열악한 이윤을 남기면서 동원되고 있다. 현재 한국문화가 콘텐츠로 들어가는 애니메이션은 거의 제작하지 못하고 있는 형편이다. 이 애니메이션도 거의 통합적인 시청각문화산업의 주요한 장르이다. 애니메이션산업에도 그 기반이 어느 정도 조성되면 외국투자가 투입될런지도 모른다. 그런데도 그 투자가 단지 지정된 소프트웨어의 제작에 그친다면 우리 문화산업에 발전을 가져오는 것은 아니다.

우선 한국의 문화산업이 이러한 신자유주의적 지구화에 대응하는 길은 여러 단계와 여러 가지 프로그램을 개발하는 일이다. 우선 문화산업이 디지털화되는 기반 조성이 필요하다. 그 다음 문화산업이 통합적이고 종합적인 성격을 더욱 강화하고 있는 사태변화에 대응해야 한다. 극단에서 연극을 공연한다고 할 경우 이제는 테크노, 컴퓨터그래픽, 사진, 무용 등 여러 장르가 복합적으로 융합되는 복합음악극 형식을 띠게 되는 경우와 마찬가지로 공중파 위성TV나 인터넷에서는 더욱더 문화의 장르나 예술의 장르가 복합적으로 구성되도록 강화되고 있다. 이것은 종래 방송이 단지 하나의 장르나 부분적 문화산업 영역을 넘어서는 차원이다. 따라서 시청각문화산업에 대한 영상인지적 인식방법과 통합적

인식방법이 필요하다. 이 인식방법의 종합화에 의하여 군화산업이 정책적 대상으로 자리매김되어야 한다. 우리나라에서는 그 군화영역이나 산업영역이 너무 고립되어 있다. 방송과 영화 그리고 여러 문화활동영역이 서로 교차되어 통합적으로 인식과 구상과 종사자 인사들이 유기적으로 통합되는 시스템을 설정해가야 한다. 정책은 이러한 시스템 기반구성에 투자하는 것이어야 한다. 이것은 시장논리에서 상당히 벗어나 있어야 한다. 또한 통합적 시청각문화산업의 종사자가 극단적인 양극적 계층으로 나누어져 있다. 협소하지만 그 문화산업에서 기득권을 누리는 소수와 그 열악한 문화산업의 생산에 열악한 노동조건으로 동원되고 있는 무수한 노동자들이다. 이들의 권익을 지켜줌으로써 문화산업의 건전한 재생산을 담당케 해야 한다. 노동조합의 결성이 가능해야 하고 훈련과 교육 및 실험이 가능하도록 이론과 예술과 산업이 만나서 실험하는 시설과 재정이 제공되어야 한다.

종전에는 근대국가 내부에서 출판이나 음악제작이 유구한 전통을 자랑하는 기업에서 맡아했는데, 자본의 세계화 추세가 그러한 기업을 붕괴시키고 초국적자본의 수중으로 편입시키고 있다. 마찬가지로 정보화-세계화는 일단 근대국가형태에서 발전하던 생활양식을 해체하여 보편적 시장으로 내몰고 있다. 생활양식의 요소들이 근대국가 또는 그 이전의 전통적 공동체형태로부터 뿌리 뽑혀지고 있다. 디지털화되는 정보요소로 전화되어 문화경계를 넘나들며 새로운 신자유주의의 어떤 감각에 유의미하도록 만들어가고 있다.

사람들이 지역적 기반에 문화적 의미를 보유하는 공동체를 완전히 떠나서 살아갈 수 있는가는 새로운 세기의 과제일지 모른다. 말하자면 사이버공동체가 종래의 문화공동체를 대신하는 것인지 문제일 것이다.

과제는 한정된 역사공동체에 남아 있는 것이다. 다자간투자협정이나 미국투자협정 표준에서 명시적으로 나타내고 있는 것처럼 투자가 우선되고 그 투자에 대한 제한조치가 철폐되는 경우, 투자되는 곳의 환경과

괴나 노동조건의 악화와 인권의 훼손, 대기오염을 유발하는 방사능물질의 배출 등이 결국 종전의 인간공동체를 훼손 내지 파괴하는 효과를 예견할 수 있다. 그러나 지구화되는 과정 속에서도 종래의 문화에서 장기간의 역사발전을 겪으며 가꾸어온 인간존중, 인간과 자연이 상생하는 가치와 그 사회적 체제를 발전적으로 존속시키기 위해서라도 자기 문화의 해체를 그냥 내버려두어서는 안된다. 따라서 한미투자협정을 단지 외국자본의 투자가 한국경제를 살릴 것이라는 이유와 다자간투자협정이 한국 경제의 세계적 활동영역을 넓힐 것이라는 이유를 내세워 무리하게 서둘러 협정할 것이 아니라 한국사회의 전망을 내다보면서 신중하게 대처하되 기본적으로는 역사성과 공공성, 그리고 자연과 인간의 상생성이라는 기본적 가치를 유지하는 자세에서 그 현재 알려진 내용의 협정안을 폐기하도록 해야 할 것이다.

『민족예술』, 1999년 가을.

저작권에 대한 인식을 새롭게 하자

서예가는 고전적인 글씨체를 습득할 뿐 아니라 자기의 고유한 서체도 발전시키고자 노력한다. 한문은 오랫동안 중국에서부터 그 서체가 전형적으로 발전하였고 웬만한 글씨 공부하는 사람은 한문서체를 익히고자 한다. 한글도 서예계에서 독자적인 서체를 여러 형태로 발전시키고자 노력하였고 '훈민정음' 발표 당시의 활자체가 아주 단아한 형식으로 전해오고 있고 오늘날에는 제법 다양한 서체가 나오고 있다. 우리가 흔히 쓰고 있는 피시(PC)에 보아도 명조, 고딕, 궁서, 샘물, 필기 등 여러 형태가 있고 명조도 또다시 신명조, 휴먼명조 등으로 나누어진 형태가 나왔다. 또한 글 모양을 여러 가지 물체와 비슷하게 하여 복숭아, 옥수수, 오이, 가지 등의 글씨체를 내놓고 있다. 따라서 글을 작성할 때 여러 글씨체를 사용해서 아기자기한 멋도 부릴 수 있다. 이러한 글씨체를 발전시키기 위하여 여러 사람이 글씨 형체를 연구하고 글씨영상으로 나타내어야 하는 조건들을 고려해서 골몰하여 디자인하였을 것이다. 이를 글꼴이라고 하고 여기에 굵기와 색채까지 넣어서 필요에 따라 편집하는 데 도움이 되도록 한다.

이러한 글꼴에 대해 얼마 전 우리나라 대법원에서는 그 저작권을 인정하지 않는다는 판결을 내렸다. 그 판결의 요지는 그 글꼴 디자인은 창의력을 필요로 하지 않는다는 데 두었다고 한다. 어떤 디자인 문화평

론가가 그 판결의 부당성을 지적한 바도 있다. 세계의 어린이 만화영화를 장악하고 끌고 가는 미국 디즈니랜드사는 그들이 내놓은 동물만화의 주인공 캐릭터(미키마우스, 도날드 덕 등등)를 여러 가지 물품에 사용하게 되는 경우 그 사용료를 지불토록 하여 저작권을 세계적으로 팔고 있다. 우리나라도 88올림픽 당시 마스코트로 내놓은 호돌이 캐릭터도 저작권을 설정했을 것이다. 그러한데 글꼴을 저작권으로 인정하지 않는다면 '지적 소유권'을 우리나라 사법부는 아주 협소한 의미로 이해하고 있는 셈이다. 양국간 투자협상이나 다자간투자협상이 추진되는 '세계화' 물결은 어떤 형태의 인간노력의 산물이라도 모두 투자의 대상개념으로 확대하고 있다. 이미 산물로 나타나 있는 것뿐만 아니라 지금 이러한 연구 또는 개발하고자 하는 대상의 이론과 산물조차도 그 투자대상의 개념에 포함되어 지적 소유권을 인정해야 한다는 것이 미국 거대자본들이 주도하여 추구하는 다자간투자협상의 목표이고 이상이다. 그렇기 때문에 우리나라도 '우리문화'에 대하여 다자간 투자협정 맥락에서 그것을 정의하는 노력이 필요하다. 이론적으로, 정책적으로, 그리고 투자협정 문맥 차원에서 어떻게 정의할 것인가를 집단적이고 체계적인 노력으로 추구해야 한다. 이번 글꼴에 대한 대법원판결을 성찰한다면 법적 해석 차원에서도 우리문화에 대한 융통성있고 창의적인 인식이 필요하다고 본다. 지금 사이버공간 안에서 한글을 다른 나라 글과 호환하는 시스템이 개발되고 있는데 이것이 외국사람의 손에서 이루어지고 있는 경우가 상당히 나타나고 있다. 우리가 지적 소유권을 가지고 그들로 하여금 돈을 지불하고 사용하게 하는 것은 당연할 것이다.

우리문화를 면밀한 상품화 차원으로 내리면서 '세계화'의 거센 물결에 대응하자면 우리문화에 대한 폭넓은 이해와 그 존재의 값어치를 인정하는 사회적 관습과 그 체제가 우선적으로 구축되도록 노력해야 할 것이다. 예컨대 1945년 해방 50주년은 갑자기 닥치는 해가 아니다. 이미 그 50주년은 언제다라고 명시되어 있는 사실이다. 그런데 50주년 당시

기념행사나 방송국의 기념 사업프로그램을 보면, 몇몇 기획물을 제외하고는 50주년 당해 마치 8월 15일을 며칠 앞두고 담당기획자가 필요한 사람에게 전화 몇 통화로 극히 필요로 하는 질문 몇 마디로 답을 얻어내어 프로를 구성하는 식의 일 처리를 자주 보았다. 그날 헬리콥터를 타고 전국 곳곳의 상공을 나르며 어떤 행사를 소개하는 데도 전달하는 이야기의 내용이 그야말로 알맹이 없는 넋두리 사설 같은 내용으르 시간 때우기에 바빴던 인상을 주는 것이었다. 해방 50주년이라면 우리나라 역사나 정세에서 보더라도 가볍게 시간 급하게 기획할 일은 아니었는데도 그렇게 하고 그 주제 관련 연구자나 활동가에게 그 쿠게만큼 대접할 줄 모른다면 우리나라 역사와 문화에 대한 인식이 그만큼 낮다는 것을 반영하는 것이다. 하찮게 대접하여 얻어낸 정보나 만들어낸 프로그램을 '지적 재산권'을 지킬 만큼 귀중한 것으로 인식하게 될 것인지 의문시된다. 그렇게 되면 외국의 것만 좋아 보이고 그 좋아보이는 것만 수입하자니 상대는 더 많은 돈을 요구하고 그것에 응해 가자니 돈이 유출되고 국내의 문화와 문화상품은 발전의 기회와 투자의 대상에서 멀어지는 효과로 귀결되는 것이다. 문화상품은 상품 이전에 문화토 존재하고 있고 그것은 극히 우리 일상생활의 여러 영역과 지층에서 우리가 행하는 그러한 일의 양식에 이미 결을 이루고 있는 것이다.

『PD연합회보』, 165호, 1999. 5. 6.

신자유주의에 맞선 노동운동의 미디어 전략과 국제연대

　우리는 제3회 서울국제노동미디어가 개최됨을 기쁘게 생각하며 여기 참석하신 모든 분을 진심으로 환영합니다. 이 국제행사는 1997년 11월에 처음으로 '노동운동과 미디어: 노동자, 정보기술, 그리고 연대'라는 주제로 개최하였습니다. 이 연대모임의 필요성을 인지한 참가자들이 모두 격년으로 개최하자는 의견에 따라 1999년 11월에는 제2회 행사가 '노동운동과 뉴미디어 그리고 커뮤니케이션: 자본의 전지구적 공세에 맞선 노동자의 세계적 네트워크 전략'을 주제로 하여 개최되었습니다. 올해 세 번째로 '미디어 혁명과 노동운동: 신자유주의에 맞선 노동운동의 미디어 전략과 국제연대'를 주제로 개최하게 되었습니다. 그동안 국내외 참가자의 수도 불어나고, 주제도 전지구적 통합자본주의적 공략에 대한 노동운동의 미디어 전략을 초점으로 하여 더욱 확대시켜 나가고 있습니다. 그 기간 동안 한국에서는 격년별로 내부 행사를 진행해왔고 진보네트워크센터와 노동네트워크협의회가 조직되어 이 문제에 대응하는 주체적 단체로 성장하고 있습니다.

　전지구적으로 휩쓸고 있는 전지구적 통합자본주의는 전반적으로 고용을 줄이며 고용의 불안정을 야기하고 따라서 인간의 삶을 불안정한 형태로 내몰고 있습니다. 이를 추구하기 위하여 국가들로 하여금 노동력을 생략하는 구조조정을 단행하게 하고 노동자들을 감시하고 통제하는 경찰적 활동을 강화시키고 있습니다. 첨단기술로 발전하고 있는 통신기술과 미디어기술조차 노동의 현장을 감시하고, 의사소통을 증대시키는 사이버공간을 검열하여 노동자 민중의 집단적 행동을 직접 통제하는 데 이용하고 있습니다. 또한 필요한 자원을 취득하기 위하여 전쟁을 도발하는 데도 이 새로운 기술을 극악하게 이용하고 있습니다. 전세계적 민중의 삶을 도탄에 빠져들게 하고 있습니다. 한국도 이러한 상황의 전개에 예외가 아니라 그 핵심적인 선도적 사례를 보여주고 있습니다.

　이러한 상황에 직면하여 전지구적 노동자 민중은 단일 기업의 현장에서, 혹은 좁은 공단지역에서, 혹은 한 국가차원의 조직차원에서 저항하고 있고 한편으로 WTO에 반대하는 전지구적 민중운동을 전개하고 있습니다. 이러한 사태에서 민중들은 국적을 달리하는 사람들에 대한 이해를 증진하고 연대의 길을 찾는 필요성을 절감하게 되었습니다. 더구나 발전되고 있는 미디어가 이를 위해 사용되는 방법에 대하여 여러 가지로 실험하고 있고 또한 그 실효성을 확인하기 시작하였습니다. 이 국제노동미디어 행사도 이러한 실험의 핵심에 놓여 있습니다. 여기에는 인류의 새로운 삶의 방식에 대한 철학이 필요합니다. 인간은 생존 자체만으로도 존중받아야 한다는 믿음입니다. 그리고 이 믿음은 전지구적인 확신으로 확산되어야 할 것입니다.

　우리는 이 행사가 인류의 미래에 대해 가치있는 전망을 세우는 데 기여하기를 기원합니다.

2001. 11. 9.

3장

진보의 새로운 조건

새로운 세기와 인간의 삶

나는 몇가지 질문을 하면서 토론을 하고자 한다.

기준은 인간에 대한 배려인데 이것이 정의의 차원에서 융합되어야 한다고 전제한다.

근래 한국에서 바야흐로 전지구적 통합자본주의의 두자비한 작동에 의하여 대다수 민중의 삶이 극도로 불안정한 상태로 빠져들고 있고 이 현상은 한국에서만이 아니라 전지구의 민중들이 공통으로 직면하는 사태이기도 하다. 그리고 이 불안정한 삶은 '전쟁'이라는 극악한 '시장'에 의하여 더욱 가중되고 있다.

한국은 20세기 후반 장기간의 군사독재를 붕괴시켜 새로운 시대를 맞이하였으나 근대적 의미에 있어서 인간들의 삶을 건전하게 뒷받침하는 사회적 기초를 구축하지 못한 채 자본의 전지구적 야만적인 작동에 직면하고 있다. 우리는 이러한 사태에 직면하여 새로운 인간적 가치를 추구하여 불안정한 삶의 형태를 전위시키는 노력을 기울여야 한다고 생각한다. 몇가지 질문을 통해서 이 문제를 토론하고자 한다.

1. 태아는 잘 보호받고 있는가? 출산에서 생명을 부지할 수 있는가? (한국에서는 임신중절이 출생보다 더 많다는 지적도 있다.)

2. 임산부는 출산의 경제적, 사회적 불안을 느끼지 않고 출산을 할

수 있는가 — 출산에 대한 경제적 사회적 부담을 모두 가족에게 지우고 있다. 임산부가 임신과 출산에 아무 두려움 없이 국가나 사회로부터 서비스를 받을 수 있는가? 혹은 편모에 대한 사회적 편견을 걷어내어 일반생활에서 불이익을 받지 않도록 하고 있는가?

3. 특히 편모일 경우(미혼모, 이혼모 혹은 남편의 사별) 임신과 출산을 국가나 사회로부터 물질적·금전적 도움을 받으면서 할 수 있는가? 그리고 영아 및 아동의 양육을 가족단위에서가 아니라 국가나 사회적으로 부축받고 있는가?

4. 모성은 모성수당을 받고 있는가 — 전업주부일 경우 전업주부지원금을 받고 있는가?

5. 남편과 기혼여성 혹은 편모여성으로서 경제활동을 하는 사람이 가족수당을 받아서 가족의 안정된 생활을 확보할 수 있는가?

6. 일반적 의료 지원을 잘 받을 수 있는가? 특히 풍토병 질환이나 암과 같은 무거운 병에 대한 치료에 사회적 지원을 받을 수 있는가?

7. 교육은 누가 담당하는가? 교육은 공교육 차원에서 전인격적 인간을 위한 교육을 하고 있는가?(현실적으로 사적 교육의 부담을 가중시키고 있다. 공교육의 부재현상을 초래하고 있다.)

8. 혈통이 다르고 성이 다르고 인종이 다르고 종교가 다르고 역사가 다른 인간에 대한 이해력을 키우고 있는가, 공동체적인 삶의 의의를 이해하게 하고 있는가? 자본주의적 이익추구와 경쟁을 제어할 만한 인간적 가치를 고양하고 있는가?

9. 여성에 대한 차별을 해소하기 위해 노력하고 있는가? 직업상에서 동등한 임금과 처우 및 사회적 대우에 있어서 차별을 해소하고자 노력하고 있는가? 의사결정에 동등한 참여를 보장하고 있는가?

10. 성희롱 및 성폭행을 제도적으로 예방하는 제반 노력이 경주되고 있는가? 언어와 행동차원의 성차별 관습을 제거하는 데 교육적, 제도적으로 경주하고 있는가. 성적 자기결정권을 확보해주는 방안을 적극 추

구하고 있는가?

11. 전통적 의미에서의 신분 차이와 차별, 계급적 분화와 그 적대 및 모순을 제어하거나 해소시키려는 노력을 하는가?

12. 노동현장에 있어서 노동조건을 인간적 예우를 위한 것으로 전환시키고 있는가?

13. 중화학공업의 발전과 극소전자기술의 발전이 가져오는 환경파괴 및 생태계 파괴에 대해 성찰적 관심을 가지고 이의 예방을 위하여 혹은 생태계와 상생적 목표를 추구하고 있는가?

14. 중화학공업과 첨단기술의 발전이 가져오는 군수둘 생산과 소비에의 유혹을 제어하고 있는가? 이에 소요되는 지출을 사회보장 및 사회안전망 구축에 돌려쓸 수 있는가?

15. 우리나라의 삼대 안전사고인 산재피해, 교통 사상 및 군대의 안전사고를 국가적 과제로 예방하고자 하는가?

16. 장기적인 독재체제에서 발전한 인간에 대한 고문 및 연좌적 처우, 이데올로기적 적대를 해소하고자 노력하고 있는가'

17. 불안정 고용에 따른 불안정한 삶의 형태를 극복하기 위한 방안을 추구하고 있는가?

18. 남북통일을 전망함에 있어서 인간의 기본적 가치 실현을 위해 어떤 노력을 경주해야 하는가?

19. 동북아의 방위체제의 경쟁적 강화를 해소하기 위한 노력을 추구하고 있는가?

20. 궁극적으로 착취와 패권을 국내와 국외에서 제거하고 상자이생(相資以生)을 추구하기 위한 물질적·지적·도덕적 질서를 추구하기 위한 노력을 하고 있는가?

〈진보적인 지성과 양심의 소리 가을 토론회〉, 2001. 11. 9.

인식의 전환: 성찰적 전망

1.

격변의 전환기라고 깨닫게 되는 것은 일반인들도 종전에 살아가던 방식으로는 무언가 잘 안 된다는 느낌에서 비롯될 것이다. 지금 우리가 바로 그런 처지에 있다. 우리가 살아온 시대를 '근대적 시대'라고 한다면, 그리고 그것을 서구에서 진보적이라고 전망했던 관점으로 본다면 한국의 역사에서는 그 진보의 악마와 같은 측면, 즉 제국주의 침략에 의한 식민주의시대가 더욱 영향을 주었다. 그러나 한국의 역사에서도 이미 그 이전 18세기에 이르면 새로운 시대적 인식과 그것을 위한 인식론적 단절의 기획을 추구하였는데, 그것은 일단의 실학자들에 의해 수행되었던 것이다.

당시 지배적 인식방식과 지배적 담론으로부터 인식론적 단절과 새로운 형식을 추구한 예를 다산(茶山) 정약용(丁若鏞)에서 볼 수 있을 것이다. 다산은 인(仁)과 그것이 포함된 사덕(四德, 즉 仁義禮智)이 선험적으로 주어진 것이 아니라 행위의 주체인 사람이 행동을 한 결과(事功)에 부쳐지는 범주라고 주창하였다. 본래 인간에 따라 선한 행동이나 악한 행동을 하는 것이 아니라 사람이 행한 행동의 결과에 의하여 선한 것을 행했다거나 나쁜 짓을 했다고 판단한다는 것이다. 여기서 다산은 개인을 자기 행위의 주체로 설정하였고 더 나아가 그가 가장 핵심적인 덕목으로 본 인(仁)도 주체적으로 행한 행동의 결과에 으하여 판단된다고 주장했다. 이런 정도의 인식이라면 다산은 이미 성리학적 인식 방식과는 단절을 이룬 어떤 새로운 인식 방법을 추구하고 있었다고 판단할 수 있다.

그러나 다산은 인(仁)이 효(孝) 제(悌) 자(慈)로 이루어짐을 강조하여 그 인의 참신한 내용을 근대적 개념으로 다듬어내지 못한 듯하다. 더불어 다산은 연암 박지원이 부자(父子), 군신(君臣), 장유(長幼), 부부(夫婦), 붕우(朋友) 중에서 붕우의 신(信)이 앞의 특수한 인간관계 형태 중 가장 기초임을 강조하여 이미 도시에서의 인간관계가 그 보편적인 토대로서 이루어지고 있고 또한 그러해야 한다는 색출적 개념으로 전망을 한 것과 같이 더욱 적극적인 모색은 하지 못하였다. 그렇기는 하지만 대체로 실학자들은 사농공상(士農工商)을 신분적 폐쇄회로 관념으로부터 사회기능적 범주 관념으로 바꾸어가고 있었고, 다산도 그러한 의미에서 군주도 무리(衆)에 의하여 추대되어 통치기능을 맡는 것이므로 그 기능을 수행할 능력이 없으면 무리에 의하여 내려오게 되어야 한다고 하여("湯論") 중세 성리학적 인식으로부터 탈피해가는 인식의 여러 면모를 보여준다.

한편으로 다산은 『목민심서』(牧民心書)를 저술함에 있어서 물론 지방수령들의 정사(政事)를 위주로 삼았지만 12항목(부임, 율기, 봉공, 애민, 이전, 호전, 예전, 병전, 형전, 공전, 진황, 해관)에 각각 6개 조목을 세워서 각 조목 하나하나에 지방수령이 행할 행동 기준을 세세하게 기술하였던 것을 보면(다산연구회 역주, 『역주 목민심서』, 창작과비평사 참조), 그 내용이 한편으로는 전근대 조선사회에 대한 구체적 진술인 동시에 사회를 관리하는 행위규칙을 제시한다는 의미에서 새로운 의식과 전망을 보여준다. 세세한 행동에 대한 자세한 규칙 설정이 서구 근대성의 시원적 징후였다면 한국에서도 실학자에 의한 근대사회 구성의 규칙 차원에 대한 주목이 이루어지고 있었음을 보여주는 대목이라고 하겠다.

2.

인간행위가 신의 섭리로부터 벗어나고 인간의 주체가 설정되자 인간들끼리의 행위가 섭리를 벗어나서도 서로 이해될 수 있는 행위기준에 대한 합의된 설정이 필요하였다. 이 결과 서구에서는 계산성을 기초로 하는 인간행위의 준거기준으로서의 규칙이 제정되고, 이에 따른 다양한 규칙들이 제도로서 설정되고 모든 개인이 이를 학습하도록 강제되었다. 처음에는 강제적인 생체화가 진행되고 나중에는 자발적 학습이 이루어지도록 근대교육체제가 발전하였다.

다시 다산으로 돌아온다면, 비록 그가 행위기준으로서의 규칙에 주목하였다고 하더라도 인(仁)을 행위의 차원에서 규칙으로 전환시키는 일은 진행시키지 못하고—그의 시대적 한계였겠지만—그 근대적 내용은 서구의 인권 관념의 보편화작업에 양보하지 않을 수 없었다. 인을 사람들의 행위차원에서 이루어내고자 한다면 인을 행하게 되는 사회적 규칙을 설정해나가는 작업이 필요하고 그것이 실현되도록 하는 제도화가 필요하였다. 이 일은 당연히 역사의 재편 또는 시대적 변혁을 내포하였다. 한국에서 프랑스혁명에서 표방된 인권선언의 근대적 내용을 보편적으로 수용하고 1945년 해방 이후 그 보편적인 정치적 권리를 자주적으로 모색하는 데 많은 시간이 필요했던 것도 그 때문이다.

인간의 행위주체를 인정한다는 것은 인간의 욕망을 본래대로 인정한다는 의미이다. 조선의 성리학에서 극기복례(克己復禮)는 우선 인간의 내면적인 욕망을 수기(修己)로써 억제하는 것이었다. 근대성은 인간의 욕망을 상당히 인정하는 데서 형성되었다. 서구에서는 희소자원에 대한 욕구와 정치적 권리에 대한 욕구가 자본주의 체제와 자유주의 정치체제를 이룰 수 있는 인간 동기적 차원의 요인으로 인식되었다. 실학자들도 인간이 가진 욕망을 보편적인 성향으로 인식하기 시작하였지만 그것을 경제적 이윤동기와 정치적 자유의 차원으로 가져가지는 못하였다. 욕망을 인정한다고 하더라도 욕망은 정신과 육체가 분리되고 이성과 감성이 분리된 인간관에 의하여 다스려져야 했다. 왜냐하면 규칙은 이성과 정신에 의존해야 했기 때문이다. 육체는 변덕스러운 욕당에 의하여 지배되는 것이었다. 규칙은 욕망이 도사리고 있는 감성과 육체가 엄격히 다스려진 상태 위에서 구성되어야 하고 그런 위에서만 안정적으로 작동할 수 있다고 전제된 것이다. 근대적 제도는 바로 이러한 바탕 위에서 설정되었다. 따라서 근대적 규칙은 육체 위에 무수히 반복되어 육체를 생체화시켜 왔으며 감성은 이성에 바탕을 둔 교육에 의하여 그리고 제멋대로 발휘되는 감성은 감금과 수양에 의해 억제되어 왔다. 따라서 근대성은 이성에 동일화되는 행위를 전반적으로 요구했던 것이다. 이 이성은 규칙에 의하여 가장 구체적 모습으로 나타나고 그 구칙성은 계산성, 효율성, 발전의 바탕으로 자리잡았다. 그리고 이것을 보통 합리성이라고 총괄하였다. 근대사회는 차츰 자본주의의 발전과 국가의 발전이 융합해가는 과정에서 인간을 자본주의와 국가에 동일화되 도록 편입시켰으며, 이 과정에서 합리성이 점차 협소한 생산성과 효율성 개념으로 바뀌어 갔다. 따라서 근대사회가 나타날 때의 인간해방이라는 기본적 가치는 행방이 묘연해지기 시작했다.

3.

민주주의는 신분에 억압된 인간의 해방으로서의 자유주의를 기반으로 해서 출발한 것이었다. 이 민주주의가 정치적 기본권을 기초적 이념으로 하고 있음에도 불구하고 차츰 행위 규칙의 내용을 채워가는 과정에서는 그 규칙이 계산성에 반영되지 않을 수 없었다. 절차가 중시되었다. 절차의 제도화가 투표의 숫자를 반영하여 보편적 대표성을 치환해나갔다. 여기에는 두 가지 제외가 있었다. 미숙한(욕망을 아직 학습된 규율로 다스리지 못한다는 의미에서) 어린이가 선거에서 제외되었다. 여성도 초기에는 마찬가지 대접을 받았다. 노동자도 세기적인 출현을 한 것이지만 처음에는 시간적 규칙에 동일화되지 않은 방랑자적이고 비

규율적이고 군중처럼 충동에 휘말리기 쉬운 비이성적 인간으로 간주되었다. 선거투표는 부르주아의 이성적 판단에 의존하는 것으로 제도화되고 한 국가의 이성이 인구의 2/3에도 못미치는 사람들의 다수결 표수에 의해 반영되는 것으로 간주되었다. 산업자본주의의 발전은 결국 노동자 계급에게도 투표권을 부여하는 방향으로 진행되었고, 여기서도 투표의 보편성은 결국 투표자의 숫자로 표시되었다. 그럼에도 불구하고 국가이성은 전체 인구 중에서 소수의 사람들 손에서 이루어지는바, 환치된 보편성 원리를 강제해왔던 것이고 결국 정당정치체제는 인민의 의사를 소수의 손에서 움직이는 정당이 제시하는 이념과 정책으로 치환시켜온 것이었다. 지배정당이 전체 국가이성과 국가이익을 반영하듯이 인민의 의사를 제도화시켜온 것이다.

지배정당은 의회 메커니즘을 통하여 조작되는 정책을 국가의 보편성으로 제출하고, 이를 국민으로 하여금 동일화하도록 억압적 또는 이데올로기적 국가기구를 통해 강제해왔다. 그러므로 근대국가에서 발전해온 계량적인 동일화 메커니즘은 항상 인민의 이익을 계량적으로 반영해내지도 못하는 취약성을 가지고 있는 것이다. 부르주아 지배정치체제는 국가의 보편성 이데올로기를 발전시켜 왔고 보편성 가치로 정치적 기본권을 표방해 왔지만, 적대적이거나 대립적인 계급은 항상 그 보편성 가치의 기반형성에서 소외되는 경향을 보여왔다. 더욱이 프롤레타리아 지배 사회주의 정치체제도 결국 이 보편성 확보를 위한 사회주의 민주주의를 발전시키는 데 실패하고 말았다. 근대국가에서는 자본주의생산 체제화가 워낙 강한 경향을 가지고 왔기 때문에 (그리고 20세기 현실사회주의국가는 자본주의체제와 공존하여 경쟁하였기 때문에 생기는 역동일화 또는 국가자본주의라고 하는 혐의를 지니고 있었다) 이분화되는 계급관계가 다른 요소에 의해 분화되거나 또는 일방적으로 프롤레타리아 계급의 욕망과 정치적 요구를 억압하기도 했다. 따라서 근대성정치에는 이성에만 한정시키는 강제적 동일화가 일반적인 경향으로 나타났다고 볼 수 있다. 그렇기 때문에 민주주의는 항상 인민의 정치적 요구를 전반적으로 반영하는 윤활한 것보다는 한편으로 강고한 배제와 억압의 메커니즘을 내재하고 있음도 특징적이라고 할 것이다. 정치적 기본권은 이리하여 보편적 가치로서 표방되었음에도 불구하고 언제나 한정적으로 정치화되거나 사회화될 수밖에 없었다. 계급 사이에서, 남자와 여자 사이에서, 지식의 배분에서 정치적 기본권은 특정하게 구획되고 획득과 배제가 동시에 진행되었다. 이는 사회주의에서도 마찬가지다. 사회주의 가치체제 또한 핵심적으로 그 정치적 기본권 가치의 범주를 넘지 못하고 새로운 차원의 보편적 가치를 창출하는 데 실패하였다.

4.

민주주의를 둘러싼 배제와 억압의 메커니즘이 자본주의경제체제와 융합하여 강화되는 한편, 성장하는 노동자계급의 도전과 사회주의 세력의 대두 및 국가조절적 보편성 유지와 같은 여러 복합 요인에 의하여 참여적 민주주의 형태가 부분적으로 발전하기도 하고 공공성이 국가에 의하여 형성되기도 하였다. 이 부분적 참여와 공공성은 그러나 한편으로 자본의 전지구적인 세계화에 의해 파괴되고 있다. 또 다른 한편으로 이와 연관된 성장주의적 개발정책과 끊임없는 전쟁에 으하여 환경파괴와 환경오염, 식량부족, 그리고 인간공동체 파괴가 자행되었다.

이차대전 이후 지속적으로 성장해온 초국적자본은 주권을 가진 국가의 힘을 능가하고 이제 초국적자본과 그 기업의 지배시대가 도래하려고 하고 있다. 초국적자본의 이상과 목표는 OECD가 추구한 다자간투자협정(MAI)으로 표명되어 각국 수준에서 그나마 발전되어 왔던 정치적 민주주의를 훨씬 뛰어넘는 힘을 행사할 채비를 하고 있다. 투자를 위한 기업활동은 어떤 조건에 의해서도 억제될 수 없게 되어 있다. 민중의 힘에 의하여 그나마 지탱해오던 환경파괴억지노력이느 환경오염방지노력이 위협받고 있고, 공공성을 위해 존재해왔던 국영기업과 공공기업이 민영화되고 국내외 투자자에게 보편적으로 매각되는 추세를 나타내고 있다. 미국을 중심으로 하는 이 투자협정은 전세계적으로 추구되는 과정에서 양국간 투자협정이나 블록단위투자협정 형태로 그 실험을 강행하고 있고, IMF와 같은 기구를 내세워 전세계에 강공을 감행하고 있다. 한국은 실질적으로 1997년에 이미 그 공세에 투항했다고 할 것이다. ILO가 노동법 기준을 만들어서 세계 각국에 채택하도록 권고하고 있는 바, 그것은 한편으로는 노동인권을 세계적 수준으로 평준화하는 효과가 있는 동시에 초국적자본의 세계적 운동에 더 적합한 윤활유 작용도 한다고 판단할 수 있다.

한편 이러한 자본의 공세는 반드시 미국의 군사적 패권주의정책 수행을 동반하고 있다. 초국적자본이 운용되는 매체가 초국적기업이고 이 기업들은 동시에 군수산업의 초국적기업이기도 하다. 물론 군사적 행위는 국가를 필요로 한다. 이 군산초국적기업은 미국을 정점으로 하여 세계적으로 군산복합체를 형성해가고 있다. 냉전체제의 해체 이후 유엔의 평화유지군 창설을 통해서 그 군사적 필요성을 유지 강화하고, 현재 유고사태에서 보는 바와 같이 미국은 유엔을 제치고 나토를 이끌고 전쟁의 소용돌이를 몰아가고 있고, 사회민주주의적인 정권이 들어선 유럽 여러 국가들에서도 전쟁을 억제하기보다는 전쟁을 통한 경제적 이익을 찾아가는 데 혈안이 되어 있다. 경제의 군사화가 억제되지 않거나 그 성격을 바꾸어내지 않는다면 전쟁이 자본의 시장으로 확대되는 경향은 저지될 수 없을 것이다. 이러한 경향은 새로운 세기에 민주주의의 전망을 어떠한 차원에서도 암담하게 하며, 하나의 지구촌이라는 세계에 전체주의적 경향을 강화하는 전망만 나오게 한다.

5.

전지구촌 전체주의적 경향에는 이차대전 이후 경제 군사화의 기술적 기초를 형성시킨 극소전자기술에 의하여 발전되고 있는 사이버체제의 전체주의적 경향이 상승작용을 하고 있다. 사이버체제는 미국의 마이크로소프트사가 보여주듯이 전세계적인 사이버체제를 단일 전체주의적인 경향으로 형성시켜 가고 있다. 정보통신의 발전이 민주주의에 발전적 효과를 가져오는 측면이 정보사회론자들에 의하여 강조되기도 하지만, 한편으로는 인간에 대한 감시의 유혹 또한 강하게 생성되게 하였다. 그리하여 한국에서도 99년에는 다소 잠복되었지만 통합전자주민카드를 제도화하려 하거나 노동현장에 전자감시망체계를 설치하고자 하는 무수한 시도가 발생하고 있는 것이다. 한편 사이버세계의 출현은 지구촌 각 문화의 역사와 지적 정보를 한 가지 경향으로 동일화되도록 강제하는 경향을 강화하고 있다. 이성적 차원만이 아니라 각 문화권이 역사적으로 형성해온 감성과 도덕적 질감과 공동체적 의미와 그 지식세계를 해체하고 그것을 상품화 대상으로 편입시키면서 대체로 미국 자본주의적 상품문화에 종속되게 만들어가고 있다. 이 정보통신의 기술에 기반하고 있는 대중문화매체와 사이버체제가 전세계 사람들의 일상생활의 시공간에 미세하고도 치밀하게 개입함으로써 근대성 기획에서 인간의 몸과 마음에 새겨넣던 규칙이 국가차원을 넘어서 새로운 감성과 과편적 지식정보에 의하여 유도되는 차원으로 넘어가고 있는 것이다. 이러한 경향 모두가 귀결될 것은 전체주의체제화일 것이다.

6.

민주주의는 근대성 기획에서 제기된 보편적인 정치적 기본권의 이념이 그 자체 배제와 억압을 잉태해오면서 드러낸 모순들과, 동시에 전지구적으로 거시적이며 미시적으로 진행되고 있는 새로운 차원의 자본운동과 그에 따라 체제적으로 발전하고 있는 경향들을 정견으로 인식해내는 일로부터 그 전망을 얻을 수 있을 것이다. 현재 벌어지고 있는 자본주의 문명은 한편으로 인류를 전체적으로 멸망시킬 수 있는 물질문명(핵무기와 빔무기, 그리고 지구촌 강과 산과 바다, 하늘을 모두 파괴해서 공동체의 기반을 붕괴시키고 환경을 파괴하는 개발프로젝트들과, 인간조차 유전자공학으로 재생산할지 모를 상황)을 전개하고 있다. 동시에 자본주의 문명은 지구촌 사람들의 일상생활과 그들의 감성과 육체와 의식 무의식 차원에 세밀하고 미세하고 그러면서도 총체적으로 삼투하여 상품화의 세계에서 헤매게 하는 효과를 중첩적으로 미치고 있다. 따라서 국가는 단지 주민을 정보차원에서 관리하거나 경찰차원에서 통제하는 힘만 집중하는 경향을 강하게 만들어내고 있다. 지구촌 곳곳에서 삶의 뿌리가 뒤집혀 흔들리고 있는 민중들이 이러한 자본주의의 전체주의적 문명화경향에 맞서서 투쟁하고 있다. 민주주의의 새로운 과제는 이러한 전체주의적 경향에 대하여 그 본질적 인식영역과 기획 차원에 새로운 인식의 전환이 일어나도록 하는 데 초점을 두어야 한다고 생각한다.

우선 동일화를 강제하기 때문에 발생했던 균열, 배제와 억압, 파괴를 전도시키는 일이 기본적일 것이다. 다양성은 상품화경향에서는 얼마든지 만들어지는 기획이기 때문에 다양성을 넘어서서 차이를 인정하는 인식방법과 생활방식을 찾아내야만 한다. 일상생활에서 그 전체주의적 경향이 미세하게 규칙으로 또는 규칙성을 갖는 습속으로 규정성을 가지고 효과를 주고 있기 때문에, 사람들은 서로를 인정하고 존중해가는 삶의 방식을 찾기 위해서는 기존의 일상생활에서 사소한 것을 규정한 규칙들을 뒤집어보는 일이 필요할 것이다. 뒤집어보면 기존 민주주의가 배제하고 억압했던 대상과 그 영역 및 메커니즘을 발견할 수 있을 것이다. 경우와 계기에 따라서는 대중투쟁이 필요할 것이다. 현재 지구촌 민중은 '지구촌' 차원에서 서로 연대해서 투쟁하는 문제를 깨닫고 있다. 실제로 20세기 국가내에서 조절되었던 민중적 삶의 방식으로는 전지구촌으로 뻗어가는 전체주의적 경향에 대항할 수 없음을 깨달아가고 있다. 이 대중투쟁은 계급과 인종, 지역, 성 그리고 세대에 의하여 분리되거나 격리되어 있던 사람들을 하나의 연대로 인식케 할 것이다. 그 연대는 감성적이고 지적이고 도덕적인 정감을 갖게 하고 정의(正義)를 새롭게 인식케 할 것이다. 민주주의는 그러한 기초 위에서 차이를 인정하면서 화합해가는 새로운 생활방식(고전적으로 화이부동(和而不同)으로 표현되었다)을 추구하는 데서 꽃피울 수 있을 것이라고 생각한다.

『문화과학』, 1999년 여름.

우리 시대 진보는 무엇인가

1.

1) 부르주아의 의미 맥락에서 표상되었던 '진보의 시대'는 지난 세기였다. 진화는 곧 진보였다. 20세기의 과학기술의 발전과 이에 기초하는 생산력의 발전이 계속되고 있다. 그러나 이것을 기축으로 하여 20세기를 '진보'가 완성된 시기로 보기에는 그 자체 왜곡·모순이 많이 내포되어 있고 이것을 오늘날에는 인류의 많은 인민들이 인지하고 있다.

2) 소련이 해체되기 직전 80년대 후반에 전개되었던 페레스트로이카에서는 '계급의 문제'보다는 '인류의 문제'를 제기한 바 있다. 인류의 문제가 더 본질적이며 현재의 위기가 그 문제를 둘러싸고 일어난다고 믿었기 때문이다. 그것은 질병, 실업, 빈곤(식량 부족), 환경오염, 핵문제이며, 이것을 세계의 두 체제, 즉 사회주의체제와 자본주의체제가 협력하여 해결해야 한다고 주장하였다. 인류의 문제에 '스트레스' 문제를 첨가해도 무방할 것이다. 페레스트로이카는 따라서 두 체제간의 적대관계(또는 사회주의체제의 우월성, 또는 자본주의 단계의 이행으로서의 사회주의 단계의 설정)를 철회하고 두 체계가 하나의 세계체제에서 공존할 수 있음을 천명하고, 자본주의가 반드시 군사 무기의 사용(제조와 판매 및 사용)에서 필요한 이윤을 수취해야만 하는 것이 아니라 비군사

제품에 의해서도 자본주의의 존속에 충분한 이윤을 확보할 수 있다고 주장하였다. 자본주의에 대해 침략성 또는 제국주의테제를 폐기하였다.

소련 자체의 해체는 역설적으로 페레스트로이카가 제창한 어떤 이념의 실현을 위해 거대한 장애 조건을 제거하는 것처럼 보였다. 그러나 소련 해체 이후 '인류적 문제' 해결을 위한 어떠한 진전의 징후도 '진보적'으로 발견되지 않는다. (비록 핵탄두와 그것의 장거리 운반 수단을 제한하는 조치가 강대국 사이에 있었지만.) 냉전 구도에 의해서 국제적 분규 내지 전쟁이 그동안 억지되고 있었다는 평가가 나오고 있고, 오히려 국제적인 지역 분쟁의 가능성이 예단되고 있으며, 무기 생산과 그 사용이 획기적으로 억지되고 있는 것이 아니라 세계적인 규모로 더욱더 전력 증강 사업과 우주적 군사체계가 확산되고 있다.

3) 동구권 사회주의 국가들의 해체는 사회주의 '이념'이 현실적으로 작동했던 유효한 효과를 거의 무의미한 것으로 돌리는 이데올로기 정세를 낳았다. 그러나 사회주의는 이념적으로 다음과 같은 여러 주제를 복합적으로 가지고 있었고, 이것은 우리에게 유효한 문제의식을 제기하고 있다.

⑴ 정치에 대한 보편적 권리, 즉 기본권에 대해 일관되고 발본적인 민주주의적 이해를 요구한 것이다. (이것은 자유와 평등을 신분, 성, 계급, 연령, 인종, 국적을 불문하고 적용케 하는 문제이다.)

⑵ 인간의 노동에 의해 생산된 부의 재분배의 맥락에서 이해된 정의(正義)가 자본주의 일반화 이후의 역사성에서 이해되는 문제로서 제기되었다.

⑶ 파편화된 노동에 저항하는 협동적 노동, 인간의 필요와 자원에 따른 사회적 생산, 그리고 구상과 실행이 합치되는 생산에 의해 인간의 창조성과 공동체적인 의의가 실현되는 개념을 이해하도록 요구하는 것.

⑷ 문화에 대한 보편적 권리(대중적 문화의 의의와 문화적 차이의

해소) 요구.

(5) 평화주의적인 본질적 구성 요소(즉, 적대적인 통일로서가 아니라 평화주의적인 질서 구성).

2.

4) 자본주의 생산과정에서는 거대한 산업기지에 집중된 '대중노동자'들이 생산영역에서 가치창출을 하던 시스템으로부터 차츰 벗어나고 있다. 가치창출이 생산영역으로부터 유통·소비 영역으로 확대되고 있다.(비생산직 노동자의 대량적인 분화 출현) 정보통신혁명에 의한 기술적 네트워크에 기반한 자본(생산)이 공장을 넘어 유통·재생산 영역까지 침투하고 있다. 따라서 생산에서 물질적인 것으로부터 정보·지식과 그것의 지배 요소가 더욱 중요하게 되고 있다. 생산과정에서의 지적 노동(구상)과 육체적 노동(실행)의 분리가 사회적으로 확산되는 것을 의미한다. 그 확산 과정에 단편적 정보의 일정한 기초적 배분이 있을 수 있다. 이러한 생산과정의 변화는 '공장'에서 통제되고 감시되고 지배당하고 관리되는 노동과정의 방식이 '공장'의 담을 넘어 전사회로 확산되고 있고 오히려 인간의 현재적 존재 방식으로 융합되고 있다. 따라서 노동자의 재생산도 자본주의에 포섭되었다. 국가는 자본주의적 생산양식을 재생산하는 데 주된 기관으로서 작동하였다. 동시에 '개인의' 사적 생활 영역까지 통제하고 조정하고 관리하는 국가의 기능이 확대·심화되어 국가 활동은 보편적 생활 구성 요소를 이루고 있다. 여기서 국가의 기술 관료층은 지배블록의 핵심적인 구성 요소가 되었다.

이것은 자본주의의 위기 관리능력의 향상이기도 하지만(자본주의의 전사회적 포섭 확대), 적대·저항·투쟁이 생산관계 영역에서 (생산) '대중노동자'를 주제로 했던 정세로부터 사회의 모든 영역으로 확산되고 있으며, 주체도 생산직 노동자만이 아니라 사회적 인간 모두로 확대되고 있다.

5) 자본주의가 식민지화와 탈식민지화를 겪는 과정에서 상품화는 세계적으로 전개되고 있다. (정보·통신·컴퓨터 기술은 자체 첨단산업으로 발전할 뿐만 아니라 세계화의 물질적 기반이 되기도 한다.) 상품화 확산은 '문화적 차이'와 '인종적 차이'를 착취의 메커니즘에 유효하게 동원하였다. (허구적 인종주의의 효과) 또한 세계를 중심과 주변, 즉 '과잉발전'과 '과소발전'으로 양극화시키고 있으며, 착취 형태가 가장 폭력적이고 직접적이며 전근대적인 것과 간접적이고 가장 세련된(포섭된) 것(비동시대적인 것들) 모두를 '동시에' 사용하게 하고 있다. '반주변'은 비동시대적인 착취 형태들을 한 국가 공간 안에서 동시대적으로 작동케 하고 있다.

상품 형태의 확장에 의해 지배되는 세계경제의 확장은 동시에 세계-정치를 창출시킨다. 상품화가 세계적으로 착취 형태를 분할해서 동시대적으로 동원하듯이, 세계-정치 확산은 인류를 생활조건이나 의사표현 조건에 있어서 동일할 수 없는 대중으로 분할시키고, 무한히 왜곡되는 정보 흐름 속에 몰아넣는다. 따라서 '세계화'는 이제까지의 인류의 '진보성'을 확대 담보하는 것이 아니다.

6) 부르주아 혁명 이후 자유와 평등은 기본적 권리로서 자본주의국가 형태에서 긴장을 내포하였다. 즉 국민권은 곧 시민권(자유와 평등의 기본적 권리)과 동일화된 것은 아니었다.

자본주의 발생은 민족-국가 형태를 창출하였다. 분할과 갈등, 불평등을 민족-국가 형태에서 조절하였으며(따라서 국가의 정치체제는 여러 갈등적 힘의 정세적 표현이었다) 국제관계는 그러한 국가 형태들 사이의 관계였다. (한편으로 제국주의의 확산과 그에 대한 타협으로서의 '주권'과 '내정 불간섭 원칙') 사회주의 국가와 자본주의 국가는 동시대적으로 몇가지 실험을 행했다. 그 실험은 자유와 평등을 매개하는 실험이었다. 한편에서는 정치적 공동체로서 국민국가(부르주아국가)와 인민국가로서, 다른 한편에서는 소유로서는 자본-소유와 노동-소유의 형태에 따른 사적 소유와 사회적 소유였다. 국민국가는 사적 소유와 결합하고 인민국가는 사회적 소유와 결합하였다.

상품화의 세계화는 '초국적기업'으로 하여금 세계경제를 주도케 하며 민족-국가의 주권을 능가하게 하고 있다. (초국적기업은 군사초국적 기업이다. 따라서 군사적 국제기구도 민족-국가의 주권을 넘어서고 있음도 당연하다.) 동시에 '내정불간섭의 원칙'은 경제적으로, 정치적으로, 군사적으로 폐기되고 있다. (냉전 구조의 와해와 핵무기 관리 문제 등 여러 복합적인 조건을 핑계 삼아서) 국민-국가의 형태나 인민-국가 형태에서나 모두 '동요'가 발생하였으며(동구사회주의 국가의 해체는 '인민-국가' 형태의 한 실험의 종결이라고나 할까!) 동시에 사적 소유와 사회적 소유는 민족-국가 형태와 융합한 여러 가지 형태의 문제를 만들어내고 있다.

3.

7) 이제 변하고 있는 세계는 새로운 차원의 물질적 · 지적 · 도덕적 발전을 요구하고 있다. 이 세 가지 발전의 복합적 구성이 새로운 시대의 '질서' 양식일 수 있을 것이다. 이것을 '근대성', '이성', '이성적 인간'(전형적으로 '부르주아 기업가')으로 포장했던 시대의 전환을 의미할 것이다. 그러면서 기본적 권리인 자유와 평등이 초역사적으로 존재하는 것이 아니고 역사적인 것이기 때문에, 그 기본적 권리가 전환의 세계정세 속에서 재규정되어야 함을 뜻할 것이다.

8) 생산력은 일정하게 인간의 필요에 규정적일 것이다. 자본주의 생산력은 잉여가치의 창출에 표적이 되고 있다. 잉여가치는 사용가치를 근원적으로 배제하는 것은 아니며, 자본주의 생산방식은 '사용가치' 자체를 창출하기도 한다. 그러나 잉여가치 창출을 위한 자본주의 생산력

은 중대한 몇가지 문제에 부딪히고 있다.

(1) 생산력이 인간의 필요에 의해 (또는 사용가치의 인간주의적 규제에 의해) 규정되도록 하는 문제이다. 이것은 생산에 분배로서의 정의 (正義)를 개입시키는 문제이다. 이것은 한편으로 '잉여노동'의 자본주의적 창출을 제한시키는 문제와 융합되어 있다. 이것은 노동력에 대한 상품화를 제한하고 노동력의 상품가치보다도 노동가치에 대해 '정의'로서 말할 수 있는 인간 가치의 중요성을 부단히 개입시키는 일이다.

(2) 인간의 생산 능력을 자연의 소화 능력과 결합시킬 수 있는가의 문제이다. 선진 자본주의의 생산/소비 양식은 전지구적 환경문제를 극적으로 악화시키고 있다. 이것은 환경문제를 기술주의적으로 (환경산업을 잉여가치 창출의 수단으로, 또는 시장 원리의 도입으로) 대처하는 방법을 근원적으로 배제해야 할 문제이다.

(3) 이와 함께 잉여가치의 추구는 끝없는 무기 생산을 근원적으로 배제할 수 있는가의 문제이다. (자본의 이윤율 하락을 첨단 무기의 개발과 생산으로 억지하려 할뿐만 아니라 자본주의 경제 발전이 무기 생산의 발전과 궤도를 함께 하는 문제를 억제하는 것, 그리고 핵무기 생산을 막는 것)

(4) 중심부 자본주의의 생산 · 소비 양식의 전지구적 확산에 있어서 제3세계(주변)에 대한 착취를 선험적으로 배제할 수 있는가의 문제이다.

9) 과학이 자본이라고 하는 명제에 따르면(과학기술은 독점자본의 이해 증진에 의해서만 발전이 유도되고 또한 자본의 구성물로 전환된 것) 과학은 생산력의 구성 요소이다. 과학은 자연과학으로서 생산력을 구성하거나 또는 사회과학으로서 생산과정의 조직(노동통제)으로서 개입한다. 그러므로 자본주의 생산양식에 있어서는 과학이 진리효과를 내는 이데올로기이다. 이로부터 과학을 생산력 · 잉여가치 · 잉여노동의 연관으로부터 떼어내는 것이 문제가 된다.

자본주의 생산양식에서는 구상과 실행을 생산과정내에서뿐만 아니라 사회적으로도 극적으로 분리시키고 있다. 즉 지식(앎)의 사회적 분할이다. 지식(앎)의 분할은 정치적 권력과 계급의 사회적 분할과 거의 일치한다. 앎의 일차적 분할은 '학교'에서 기초 지워진다. 이 앎의 분할을 억지하는 것은 인간의 자아실현이라는 차원과, 계급적 분할을 극복하는 문제와 결부되어 있다.

　　10) 자유와 평등이 국민국가 형태에서 계급적·성적·종족(민족)적 차이로서 분할 조정되어 있는 형태로부터 벗어나게 하는 문제가 제기되고 있다. 국가 형태는 상당히 존속한다고 하더라도 자유와 평등이 (서로 근원적으로 다르지만 중첩되어 있는 분할에 의해) 국가 형태적 제약의 경계를 넘어설 수 있는 국가 형태로 재편하는 것이 요구되고 있다. 한편으로는 선진자본주의 중심들의 연합·제휴에 의해 제3세계에 대한 압박이 강화되고 있는 반면 자본·노동·기술·지식·정보의 확산은, 정치적 기본권 확대·확산에 의해서만 자본주의적 착취를 방어할 수 있음을 지시하고 있다.

　　11) 한국의 정세는 더욱 절박하게 위와 같은 문제가 응축되어 다가오고 있다. '반주변'으로서의 비동시대적 착취 형태들의 동시대적 작동, 국가와 소유 형태에서의 이념적 분할로서의 남한과 북한의 대치, 세계화에 의한 남북의 '통일' 지향적 추세, 국가의 억압적 양태의 존속·반전, 분할 형태의 극화 등 대중적 노동자 형태와 비생산적 '사회적 노동자'의 분화 발전, 이에 따른 전사회적 적대의 확산, 민족주의의 쇼비니즘적 형태의 탈피 문제 등등의 문제가 제기되고 있다.

　　〈민주와 진보를 위한 지식인연대(준) 제1차 공개포럼 주발제문〉, 1994.

문화, 생활양식 그리고 노동의 조건

　우리나라 재벌회사가 신입사원을 뽑아서 합동연수를 실시하게 되면, 으레 창업주나 그 회사의 역사에 관한 책 또는 창업주의 경영철학이라고 할 만한 책을 모두 읽게 하고 그것을 서로 토론케 한다고 알고 있다. 근래에, 그러니까 재벌이 제법 터전을 잡고 키워주던 정부의 입김으로부터도 상대적으로 자유롭게 되어, 국민과 소비자에 대해 헤게모니를 발휘해야 되겠다는 생각이 기업내에 자리잡을 때쯤, 각 재벌의 총수나 창업주의 그러한 글들이 많이 출판되곤 하였다. 어떤 재벌 총수가 자신의 경영철학이라고 할만한 책을 출간했을 때, 이를 비판하는 노동자의 책이 나와서 마치 계급적 대결을 하는 듯한 인상마저 준 일이 있었다. 그런데 이런 재벌총수의 책이 예컨대 프랑스말로 번역 출간되어 한국의 그 재벌회사가 진출한 프랑스 자회사의 (프랑스) 노동자들에게 그 책을 모두 읽으라고 배포했다면 그 노동자들의 반응은 과연 어땠을까? 주간지『한겨레21』의 파리 통신원의 글을 보면, "사실 사상의 자유가 절대적인 의미를 가지는 프랑스인에게 창업주의 책을 읽힌다는 것은 그들에게는 전체주의 문화로 다가올 것은 뻔하다"고 지적하고 있다. (최연구, 『빠리이야기 나폴레옹의 후예들』, 새물결, 1997, 11장 '세계경영 대우 프랑스 입성 난기류')

　이러한 '문화적 측면'의 차이를 드러내는 하나의 맥락으로서 다음과 같은 예를 들어볼 수 있다. 1996년 11월 28일 프랑스의 사유화위원회가 대우와 프랑스의 마트라사의 톰슨사 매각인수 제안을 부정적으로 판정을 내리자, 프랑스 정부는 12월 4일 톰슨사의 사유화 일정의 전격 중지를 발표하였다. 따라서 대우전자의 톰슨 멀티미디어 인수는 일단 난망하게 되었는데, 여기에 톰슨 노동자의 힘이 개재되어 있었다는 것이다. 톰슨 노동자들의 톰슨 사유화 중지요구 운동이 나중에는 대우 반대 운동으로 전개되고 말았다. 왜 톰슨 노동자들은 대우의 인수를 거부하는 운동을 줄기차게 전개했을까?

첫째는 프랑스 노동운동이 일구어낸 노동조건 덕분일 것이다. 한국의 대우 텔레비전 공장에서 하루 10시간씩 6일간 일하고 노동자들이 받는 임금은 한 달에 약 백만원인데, 이것은 프랑스 프랑으로 약 6천 프랑이며 프랑스 노동법이 규정한 최저임금 수준이다. 시간당 임금으로 보면 한국은 35프랑이고 프랑스는 100프랑, 또 프랑스의 법정 주간 노동시간은 39시간으로 유럽내에서 노동복지 실현도가 가장 높은 나라인데, 톰슨 노동자들은 한국의 대우전자 노동자들이 주간 60시간의 노동을 강요받고 있다는 사실에서 대우의 진출에 공포를 느꼈다는 것이다. 대우의 인수는 곧 프랑스 전체 노동조건을 악화시키는 효과를 가져올 것이라는 판단이 있었다는 것이다. 인수 불가의 중요한 이유로 대우가 프랑스 문화를 이해하지 못했다는 지적은 프랑스의 예술을 이해 못했다는 뜻이 아니라, 결국 장기간에 걸쳐 프랑스 노동운동이 이룩해놓은 노동조건의 역사를 이해 못했다는 의미인 것이다. 노사관계나 계급관계 또는 계급투쟁, 계급정치라는 것이 결국 노동의 조건에 관한 질을 두고 하나의 생활양식을 이루었다는 것을 의미하며, 사회복지가 삶의 질을 구성하는 충실한 근간으로 자리잡는다는 뜻은 결국 노동조건의 질을 둘러싼 오랜 동안의 계급투쟁의 결과로서 형성된다는 의미인 것이다. 또한 국가가 정책결정의 주요 변수를 여론에, 특히 당사자인 톰슨 노동자들의 운동에 무게있게 두고 있다는 것도 전체주의적 결정구조에 익숙한 사람들로서는 그것이 바로 민주적 문화의 저력이라는 사실을 깨닫기 힘들 것이다. 한국에서처럼 대우가 프랑스 현지에 진출한 대우전자에서 하루 8시간, 주간 6일 48시간 일하고 최저임금만 수령하고 생산속도가 2년 전에 비하여 30% 증가했는데도 불구하고 공장장이 노동강도를 더 높일 것을 요구했다면, 대우의 톰슨 인수 시도는 시도만으로도 가히 톰슨 노동자들에게 충분히 공포분위기를 조성했을 것이다.

세계화전략에서 한국의 기업들이 크고 작고 간에 모두 임금이 싸고 일만 열심히 오래 해줄 수 있는 곳만 찾아간다면야 프랑스 같은 콧대 높다고 흔히 이야기되는 곳은 피하면 그만일 것이다. 그런데 한국의 재벌회사들이 파리 곳곳에 밤마다 큰 글씨로 전광판 선전문을 눈에 띄게 광고하는 이유가 판매에 있고 이미지의 의식화에 있다면, 진출하고자 하는 사회의 문화를, 노동조건을 핵심으로 해서 전개해온 계급정치의 역사를 하나의 생활양식으로 이해하고 접근하는 체계적인 자세가 필요할 것이다.

1996년 말 국회에서 노동법과 안기부법이 날치기 통과되어 1997년 새해 벽두에 민주노총을 비롯하여 한국노총도 합세하여 총파업투쟁을 전개하고 비생산직 관리직 종사자조차 그 파업을 지지하는 형국이 전개되었다. 그때 외국의 노동단체와 국제기구가 이 파업에 대해 대대적으로 지지하였다. 그런데 당시 ILO와 OECD가 중점적으로 권고한 것과 여기 당사자 사이에는 한국의 노동상황에 대해 상당한 인식의 차이가 있었던 것 같아 보인다. 그러한 국제기구들은 한국이 OECD와 같은 자본주의 선두 그룹에 가입한다는 사실 때문에 한국의 노동상황 수준이 상당히 높을 것이라고 판단한 듯하다. 즉 그들은 이제 OECD에 가입하는 구색으로 공무원노조와 교원노조를 인정하는 수준 정도의 문제가 쟁점이 된 걸로 판단하고 있었다. 말하자면 다시 노동법이 개정될 때 쟁점이 된 사항들은 그것이 집단 노사관계이건 개별 노사관계에 관한 것이든 간에 앞의 두 가지 쟁점 이전의 문제, 벌써 해결되어 있어야 할 노동기본권

사항에 불과하기 때문에 문제될 것이 없이 개정되고, 단지 공무원노조와 교원노조만이 쟁점화되면서 어떻게든 입법화될 것으로 판단하고 있었다. 또한 한국의 민주노총이나 전교조에서도 상당수의 사람들이 또한 그럴 것이라고 판단하고 있었다. 이것은 한국의 국가와 자본이 보여준 태세하고는 완전히 격차가 나는 상태이다. 결국 한국은 자본가와 더불어 전체주의적 체제에서 벗어나지 못하고 아직도 정치적으로나 노동에 있어서나 기본권 구축 차원에 머물러 있다는 것을 만천하에 드러낸 셈이었다.

노동은 궁극적으로 생산에 관련된 것이다. 이제 생산과정에서의 기술적 · 조직적 발전은 유통과 소비에서의 일의 시간적 · 공간적 배치를 증대시키고 있고, 노동은 생산 외의 영역에서 욕망과 가치증식이 발생하는 지점으로 배치되고 있다. 그렇지만 유통과 소비 영역에서의 노동은 생산의 영역에서 구축하는 물적 기초를 벗어나는 것은 아니다. 그리고 노동영역의 확산은 노동하는 사람의 배치로 본다면 자본주의체제에서는 고용과 해고의 형태로 진행되는 것이다. 노동시간을 줄이고 여가의 삶에 사용가치 이상의 질적 부가가치를 부여한다고 하더라도, 기초적으로는 고용과 해고의 조건과 그 질에 의하여 규정되는 것이다. 전반적으로 삶의 질이 발전하고 사회보장 조치가 취해진다는 것은 고용에서의 노동시간과 임금에 관련된 것이고, 해고 상태에 있을 때의 사회적 삶을 고용 상태의 삶의 조건에 근사하게 보장하는 제도화를 의미할 것이다. 만일 해고 상태에서도 삶의 질이 보장된다면 해고의 불가피한 조건에 대해 사회적으로 양해가 이루어질 것이다. 그 양해를 이루어지게 하는 것은 노동자계급의 끊임없는 투쟁과정에서 생겨난 계급정치의 소산이다. 그것이 문화의 양식으로 보이게 되는 것이다. 역으로 말하자면 그 해고에 대한 사회적 양해의 성립은 고용에서의 노동조건에 관한 문제가 항상 선결되면서 동전의 양면처럼 다가오는 것이다. 따라서 생산영역에서의 고용문화는 기초적인 계급관계의 생활양식인 것이다.

97년 초 한국의 노동자파업을 지나면서 다시 노동법이 개정될 때 고용의 불안을 야기하는 몇가지 조건들이 개악되었다. 그것 중 하나가 정리해고제 도입이다. 정리해고제의 도입은 고용의 조건을 악화시키고 있다. 아마도 해고 문제는 종전에는 생산직이나 하위 사무, 판매, 서비스 직종에 종사하는 사람들에게나 위협이 되는 자본가계급의 무기였을 것이다. 노동법개정을 둘러싼 96년도 정세에서 그 해고의 위협에서 나오는 고용불안은 갑자기 평생 안정직업이라고 생각되던 직장의 사람들에게 회오리바람처럼 닥쳐왔던 것이다. 은행지점장 수백 명이 명예퇴직을 당하고 교수가 그러하며 재벌기업의 중진들이 그러하며 원로 교사들이 그러하다. 이제 저임금 장시간 노동의 악령조차 축출되지 않은 채, 고용불안의 해고위협 악령으로 바뀌어 나타난 것이다. 우리는 이 점을 우리나라 노동운동에 전환을 주는 계기라고 파악해야 한다. 민주노동운동이 생산직 노동자에 집중적으로 근거하던 단계로부터 고용 일반, 노동자 일반, 국민 일반이 생각해 보지도 않았던 계급적 불안을 느끼게 된 사태를 잘 포착하여 민주노동운동의 저변을 확대해가는 계기로 삼는 전략과 전술이 필요하다고 본다. 전국적 파업이 흔히 말하듯이 국민들로부터 유리되지 않는다는 역사적·문화적 풍토의 구축이 바로 여기서 출발된다는 점을 강조해야 한다.

계급관계적 접근에 대치하여 문화과학적 접근이 자리잡는 것이 아니다. 계급관계도 계급투쟁도 한 사회가 구축해가는 생활양식이다. 문화과학적 접근은 곧 고용과 해고의 사회적 배치에 대한, 사회적 규정에 대한 생활양식적 접근이다. 그것이 아마도 삶의 질을 다루는 일일 것이다. 현대에 있어서 한편에서는 시장-자유-민주주의가 보편주의적 원칙으로서 세계를 동질적이고 일률적이며 합리성에 의해 관리하려는 성향이 있다. 다른 한편에서 역사가 이루어진 만큼의 다양한 주체성, 즉 인종-종교-전통-민족은 역사로부터 나온 차별성을 유지하고자 하는 성향이 있고, 이것이 지금 앞의 성향에 기초하는 세계화, 지구화의 추세에 각 역사주체성들이 대응하여 스스로를 규정짓게 하고 있다. 아마도 우리가 문화를 이해해야 한다는 것은 전자의 보편주의가 후자의 정체성에서 표현되고 발전하는 사태를 정확히 이해하자는 것일 것이다. 다시 생활양식이란 노동의 조건을 둘러싼 삶의 질에 관한 계급관계의 규정력이다. 한국의 민주적 노동운동은 바야흐로 한 단계 고양되는 계급문화문제에 직면하게 된 것이다.

『비판』 2호, 1997년 여름.

단순사회에서의 중층적 삶의 훈련

　우리가 한국의 근대성-탈근대성 논의를 하는 맥락에서 보면, 우리의 민족사회는 역사도 길고 꽤나 복잡하고 다층적인 구조를 갖고 있고 우리의 일상생활도 대단히 복잡하고 복합적이라고 느낄 때가 많았다. 변혁적인 사회운동의 격랑이 80년대를 지나면서 장기적인 군사독재체제도 이완되고 90년대는 바야흐로 사회적 문제를 풀어가는 제도 계급차원에서만 접근하지 말고 다양한 시민운동차원에서 풀어야 한다는 주장도 나와서 그만큼 우리의 사회구성이 복합적이 되었다는 인식을 하게 하였다. 거기다가 역사적으로 중첩되면서도 풀어내지 못한 역사적인 문제, 즉 식민성과 분단체제, 그리고 강력한 정치적인 변수로 등장한 지역성이 아주 깊은 심연에 자리잡고 있는 것으로 보이기조차 하였다. 그런데 90년대에 와서 외국인노동자가 한국에 일자리를 찾아와서 외국인노동자의 노동조건이 사회적 문제로 등장하게 될 때, 우리 민족이 다양한 외국인과 함께 일상적으로 살아본 경험이 너무 적고 그러한 경험을 한 사람들도 극히 한정되어 있어서 그 사람들의 경험이 다른 사람에게 효과를 주는 것은 아니었다고 판단된다.

　그런데 눈을 밖으로 돌리고 보면 상대적으로 우리 사회의 구성이 아주 몇가지 변수로 규정되고 있다고 판단되어 오히려 '단순사회'라고 표현해야 할 것 같다. 따라서 우리 사회에서는 도저히 상상도 할 수 없는 중층적 삶의 양식을 제대로 체험하고 이해하고 잠재력을 키워야, '지구화'되는 세상에서 한국사회가 생존할 수 있는 바탕을 마련할 수 있지 않을까 하는 생각마저 드는 것이다.

나는 지난 7월 13일부터 17일까지 대만 청화대학 아태/문화연구실이 주관하여 개최한 아시아인의 문화연구국제회의 '面對亞洲'(Inter-Asia Cultural Studies Conference : Problematising Asia)에 참석할 기회가 있었다. 이 회의는 기본적으로 아시아의 정체성을 상정해서 논의해보는 것이었다. 물론 아시아 지역 안에서도 인종과 역사, 문화와 종교가 서로 다른 다양한 주체들로 구성되어 있는 것이고 전반적으로 세계가 서구를 중심으로 근대화가 강행되고 있을 때 아시아의 다양한 민족과 문화가 서구의 자본주의적 힘에 밀리고 또한 '문명화'와 '침략과 수탈'이 구별되기 어려울 정도로 역사가 진행되어온 것도 사실이다. 따라서 소위 '근대성'이 세계적으로 깔려가는 과정에서 인종과 종교, 역사가 종전의 공동체 테두리를 달리해서 새롭게 '민족국가' 테두리로 구획되고 그 구획되는 과정에 또한 자본주의의 제국주의적 차원과 식민지차원으로 분화되는 격동의 역사가 진행되었고 그 과정에서 계급이 생겨나고 여성과 남성의 경계와 갈등이 헤게모니와 예속의 양태로 자리잡아 가기도 하였다. 이번 학술회의에서도 주제발표의 주제가 어떤 차원의 어떤 단위로 제기되었다고 하더라도 그 전체를 아울러보면, 세계자본주의 진행의 와중에서 아시아 각 주체들의 정체성이 드러나는 방식 또는 노출되는 방식, 그리고 각 주체들이 모양지어지는 방식을 논의한 것이며, 또한 참석하고 발표하는 사람들이 그러한 주체들의 정체성을 인식하고 이야기하는 방식을 관찰할 수 있었다. 상정되는 주체는 인종, 민족, 국가, 종교, 계급, 여성과 남성 그리고 이 주체요소들이 서로 중첩적으로 융합되어 있는 것 또는 융합된 단위에서의 어떤 주체요소가 대표적으로 표출되고 나머지는 억압되어 있는가 등이었다. 그리고 이 회의에 온 사람들이 한국, 대만과 중국, 일본, 필리핀, 인도네시아, 싱가포르, 홍콩, 인도, 뉴질랜드, 호주, 미국(대체로 아시아 문화와 운동에 관련된 사람 또는 이 지역 출신의 2세 미국인)에서 모였다.

예컨대 호주의 진보적 시각의 교수가 호주에서 벌어지고 있는 '한손 이즘'—호주백인들의 우위성을 나타내며 이주해온 아시아인을 배척하는 이데올로기—을 정치적으로 설명하는 문제를 살펴보자. 장기적으로 호주는 백인—서구의 백인—이 고귀한 문화를 가진 원주민(참석한 백인 여성 지식인의 표현)을 배척, 지배하고 또한 동구권과 남구권의 이주자도 주변으로 하고 아시아(중국과 인도 등지)에서 온 아시아인도 주변으로 해서 체제를 꾸려오면서 호주의 정체성을 백인정체성으로 구성해 왔는데, 근래 아시아의 중간층 이민자들이 들어옴으로써 기존 백인 중산층의 지위가 몰락하는 위험이 고조되어 그러한 백인우월주의 이데올로기가 생성되어 나오고 있다는 것이다. 그렇게 되는 배경은 호주의 자본주의가 서구와 미국과의 관계에서 발전하다가 근래 아시아와 더욱 긴밀해져 아시아의 전문기술직 중산층 이민자가 들어옴으로써 흔들리는 정체성 문제에서 연유된다. 호주의 기존 정치체제에 있어서도 노동조합의 여러 구성이 자유주의, 사회주의, 공산주의로 서로 다르게 포방되었더라도 실질적으로는 다른 인종 이민노동자에 대한 배타성으로 결과되고 따라서 거의 대부분의 노동운동이 보수적 정치체제로 내화되고 말았다는 것이다. 따라서 '문화정치' 선상에서는 오히려 한편에서는 한손이즘이 나오고 한편에서는 섹슈얼리티 차원으로 나아가는 추세를 보인다고 한다.

아마도 한국인으로서는 가장 이해하기 힘든 대상이 인도일지 모른다. 우리나라 사람들에게 일반적으로 표상되고 있는 인도의 이미지는 깊은 종교적 심성이나 종교적 구도(求道)와 연관되어 있을 것이다. 그리고 근래에는 인도와 파키스탄간의 핵폭발실험 경쟁 문제가 떠오르고 있다. 인도에서 온 분이 이 회의에서 제기한 문제는 여성억압 문제였다. 인도와 파키스탄 사람들, 물론 각 인종이 간단하게 이분되는 것도 아니지만 오히려 힌두교와 모슬렘교의 종교적 차이가 인종과 동일시된 것으로 파악하는 것이 우리로서는 용이할 것이다. 2차대전 전까지 이 두 인종은 인도대륙에 함께 어울려 살아왔다. 그런데 2차대전이 끝나고 정치적으로 인도와 파킨스탄이 두 지역에 각각 분리해서 국가를 세우고, 힌두교를 믿는 인도인은 인도국가에서 살고 모슬렘교를 믿는 파키스탄사람은 파키스탄국가로 갈 것을 선언함으로써, 두 인종-종교 단위는 갑자기 피비린내나는 싸움을 하기 시작하였다. 이웃에 옹기종기 어울려 살던 사람들이 일단 파키스탄으로 가야 하는 과정에서 인도인들의 공격은 날로 거세지고 그 중에서도 모슬렘의 여자들은 온갖 박해와 피해를 당해야만 했다는 것이다. 이 싸움은 지금도 계속되고 있는데 이 싸움에서 계속 가장 심하게 박해를 당하는 쪽은 양쪽 어느 종교에서나 여성을 억압하는 체제에 의하여 모슬렘여성이라는 것이다.

만일 한국에 이런 문제가 있었다면 적어도 80년대를 지나면서 그 문제를 전국적인 차원의 사회운동, 엄밀히 말하자면 정치적으로 문제를 제기하는 사회운동으로 제기할 법하다. 물론 인도에서도 그런 사회운동이 없으리라고 단정하기는 어렵다. 다만 우리가 더욱 세밀히 관찰해야 할 요소들이 너무 미묘하게 개입되어 역사적으로 문화적으로 굳게 구성되어 있다는 점이다. 우리문화에도 양반신분제가 있고 이 체제에 따른 문화양식, 즉 생활양식이 있었다. 인도에 카스트제가 있고 이 신분제도가 신분들 사이의 사회적 거리를 규정하고 있다는 점은 알려져 있다. 20세기에 들어오면서 미국에서 발전하여 온세계로 전파된 테일러리즘, 즉 과학적 관리론에서는 세분된 직무분석에 따라 일을 가장 잘 효율적으로 할 단위로 쪼개 노동자에게 할당하여 작업을 하게 한다. 그러므로 일을 배치하는 방식은 효율적인 일의 단위와 이를 수행할 수 있는 반숙련의 노동자를 결합시키고 이를 전체 일의 흐름에 따라 생산과정을 구성하는 것이다. 이러한 일의 배치에 대하여 만일 세분되는 일의 단위, 즉 직무

단위에 세밀한 규정의 신분과 종교에 따라 노동자를 배치한다고 가상을 해보자. 이러한 배치가 인도에서 세밀한 카스트제에 의하여 이루어진다고 하면 이해가 될 수 있을 것인가? 사회적으로 분화되는 직업이 있고 직업이 또한 특정 산업에서 노동과정에 분업으로 직무가 배치되는 것이 산업사회의 구조와 과정의 원칙으로 채택되었다. 그렇다면 한 산업내에 설치되는 노동과정은, 그것이 중화학의 대공장이든 시장의 서비스산업이든 간에, 최종 생산물의 결과를 위하여 모든 노동과 직무는 통합되는 것이다. 그렇기 때문에 생산과정을 '사회적'이라고 하는 것이다. 그런데 그 분화된 노동과정에 투입된 노동자가 카스트의 엄격한 신분적 차이에 의하여 배치된다면 한 노동과정에 들어온 노동자들이라도 '노동자'로서 통합되지는 않고 오히려 이 직무는 어느 카스트신분이 맡아야 제격이고 어떤 직무는 어떤 신분의 위신에 합당하다고 하여 직무를 맡거나 기피하거나 한다면, 일의 종류에 대한 신분적인 숙명론에 의하여 노동자들은 노동자가 아니라 신분에 얽매인 분수(分手) 역할 담당자일 뿐이다. 인도에서는 우리가 상상하기 어려울 정도로 신분의 종류도 많고 그 신분에 따른 직업-직무 배치의 원리 또한 복잡할 것이다. 그리고 여성은 더욱더 여성성의 규정에 더욱 숙명적이어야 한다는 점이 있을 것이다.

이러한 사회구성 원리에 의한다면, 우리가 흔히 자본주의사회 구성에서 기본계급이라고 간단히 규정하는 노동자계급이 그 계급으로 어떻게 인식될 수 있을 것인가 하는 문제가 관심의 초점이 될 것이다. 어떤 생산라인이나 노동과정에 여러 종류의 신분이 들어오고 이미 그들 사이의 사회적 관계가 분업원칙에 의해서가 아니라 신분적 거리에 의하여 규정된다면 어떤 노동조건에 의하여 발생할 수 있을 법한 사회적 의식, 즉 한 계급으로서의 의식이 생겨나기가 대단히 어렵다는 사실을 인정하지 않을 수 없을 것이다. 그리고 노동자들이 자기의 권익을 주장하기 위하여 한 자리에 모여 시위를 하고자 하여도 여러 신분의 사람들이 한 자리에 있기조차 꺼려한다면 사람들이 모이기조차 할 것인가? 우리나라에서도 예컨대 어느 신문사에서 노동조합을 만들었을 경우 흔히 기자와 인쇄공, 여타 노무직노동자가 하나의 통일된 의식과 목적을 달성하기 어렵다는 지적을 많이 하였지만, 노동운동선상에서 보면 직무에 따른 신분의 차이가 결정적으로 통합된 운동을 방해하고 있다는 점은 거의 지적되지 않았다. 그렇기 때문에 인도에서는 어떤 직업-직무가 신분적으로 그리고 그것이 종교적 원리에 의하여 합당한 것으로 수령되는 경우 그 노동자의 자세는 너무나 경건하고도 숙명적인 것으로 나타날 것이다. 그리고 종교적 규정이 여성에게 더욱 가혹한 것으로 보일 경우에도 또한 그러할 것이다.

사실 노동운동은 기본적으로 신분해방운동인 것이다. 그리고 종교를 세속화시키는 운동이기도 하다. 즉 종교적 요소를 생산과정이나 노동과정에서 배제하는 운동이다. 그리고 계급관계에서만 문제를 인식하고 판단하고 해결하려는 운동이다. 사실 그 회의에서 인도인 발표자가 자신의 문제제기를 궁극적으로 여성문제로 귀결시키는 것에는 여성에게 일방적이고 집중되는 피해문제를 제기하는 깊은 문제의식이 있음을 인정한다. 그러나 토론과정에서 논의되고 지적되었듯이 그 문제제기를 일방적으로 남성이 여성을 지배한다는 명제에서만 맴돌게 하지 말고 신분해방과 같은 정치적인 사회운동의 틀로 구성해가는 문제제기 방식이 필요하다. 이렇게 관심의 폭을 넓혀보면 인도뿐만 아니라 인도네시아도 사실 장기적인 정치적 독재를 붕괴시켰지만 전국 단위의 민주적 통일전선이 구성되기에는 어려운 다양한 인종요소가 깔려 있는 것이고 대만이나 중국에도 다양한 인종과 그것에 결부되어 있는 종교 요소, 그리고 특별히 정치적 요소도 간과하기 어려운 점을 지니고 있다고 보인다. 호주도 겉으로 드러난 것보다는 인종과 종교, 계급이 아주 복잡하게 얽혀 있는 곳으로 보였다.

이와 비교해 본다면, 우리 민족사회는 너무 단순한 변수들의 조합에 의하여 구성되고 있다는 점을 실감한다. 민족국가 형성의 논의에 의해서도 서구의 석학들이 극동은 아주 별도로 취급하는 경향이 있다. 오히려 근대민족국가 형성에 있어서 한국은 너무 자연사적 요소가 강하게 전승되고 있다는 점이 지적되고 있다. 우선 민족구성원에 있어서 장기적으로 보아도—적어도 일천년을 두고도—단일 인종이라는 가상이 성립되어 왔다. 살아온 사람들의 언어가 같다는 가상도 할 수 있다. 지배자와 피지배자 사이에 종교적 갈등이 '전쟁'을 일으킬 만큼 있었던 것도 아니고 그 사이에 인종이 다르거나 말이 다르거나 하지도 않았다는 사실도 지적되고 있다. 따라서 심성도 같을 것이라는 가정도 하게 된다. 그리하여 서구의 근대민족국가가 성립 이후에 사후적으르 역사를 구성해간 반면, 한국민족공동체는 그 자연사적 요소에 바탕을 두고 그 역사를 오래 전부터 작성해온 역사를 가지고 있다. 심지어 신라가 삼국을 통일하면서 외세를 끌어들여 오고 영토도 오히려 협소하게 만들었다는 민족주의적 비판을 받기조차 한다. 사실 삼국이 하나의 민족으로서의 단일 국가로 성립되는 것이 아주 자연적인 가정처럼 전제되기도 하는 것이다. 역사적으로 보면 외래 인종이 없을 수 없고 중극, 일본, 미국 사람과 교류하여 이곳에 살다 간 사람도 있을 터인데 이미 하나로 가상된 민족의 개념 속에는 '단일민족' 관념만 있게 된다.

이렇게 본다면 장기적으로 하나의 민족공동체를 이루어온 사회구성에 어떤 원리가 조직의 바탕을 만들어주고 있는 것일까? 이 문제에 대한 해답은 참으로 깊은 연구가 필요할 것이다. 단지 간단하게 생각할 수 있는 것만 지적하자면 가장 우선 말할 수 있는 것이 친족제도일 것이다. 아마도 17세기경에 성씨제도가 정착하면서 부계(父系)·부권(父權)·부거(父居) 친족체제를 발전시키고 동족촌을 일반화시키고 동성동본 결혼금지, 그리고 가산의 장남위주 상속으로 체계화시키면서 가부장적 가족구조를 발전시켰는바, 이러한 친족체제가 가장 기본적인 구조원리였을 것이다. 이러한 체제는 1945년 이후 산업화, 도시화의 자본주의 발전에 의하여 서서히 해체되기 시작하였지만 친족체제에 의한 혈연관계나 동족촌을 기초로 했던 지연(地緣)관계 및 가부장적 구조는 자본주의축적체제와 조응하여 상당히 지속되고 있다. 이러한 친족체제에 있어서 신분을 구획했던 양반체제 및 지주-소작제는 일제시대와 해방 및 소작제 철폐, 그리고 6.25전쟁에 의하여 급속하게 해체되어 양반과 상민의 전통적 신분질서는 현대 한국사회에서는 어떤 규정적 작용을 하지 못할 정도로 해체되었다. 그리고 특히 60-70년대 박정희 군사지배체제가 단행했던 몇가지 정책, 즉 새마을 정책 중에서 가옥 주택 건축과 음식, 의복 등에 걸친 일상생활양식에 대한 강압적인 변환정책으로 전통적 생활양식마저 일거에 퇴거되는 상황으로 전개되었다. 따라서 전통적 신분요소에 의한 사회적 불안은 거의 발생하지 않는다고 해도 과언이 아니다. 오히려 자본주의발전에 의한 계급적 분화가 급속히 진행되어 상당히 발달한 계급구조가 이미 70년대에 들어서서 확연하게 정착되기 시작했다. 그 계급적 분화와 거기서 연유하는 갈등과 계급투쟁을 억제하고 조정하기 위하여 국가조직은 강압적인 코포라티즘 구조를 강화했고 이를 위하여 정치체제가 장기적으로 '군사파시즘' 형태를 강화해왔던 것이다. 민주적이고 합리적인 사회체제의 확립이 지연됨으로써 오히려 비공식적으로 혈연-지연-학연의 요소가 구조의 또다른 지층을 이루어놓은 것이었다. 그리고 분단에 의한 이데올로기 대립은 결국 사회체제에 있어서 반공요소가 사회의 모든 차원의 행위에 절대적인 규정요소처럼 작용했다. 따라서 다른 국가사회에서 사회적 문제에 개입되는 요소들, 즉 전통적인 신분 요소, 종교적 요소, 인종적 요소는 국가의 강압적 코포라티즘적 관리체계에서 엄격하게 통제되던 계급갈등억제체제에서는 거의 효험을 내지 못할 정도로 문제시되지 않았으며, 이제 다시 전통적으로 전래되고 자본주의체제에서 또한 성차별적으로 동원되는 여성문제는 그 자체 페미니즘적 논리를 발전시키면서도 정치적 민주화의 사회운동의 틀에서 표출되는 것이다. 단지 우리나라에서는 자본주의발전 과정과 정치적 동원체제에 있어서 '지역'(감정) 요소가 중요한 항목으로 떠올

라와 있다. 그럼에도 불구하고 45년 이후 장기적인 역사과정에 분출되
곤 했던 사회운동은 곧 정치적 민주화로 귀결되는 것이었으며 특히 80
년대의 사회운동은 정치적 민주화의 대세 속에서도 그동안 억압되어 있
던 계급운동—민중운동 및 노동자운동—이 대종을 이루어 나가게 되었
다. 그리고 90년대 시민운동의 이름으로 나오고 있는 환경운동, 여성운
동, 교육운동, 인권운동 등등이 민중운동-노동운동과의 일정한 연대
혹은 변증법적 관계를 가지면서 사회운동의 정치적 틀을 지향하는 추세
이다. 여기서 중요하게 지적되어야 할 것이 통일운동이다. 이 통일운동
도 여러 가지 복잡한 요소의 개입에 의하여 장애를 받는 것이 아니라 단
지 분단에서 오는 이데올로기적 대립에 연유하고 있고 이 민족의 장구
한 자연사적 요소에 의하여 오히려 통일에의 요구는 너무나 당연한 것
으로 인식되고 있다.

  이렇게 본다면 한국사회는 다른 나라의 종교 및 인종, 신분의 복잡한
요소들의 얽힘과 같은 복잡한 얽매임이 없이, 계급관계와 그 외의 몇가
지 단순한 요소들의 상대적으로 덜 복잡한 관계구조를 갖고 있다고 볼
수 있을 것이다. 그리고 사회적 모순이나 문제를 제기하고 풀려고 하는
데도 우리가 70-80년대에서 집중적으로 경험하였듯이 대중적 사회운동
의 모델을 쉽게 상정하곤 하는 것이다. 오히려 변수 요소들의 단순성이
구성원의 동일성을 과도하게 요구하고 있는지도 모른다. 분화가 있고
차이가 있다면 차이를 인정한 바탕에서 상호 권익과 인권을 신장시키는
사회적 합리화와 사회적 연대가 모색되어야 발전된 민주적 민족공동체
를 발전적으로 모색하는 길이 있을 것이라는 생각도 해본다.

  자본주의의 세계적 작용으로 보면 '지구화'는 우리에게 환경의 주요한
차원일 것이다. '세계화'도 그와 비슷한 뜻이 있을 것이다. 이 '지구화'에
서 이미 초국적자본의 운동은 어느 민족국가의 경계선을 넘어 자신들의
가치증식을 위하여 출동하는 곳-국가마다 국가의 힘으로 자본운용에 필

요한 국가적 조치를 취하기를 강요하고 있고 우리나라는 국제통화기금의 프로젝트에 경제와 사회 전체의 사활이 걸린 듯 조정을 받고 있는바 여기서 거대한 문제로 나타나는 것이 대량해고와 대량실업, 그리고 잇따르는 고용인구의 감소와 고용불안이다. 이에 의하여 기존의 제어장치가 모두 무너져내리는 형국이 전개되고 있다. 초국적자본이 진출하는 곳마다 자연생태계가 파괴되고 그곳에 살고 있는 주민-민중을 삶의 근거지에서 몰아내고 있다고 세계의 민중운동진영이 경악하고 있다. 현재 98년 한국에서는 민주노총을 중심으로 이 '지구화'의 초국적자본의 만행에 대하여 죽을 힘을 다해 싸우고 있다. 이러한 투쟁은 우리나라뿐만이 아니라 초국적자본이 진출한 모든 지역과 국가의 민중과 연대해서 싸우지 않을 수가 없다. 우리나라의 구조적 변수요소가 단순하다고 풀이한 것은 우리의 경험으로는 이러한 문제를 대중적인 사회운동으로 틀을 잡아가는 데 전략 전술에 있어서 운용의 효율이 잘 찾아질 수 있다는 점과 또한 그러한 틀에 상당히 익숙하다는 점을 지적하고 싶어한 것이다. 그러면서 세계의 여타 지역의 주민과 민중과 연대하고 투쟁해야 할 것인즉, 우리나라 운동인자들이 '중층적으로 복합적인' 요소들의 얽힘에 매여있는 민중들을 이해하려는 노력을 경주해야만 그러한 연대의 기초를 찾을 수 있으리라고 생각한다.

각 민족국가들은 그 형성과정에서 다른 민족 주체들을 상해하고 핍박하곤 했었다. 한편 각 주체들은 역사적으로 공동체를 구성해서 살아오면서 공동체를 유지하고 발전시키기 위한 나름대로의 기본적 가치 즉, 인간존엄성에 관한 가치관념을 가지고 있었을 것이다. 그러한 가치가 근대민족국가 형성에서 상호배타적으로 작용하기도 하였고 어떤 국가의 기본가치가 세계적인 보편성 가치로 내세워지면서 다른 주체들에게 그것을 강요하기도 하였다. 지금은 초국적자본이 횡행하는 단계에 이르렀고 각 민족국가들이 가졌던 기본가치들의 국경적 한계성을 인식하기에 이르렀다. 이러한 단계에서 지구화의 민중들은 각자의 기본가치-인간존엄성에 대한 가치를 각자의 차이의 소중함을 인정하는 동시에 더욱 넓은 틀에서 이해해가는 연대의 길을 찾아나가지 않을 수 없을 것이다. 안에서 투쟁하면서도 밖을 내다보고 찾아보고 그리하여 동일한 과제에 직면해 있음을 인식하고 이해하도록 노력하는 것, 이것이 나에게 큰 느낌으로 오는 것이었다.

『비판』, 1998, 여름.

사소한 것과 그 규율을 넘어
―개인의 자유로운 존재가 만인의 자유로운 존재조건이 되게 하기 위하여*

1.

다산 정약용은 그의 글 「五學論」에서 학문하는 방법을 다섯 가지로 요약하였다. 즉 "넓게 배우고(博學), 따져서 묻고(審問), 조심해서 생각하고(愼思), 명백하게 분변하고(明辨)하고, 독실하게 실행(篤行)하는 것"이라고 하고 조선조 후기 학문하는 자들은 첫째로 넓게 배울 뿐이고 따져서 묻는 것 이하에는 마음을 쓰지 않는다고 비판하였다. 그리하여 "가깝게는 마음을 다듬어 성정(性情)을 다스릴 것을 생각하지도 않고 멀게는 세상을 도와서 백성을 다스리는 것을 구하지도 않는다. 오직 넓은 견문(見聞)과 오래 기억하는 것, 굉려(宏麗)한 문장과 호쾌한 변론(辯論)을 스스로 자랑해서 한 세상의 더러움을 깔볼 뿐이다"고 당대를 비판하였다. 그는 물론 실사구시(實事求是)의 방법에서 이용후생(利用厚生)으로서 경세치용(經世致用)으로 종합해가는 사상 구성을 구사

---

* 이 글은 『그 날에서 책읽기』 1주년을 축하하기 위하여 쓴 것이다. 책보급, 책을 잘 읽기 운동은 거대차원의 운동은 아니다. 그러나 근대성이 근거하고 있는 사소한 것과 그것에 대한 규율을 이해한다면 이 차원의 일이 그렇게 만만한 것도 아님을 알 것이다. 여기서 제기되는 문제가 더욱 천착되어야 한다고 생각한다.

하였다. 따라서 이용후생과 경세치용에 이바지할 수 없는 어떠한 학문적 경향이나 사이비 학문경향을 배척하였다. 우선 학문하는 자는 박학하는바 넓게 배워야 하는 것이고 그리고 그 요령을 묻고 그 귀취(歸趣)를 살펴야 한다는 것이다. 그냥 많이 보았다는 것과 암기를 많이 하고 있다는 것만 가지고 학문한다 할 수 없다는 것이다. (이익성 역 『茶山論叢』, 을유문화사 참조)

2.

미셸 푸코의 『감시와 처벌』을 보면 '사소함'-'세부'와 그 영원한 중요성에 대한 진술이 나온다. 푸코는 18세기 전반기의 삭스 원수의 말을 인용하고 있다. "세부에 전념하는 사람들이 편협한 인간으로 통할지 모르지만, 나로서는 이 부분이 근본적인 문제처럼 보인다. 왜냐하면 이 부분이 바탕이 되고 있기 때문이며, 바탕이 되는 원칙이 없이 어떤 건물을 세우거나, 어떤 방법을 수립하는 일은 불가능하기 때문이다. 건축에 대한 안목만 있어서는 안된다. 돌을 깍는 방법을 터득하고 있어야 한다." 사실 서구에서 18세기는 규율이 발전하고 있던 시기였다. 이 규율은 사소한 것과 신체에 연결되어 있다. 푸코가 기술적인 측면에서 새로운 것이 있음을 특징적으로 제시한 것은 다음과 같다. 즉 (1) 통제의 규모가 달라지는데, 신체를 한덩어리로 그리고 대량으로 다루는 것이 아니라, 세세하게 신체에 작용하고 미세한 강제력을 신체에 행사하며 기계적인 수준—운동, 동작, 자세, 속도—에 이르기까지 그 영향력을 확보하는 것이 문제되었다. (2) 통제의 대상이 다르게 되었다. 그 대상은 행위의 의미있는 구성요소나 혹은 신체의 표현양식이 아니라, 동작의 구조와 효율성, 그리고 내적 조직인 것이다. 구속의 대상은 신체의 기호가 아니라 체력이어서, 참으로 중요한 단 하나의 으식(儀式)은 훈련의 의식이라는 것. (3) 통제의 양상이 달라졌다. 활동의 과정에 주목하여 지속적이고 확실한 강제력을 전제 삼아서 최대한으로 상세하게 시간과 공간, 그리고 운동을 바둑판 눈금처럼 분할하는 기호체계화에 의거하여 행한다. 이것이 규율로 나타나는 것이다. 규율은 결국 인간의 신체에 대하여 활동의 과정에 대하여 세세하게 규정하고 따르도록 훈련시키는 데서 생성되는 것이고, 이 생성을 위하여 수도원으로부터 학교의 일상생활표로, 그리고 공장노동의 세세한 동작 메뉴엘로, 군대조직의 배치와 훈련의 세세한 메뉴엘로 나타났고 그것이 서서히 국가단위에서 종합되었다.

3.

푸코가 예로 들어놓은 것을 보자. ⑴ 글쓰기에도 하나의 습관이 필요하다. 상체를 직립시키고, 왼쪽으로 조금 기울여 힘을 빼고, 팔뚝을 책상 위에 놓고, 시각이 미치는 범위 안에서 턱이 주먹 위에 놓일 정도로, 어느 정도 앞으로 기울인 자세가 되어야 한다. 상체와 책상과의 간격은 손가락 두 개쯤 떨어져 있도록 한다…. ⑵ "앞에 총은 세박자로 행할 것, 먼저 오른손으로 총을 들어올려서 총이 오른 쪽 무릎과 수직으로, 총구는 눈높이를 유지하도록 총을 몸쪽으로 당기면서 펴진 팔을 혁대의 위치에서 몸에 꼭 붙인 채 드리는 것처럼 총신을 잡을 것…. 이 두 가지 예는 초등학교 때 책상에 앉아 글쓰기 연습을 할 때, 그리고 군대에서 제식훈련을 할 때 귀가 아프도록 들었던 것들이다. (아마도 이러한 훈련방식은 근대교육이나 근대군대의 훈련방식이라는 항목으로 서구에서 일본으로, 다시 한국으로 이동해 왔음을 추적할 수 있을 것이다.) 이리하여 규율은 공정적 관리를 그 목표로 삼으며 적극적인 경제시간의, 이론상으로 항상 증대되어 가는, 이용의 원리를 세우는 것이다. 따라서 시간을 사용하기보다 완전히 소비시켜 버리게 한다. 그리하여 시간에서 보다 많은 유효노동력을 이끌어내려 하는 것이다. 여기에 규율은 사소한 것, 세부를 중심으로 하여 인간의 신체 동작에 치밀하게 개입하는 것이고 이것은 그 신체의 최대 운동을 뽑아내는 것이다. 근대적 규율은 이렇게 해서 탄생되고 이것이 전체 사회로 구조화하는 것이 근대사회로 간다는 것이 될 것이다.

4.

다산의 『목민심서』를 강독할 때, 다산이 아주 세세하게 기술했음에 감탄하였다. 다산연구회는 75년부터 10여년에 걸쳐 1주일에 한번씩 만나 강독하고 이를 『譯註 牧民心書』로 출간하였다. 목민심서는 조선후기 지방목민관들(군수, 부사, 현감)이 행정을 함에 있어서 지침이 되는 항목을 12분야에 걸쳐 각 6조씩 행정의 표준을 설정한 것이다. 이것마저도 당시의 삼정문란(三政紊亂)으로 비추어 보면 큰 개혁을 의미하는 것이었다. 지방목민관이 처음 부임하여 현지에 가서 정사를 펴고 나중에 해임되어 나오는 과정을 12분야로 나눈 것이다. (1) 부임(赴任)：除拜 治裝 辭朝 啓行 上官 臨事 (2) 율기(律己)：飭躬 淸心 齊家 屛客 節用 樂施 (3) 봉공(奉公)：宣化 守法 禮祭 文報 貢納 往役 (4) 애민(愛民)：養老 慈幼 振窮 哀喪 寬疾 救災 (5) 이전(吏典)：束吏 馭衆 用人 擧賢 察物 考功 (6) 호전(戶典)：田政 稅法 穀簿 戶籍 平賦 勸農 (7) 예전(禮典)：祭祀 賓客 敎民 興學 辨等 課藝 (8) 병전(兵典)：簽丁 練卒 修兵 勸武 應變 禦寇 (9) 형전(刑典)：聽訟 斷獄 愼刑 恤囚 禁暴 除害 (10) 공전(工典)：山林 川澤 繕廨 修城 道路 匠作 (11) 진황(賑荒)：備資 勸分 規模 設施 補力 竣事 (12) 해관(解官)：遞代 歸裝 願留 乞宥 隱卒 遺愛.

여기에서 그 자세한 내용을 소개할 수는 없다. 단지 12분야의 각 항목에 따라 수령들이 행할 합당하고도 자세한 행정기준을 마련하여 제시하였다. 가장 중요한 전정에서 토지형태에 따라 수확량을 계산하는 자세한 수학적 방식, 세금을 자세하게 나누고 그 합당한 세수방법, 수령의 밥상 표준, 그 어느 하나 빠짐없이 표준되는 행위양식을 기술해 놓고 있다. 아마도 이 표준양식이 국가차원에서 제도화된다면 국가체제가 그가 쓴 『經世遺表』와 함께 역사의 방향을 전환시켰을 것이다.

목민심서를 강독할 때는 다산의 자세한 기술을 꼼꼼한 성품에서 연유하는 듯이 이해하고 넘어갔다. 60년대 이후 조선후기 실학에 대하여 많은 연구가 나왔는데 그 주류적인 경향은 대체로 제도적 개혁의 차원에 의하여 평가되고 소개되었다.

이제 사소한 것과 그것에 대한 규율의 중요성 차원에서 다시 살펴본다면 다산은 분명히 사소한 것에 대한 규율 규정의 중요성을 충분히 이해하고 있었고, 사소한 행위차원 수준에 대해 규정을 함으로써 행위의 형태를 변화시킬 수 있다는 사실을 충분히 이해하고 있었다고 볼 수 있다. 제도화와 이에 따른 권력 작동의 의의를 이해케 하는 대목이다. 현재 다산에 대한 연구경향을 보면 그의 제도적 개혁의 차원을 넘어 그가 경서에 대해 접근해가는 인식론적 차원으로 깊이있는 연구가 나오고 있고 어떤 연구자는 그가 '인식론적 단절'을 감행하고 있었다고 평가하기도 한다. 말하자면 조선식의 성리학적 인식론으로부터의 인식론적 단절이 진행되었다고 한다. 그가 우선 사소한 것에 주목했다는 것, 그리고 수령의 행정에 대해서 규율을 부여하고자 했다는 점 그 자체만으로도 충분히 '근대적 기획'을 구상했다고 평가할 수 있을런지도 모른다.

5.

다산은 인(仁)을 선험적인 덕목으로 보지 않았다. 행위가 일어난 후에 그 행위결과가 선한가 또는 사악한 것인가가 판가름난다고 인식하였다. 그러므로 인간은 식물과 동물과 달리 도덕이라는 차원을 가지고 있지만 그것으로서 곧 인의예지(仁義禮智)가 곧 선험적으로 주어지는 것은 아니라는 것이다. 행위를 한 결과로서 판단된다는 것이다. 그가『목민심서』에서 제시한 것도 수령이 일상행정업무에서 행해야 하는 행위차원에 대한 자세한 규정적 기술을 한 것이다. 그 기준대로 한다면 수령이 백성의 삶에 그리고 삶의 도덕적 질서에 유효한 효과를 줄 것이라고 기대한 것이다. 그러므로 사소한 행위의 체계적 쌓임이 국가체제일 것이다.

근대성이라는 것이 규율에 의하여 인간이 가진 이성(理性)의 효과가 집대성되는 것이고 그것이 인간집단적 차원에서 근대국가의 출현을 가져왔을 것이다. 이미 벌써 이제는 그 근대성을 두고 개인과 전체간의 문제가 제기되고 있다. 우리가 20세기 내내 경험하고 있듯이 집단-체제가 단지 제국주의, 군사독재라는 것에서 연유하는 것이 아니라 인간 일상생활의 사소한 영역을 가능한대로 장악해가는 국가권력과 자본운동에서 연유하는 문제가 더욱 많을 것이다. 맑스는 오히려 자본주의 시민사회에서 전체가 개인을 억압하는 더 많은 모순을 발견하였을 것이다. 이미 『공산주의 선언』에서 그 취지가 밝혀졌고 그 이후의 역사가 그 모순을 심화 확대해가는 동시에 그 모순에 대한 척결 운동이 진행되어 왔을 것이고 그 순환이 또한 한번 나사의 회전을 돌아가는 것인지도 모를 것이다.

6.

하나의 글을 인용해 보자. "'지나간 시민사회의 계급과 계급간의 적대 관계를 대신하여, 만인의 자유로운 발전이 한 개인의 자유로운 발전의 조건이 되는 그러한 하나의 연합이 도래한다.' 언제부터 이 귀절을 여기 쓴 대로 그렇게 읽기 시작했는지 나는 알지 못한다. 그 당시 세계관이 그와 상응하였기에 그렇게 읽었고, 또 그렇게 파악했을 것이다. 수십 년이 지난 다음 그 구절이 실제에 있어서는 다음과 같이 바로 정반대의 내용을 담고 있다는 것을 발견했을 때, 나의 놀라움, 그 경악감은 얼마나 엄청난 것이었는지. '…한 개인의 자유로운 발전이 만인의 자유로운 발전의 조건이 되는 그러한…'"(슈테판 헤름린, 『저녁노을』, 당대, 1995, 26쪽). 이 사람 말대로 머리속에 하나의 인식과 예언이 거꾸로 서 있었다면 우리가 박학하게 읽어가야 하는 글에서 이 인식에 거꾸로 들어있을 예언을 끄집어낼 수 있어야 할 것 아닌가!

만일 우리가 근대성에 관하여 비판적 성찰을 하고 새로운 인식을 하고 제기되는 문제에 대하여 이론적 기획을 해야만 한다면 그리고 그러한 세기적 전환에 직면해 있다면, 거기에 대비해야 하는 일이 시사될 것이다. 우선 변화되고 있는 모든 현상에 대하여 그것을 이루는 사소한 것에 대하여 자세하게 관찰하여 진술하는 것, 그리고 그 사소한 것에 어떤 규율이 작동하고 있는가를 살피고 진술하는 것, 그 다음에 그 사소한 것을 새롭게 장악하기 위해서는 어떤 새로운 규율을 규정해야 하는가를 궁구하는 일이다. 그리고 개인의 자유로운 존재 조건이 만인의 자유로운 발전의 존재조건이 되게 하는 지점이 어떻게 발견될 수 있을지에 대하여 살피는 일이다. 한국의 역사적 문화에서는 개인의 자유가 서구의 근대적 의미로 보았을 때는 명확하게 인식되거나 발전되어 있지 못하다. 서구 인권선언 이후로도 앞에서 시사하듯이 개인의 자유로운 존재가 전체의 존재조건에 의하여 억압되어 왔다지만 우리는 오히려 거기서 발전된 정치적 기본권 개념이지만 이를 토대로 경제적·문화적·정보적 기본권 개념으로 확대하면서 우리 사회를 구성하는 바 '사소한 것'에 대한 자유로운 접근과 표현을 자유롭게 하여 새로운 기획을 해나가야 할 것이라고 생각해본다. 그리고 개인의 자유로운 발전의 조건은 궁극적으로 개인으로 하여금 관습 습속과 전체의 구속성, 기존 지식의 억눌림 같은 것을 해체해보는 해방적 자세를 요구할 것이라고 생각한다. 이 세상-사회를 구성하는 개인은 단지 사소한 존재가 아님을 깨닫게 될 것이다. 왜냐하면 "근대성의 기획"은 결국 개인의 사소한 생활영역, 은밀하고 미세한 신체의 구석구석을 향해 진행되어 왔다는 사실을 상기해야만 하기 때문이다. 그것에 정치영역, 경제영역, 가족영역, 교육영역, 성적 영역 등등의 분석적인 제도화가 진행되어 그 사소성의 정체를 상당히 은폐시켜 개인의 일상생활이 따로 떨어져 있는 듯한 이성적 착각작용을 너무 현란하게 해왔을 따름인데 말이다.

『그날에서 책읽기』, 1999. 4.

작은 주체들의 존재 알림과 노동운동의 지형

1.

근래 주체형성에 관한 연구가 지적해준 것이 '어린이'의 탄생이었다. 우리나라는 일제시대 때 어린이가 장래 민족독립의 기틀이 되기를 염원하는 데서 '어린이날'을 정하고 어린이를 미래의 민족성원되기를 위해 잘 양육하자는 취지로 운동을 전개했다. 민족운동측이 어린이날을 제정하던 그 시기에 먼저 일본 제국주의는 조선을 병탄하고 '황국신민'을 키우기 위해 어린이 교육제도를 조선반도 전체에 강행하였다. 흔히 말하는 '근대주체'로서 훈육하는 모델을 일본이 서구로부터 도입하는 동시에 일본제국주의의 '식민지 어린이' 만들기 기획을 수행했던 것이다. 전국일 면(面)에 소학교 하나 설치를 강행하고 일정한 나이의 어린이가 학교에 다니도록 강제하였다. 그리고 대체로 까만 교복을 입히고 담임 선생을 비롯해서 교사에게 복종하기를 가르쳤다. 최고의 권위가 교장선생에게 집중되도록 하였다. 일제 말기에 가면 갈수록 소학교 학생들이 최고의 권위인 교장선생이 또한 동쪽을 향해 향배하는 바 그 위의 최고 권위인 '일본황제'를 경배하도록 하였다. 이 소학교 조직과 운영은 일본의 학제를 더욱 강하게 압축해서 수행하는 것이며 학생들에게 주입하는 '훈육'은 생활 전반에 걸쳐 모두 '사소한 것'으로 이루어진 사회구성질서 자체인데 이를 규제하는 규칙은 아주 세밀하게 작성하여 '사범학교' 학도들에게 가르쳐서 이들이 교사가 되어서 어린이와 어린이의 가정에 세밀하게 훈육되도록 하였다.

종중의 어른이나, 연세 많은 어른, 조부모님, 이들이 받드는 조상님들. 성씨의 신분적 위광, 친척간의 촌수에 의한 서열과 권위의 배열, 이모두를 무시하고 오직 교실에서 줄줄이 나란히 위치한 책상에 앉아서 교단의 선생과 그 위에 걸려있는 일장기에 최선의 존경이 집중되도록 하고, 줄서기는 키 순서대로 해서 촌수와 양반~상민의 위계를 제거하고 조선의 왕조와 조선을 움직여온 위인들을 왜곡하여 일본 천황의 권위를 존중하도록 훈육시켰다. 일본의 노래와 시와 소설을 소개하여 도덕성과 정서적 미학감각도 일본의 역사와 문화에 젖어들게 하였다. 일본 제국주의체제에 복속하는 획일적인 인간으로 성장시키는 것이었다.

이에 따라 어린이를 출산하고 키우는 '어머니'가 일제 식민지 경영의 맥락에서 탄생하였다. 황국신민의 어린이를 낳고 키우는 '위대한 어머니'가 장려되기 시작한 것이다.

2.

어린이를 잘 키우자고 했지만, 어린이를 어른들의 훈육 대상, 더 나아가 국가질서에 잘 복속할 인간으로 성장시키는 데 목적을 두었다. 일제는 이를 식민지 신민으로 키우는 데 목적을 두었던 것이다. 해방이 되고 민주공화국을 수립한 대한민국은 민주주의를 기본 질서 가치로 삼았지만 민주주의 기본질서와 윤리를 체계있게 교육할 제도를 정착하기 전에 한국전쟁으로 내몰리고 다급하게 만들어진 국정교과서가 국가 가치와 '복속적 인간'형 혹은 '산업역군'형을 형성시키는 주제를 중심으로 제정되고 몇 차례 개정되기도 하였다. 기나긴 '군부정권'은 일제훈육체계와 군사주의체계에 의하여 어린이와 청소년을 훈육하고자 하였다. 이 토대 위에 자본주의적 경제발전을 기도하였다. 이 질서 위에서 '성취'를 개인주의적 바탕으로 추구하게 하였다. 삶에 대한 다른 어떤 집단적,

사회적 혹은 국가적 보장체제의 정착과 발전을 도외시하고 오직 '학벌'에 따른 '경쟁'을 그 경비의 부담은 가족에게 떠맡긴 채 무한하게 질주하도록 부추겼다. 이 결과 어린이로 하여금 '대학입학'에, 더구나 명문대학에 진입하도록 무한 경쟁에 매달리게 하였다. 이 추세가 지금도 가열차게 진행되고 있다.

3.

그런데 이러한 경쟁의 질주에 예상치 못한 효과가 나타나기 시작하였다. 예상치 못했다는 뜻은 그 경쟁의 효과가 기대한 좋은 차원의 것만이 아니라 예상할 수 있음에도 불구하고 그에 대한 대응책을 미리 강구하지 않는 데서 심각하게 제기되는 문제가 있다는 점이다.

'어린이'들이 반란을 일으키기 시작한 것이다. 모유 대신 브랜드 붙어 있는 우유를 달라고 하고 이유식을 달라고 하고 장난감을 달라고 하고 만화책을 달라고 하고 비디오로 영어와 춤을 달라 하고 브랜드 유명한 옷을 달라고 하고 어린이집, 미술학원, 영어회화학원, 정보과학 놀이터로 갈려고 하고, 친구를 초청해서 생일잔치를 해달라 하고 남자친구/여자친구를 사귀게 해달라 하고 미국여행을 가고자 하고, 이리하여 어린이 존재의 조건을 갖추어 주기를 '욕망'한다. 어머니와 아버지들은 유명대학에 입학시켜야 하겠다는 강박감에 못 이겨 어린아이 한달 과외비를 1백만원 이상을 계산해야 하고, 공동체생활 체험 기록이 입시에 반영된다고 하니 자율적 봉사활동을 강제적 체험으로 이끌기도 하고 '효자상'을 준다고 하니 '효자노릇'을 시켜야 한다.

이러한 어린이 존재 욕망은 자본주의가 고도화하면서 시장을 개척해야 하는 절박한 상황에서 '어린이헌장'을 만들고 '전인격적 교육'을 위한 조건을 충족시키기 위한 어린이 소비물자를 개발하기 시작하였으며 라디오와 텔레비전은 이러한 어린이 상품을 광고로 전 세계에 욕망을 부추겼다. 어린이 시대, 어린이 욕망의 시대가 도래한 것이다.

4.

‘어린이’가 발견됨으로써 이의 연속선상에서 ‘청소년’이 발견되기 시작했다. 근대주체형성에서 이 청소년도 중요한 위상으로 자리매김하였다. 국민국가의 방위를 맡는 주력부대로 성장하였다. 멋진 제복을 입히고 질서정연한 몸가짐과 용기있고 의로운, 애국적인 영웅으로 태어나기 시작했다. 한국에서는 이 청소년이 입시공부에 매달리게 되었다. 밤늦게까지 학교로부터 이 학원으로 저 학원으로 분주하게 다니게 되었다. 80년대 초반 군사정권이 유화국면을 조성한다는 의미에서 ‘교복’을 풀고 자율학습 시간을 늘린다고 했지만 곧 ‘교복’으로 돌아가고 ‘과외’공부에는 더 매달리게 만들었다. 그렇지만 이들도 ‘반란’을 일으키기 시작하였다. 남녀칠세부동석을 옛날 에피소드로 만들어 가는 도시화와 산업화와 이미지산업의 발전에 의해 십대 후반 청소년은 제복 속에 억눌린 욕망을 키우고 있었다. 졸업 후의 전망도 보이지 않은 대학진학에 매달리면서도 양성간의 정서와 사랑의 교류를 몸으로 수행하기 시작하였다. 억눌려 자라 성을 분출할 정상적인 길이 없었다. 미혼모가 급증하고 사회적으로 수용될 수 없는 이들은 집을 떠나 방황한다. 이들이 도시의 삼차산업 비정규 시간제 싼 노동으로 생계를 찾아 나서는 층을 이루고 있다.

5.

이제 대학의 정원이 대학진입 연령층의 숫자를 넘어서는 고비로 가고 있다. 대학을 졸업하지 않으면 사회적으로 인간대접을 받지 못하던 시기로부터 대학을 졸업해도 일자리 찾기가 어려워지고 사회적인 성숙한 인간으로 대접받을 길이 막막하게 되었다. 사이버세계의 출현은 젊은이들을 새로운 세계로 인도할 것 같았지만 그것조차 장밋빛 인생으로 허망하게 보이게 되었다. 멀리 미국으로 일찍 유학했던 젊은이들이 뉴욕 감각과 언어와 몸가짐으로 미국 다국적기업의 종사원으로 나타나 군림

하기 시작하였다.

90년대 후반 장기근속을 자기 성취의 경로로 생각하고 헌신했던 노동자, 생산직노동자, 금융사무직 노동자, 전문기술직 노동자, 그리고 심지어 대기업 중간간부급조차 구조조정에 의하여 퇴출되었다. 실업자가 양산되더니 최저 생계비도 획득하지 못하는 임시직, 비정규직으로 강제적으로 편입됨으로써 '실업율'은 떨어지는 듯하지만 비정규직이 60%를 차지하게 될 정도로 고용구조상에도 양극화현상이 나타났다. 대다수 인구가 불안정한 삶으로 내몰리고 있는 것이다.

그렇기 때문에 노동자계급도 서로 소통되지 못하는 정규직과 비정규직, 그리고 대기업 핵심 정규직과 중소 하청 영세기업의 변두리 비정규직 노동자로 나누어지고 있다.

6.

여성도 여러 가지 작은 주체의 존재로 나타나고 있다. 여성노동자 역시 소수의 전문 정규직과 다수의 비정규직 노동자로 더 심각하게 양극화되고 있다. 구조조정의 여파는 가계부담과 자녀양육의 부담을 여성에게 더 가중시켰다. 가출해버리는 주부가 나타났고, 주부의 지위와 개념도 안정성을 상실하고 말았다. 이혼녀가 증가하고 있는데, 이들의 사회적 조건은 더욱 가혹하다. 한편으로 사회적으로 천시받아 오던 매춘여성도 자기 존재의 권리를 표출시키기 시작하였다. 그들의 인권이 문제로 등장하게 되었다. 황혼이혼으로 여생을 인간답게 살고자 욕망하는 여성도 생겨났다.

십여년 전 '서태지'에 열광했던 청소년들은 일찍이 좋은 대학진학을 포기하고 도시의 시간제 고용살이에 삶을 의탁하고 있었다. 서태지는 한국 교육의 모순을 노래하고 노동자가 애써 일하고 기계가 발전함으로써 생산성을 높인 덕택으로 자기들은 대학에 가지 않아도 노래를 즐기며 살아갈 수 있다고 이 세상을 노래했다. 그는 이제 세계화의 반열에 올라가 이땅을 떠났다. 가끔 뭉돈이 필요하고 싼 노래꾼을 찾으러 한국에 온다. 이 서태지에 열망했던 청소년들은 이제 도시의 시간제 밥벌이에 허덕이고 PC방에 앉아서 시간을 보낸다. '페인족'이다. 이들은 서울대 학생이 과외비 40만원 이하는 맡지 말자는 의견에 집단적으로 달려들어서 사이트를 다운시키기도 한다. 이들은 일찍이 정규/비정규 구분에 관심을 접었던 층이다. 노조의 활동에도 무관한 부류들이다. 왜냐하면 민주노조도 그들의 삶에는 너무 생소한 존재로 멀리 있기 때문이다.

7.

전자공학의 발전으로 한국에서도 사이버세계가 구축되었으며 독특하게 네티즌이 형성되었다. 사이버세계에서는 네티즌이라는 주체는 개인별로 바깥세상과는 달리 한꺼번에 동시에 여러 다양한 성격의 사람으로 행세할 수 있다. 어른이 어린애처럼, 어린 남자가 늙은 여인처럼, 허약한 사람이 격투사처럼, 이성애자가 동성애자처럼, 극우적인 인간이 가장 좌파적이고 혁명적인 사람처럼, 매국노가 애국자처럼 하층노동자가 왕자처럼, 모순적이고 다양한 개체를 만들어낼 수 있다. 인간이 가질 수 있는 다양하고 변덕스러운 욕망을 분출하는 인간형태로 형성될 수 있고, 욕망이 같은 사람들이 수시로 동호인집단을 만들어낼 수 있고, 이들이 집단적 시위를 할 수 있다. 오프 라인에서는 한 개인이 평생 지조있고 일관된 인격체로 살아갈 것을 요구하는 반면에 온라인 세계에서는 그렇지 않아도 된다. 이러한 인간주체는 비록 현실세상에서 행동하는 것은 아니지만 현실세계에 집단적 요구를 나타낼 수 있고 균열을 일으킬 수도 있다.

8.

동성애도 사랑의 정상적 형태임을 주장하게 되었다. 커밍아웃한 사람이 일자리를 지켜내는 투쟁도 일어났다. 사회적으로 소원시되던 장애인들도 취업의 기회를 요구하며 이동권을 주장하고 있다. 장애인 이동권 보장 요건은 도시 전체, 건물 전체, 차량 형태 등등의 공동체 삶의 물질적 조건의 어마어마한 개혁을 요구하는 것이다.

한국 사람들이 임금을 찾아 외국으로 취업하러 나가던 시기로부터 이제 전세계 각지에서 한국으로 고용기회를 찾아오고 있다. 이들은 국적의 차이에 의한 사회적·정치적·경제적 차별 철폐를 요구하고 있다. 북한에서 내려와 장기 복역한 장기수들이 북한으로 돌아가고 민간인들조차 평양과 금강산을 왕래하기에 이르게 되자 '북파요원'들이 존재와 권리를 주장하고 나섰다.

남한의 텔레비전 기자가 북한의 공장 노동현장에서 보도를 한다. 여성이 주된 노동력으로 고용된 공장에서 근래 월급이 여러 곱으로 올랐으며 성과급이 도입되어서 노동자들이 즐거이 휴일에도 밤에도 일하러 나온다고 보도한다. 남한의 6-7-80년대 '장시간 노동'을 연상하게 한다. 그것이 저임금이라는 것을 그들은 언제쯤 알게 될 것인지. 남한의 자본이 들어가서 가동하는 공장의 생산성은 남한 자본가의 이윤을 증대해 줄뿐만 아니라 핵심 정규노동자에게도 귀중한 소득의 원천에 호스를 대주는 자원이 될 것이다.

9.

60년대에서 70년대로 그리고 80년대를 거치면서 한국은 반공이데올로기와 성장이데올로기에 의하여 억압되어 있던 구성원들이 격정의 운동을 거치면서 '주체'로 형성되었다. '민중'이 탄생하고 '학생'이 태어나고 '노동자계급'이 형성되고 '민족'이 다시 형성되었다. '여성'도 탄생하였다. 학생운동, 노동자운동, 농민운동, 빈민운동, 여성운동, 민중운동, 민족통일운동을 통하여 '큰 주체'들이 탄생하였다. 일단 80년대 민주화운동을 통해서 '주체'로 확실하게 형성되었다. 무엇보다도 87년 노동자 대투쟁이후 95년 민주노총을 결성하기까지 노동자계급은 자주적인 전국적 노동조합조직을 결성해냄으로써 노동자계급이 사회구성과 변화에 주축의 힘이 됨을 나타내었다. 그리하여 민주노조는 산별노조를 구성함으로써 노동자 권익의 조직적 기반을 마련하고자 노력하고 있다.

10.

그런데 그 민주노조로 조직된 노동자들도 97년 이후 전개된 구조조정 앞에서 그 대오가 흩어지고 균열을 일으키고 노동자끼리 연대의 힘조차 길러내지 못하고 있다. 특히 정규직과 비정규직의 균열은 자본의 운동 앞에서 더욱 깊어만 간다. 비정규 불안정노동자들은 개별 회사 차원의 투쟁을 일으키고 있으나 아직 그 자체의 전국적 차원의 조직을 만들어 내지 못하고 있다. 불안정노동철폐를 위한 활동가들이 겨우 연대조직을 만들었을 뿐이다.

장기적 군부독재에 맞서서 싸움으로 형성된 큰 주체들은 민주화의 길을 열었다. 이제 앞에서 열거한 다양한 주체들이 형성되어서 그들 존재의 양태를 보이고 있다. 그런데 이러한 작은 주체들의 다양한 요구를 기존 정당정치체제와 의회정치체제로 담아낼 수가 없는 구조적 조건이 있다. 말하자면 반란을 일으키며 끊임없이 욕망을 위한 요구를 제기하는 어린이와 청소년을 정치적으로 대변할 정당이나 사회적 단체가 없다. 작은 주체들이 자기존재를 위한 욕망은 제기하는 데 대해 이를 대변하고 수용할 정치적 장치가 없다.

참정권을 연령으로 제한하고 있어, 어린이와 청소년은 정치과정에 참여할 기회와 장치가 없다. 더욱이 도시의 '페인'들은 정치적 무관심을 나타낸다. 젊은 층일수록 선거 때가 되면 외면하고, 투표율이 낮아짐으로써 과반수에도 미치지 못하는 득표자가 대통령도 되고, 국회의원이 되기도 한다. 사람들은 젊은이들의 정치적 무관심을 나무라지만 이들이 내보이는 정치적 무관심 자체가 하나의 정치적 태도를 표현하고 있다는 사실을 읽으려고 하지 않는다. 그렇지만 작은 주체들은 기존의 질서와 제도에 균열을 일으키며 문제를 제기한다. 국가는 경찰행정력이나 정보통제로 이들의 욕망을 다스리고자만 한다. 청소년 문제에 대처한다는 인터넷내용등급제로서 국가는 정보관리를 통한 전체 사회에 대한 감시통제를 오히려 감행하고 있다.

11.

큰 주체들을 중심으로 정치적 요구를 제기하던 조직형태와 사회적 메커니즘이 작은 주체들의 존재론적 요구를 담아내기가 어려운 상황으로 빠져들어 가고 있다. 사회운동진영은 이 딜레마에 직면하고 있다. 특히 산별노조형태로 노동운동을 집결해 보고자 노력했던 민주노동운동진영은 직접적으로는 비정규직 노동자문제에 딜레마를 느끼고 있을 뿐만 아니라 작은 주체들의 그 변덕스러운 흐름에는 속수무책이다. 그들이 산만하게 뿜어내고 있다고 판단되는 에너지를 함께 연대의 강물에 들어오도록 하는 데는 어떤 방책도 모색하지 못하고 있는 것이다.

이제 '노동문제'를 다루는 연구소는 이러한 상황에서 민중과 계급의 구성에 대하여 진지하고 엄밀한 재규정 작업을 시작해야 한다고 생각한다. 민중을 계급차원에서 구성했던 것은 80년대의 사회변혁적 운동지향성에 근거하였다. 그렇게 함으로써 민중연대의 운동방향을 잡아나갈 수 있었고 그 튼튼한 기반으로서 민주적 산별노조 형태를 추구하였다. 이제는 자칫 대기업 노조가 중심이 되는 산별노조는 '노동귀족'의 모습으로 보일 수도 있게 되었다. 노동자계급에도 균열이 생기고 자본이 필요한 만큼 보장해 주는 이익에 안주해서 다른 범주의 계급적 주체를 외면하는 상황에서는 새롭게 계급과 민중의 구성을 시도해야 한다. 작은 주체들이 계급연관으로 해석되면서도 그 존재의 의의를 살려서 한 강줄기에 모여서 흘러가는 큰 줄기를 만들어내야 한다고 본다. 연대의 고리를 발견하고 실천적 차원에서 연결의 효과를 가늠해야 한다고 본다. 필요할 경우 강줄기에 들어온 작은 주체들의 배가 서로 줄을 이어 대오를 짓기도 하고 혹은 각자의 배로 내려가게 할 수도 있을 것이다. 이것은 먼저 기존 정치체제에서 자신들의 정치적 요구를 제기할 수 없는 주체들, 그리고 기존 정치과정을 외면하는 주체들에게 그들 존재방식을 인정해주고 그렇게 함으로써 사회적 연대를 설치할 수 있는 조건을 모색하는 일이 과제가 될 것이다.

영남노동운동연구소, 『연대와 실천』, 2002년 10월호(100호 기념글)

교육운동은 왜 지속적으로 해야 하는가

 근래에 와서 우리나라는 새로운 국면으로 접어들고 있다는 느낌을 준다. 우선 대량의 실업자가 발생하였다. 공식통계로 2백만 명이라고 알려져 있다. 이쯤 되면 '일하지 않는 자 먹지도 말라'는 구호가 외쳐질 수 없고 일하지 않는 민중들에게도 생존을 보장해 주어야 할 과제가 새롭게 떠올랐다. 다른 한편 이제 금강산 관광하는 남한 사람이 급격히 늘어나고 금강산 어귀에 세운 공연장에서는 북한이 제공하는 공연물을 보고 박수갈채를 보내게 되었는데 이들에게 북한을 고무찬양했다고 해서 국가보안법을 적용하기가 어려워지고 있다. 말하자면 국내외의 사태가 급변하고 있는 것이다. 다른 한편으로는 지구상에 있는 어떤 사회나 공동체 또는 국가도 교통통신의 급격한 발달에 의하여 외딴 섬으로 남아 있을 수 없게 되고, 주변의 모든 것이 갑자기 상품화되는 상황으로 변하고 있고, 사람들은 남의 나라에서 만든 물품을 구입해서 사용해야 하는 시장상황에 놓여 있다. 경제적으로 자립한다는 고전적 관념이 세계화된 시장에서 견뎌내기가 어려워진 것이다. 따라서 각각 고립되어 살던 지구촌의 인류가 남의 나라 언어와 풍습, 종교와 감성을 이해하지 않으면 생존하기가 어려워지고 있다. 일터도 자기 집 주변의 텃밭이나 공장이 아니라 이전에는 들어보지도 못하던 이역만리 땅에 가서 일하게 되는 세상으로 변모하고 있는 것이다. 지구촌 상공을 날아다니는 무수한 인공위성을 통해 각 나라의 텔레비전은 세계의 문물을 내보내고 있는데 이것마저 그것을 뒷받침할 수 있는 자본의 규모에 따라 판도가 결정되고 있다.

이러한 사태의 급변은 20세기 내내 지배해 왔던 가치와 규범, 그리고 이성(理性)과 정감(情感) 그리고 대규모적인 기술문명과 조직에 대한 이해력만으로는 도저히 감당할 수 없게 되었다. 우리나라는 먼저 남북통일이라는 과제를 앞에 놓고 본다면 냉전-반공-적대의 관념으로부터 관용-화합-통일의 관념으로 바꾸어 남북한 서로를 이해해가는 방법을 적극적으로 찾지 않고는 풀 수 없게 되고 있다. 우리 민족은 장기적으로 폐쇄적인 생활을 해왔고 20세기에는 외국민족의 지배를 받았던 역사적 쓰라림이 있고 6.25전쟁이라는 민족상쟁의 피비린내 나는 고통도 겪었기 때문에 용서하고 관용하는 마음의 여유가 덜 키워졌는지도 모를 일이다. 이 모든 문제가 간단히 초중등학교의 교과서나 교재의 내용만을 바꾼다고 당장에 해결될 수도 없다. 교과서나 교재의 내용이 결국 대학입시 경쟁에 귀결되어야 한다면 교재 내용이 아무리 이해력과 포용력을 성장시키게끔 구성되어 있다고 하더라도 그것은 인간을 새롭게 성장시키는 효과보다는 입시 형식에 매몰될 여지가 많은 것이다.

우리는 새로운 판을 짜야야 할 처지에 놓여 있는 것이다.

우선 세상이 세계화·정보화될수록 우리의 문화와 역사에 기반하는 터전을 잘 가꾸어야 할 것이다. 문화는 사회적으로 역사적으로 형성되어오는 삶의 방식이다. 이 문화는 일정한 지역의 공동체에 기반하여 형성되어온 것이기 때문에 자연환경과 인간의 공동체적 삶 사이에 일정한 조화의 슬기를 발전시키지 않을 수 없는 것이다. 이러한 삶의 지혜와 정감이 하루아침에 거대한 살상력을 가진 무기에 의하여 박살날 수 있었던 것이 20세기의 전쟁이었다. 하루아침에 거대한 공장이 들어서서 그곳에 살던 사람들을 내쫓을 뿐만 아니라 그 지역공동체의 산과 강과 논밭을 작살내고 오염시키는 것이 20세기의 자본주의적 발전양상이었다. 여기에 지구화든 세계화든 한 곳에 안주하여 살아왔던 사람들의 주변을 거대한 사적 소유의 울타리로 만듦으로써 그 사람들로 하여금 먹이를 찾아 낯선 이역의 땅으로 떠돌게 한 것이다. 이것이 '근대적인 것'이라는 것의 절정을 이루어 왔다. 떠돌이가 많으면 세상이 불안해지는 것이다. 그러므로 세계화가 진행되더라도 사람들이 항심(恒心)을 갖고 살아가게 만들어야 하는 것이 새로운 과제로 제기되고 있다.

그 첫째 기본 요건이 한 사회의 역사와 문화를 정화시키면서 살려내고 지속되도록 해야 하는 것이다. 그 역사와 문화 속에서 인간이 발전시켜온 이해력과 정감을 편협한 것으로부터 더 넓은 것으로 승화시켜 나아가야 한다. 이러한 삶의 역사적 방식에 대한 이해는 공식적인 학교 교육만으로는 불가능하다.

둘째, 우리 민족은 장기적으로 폐쇄된 삶을 살아왔고 인종이 다르지 않게 살아왔기 때문에 외국의 인종과 종교, 문화를 차 을성있게 이해해내는 능력이 부족하다고 생각된다. 이 지구상에는 다양한 인종이 살고 있고 각자 나름의 신(神)과 조상과 효도와 존엄성, 신바람, 소망이 있고 이것을 귀하게 받든다. 이러한 차원의 가치와 규범은 원래 '야만적'인 것이 따로 있는 것이 아니다. 단지 힘이 우월하다고 뽐낸 자들이 그렇게 이름 붙였을 뿐이다. 우리 민족은 우리의 역사와 문화를 이해하고 터전을 가꾸어 나가는 그 과정에서 남의 것을 이해하는 능력을 길러야 하는 것이다. 한국의 기업체가 동남아에 진출하여 현지 노동자를 고용할 경우 가장 어려운 장애를 일으키는 것이 한국사람이 현지사람들을 이해하는 능력이 부족하다는 점에 있다는 것이 누누이 지적되고 있다.

셋째, 우리나라는 그 동안 역사적 질곡 속에서도 잘 견디면서 군건하게 살아온 경험이 있기 때문에 그러한 역사성 속에서 사람이 귀중하다는 점을 가장 잘 인식하고 있다. 그러나 위에서 지적한 두 가지 측면을 고려해 보면 보다 넓은 의미에서 인간의 기본권을 살려나가야 할 이유가 충분히 있는 것이다. 말하자면 우리나라에 온 외국인 노동자의 삶에 관해서 그들을 간단히 타국적의 사람 또는 우리와 다른 인종이라는 이유만을 가지고 차별대우를 해서는 우리가 인간을 귀중하다고 인식하는 마음가짐이 넓고 깊은 것이라고 말할 수 없을 것이다. 따라서 인간의 기본권을, 그 요체는 우리나라 헌법에도 잘 명시되어 있는 것인데, 사람들의 생활영역이 넓어지고 깊어지는 만큼 더욱 확대하고 심화하여 보편적 가치로 더욱 키워가야 할 것이다. 이러한 기본적 바탕을 마련하는 과정에서 남들과 함께 어울려 살아가는 생활방식이 개척되고 발전되어 나갈 수 있을 것이다.

크게 위에서 지적한 세 가지 점에서 보면, 이러한 문제는 기본적으로 학교교육에서 추구되어야 할 것이지만, 또한 일상생활에서 체화되지 않으면 별로 효과가 없을 것이다. 학교교육에서는 자라나는 세대를 위한 교육이 되겠지만, 이 자라나는 세대가 먹고 자고 입고 살아가는 곳은 가정과 일반 사회이다. 이 영역에서는 앞 세대도 있다. 앞 세대는 이미 생활습관이 상당히 굳어져 있다. 굳어진 습관에서 새로운 가치를 추구한다는 것은 의식적인 노력을 집중해야만 가능할 것이다. 이 차원에서 교육운동은 일반사회에서도 지속적으로 추구되어야 할 과제인 것이다. 다양한 사람들이 다양한 양식과 조직으로 이러한 교육운동을 펼쳐야 하고 또한 그 운동의 효과가 궁극적으로 학교교육으로 되돌아가도록 하여 교과내용이 경색되지 않게 만들어가야 될 것이다. 교육은 모든 가정과 가족에서 세대를 양육한다는 기본명제와 결부되어 있기 때문에 다양한 목적과 동기가 있을 수 있다. 그렇기 때문에 사회에서 교육에 관한 한 더 많은 해석과 주장이 나올 수 있다. 이러한 의견과 주장을 큰 맥락으로 수렴해 가자면 사회에서의 교육운동이 중요한 기능을 감당해야 한다. 큰 맥락을 잡아간다면 기술적인 문제는 그것대로 의의있게 추구될 수 있을 것이다.

우리는 이미 근대교육의 모델을 수정해야 하는 환경에 살고 있다. 그리고 새로운 과제들이 떠오르고 있다. 이제 이 지구촌에 사는 사람들이 함께 어울려 살아야 할 존재이고 또한 각각은 나름대로의 역사와 문화를 가지고 살아온 것을 차이로 인정해야 하고, 모든 인간을 한 가지 기준으로 동일하게 만드는 데서 인간의 비극이 생기는 것을 보아온 우리로서는 다양하게 살아가는 방식을 서로 충돌 없이 그리그 크게는 화합하는 전망에서 인정하고 연대하는 것이 추구되어야 할 것이다. 그동안 우리나라에서는 10년간 각고의 투쟁을 통해서 참교육을 추구하는 전교조가 합법화되었다. 이제 전교조가 교조적인 교육이념에 의해서가 아니라 다양하고 궁극적으로는 인간의 기본권이 확충되는 방향에서 다양한 참교육의 방향과 방식을 합법적으로 추구할 것이라고 기대해본다. 이제 교사는 단순한 전문가가 아니라 인간의 삶에 진지하고 기본적으로 접근해가는 진정한 지식노동자로서의 소임이 막중해질 것이다. 합법성은 결국 사상과 사유의 폭을 넓게 자유롭게 하기 위한 전제조건일 것이다. 이 전제조건이 어느 정도 설정되었다면 이제 그 기반을 가지고 더욱 도약할 수 있는 계기가 마련된 것이다. 전교조의 합법적이지만 더욱 자유로운 활동을 기대하고 일반사회에서의 다양한 교육운동이 활성화되어서 서로 교효하는 발전적 양상이 일어나리라고 기대해 보는 것이다.

『그루풀』, 1999. 2.

4장
자유를 위한 기획

자유를 위한 기획을 꿈꾸며

1.

1999년 말, 현재에 계속 치열하게 전개되고 있는 국가보안법철폐운동은 "국가보안법 50년이면 충분하다"는 말을 내걸고 국가보안법이 이제는 사장되어야 한다고 주장하고 있다. 이 국가보안법은 예전에는 반공법이라 했다. 50년이면 반세기의 시간에 해당한다. 이 기간은 1945년 2차대전 종결 이후부터 현재까지요, 대한민국 정부 수립 이후의 전 시간에 해당한다. 나의 생애 전체, 약 10세를 기준으로 해보면 그 이후가 이 50년으로 꽉 채워진 셈이다. 마침 1999년 11월 2일에 한겨레신문에 전국 63개 대학 1천 64명의 교수들이 1차로 광고를 내어 국가보안법의 완전한 폐지를 주장했다. 폐지 주장의 근거는 다음 네 가지로 요약된다. 첫째, 국가보안법은 헌법이 보장하고 있는 표현과 사상의 자유에 대한 정당화될 수 없는 침해를 야기하는 위헌적이고 반민주적인 악법이다. 둘째, 국가보안법은 남북통일의 동반자요 화해와 협력, 평화공존의 대상이 되어야 할 북한을 항구적인 반국가단체로 규정하고 있다. 셋째, 국가보안법은 설혹 북한에 유사한 법제가 존재한다고 할지라도 그 사실을 핑계로 그 존치가 결코 정당화될 수 없는 악법이다. 넷째, 국가보안법의 존치는 인권의 신장과 보호를 최고의 가치로 내세우는 국제적 추세에도 반하는 것이다. 이런 주장을 담은 광고 성명은 "새 천년을 시대착

오적인 국가보안법과 함께 시작할 수 없기에…"라는 말로 끝나고 있다. 절박한 심사의 표현이 아닐 수 없다.

2.

1960년 4. 19가 일어났다. 그것은 혁명이었다. 국부로 떠받들리던 대통령과 독재체제를 민중의 대중적 힘으로 붕괴시켰다. 전복의 가능성을 확인하고 세상을 바꿀 수 있다는 상상력과 창의력이 자유를 인식케 한 사건이었다, 그러므로 혁명이었다. 한국이 비로소 세계의 현대사 한복판에 있음을 인식케 되었다. 제3세계에 속하고 있음도 인식케 되었다.

3.

4월 혁명이 일어났을 때는 분단이 고착되어 가고 있었다. 분단은 6. 25전쟁을 통해 공고화되었다. 전쟁은, 남북에 각기 정부가 들어서고 있었지만, 분단되어야 할 아무런 역사적 이유가 없었기에 통일이 곧 이루어져야 한다는 생각이 팽배했던 시점에 일어났고, 남북분단을 고착시키고 세계냉전체제를 확립시켰다. 4. 19는 당연한 통일 논리를 재삼 상기시키는 작용을 했다. 하지만 1961년의 5. 16 군사쿠테타는 남한에서 오직 하나 군부조직만이 막강한 세력임을 과시하는 동시에 국방이 곧 반공이라는 등식을 성립시키고 말았다. 4. 19에 대한 반동은 너무 강하고 장기적이었으며 국가-사회-개인에 대한 전반적인 것이었으며 치밀한 안보체제를 만들어냈다. 박정희 대통령은 이 기반 위에서 군부파시스트체제를 구축하고 장기적 집권에 집착하였다. 대통령 3선의 장기집권을 원칙적으로 거부했던 4. 19의 역사적 '원리'를 거역함으로써 그는 이승만 대통령이 미국으로 망명가서 죽은 것보다 더 처참하게 죽임을 당했다. 그렇지만 그가 키운 군부파시스트체제는 더욱 간교하고 악랄하게 5. 18 광주 참사를 일으키면서 칼에 피를 묻히고 지속되었다. 근 30년간을.

4.

 "당신은 미국은 자본주의 국가다, 자본주의 국가는 대립되는 두 계급이 있다, 그것은 프롤레타리아 혁명에 의하여 전복될 것이다라고 말한다. 이것은 이북의 주장이다. 당신은 이적단체인 이북에 동조하였다. 국가보안법에 의하여 당신은 징역 몇 년에 자격정지 몇 년이라는 선고를 받는다. 반미는 이북에 동조하는 것, 자본주의 사회를 인정하는 것은 계급혁명을 주장하는 것이다. 계급이 있다는 진술도 결국 혁명을 말하는 것이다." 이런 논리에 의하여 많은 사건이 조작되어 사람들이 법정에서 유죄를 받았다. 이러한 논리에 의하여 사건이 난 경우는 대개 고문이 개재되어 있었다. 특히 1961년부터 30여년간 지속되었다. 90년대에 와서도 그 논리는 완전히 사라지지 않고 검은 그림자로 드리워져 있다.

5.

 위의 논리가 지배하고 있었으니 어떻게 사회를 제대로 설명할 수가 있었겠는가. 대학에서, 연구와 강의에서도 '계급' 개념을 제한없이 사용할 수가 없었다. 미국에서 나온 불평등이론을 받아들여 '계층'이라는 개념을 겨우 사용했을 뿐이다. 이에 따르면 누구나 지위 이동이 가능하고, 사회적 이동의 지표로 보면 한국사회는 개방적이고 자유로운 사회로 인식되었다. 하지만 한국은 농업경제체제에서 2차, 3차산업 구조로 바뀌고 있었으니 3대가 동일한 직업을 갖는다는 사실 자체가 거의 불가능했다. 사회 성격의 변화를 모른 체 할 수는 없었다. 어느 어용 헌법학자의 헌법론에서도 '자본주의의 모순'을 인정하지 않을 수가 없어서 '자본주의가 자기를 부정하는 두 가지 경향'이라는 글귀 뒤에 괄호를 치고 표시할 정도였다. 하지만 법정에서 전개되는 논리의 위협 때문에 대학의 교수가, 특히 서울대 교수 거의 90% 이상이 미국에서 박사학위를 받고 왔는데도 불구하고 '미국/자본주의'라는 말을, 그 체제적 의미를 강의실에서 진술할 수 없었다.

이것은 큰 모순이었다. 분단과 냉전체제는 한국인에게 오직 미국과
의 문물 교류를 열어놓고 있었다. 해방 이후 그 이전에 있던 사상, 이
론, 지식 그리고 윤리적 규범은 배척되고 그 자리에 오직 미국의 주류
학문과 그 윤리적 규범만을 들여놓게 되었다. 일제 식민주의 지배에 대
한 어떤 평가도 제대로 되어 있지 않았다. 민족해방운동이든 계급혁명
이든 간에 세계의 사상과 운동론이 산재해 있었지만 모두가 기피 대상
일 뿐이었다. 소련과 중국을 비롯한 공산권 국가와는 모든 것이 차단되
고 배제되었다. 중국에 관한 정직한 객관적 진술이 담긴 책이 출간되자
국가보안법에 의하여 기소되고 그 저자가 감옥에 갇히기도 하였다. 이
런 상황에서 한국인은 미국 자체 그리고 자본주의 자체를 바로 볼 수가
없었다.

6.

박정희시대의 두 가지 문제가 쟁점으로 떠오르지 못하고 있다. 하나
는 아무래도 월남전 파병 문제일 것이다. 나의 세월에서 보면, 재동 덕
성여대 강의실에 들어서면(1964년) 그 아래에 있는 초등학교 교정에서
아이들이 아침마다 '맹호부대' 환송가를 맹렬하게 불러 그 소리가 강의
실에 들리곤 했었다. 나는 어떤 기회에 월남에 연구를 하러 갈 뻔한 일
이 있었다. 월남 파병을 두고 한국의 경제 발전에 밑거름이 된다느니,
6. 25 당시 외국의 도움을 받았는데 국력이 신장되었으니 이제는 남의
나라 불행을 도우러 간다는 말이 나오던 시절이었다. 정말 그럴까 하는
의혹이 당시 내 마음을 짓눌렀는데, 우리가 언젠가 월남전에 참전한 값
을 치러야 할 것이라는 생각을 가졌었다. 지금 6. 25 당시 미군이 한국의
민중을 학살한 사실이 보도되어 문제되고 있다. 어떤 미국 칼럼니스트
는 미국이 남한만이 아니라 북한을 폭격으로 초토화하였다고 지적하고
있다. 남북한 당시 사상자 숫자를 가지고 말한다면 한반도 전체를 미군

이 학살했다고 해도 과언이 아니라고 지적한다. 80년대를 거치면서 1980년 광주사태 당시 미국이 취한 행동이 차츰 밝혀지면서 '혈맹' 관계로만 치부되어 오던 미국이 객관적으로 보이기 시작하였고 드디어 1956년 당시 제주 4.3사태에 대한 미국의 전략이 객관적으로 고찰되기 시작하였다. 냉전과 '혈맹'이 미국이 깊숙이 개입되어 있는 한국 근대사와 미국의 실체를 객관적으로 인식케 하는 데 장벽이라는 점도 드러나게 되었다. 이제 한국은 월남전 참전과 관련하여 두 가지 문제에 걸려 있다. 하나는 월남전에 대한 객관적 진실을 규명하는 일이다. 만일 베트남 사람들에게 사람으로 못할 짓을 했다면 그것도 밝혀야 할 일이다. 다른 하나는 월남전에 참여한 군인들과 민간인들 모두가 입고 있을 상처를 치유하는 일이다. 고엽제 피해 당사자들을 국가 차원에서 보살피는 일이 적극 추진되어야 할 일이다.

또 다른 쟁점은 박정희정권이 무모하게 감행한 전통적 생활양식에 대한 파괴행위이다. 초가지붕 없애기 운동이 급기야 거의 모든 전통적 거주형태를 쓸어내고 시멘트 블록집으로 전환시켜 가더니 삼천리 강산에 시멘트 아파트 형태만이 주거집인 양 변모시켰다. 거주형태만이 아니다. 음식과 의복 모두를 바꾸었다. 이와 연관된 총체적인 변화를 추정해 보라. 가족계획을 폭력적으로 추진한 결과 임신중절 관행이 보편화되어 있다. 생명에 대한 경외감과 도덕성이 훼손되어 인간의 생명마저 편리성과 비용 개념으로 인식케 하고 있다. 결국 우리는 아주 짧은 시간에 역사적으로 형성되어온 생활양식을 창조적으로 가혁하기보다는 문화를 참살하는 대장정―경제발전, 민족중흥이란 이름을 내건―의 깃발 아래 휩쓸려 들어갔던 것이다. 이제 우리는 생활양식의 파괴가 가져온 효과를 냉철히 성찰해야 한다. 지구화-세계화가 진행되는 이 시기에 우리가 우리문화에 자신없어 하고 자신을 비하하는 성향이 나타나는 데는 이런 역사적 연유가 있을 것이다.

7.

나는 우리 민족이 사악하거나 무모하거나 인간을 경시하는 역사와 문화를 가졌다고 생각하지 않는다. 우리에게는 인간을 중히 여기고 인간과 인간이 화목하게 어울려 살고 인간과 자연이 상생하는 관계형태에서 살아가던 방식과 가치관이 있었다. 이런 전통은 지금 어디에 있는가? 일제 식민지적 자본주의 과정에서 마모되고 황폐화되었을까? 일제의 치밀하고 배제적인 식민지 통치에 우리가 역동일시 되었을까? 일제 식민지적 군국주의적 지배체제가 2차대전 이후 철저히 청산되는 주체적인 자주화과정을 거치지 않음으로써 박정희체제에서 군국주의적-경제동원 체제에 의하여 재생된 것인가?

8.

소련이 망하기 전에 모스크바를 둘러보고 온 여행은 그야말로 꿈만 같았다. 레닌광장은 그 고적한 분위기를 가지고 있었고, 크레믈린궁정은 음산한 공산당 음모의 터전이라는 이미지는 전혀 없이 경비하는 사람은 어디에 있는지조차 모를 그러한 종교적 터전 분위기만 보이고 있었다. 하지만 광장 근처에 있는 백화점을 보며 다른 생각이 들었다. 한국 사람 30명쯤을 한 시간만 풀어놓고 물건을 사라고 하면 그 백화점은 물건이 동이 나는 패닉상태에 빠질 것이라는 판단이 나오면서 시장의 심상찮은 소리가, '사용가치' 우위 사회체제의 균열된 소리가 들리는 듯하였다. 80년대 말 소련 공산당 서기는 핵무기 감축을 주창하고 자본주의 세계체제와 사회주의 세계체제는 대립되는 적대모순이 아니고 서로 공존하는 하나의 세계체제를 구성한다고 주창하였다. 그리고 자본주의는 이윤을 확보하기 위하여 반드시 제국주의가 되는 것이 아니며 따라서 자본주의의 제국주의적 침략테제를 평화테제로 바꾸어 제출하였다. 이러한 주창을 담은 페레스트로이카는 고르바초프라는 위대한 사회주의자 평화론자를 부각시켰고 사람들은 그 사회주의자가 가지고 있는 인간적 풍모가 세계에 평화를 가져다 줄 것이라고 믿었다. 하지만 혜안이 있었던 국내의 한 젊은 정치경제학도가 그 페레스트로이카에서 종말론적 비극의 뉘앙스를 읽어낸 대로 공산당체제의 포기가 내뿜는 연기는 절박한 구원의 요청이었다는 것이 곧 판명되었다. 동서독 장벽이 무너지고 소련도 해체되었다. 러시아혁명이 발생하고 성공한 것도 기적 같은 역사였는데, 70년만에 그 거대한 세계적 체제가 붕괴하는 것도 기적만 같았다고 해야 할까? 한국의 군부 출신 대통령은 크레믈린 관람료로 30억 달러를 제공했다고 한다. 강대국 소련의 자존심은 그렇게 구겨져 가고 있었다.

9.

동독 출신 사람들은 독일 통일 후에도 사회주의는 추구할 만한 위대한 가치이다, '공산주의'는 미래를 예정한 것이 아니라 자본주의 모순을 지적하고 혁파하기 위한 운동의 동기를 유발하는 데 사용되는 '주장'이고 '구호'라고 말한다고 한다. 사실 자본주의 모순은 깊어가고 넓어가고 커져가고 있는데 이 모순을 바라볼 수 있게 하고 알아차게 하고 극복할 궁리를 하게 하는 것이 '사회주의'라고 하는데, 어떻게 할 것인가. 소유의 소재와 그것을 받쳐주는 정치적 공동체의 형태에 따라 근대적 국가형태가 달라졌다. 그리고 그러한 국가형태와 사회구성을 만들기 위해 20세기는 무수한 인간의 희생을 요구하였다. 극명하게도 우리는 6.25사변이 아니라 '한국전쟁'이라는 이름이 붙을 만큼 희생을 바쳤다. 그 국가형태의 형성에 제국주의 지배가 있었고 한국 민족은 20세기 전반에 식민지로서 지배와 수탈을 당하고 독립을 위하여 무수한 인명이 희생을 바쳤다. 그럼에도 불구하고 한국 민족은 하나의 독립되고 통일된 근대적 민족국가 형태를 구성하지 못하고 있다. 민족주의는 근대민족국가를 형성하는 데 그 이전 삶의 지역적 · 사회적 범위를 설정하는 이념으로서의 기능을 하는 것이었지만 그 자체가 진보된 사회구성의 이상과 목표를 제시하는 것이 아니고 다른 가치체제의 구성과 융합을 요구하는 것이다. 그러므로 남한과 북한은 그만큼 민족국가로의 통합을 지향하는 과정에서 50년 분단되어 각자 추구해온 사회구성에 대한 이데올로기체제는 자유주의든, 사회주의든 기존의 차원을 넘어야 하는 요구가 있는 것이다. 승화시켜 추구해야 할 가치체제는 어떤 것이어야 하나, 규명할 과제임이 확실하다.

10.

나는 80년대를 '위대한 각성'의 시대라고 생각한다. 제3세계로서의 한국, 대립된 세계체제의 양극단의 최전방으로의 남한과 북한, 자본주의의 세계적 규모의 축적구조에서 주변-반주변의 위치에 대한 인식이 이때 자라났다. 장기적 군부파시스트체제를 전복하기 위해 '변혁'을 꿈꾸는 세력이 자생하였다. 법정에서는 자유민주주의 신봉자라는 방위적 변호에서 스스로 진정한 '사회주의자'라고 선포하는 국가보안법 위반 피고인들이 나타났다. 바야흐로 계급론이 대두하고 대립되는 두 기본 계급의 사회구성이 학계와 노동계, 그리고 출판계 및 사회운동 영역에서 논의되고 계급혁명 내지 계급정치가 정식화되기 시작하였다. 출판사들은 세계 어느 시대, 어느 사회도 터부시하지 않고 사상과 지식과 역사를 출판하기 시작하였다. 맑스의 『자본론』이 번역되어 출판사 대표가 구속되었지만 일주일 만에 구속적부심사에서 석방되는 "이변"이 발생하였다. (국가보안법 위반으로 구속된 사건에서 이러한 일은 처음이었다.) 반체제민주화운동이 87년 6월을 정점으로 전국적으로 전개되었다. 80년대 초반부터 마산창원지역에서 시작되어 오랫동안 지역적으로 온갖 탄압을 받던 노동운동이 87년 드디어 전국 모든 노동현장에서 발생하고 노동자가 스스로 노동자계급임을 선포하기 시작하였다. 대학은 학도호국단 편제로부터 총학생회 편제로 자주적으로 전환되고 있었다. 지식인들도 사상의 자유, 표현의 자유, 출판의 자유의 이름으로 군부파시스트체제에 거세게 저항하였다. 누구도 넘나들지 못할 것 같던 38선을 훌쩍 뛰어넘어 다녀옴으로써 통일의 실제적 방향을 생각케 만들기도 하였다. 80년대는 이처럼 격사의 물줄기를 바꾼 각성의 시대였다.

11.

나는 아직도 한국에서는 '자유민주주의' 이름으로 혁명을 꿈꿀 수도 있고 실행할 수도 있다고 생각한다. 기본권이 사회구조적으로 자리잡지 못하고 있다고 판단하기 때문이다. 기본권이 아직 사회구성원 전체에 보편적으로 향유되지 못하고 있을 뿐만 아니라 사이버세계가 전개되는 곳이나 남북한 사람들이 만나는 시공간에까지 기본권이 확충되지 않고 있기 때문이다. 그리고 통합전자주민카드 실시 구상이나 전자주민증의 지문 디지털화 정책에서 보듯이 국가가 전자기술-정보 차원에서 더욱더 국민에 대해 통제를 강화하려는 시도가 강하게 성향을 나타내고 있기 때문이다. 우리는 개인의 사생활 차원이나 사회생활 차원에서 더 넓게 더 깊이 자유를 향유하지 못하고 있다. 각성의 시대는 억압의 강력한 장치를 걷어내는 정도로 투쟁을 요구하였다. 자유의 향유, 그것을 평등하게 하는 것은 아직도 요원하다는 생각이 든다.

12.

자유는 상상력의 무한한 능력이라고 생각된다. 표현의 자유는 그 상상력에 의한 결과물을 사회적으로 나타내는 자유일 것이다. 상상력이 있어야 꿈을 꿀 수 있고 그 꿈이 실현되는 사회적 개인적 조건을 상상하고 기획할 수 있을 것이다. 이 상상력이 있어야 자유와 평등과 연대라는 근대적 기본가치를 지적·정서적·도덕적 차원에서 적극적으로 추구할 수 있을 것이라고 생각한다. 반동으로 획일화된 사고, 언제나 기존의 것에 동일화되어야 하는 사고방식, 정답을 필요로 하는 사지선다

형 답안형식과 흑백의 판가름을 요구하는 OX 사고방식으로는 상상력을 키울 수 없다. 이 상상력은 남을 사랑하는 용량을 크게 하고 남을 사랑하는 방식을 다양하게 추구케 할 것이다. 제한된 상상력이라면 인간을 사랑하는 방식을 발전시킬 수 없을 것이다. 우리는 그리고 나와 같은 세대는, 특히 나는 인간을 진정으로 사랑하는 것을 배우고 추구해 보지 못했다고 고백한다. 대중가요의 이름으로 사랑한다고 노래하고, 하느님의 이름으로 이웃을 사랑한다고 하고, 부모의 이름으로 자식을 사랑한다고 한다. 그렇지만 나의 이름으로, 내가 주체가 되는 것으로 너를 사랑한다는 것은 말도 못하고 상상도 못한다. 이웃이, 친척이, 그리고 친구까지 국가보안법 대상으로 지목되는지 살펴야 한다면, 누구를 스스로 사랑한다고 적극적으로 상상하고 표현할 수 있겠는가.

한국인은 '민족'이라는 가상적 실체에 대한 동일화가 대단히 강하다. 인종이 다르고 피부색이 다르고 믿는 신이나 조상이 다른 사람들을 참아내고 함께 어울리고 이해하고 연대하는 능력이 우리에게는 부족하다고 느껴진다. 세계화 및 지구화는 그 차이가 있고 다양한 사람들을 우리와 같게 한다는 의미에서가 아니라 그들이 가지고 있는 가치관을 인정하면서 연대해서 살아갈 것을 요구한다고 본다. 그러면서 공통으로 존중할 더욱 보편적인 가치를 만들어내는 것이어야 할 것이다.

전자통신 시대의 한 가지 장점은 민중의 기본권 차원의 문제를 두고 얼굴도 모르는 각국의 사람들과 교신을 하고 국제연대의 기회를 장만하고 연대회의를 단시일 내에 구성해낼 수 있다는 것이다. 세계 곳곳에서 자본과 노동이 만나고 그 만나는 과정에 인종과 종교와 세대와 남녀의 요소를 개입시켜 서로 갈등이 일어난다. 제기되는 문제의 모양은 달라도 그 기본 성격은 동일한 것을 발견할 수 있고 그 문제를 인식하고 해결하려는 방법을 찾는 데 함께 연대해 나갈 수 있는 세상이 열리고 있다. 차단되어 배제되고 억압되고 적대시되던 것들이 민중의 생활 차원에서 서로 소통할 수 있는 기회가 열리고 있는 것이다. 그 열린 세상을 가자면 우리의 가슴과 마음을 열어야 한다는 생각이 절로 든다. 지난 50년은 우리를 너무 갇혀 있게 했다. 이제 스스로 풀려나도록 해야 한다. 변모하기가 너무 어려워도 갇혀 있는 데서 해방되도록 노력해야 한다고 애써 다짐해 본다.

『문화과학』, 1999년 겨울.

사람을 귀중하게 받드는 것

1.

아마도 60년대와 70년대를 가임기(可姙期)로 거친 우리나라 여성 치고 낙태수술을 해보지 않은 사람이 오히려 드물 것이다. 심지어 서울에 있는 산부인과 병원에서 살아서 출생하는 아이의 숫자보다도 낙태당한 아이의 숫자가 더 많은 해도 있었다. 산부인과 병원 쓰레기장에서 낙태해서 떼어낸 생물체가 살아 꿈틀거리는 모양을 보고 간호원이 구토를 하고 그러한 일이 일상적으로 일어나는 현장에서 일하기가 너무 괴로워 일자리를 떠나는 사건이 보도되기도 하였다.

일제시대에는 조선인이 일본제국주의 지배자에 의하여 무고하게 많이 희생되었다. 제국주의적 질서에 반대하거나 적극 동조하지 않은 사람은 무참히 고문당하고 죽었다. 일제의 전쟁터로, 공장으로 끌려가서 죽도록 일하고 일본군대에 끌려가서 일본 군대의 정신대 노릇을 하다가 고향으로 돌아오지도 못하고 한많은 인생을 마친 여성도 많았다.

1945년 2차대전이 끝나고 난 뒤 일본 한반도, 대만, 필리핀, 인도네시아로 연결되는 바 미군의 진주와 미국의 지배권에 들어간 나라들에서 반공의 기치로 양민이 수없이 학살되는 참극이 벌어지고 한국에서는 제주도 4.3사태가 발생하여 무고한 양민이 학살되고, 남한에서는 빨갱이 사냥이 전개되었고, 6.25 한국전쟁이 발생하여 전쟁터에서 사상한 사람도 많이 나왔지만 그 전선이 오르락내리락 하는 사이에 보도연맹사람들이 집단적으로 집합되어 집단적으로 학살되는 사건이 발생하였고, 또한 전선이 물러갈 때는 남한의 반동분자들이 집단적으로 처단되거나 희생되는 사건이 전개되었다. 60년대 군부쿠데타로 정권을 장악한 박정권은 지배의 기반을 국민에 대한 전체주의적 지배로 몰고가면서 일제시대에 잔인하게 조선인을 고문하던 일제의 고문기술자들의 기술을 전수시켜 악랄하게 인간을 말살하고자 한 일이 비일비재하였고, 제법 민주화가 이행되고 있다는 지금에도 특정 혐의의 사건에서는 고문 의혹이 계속 제기되고 있다.

우리나라는 지금 폭력이 세계적으로 문제시될 만큼 만연되어 있다. 특히 살인강도 건수나 강간상해의 성폭력 사건이나 안전사고 등 인명을 해치는 폭력이 극성을 부리고 있다고 한다. 80년대 노동현장에서 구사대(救社隊)가 노동운동을 하는 노동자를 폭력으로 기습하는 사건이 빈번하였다. 철거민을 철거시키는 부대도 폭력을 앞세운다.

2.

지금 여기서 이렇게 인명을 경시한 여러 사건의 형태를 말하는 것은 인명존중 그리고 인간을 귀중하게 하는 사상이 우리에게 와 확립되지 못하고 있는가를 규명하기 위한 것이다. 어떤 형태의 공동체를 오랫동안 유지해온 사회에서는 그 공동체의 인적 토대를 유지하고 재생산하기 위하여 인명을 존중하고 귀중하게 하는 중심가치를 살려왔다. 그렇다면 우리나라도 역사가 반만년이라고 일컬어지는데, 거기에 상응해 그만한 인명존중 사상은 있었을 것이다. 그런데 지금 우리는 왜 이렇게 인간을 폭력적으로 몰아내는 지경으로까지 내몰리고 있는가?

우리나라는 옛날에 인간을, 민중을 사회의 기초로서 존중하고자 하는 사상을 발전시켰다. 조선조에 들어와서 '民本'을 내세웠다. 사람을, 민중을 나라의 기본으로 한다는 것이다. 이 사람들이 항산(恒産), 즉 일정한 생업(生業)을 항상 가지게 하는 데서 국가사회의 기초가 안정되기 때문에 조선조 후기에 와서도 실학자 다산 정약용은 이들이 항산(恒産)에 몰두할 수 있도록 제도를 발전시켜야 한다는 개혁을 주창했던 것이다. 물론 조선조 경제의 토대로서는 이 항산이 농업이었다. 따라서 농업에 종사하게 되는 농민이 바로 나라의 기본을 이루는 사람들이었다. 그리고 이들의 생활공동체는 자연부락으로서의 마을로 구성되었고 생업을 위한 공동협력을 위하여 두레와 같은 협동메커니즘도 발전시켰다. 이 농민들은 조선조 5백여 년을 지나는 사이에 그 누구나 성씨를 갖게 되어 그 가족-친족-종족체제가 사회구성의 기반이 되게 하였다. 사람들은 성씨를 가짐으로써 자기를 그 성씨와 동일시하게 해온 세상에 만백성(萬百姓)으로 가득하게 하였고 마을은 거의 동족촌으로 이루어지게 되었다. 그 동족촌은 가부장제의 강화와 여성의 정절윤리로서 통합과 그 통합을 위한 내부 성억압구조로 구조화되기 시작하였고 동시에 성씨문화는 동족촌의 사회적 위광(威光)을 받드는 토대였으며 여기에 조상숭배의 온갖 의식(儀式)이 동족의 사회적 위광을 위한 통합적 기능을 잘 발휘했던 것이다. 조상숭배를 위한 의식은 가난한 백성들에게도 '낭비소비양식'을 강요하기 시작하였다. 이러한 사회구성에 있어서 인륜(人倫)은 부모와 조상을 섬기는 것으로 특수화하기 시작하였다. 효도가 강화되었다. 인(仁)은 너무 협소하게 가족-친족-종족 범위내의 윤리로 특수화되고 그 보편적 의미가 상실되기 시작하였다. 성씨문화는 나중에 양반과 상인(常人)이라는 신분구조의 기표문화로 변환하게 되었다. 따라서 조선조 후기에 오면 인간을 기본으로 삼고자 했던 정치이데올로기는 오히려 신분사회의 경직된 형체를 강화시키는 기능을 발휘하기 시작하였다. 신분구조적 착취의 대상으로서 농민과 민중을 상정하기에 이르렀고 동족촌은 그러한 신분사회의 경직된 터전으로 변하게 되었던 것이다. 동족촌의 동일한 성씨 안에서도 신분의 분화가 적어도 세 가지 차원, 즉 지주와 소작인, 적자와 서자, 그리고 양반과 상인으로 분화되는 것이었다. 이 사회적 구조가 너무나 강화되어 있어서 19세기 말에 '인간은 곧 하늘이다'고 한 인내천(人乃天) 사상을 내걸고 전국적으로 전개된 동학농민전쟁도 그 구조를 전환시키는 데 실패하고 더구나 지배블록은 외세를 끌어들여 와서 그 동학민중의 도전적 세력을 파괴시키려 함으로써 나중에는 오히려 조선조가 외세에 의하여 멸망하기에 이르기까지 하였다.

3.

여기서 구태여 일제의 지배가 얼마나 인간을 말살하였는가를 설명할 필요는 없을 것이다. 단지 우리는 적어도 1960년대에 들어와서는 전통적인 신분구조와 그 신분구조를 구성해주었던 여러 요소들, 그것의 문화적, 언어적, 성씨-동족촌적, 조상숭배적, 성적인 요소들 그리고 무엇보다도 사회의 중층적 구성에 있어서 최후의 결정적 요소라고 할 수 있는 경제적 요인까지 거의 기능을 상실하거나 붕괴된 상태로 변해있는 정세에 와있다는 점을 간단히 지적해 두고자 한다. 일본제국주의는 한 민족을 지배함에 있어서 처음에는 지주의 지위를 상당히 존속시켜 존중함으로써 지배의 유효성을 기도하였고 피지배층 민중을 수탈할 대로 수탈하였다. 그러나 후기에 이르면 지주 양반층도 결국 일제의 착취과정에서 몰락의 길로 들어설 수밖에 없었고 농업의 상대적 위축으로 그 경제적 기반마저 유지시키기 어려웠다. 조선조의 양반신분구조의 재생산 메커니즘으로 발전해왔던 지식체제가 곧장 성균관의 해체와 관료등극의 길로서의 과거제도(科擧制度)의 폐절에 의하여 붕괴되고 전통적 지식 자체가 사회적 존중을 받지 못하게 되었다. 소위 근대 학문체계 앞에서 모두가 붕괴되었다. 일본제국주의가 강요하는 지식과 그것이 부여하는 자격이 사회적 지위를 새롭게 규정하기에 이르렀다. 근대적 숙련과 지식, 그러한 지식의 습득을 위한 규율(規律)을 시간표에 따라 이수했다는 인정을 표시하는 자격증이 제국주의의 권력 권위에 의하여 뒷받침되고 이에 따라 사회적 지위가 결정되기 시작하였다. 광범한 범위로 남아 있던 농업과 농민은, 그리고 그것에 기반하고 있던 양반은 몰락의 길로 나아가지 않을 수 없었다. 혈통과 가계(家系)를 성씨로서 상징화시키고 있던 전통적 양반은 자기들의 정체성을 호명(呼名)하던 성과 이름마저 일제의 강제로 '창씨개명'(創氏改名)을 당함으로써 최후의 사회적 위광의 거점마저 깡그리 훼손당하게 되었다. 일제시대에 이미 제국주의의 힘을 모든 피지배 사람들이 인식하게 되었다. 일제 말기 일제에 의하여 강제로 동원되는 정신대의 차출은 친일 세력을 제외하고는 전통적인 어떤 사회적 지위로도 모면할 수가 없었다. 오로지 제국주의 힘에 연관되고 있는 권력의 적나라한 모습만 보게 되었다.

1945년 2차대전이 끝나고 한반도가 일제히 해방되었을 때 사회적 정의의 기준은 민족의 차원에서는 오로지 민족주의 윤리만이 가장 지고의 자리를 가질 수 있었다. 그러나 해방된 민족국가의 건설은 그 민족주의와 민주주의의 발전된 결합해 의해서만 가능한 것이었음에도 불구하고 한반도에 진주한 미국과 소련 점령군이 냉전대결의 최전방을 한반도에 설치하기 시작함으로써 당위적인 통일민족국가의 건설마저 좌절되고, 남한에는 미국이 설정한 냉전체제에 의하여 오직 '반공'만이 깃발로 내세워지고 그 미국의 힘을 배경으로 한 반공적 정치질서와 미국경제의 변방적 편입으로서의 경제질서만이 강요되었다. 그 앞에서는 독립운동 했던 민족주의마저 설 자리를 찾기 어려웠다. 민족 자주적으로 통일된 민족국가를 건설하려는 세력은 그 물질적·지적·도덕적 자원을 일구어낼 수가 없었다. 극단적으로 6. 25 전쟁은 이러한 남한의 정세를 최악으로 몰고 갔다. 이 시기에는 오직 군사적인 힘과 자본주의의 경쟁원리가 야생적으로—늑대의 싸움장 같은 들판—상승하여 자행되는 그러한 형국이었다. 따라서 이 정세 속에서는 전통적인 어떠한 사회적 요소도 아무런 지배적인 사회적 효과를 낼 수 없었다. 그렇다고 대한민국 헌법에 나와있듯이 공화국으로서의 어떠한 민주주의 가치도 중심에 설 수 없었다. 정권은 선거에 의하여 만들어지는데 거기에는 폭력과 부정한 돈만이 중요한 변수로 작용하고 있었다. 이미 한반도 남한은 중앙의 정치체제와 국가통제망에 의하여 통치의 보편적인 대상으로 편입되고 있었다. 군사적인 성격의 힘들이 각축을 다투던 정치의 장에서 천하를 평정하고자 하는 세력이 아무런 '민주'의 힘에 견제되지도 않은 채 정권을 강탈하였다. 1961년 군사쿠데타는 군사적인 권력이 가장 조직된 정치적인 힘임을 과시하였다. 군사주의는 모든 대상에게 명령만 받고 수행케만 하는 질서이다. 그렇기 때문에 군사주의는 반지성적인 것이다. 늑대의 소굴과 같은 경제의 장에 들어서는 군사주의는 야수같이 싸우는 늑대들을 정렬시켰다. 이미 관료적 자본주의로 표현된 바 있는 자본의 집적을 이제 바야흐로 정렬된 자본의 부대로 만드는 일이 시작되었다. 경제개발계획은 이 자본의 피비린내 나는 경쟁을 정렬하는 대열로 정비하여 앞으로 나아가게 하는 것이었다. 노동자는 말만 듣고 손발만 움직이는 존재이기만 하면 족한 것이었다. 발전의 가치가 경정의 메커니즘으로 추진되었다. 학교제도 역시 경쟁의 원리로 강화되었다. 사회적 진출도 시험제도라는 경쟁의 끊임없는 사슬을 거쳐야 했다. 학교교육의 기본 가치를 어떻게 설정하든지 간에 이 세상에서 출세하고 성공하자면 대학, 그것도 명문대학에 진학해야 한다는 강박관념을 학생 당사자와 교사뿐만 아니라 그 학생의 양육과 교육의 무한한 재정적 책임을 부여받고 있는 부모(사실 재정적인 책임만이 아니라 자식에 대한 사회적·인간적 모든 책임을 떠맡고 있는 부모)에게 가혹하게 주문하고 있었다. 경제는 부익부 빈익빈의 양극화질서가 선명하게 구조화되기 시작하였다. 드디어 독점자본이 자본과 경제적 지배력과 가족의 형태로 융합되어 '재벌'이라는 거대한 형체의 괴물로 등장한 것이다. 이 재벌은 경제에만 한정되지 않고, 정치적 권력이 자기들을 육성하던 성장기를 지나 오히려 정치적 권력을 조성해내는 힘을 가지게 되었다. 문화 영역을, 언론 영역을, 대학 영역을, 스포츠 영역을 자신들의 헤게모니 아래에 장악하기에 이르렀다. 80년대까지 표면적으로 군사주의 질서가 앞장서던 형상은 거대자본의 형체가 지배하는 질서로 변모하기 시작하였다.

그런데 여기서 주목하고자 하는 점은 바로 1945년 이후 한국의 정세는 전통적인 질서요소가 거의 영향력을 상실하고 자본과 군사주의적 힘에 노출된 사회로 내몰린 상태에서 그 논리대로 적나라하게 진전되었다는 사실이다. 말하자면 자본주의가 발전하면서 전통적인 요소나 신분구조가 그 자본주의 발전을 전혀 장애하지 못할 정도로 이미 붕괴되어 자본의 운동이 군사주의적 규정력과 융합하여 거리낌없이 작동하였다는 것이다. 오히려 전통적 요소들은 자본의 운동에 효과적으로 동원되는 한에 있어서 기능적이었다. 예컨대 노동자를 동원하고 기업조직을 통제하는 데 있어서 혈연과 지연과 같은 연고관계를 유효하게 작동시켰다. 물론 87년 노동자 대투쟁이 일어나서 노동현장에 노동자들이 노동자의 객관적 조건에 의하여 노동조합을 만들어 사용자에 맞서게 됨으로써, 그리고 노동조합을 노동자의 사회적 조건에서만 기반으로 하여 조직하고 운영해야 하는 단계에서는 전통적인 연고관계를 차츰 청산할 수 있게 되었다. 그러나 군사정권에 의하여 반공이데올로기와 그와 연관된 법제적 통제를 감행할 시기에는 그 전통적 연고관계를 노동자 계급의식의 각성과 성장을 억압하는 데 중요하고도 유효한 요인으로 동원하였다. 자본의 운동이 줄기차게 작동하는 한국의 계획된 자본주의 발전과정에 냉전체제와 분단체제의 구조화에 따른 반공이데올로기의 억압체제와 전통적 연고관계에 의한 노동통제는 오직 노동자의 희생만을 강요하는 사회체제로 성장하게끔 하고 국가가 총자본으로서의 기능을 유효하게 할 여유마저 갖지 않게 하였다. 오직 통제와 지배만을 추구하였다.

노동자들은, 또는 자본의 운동에 여러 형태로 동원되고 폐절되는 민중은 빈익빈의 한편으로 내몰리었다. 경쟁의 원리를 제어하거나 보완해줄 어떤 사회적 기제도 사회적으로 국가적으로 마련될 수 없었다. 산재와 직업병에 무방비 상태에 있었다. 통제의 대상이 되는 어떤 공간에서도 그것이 노동현장이든 자동차가 쌩쌩 달리는 도로이든, 병사들의 국방현장이든 안전사고는 무수히 발생하였다. 그리고 노동자는 세계적으로 악명높은 '저임금 장시간 노동'에 인생을 걸어야 했다. 앞에서도 지적한 바와 같이 양육과 교육—이것은 노동력의 재생산인데—을 공교육이 아니라 경쟁의 끊임없는 순환에 사로잡힌 부모와 가족의 책임으로 떠맡겨 사교육비가 공교육비보다 더 많이 들게 만들고 자본의 운동에 철저히 동원되었던 노동력의 재생산비용뿐만 아니라 그 폐절의 위기에 대처하는 자원까지 가족이 떠맡아야 하는 체제로 굳어가게 하였다. 가족은 그 터전이 전통적 형태와 기능에서 완전히 벗어나서 직계가족을 근간으로 하고 핵가족으로 협소화되고 있음에도 불구하고 가족이 가족원의 부양과 안전을 책임져야 하는 것으로 규정되어 있었다. 남달리 한국의 가족이 일제와 해방 이후 6. 25전쟁이라는 격랑기를 거치면서 협소한 가족마저 해체되지 않으려는 생존전략을 감당해온 역사를 보면 부모가 자식을 무한대로 보육해야 한다는 관념이 경쟁에서 살아 남아야 하는 자본주의시대에도 그대로 전승된 것을 알 수 있다. 간교한 자본주의에 대하여 성장과 경쟁의 사회적 메커니즘에만 골몰한 국가는 가족 이외에는 사회의 안정과 안정을 도모할 어떤 사회적 장치도 구상하지 않았다. 하지만 가족은 그 형태와 기능이 자본주의화, 개인주의화, 도시화 과정에서 전통적 뿌리가 뽑히거나 핵가족조차 해체되는 경향에 들어서고 있다.

4.
1945년 이후 그리고 1961년을 지나는 정세는 일제가 물러간 자리에 미국의 자본주의에 의하여 추동되는 자본주의와 냉전-분단에 의하여 강화되는 군사주의에 의해 규정되고 있었다. 오직 계급관계만이 한국 사회성의 주된 골격을 형성하고 거기에 어떠한 전통적 요소도 주도적 영향력을 행사할 수 없을 정도로 청산되어 버렸다. 단지 경쟁에 의한 계급관계의 적대적 대열은 군사주의적 규제에 의하여 억압되고 있을 뿐이었다. 적나라한 경쟁이 자본의 이윤증식에 추동되어 시장은 무자비한 경쟁의 출혈을 강요하고 있었다. 그 출혈적 관계를 보완하고 보충하고 안정화시키는 어떤 사회적 장치도 발전시키지 않았다. 그러한 기능을 위한 어떠한 제도적 장치가 설정되었다고 하더라도 그 제도가 제대로 기능을 발휘할 수 있게 구축된 것은 아니었다. 이 사회보장이나 사회안전을 위한 장치의 허약성과 비진지성은 97년 한국에 대한 IMF규제가 본격적으로 시작되어 금융위기에 의한 사회적 위기가 발생함으로써 드러나게 되었다. 허약성과 비진지성뿐만 아니라 전혀 아예 준비를 구상해보지도 않은 것으로 드러나고 있다. 드디어 대량해고와 대량실업, 대량미취업의 수렁에 빠지고 있고 그리하여 인간에 대한, 사회적 구성원에 대한 사회적 안전망이 그 어느 것 하나 건실한 것이 없고 오직 각자 처지대로 존망을 결정지으라는 듯이 막판 같은 형세에 몰리고 있다.

우선 기업은 왜 실업자만 양산하는 해고에만 힘쓰고 있는가? 국가기구든 사적 기구든 사람을 고용하고 있는 곳에서는 왜 해고의 방식만을 위기의 탈출구로 삼으려 하고 있는가? 고용하고 있는 사람을 해고시키지 않는 어떤 진지한 노력도 왜 하지 않는 것으로 보이는가? 사람이 노동력으로만 보이고 그 노동력은 상품으로 시장의 논리에 따라 값매겨지는 것이고 노동력 상품은 단지 생산요소 중의 하나이고 생산수단 중의 하나이며, 그 요소도 다른 요소와 마찬가지로 자본의 필요에 따라 채택되거나 폐기되어야 한다는 인식이 만연하고 그러한 인식이 자본운동의 법칙성으로 유일하게 사회를 규정하는 것으로 전제되어 있는 것이 이번에 완벽하게 드러나고 있는 것이다. 자본주의는 그러한 것이다라고 수긍해 버리고 말면 그만일 것인가? 실업대란은 자연의 지진이나 태풍과 같이 자본주의의 자연적 재해에 의한 부득이한 재해인가? 여기서 97-98년 사이에 발생한 실업자 수를 따지지는 않겠다. 이미 숫자는 정부의 공식적 통계로부터 '국민승리 21'과 같은 운동단체에 이르기까지 165만명에서 약 500만명까지 그 숫자의 규모가 다르다 해도 어마어마하다는 사실은 표현되고 있기 때문이다.

이러한 사태에 직면하여 우리나라의 사회적 안전망이 너무나 허약하다는 것이 드러나고 있다. 우선 고용보험이 사회보장제도로서의 구실을 제대로 수행할 수 없도록 되어 있고(고용보험은 고용 5인 미만, 임시직, 시간제 노동자에 대해서도 98년 10월부터 적용할 예정이나 일용직은 제외되어 있다.) 실업급여의 수준과 기간이 너무 짧아 실질적으로 실업급여가 사회안전망 구실을 하지 못하고 있고, 고용보험에 있어서 정부의 비용부담이 전무하다. 정부든 또는 노동단체든 이제 고용안정센터를 건립하여 상담, 직업알선, 직업훈련, 재취업을 알선 서비스하고자 하고 있다. 해고와 실업자에 대해 위와 같은 대응이 응당 있어야 하는데 이것이 지금 부실한 초기형태를 취하고 있을 뿐이다. 우리는 왜 이렇게 노동력을 인간으로 재생산하는 데 이다지도 사회적 안전망을 미리 제 구실을 하도록 만들어놓지 못했을까?

87년 노동자 대투쟁이 발생하여 노동자가 계급으로서의 정체성을 찾기 시작하여 온갖 희생을 치르면서 전국적 차원으로 민즈노동운동이 조직화하여 한국 민중민주화운동의 주축으로 성장하고 있는 과정에 자본은 노동력을 물리적 수단만이 아닌 헤게모니 전략으로 통제하려는 과정에서 노동현장에 인력을 생략하는 기술체계를 과감하게 도입하여 노동자들을 퇴출시키고 있었다. 그 퇴출과정에서 노동운동 인자들을 해고시키는 것은 두말할 필요도 없지만, 그 퇴출노동자들에게 아주 적은 양의 퇴직금으로 해결하려는 방법을 추구하였다. 유연화-신자유주의, 이것이 함축하고 있는 바 노동력생략전략은 곧 노동자를 불안정고용 형태로, 더 나아가서는 노동현장에서 완전히 퇴출시키는 것으로 결과하는 것이었다. 웬만한 대공장 생산현장에서 극소전자기술체계가 보편적으로 도입됨으로써 일반적으로 노동력을 전반적으로 퇴출시키는 정세에서는 그 퇴출된 노동자는 생산방식이 기술적으로 덜 '유연화'된 곳으로 밀려 나가야 되고 결국은 거리의 행상과 같은 처지로 내몰리고 마는 것이다.

자본은 이전에는 군사주의 통제방식과 결합하여 노동자를 통제하였고, 90년대에 와서는 본격적으로 '세계화'를 부르짖는 국가권력에 의하여 지지된 바 '첨단극소전자기술'과 결합하여 노동자를 퇴출과 불안정고용 상태로 몰아가면서 지배하고자 하였다. 그런데 그 속에 하나의 함정이 있었다. 한국의 독점자본, 그리고 그것이 의인화된 '재벌'(財閥)이 그야말로 '세계화'된 초국적자본과 제휴하는 데 있어서 제휴방식에 대한 철저한 성찰이 없었다는 점과 군사주의적 자본연합과 문민정부적 '세계화'주의와의 제휴 방식에 커다란 차이가 있다는 점을 철저히 성찰하지 못하고 스스로 자본진영이 재편되어야 할 운명을 맞이하였다는 것이다. 후자의 경우 자본 자체 진영도 '유연화'되어야 한다는 사실이다. 대자본들끼리의 무자비한 경쟁은 결국 그들이 발을 딛고 있던 한국의 '국민경제'조차 위기로 들어서게 한 것이고, 철저히 야수의 싸움과 같은 경쟁의 들판에 나동그라지게 된 것이다.

실로 한국의 20세기 후반 자본주의 발전은 순전히 계급관계만의 장으로 진행되어 왔고 그 정세의 마당에 군사주의적 지배가 계급갈등과 투쟁을 억압만 해왔기 때문에 이 계급관계에 대하여 그 파국적 경향을 인간존중의 어떤 중심적 가치로 억제하거나 그 파국적 경향을 도덕적 지적 구상으로 억제할 수 없게 해온 것이다. 80년대의 민주화운동과 노동자대투쟁은 일단 군사주의적 지배를 전면에서 배제시키는 효과를 가져왔다. 그 배제과정에서 정치적 기본권과 노동3권에 대한 인식을 각성하게 되었다. 군사주의적 지배양식이 표면에서 퇴거됨으로써 한국사회 구성은 더욱 뚜렷하게 계급구조가 전면으로 나오고 학계에서도 '계급정치'의 개념화가 시도되기도 하였다. 그렇다면 그 계급정치의 맥락에서도 자본주의 모순에 대하여 권력관계에서 인간의 존엄성, 인간에 대한 가치를 중심적 가치체계에 어떻게 세워야 하는가 하는 진지한 질문이 나와야 할 즈음에 당도했다. 자본을 둘러싼 정치적 외피였던 군사주의를 제거하는 데 80년대의 민중민주화운동이 피흘리는 운동을 한 것이고 90년대에 이르러서는 자본주의의 계급적 구조화문제에 정면으로 맞서게 되는 국면으로 바뀌었다. 군사주의 지배가 일단 배제되었다고 하여 인간의 가치에 대한 배려가 바로 정면으로 부각되거나 추구되는 것은 아니다. 왜냐하면 자본주의는 인간을 노동력상품으로 전화시키고 갈아치울 수 있는 생산수단이나 생산요소로 전환시켜 비인간화시키는 법칙성을 갖고 있기 때문이다.

인간에 대한 배려는 인간 자체와 인간공동체의 물질적 지적 구성에 대한 인지적 인식과 판단에 이어 바로 도덕적 인식과 판단이 따라야만 가능할 것이다. 이 도덕적 인식과 판단을 단순하게 계급의 권력관계에 환원할 수 있는 것은 아니다. 지배블록은 피지배계급의 원망과 소망을 그들의 가치판단으로 끌어올리고 또한 그것을 보편적 가치의 형태로서 제시할 수 있는 헤게모니전략을 구사할 수 있다. 한편 피지배세력이 언제나 도덕적으로 우월한 판단을 하는 것도 아니다. 그렇지만 피지배 민중세력이 그 도덕적 인식의 실마리를 실천적 운동에서 제기하지 않으면, 다시 말하자면 모순에 대한 문제제기를 하지 않는다면 어떠한 인식과 판단도 시작되기 어렵다고 본다. 이제 실업자가 대량으로 발생하고 따라서 실업자문제를 사회적으로 대처해야 하는 상황에서 더욱 치열하게 인간에 대한 배려, 인간을 사회의 중심가치로서 가장 핵심적 위치에 놓는 노력을 경주해야 한다고 생각한다. 민주노동운동이 10여년간 추구해온 운동 목표가 임금문제와 노동조건의 개선, 그리고 자주노동조합의 합법성, 사회정책의 개선 등이다. 그 어느 하나 소홀히 할 수 없는 것이었다. 그럼에도 불구하고 인간에 대한 가치를 자본주의 계급사회에서 어떻게 중심가치에 올려 놓고 거기에 연유해서 위와 같은 목표가 추구되어야 하는지에 대하여 명쾌하게 정식화시킨 경우가 드물다고 본다.

옛날에는 그것을 인륜(人倫)이라고 표현하였고 근대서구에서는 인간의 기본권이라고 개념화하고 이 기본권 이념이 온 세계의 보편적 가치로서 통용되고 있다. 그렇지만 우리는 그 기본권의 이념과 제도적 정책적 구현이 만만치 않을 뿐만 아니라 그것조차 자본주의 계급구조에 의하여 특정 계급의 이익으로 왜곡되어 왔다는 점을 잘 알고 있다. 한국에서 이제 이 인간의 가치를 중심가치체계에 명백하게 올려놓는 일이 '실업자 문제'를 어떻게 풀어가고 그 풀어가는 사회적 기제를 어떻게 설정해 가느냐 하는 데서 명백하게 실험되리라고 생각한다. 국내에서도 실업자연맹 또는 실업자연대를 조직하는 움직임이 있고 실업자를 노동조합원으로 가입케 하는 운동도 전개되고 있다. 실업자가 세계적으로 대량생산되고 있으므로 각국에 따라 실업자운동이 각양각색으로 전개되고 있다. 자본주의체제에서는 생계-소득-임금소득-고용이라는 메커니즘으로 노동력을 재생산하고 있다. 그렇기 때문에 자본주의체제에서는 '고용'이 자본가나 노동자나 계급관계를 맺는 고리이고 고용의 바로 옆에 해고에 의한 산업예비군인 실업자를 존재케 함으로써 노동자계급을 지배하는 수단으로 삼고 있다. 따라서 노동력을 생략시키는 첨단극소전자기술이 생산현장에 도입된다면 그만큼 노동자의 노동시간은 줄이되 임금삭감 없이 해야 한다는 노동시간 단축방법이 실업자대책으로 주장되는 것도 당연하다 할 것이다. 그렇기 때문에 노동자와 실업자가 동시에 고용을 보장하는 제도적 장치를 주장하는 것은 합당하다 할 것이고 그 주장을 위한 사회적 운동도 만만치 않은 것이다. 동시에 실업자가 정상적인 인간의 상태임도 또한 바르게 인식할 필요가 있다. 말하자면 정상인의 변두리가 아니라 인간의 존엄성을 가지고 일할 권리와 동시에 인간으로서의 품위를 가지고 생존할 권리를 가진 '주체'로서 범주화되어야 한다고 본다. 기본권을 우리는 정치적 기본권이라고 한다. 기본권이 항시적으로 존재하는 실업자에게도 확충되어 누리게 하려면 실업자와 비실업자가 실업자의 인간적 권리를 정치적으로 표현해내고 조직적인 운동을 통해서만 가능하다는 점을 시사해 주는 것이다. 이것은 인간에 대한 가치를 더욱 치열하게 인식하는 집단적 노력에 의해서만 가능하다고 할 것이다.

『현장어서』, 1998. 10.

'공공성'의 딜레마

1.

공공성은 사회주의국가의 출현 이후 개인주의에 기초한 자유주의를 보전하는 의미의 차원에서 부르주아국가들이 제시한 '사회적 가치' 개념인 동시에 제도적 장치를 지칭하는 것이었다. 자본주의국가에서 무한한 경쟁으로부터 발생하는 사회적 문제를 건강한 중산층 시민의 여론에 기반하여 수정보완하는 사회적 장치를 정당화하는 개념이었다.

90년대 사회주의국가가 몰락하고 시장경제의 우월성이 강조되자마자 사회주의라는 대당 개념으로 나왔던 공공성이 전면적인 검토의 대상이 되었다. 이에는 두 가지 정세가 맞물리고 있었다. 그 하나는 사회주의 몰락으로 인해 부르주아국가의 공공성이 그 가치가 보강되는 것이 아니라 오히려 시장주의에 의하여 상실할 위기에 처하게 되었다는 사실이다. 그리고 다른 한편으로는 사회주의 국가의 몰락을 촉진했던 전지구적 통합자본주의의 작동이 부르주아국가들의 공공적 기구를 쇠퇴시키게 되는 정세이다.

현재 WTO에서 진행하고자 하는 '다자간투자협정안'은 투자를 최우선으로 하고 국가는 그 투자를 옹호·보호할 뿐만 아니라 국가가 어떤 사회적 공공적 명목으로 유지해온 국영기업 혹은 공공기업을 국내외 투자자를 막론하고 순전히 비용개념으로 민영화시켜야 한다는 것이다. 이 다자간투자협정안은 미국이 주도하는 여러 형태의 투자협정에서 실현되고 있다.

2.

우리나라에서는 불행하게도 현 김대중정권이 들어설 때 IMF의 구상에 따라 이 공공성을 폐기하는 방향으로 가게 되었다. 경제대란이라는 이유를 내세우고 30을 희생하여 70을 살린다는 이제는 허구로 밝혀진 계산방법에 의하여 공공기업을 차례로 민영화하는 방향으로 진행되고 있을 뿐만 아니라 국외자본의 투입을 무한정으로 허용하고 있다. 어떤 기업이든 구조조정 명목으로 노동자를 대량해고하고 있는 상태이다.

그리하여 현재의 양극화는 과거와는 다른 양상으로 나타나고 있다. 우선 계급간의 양극화가 첨예하게 진행되고 있고, 노동자 사이에서도 불안정노동자가 취업인구의 반을 넘어서고 있는 동시에 저임금노동자가 70%를 웃돌고 있을 정도로 양극화되고 있다. 김정권이 기반한다는 중산층, 특히 증권시장 편입인구층이 거의 없어지는 지경으로 내닫고 있다.

공공성의 의미를 가장 잘 담지해주던 우편, 통신, 전기와 가스, 철도, 수도마저 민영화가 진행되고 있고, 이제 교육조차 공공성을 폐기하기에 이르고 있다. 얼마 전 텔레비전에서 자랑스럽게 소개된 바, 학교 내 학원을 도입한 사례에서 극명하게 보여주고 있듯이 교육이 사영업체에 그리고 가족의 교육비 전담형태로 전환되어 가고 있다.

3.

이런 추세로 본다면 김정권은 공공성 차원에서 그리그 정권 자체에서 국가사회 전체를 시장논리로 흘러가게 만드는 딜레마에 처해 있다.

1) 김대중정권은 국민의 정부라는 기대에 부응하고자 하는 기본적 딜레마를 가지고 있었다. 군사정권의 태반에서 나온 김영삼정권은 개혁을

단지 주요 인물을 제거하는 방도에서 효력을 찾고자 하였다. 김대중정권은 인권과 민주화에 대한 제도적 개혁의 요구를 짊어지고 나왔다. 그것은 전국 차원의 요구였다. 김정권은 지역성의 굴레를 국가 차원의 기반으로 전환시키는 능력이 부족하였다. 그러한 전국 차원의 민주화 요구는 장기적인 독재정권의 종속적 공업화에 의하여 배출된 노동자민중의 것이었다. 그러나 김정권은 이를 애써 외면하였을 뿐 아니라 민주노총 단병호위원장을 가두어 두고 있다.

2) 구조조정에 의하여 중산층은 이미 몰락하고 있다. 대부분의 국민은 불안정노동/고용/임금소득 상태에 빠져 있다. 그럼에도 불안정한 삶을 보전할 사회적 정책이 거의 없거나 있어도 실효성이 거의 없다.

3) 투자를 확대한다고 해서 해고되거나 불안정 고용에 매달리고 있는 노동자에게 고용기회가 확대되는 것이 아니다. 오히려 정부는 재벌들의 존속을 위해 국민의 부담을 가중시키고 있다.

노동자들의 생존권 주장에 대하여 정권은 고용도 실업수당도 확실히 해줄 수가 없기 때문에 장기적 군사독재정권의 폐습에 의존하는 경향을 보이고 있다. 극악한 탄압이 지속되고 있다.

발전된 정보통신기술은 국민을 검열하고 감시하고 통제하는 데 더욱 각별하게 동원되고 있다. 주민등록증의 지문 디지털화 및 사이버 내용 등급제에 의한 감시 검열에 의하여 통제는 더욱 가중되고 있다.

4) 사회보장이 발달되어 있지 않거나 새로운 보장정책이 강구되지 않음으로써 가족의 부담이 늘어나고 있다. 가족은 전통적인 기반을 상실한 지 오래 되었다. 중화학공업발전정책에 상응하도록 가족은 이미 개인주의적 핵가족 형태로 변모하였다. 그 가족형태의 물질적 기반은 개인주의적 시장경제에 있었다. 구조조정과 불안정한 고용은 이러한 가족의 기반을 흔들어 놓고 있다. 자녀의 보육 책임이 갈수록 여성/주부에게 더 많이 부과되고 있다. 그러나 가족은 사회 전반의 구조처럼 가부장제에서 벗어나지 못하고 있다. 여성에 대해 어떠한 수당(출산, 보육

등) 도 제공되지 않을 뿐더러 여성의 지위는 경제적으로 사회적으로 더욱 불안해지고 있다. 이런 상황은 여성 주부들을 가장 질식하게 만들고 있다.

5) 군사적 비용의 증대 요구가 점점 강해지고 있다. 미군주둔비 증액은 계속되고 있고, 미국의 MD정책에 공식적으로 불참하겠다는 의사를 밝혔음에도 불구하고 그 구성에 상응하는 무기도입은 계속되고 있다. 전통적으로 한반도가 전쟁위험지구라는 지목이 있다는 이유, 그리고 한국의 경제가 미국과 연계되면 될수록 (그리고 일본과도 그러하면 할수록) 미국의 무기를 도입해야 하는 경제의 군사화전략에 매여 있는 이유에서도 그러하다.

한편 일본의 군사대국화와 이에 대응하는 중국의 군사대국화 사이에서 한국 및 한반도의 일정한 군사력 증대 필요성 담론도 이에 한 몫을 하고 있다. 이런 상황은 남북평화 통일을 추구하여 군사비를 삭감하여 사회안전보장에 투여하도록 하자는 주장을 항상 헛도는 구호로 그치게 한다. 이런 불안정생활 형태에서는 민중의 부담은 더욱 가중된다.

6) 공공성이 상실되는 정세에서는 남북통일 과정에서 심대한 딜레마를 맞이하게 될 것이다. 우선 시장경제논리가 남북통일의 전략일 수 있는가 하는 문제이다. 시장원리는 서로 필요한 요구를 위해 사용가치의 품목을 이동시키는 효율은 부정하지 않을 것이다. 그런데 공공성을 상실한 시장경제주의가 민족의 중심가치를 형성해낼 수 있는가 하는 문제이다. 민족의 정의, 민족공동체의 정의로운 가치를 어떻게 만들어낼 것인가 하는 문제이다. 아마도 남북한 지배블록이 통일의 기본으로 시장경제원리를 내세운다면 한국에서 보다시피 노동자민중은 극도로 소외될 것이다.

민족적 정의, 민족의 공공성을 어떻게 추구할 것인가?

〈민주대학 컨소시엄 2주년 및 부설 민주사회정책연구실 1주년 기념 심포지엄〉. 2001. 11. 9.

맞벌이 부부, 대리모와 자녀 양육 문제

1.

맞벌이 부부의 자녀 양육 문제는 우선 여성의 취업이 늘고, 그 중에서도 결혼한 여성의 취업이 늘어나고 있는 경향과, 자녀를 예전(예컨대, 60년대 초만 하더라도 오남매가 자녀의 이상적 수라고 하였다)에 비해 훨씬 적게 한둘만 낳는 경향과 함께 어울려 문제화되고 있다. 자녀를 한둘만 낳는다고 하더라도, 기혼 여성이 취업하는 경우 어떤 형태의 대리모가 없다면 그 맞벌이 부부는 자녀 양육과 교육 문제에 있어 심각한 딜레마에 빠지게 된다. 농경동족(農耕同族)촌을 이루어 살 때는 대리모란 개념이 거의 있을 수 없었다. 한 울타리 안에 사는 할머니, 고모, 누나들, 사촌들을 비롯한 일가친척 모두가 아이들을 거두어주고 보살펴주는 기능을 맡아했기 때문이다. 살림이 넉넉한 집안은 유모를 두어 아이를 키우기도 하였다. 그렇기 때문에 다산을 하여도 아이들이 무럭무럭 자랄 수 있었고 또한 키울 수도 있었다.

그러나 현재는 인구의 대다수가 도시에서 살고, 더욱이 3대가 함께 사는 가족 형태는 거의 사라져 대부분 핵가족 형태로 살고 있다. 그리고 부부의 미혼 남매들이 혹 한 집에 산다고 해도 거의 학교에 다니거나 취업하고 있는 경우가 많아서 옛날 농경동족촌에서처럼 가사에 공동으로 참여하는 경우는 거의 없다. 따라서 맞벌이 부부에 있어 자녀를 출산하고 양육한다는 것은 대체로 부인이 취업을 그만두고 전업주부로서 양육을 맡지 않을 경우, 심각한 문제에 봉착하는 일이다.

2.

남성이 일정한 나이가 되면 취업을 하고 결혼을 하고, 그리고 그 가계의 재정적 토대를 책임지는 남성가계책임 구조가 대체로 근대사회의 전형처럼 되어왔지만, 그 구조 속에서 여성이 사회적으로 진출하고 취업하는 추세 역시 강하게 나타나게 되었다. 여성의 취업(그리고 기혼여성의 취업)은 두 가지 면에서 사회적으로 현상화되었다고 볼 수 있다.

첫째는 사회적 요구이다. 서구의 경우, 18세기에서 19세기로 경과하는 과정에서 두 가지 현상이 역설적으로 전개되었다. 프랑스 대혁명 이후 사회는 합리적으로 개조되어 가는 과정에서 개인주의가 발달하고 인간의 기본적 권리가 정치적으로 경제적으로 보장되도록 개편되고 있었다. 그럼에도 불구하고 부르주아계급 가정에서는 남성이 밖에서 열심히 일하고(자본주의가 발전하고 있었기 때문에, 세상살이로 본다면 열심히 돈을 벌고), 여성은 집안에서 알뜰하게 살림을 꾸리고 간락한 안식처를 만들어 밖에서 고생하는 남편이 집에 들어오면 편안히 쉬고 즐겁게 지내도록 했다. 그렇게 하기 위해서 자녀들은 예의바르게 키우고 피아노와 같은 음악 공부를 시켜 아버지 앞에서 연주하게 해서 화목을 도모하고, 사진틀도 놓고 그림도 걸어놓고 편안한 분위기가 되도록 집안을 장식해야 했다. 예수와 하느님의 그림도 붙여서 가정이 하느님의 가호를 받고 있다는 위안을 얻도록 하였다. 그리고 여성은 남편 앞에서 아는 체도 하지 않고 의견을 내어 주장을 해서도 안 되었다. 오직 우리를 보호하고 거두며 절대적인 힘을 갖고 있는 분으로 남편을 모시기만 하도록 하였다. 이것이 부르주아 가정의 전형이었으며, 여기서 자본주의적 현모양처가 발생했던 것이다.

이렇게 자본주의적 현모양처의 유형이 생겨나 발전하면서 그 효과가 노동자 가정에까지 미치게 되었다. 19세기 초반이 되면 서구에서는 이미 대규모 기계제 공장이 출현하였다. 여기에 자본가들은 남성노동자를 규제하고 임금을 적게 주는 하나의 방편으로 어린아이와 여성을 취업시켰다. 그리고 여성에게 남성보다 임금을 적게 주기 위해 여성 노동은 주된 노동이 아니라 보조적인 노동이고 생계에 있어서 남성이 주된 가계 책임자라면 여성은 주업이 아니라 부업을 맡는 것이라는 이데올로기를 만들어냈던 것이다. 그 전형적인 모범으로서 부르주아 가장을 예시했던 것이다. 한편으로 노동자 가족은 남성만의 수입으로 가계를 꾸려가기 어려웠기 때문에 여성들이 결혼을 하고서도 취업을 하지 않을 수 없었다.

이후 서구에서도 차츰 몇 번의 전쟁을 치르면서 남성 노동력만으로 노동과 병력을 메워나가기 힘들었다. 그래서 국가기구, 특히 학교나 관공서, 병원에서 부르주아 여성도 취업을 시키기 시작하였다. 여성들은 집안에서 남성 가장의 지배만 받다가 사회적으로 진출함으로써 해방감과 진취성 및 자아실현의 감동을 찾아 나서기도 하였다. 사회주의 국가에서도 여성의 취업은 대체로 위와 같이 국가 사회의 노동력 수요가 주된 동인이었다고 평가될 수 있다.

둘째는 여성의 개인적 요구이다. 앞에서 서구의 경우를 들어 여성이 집안에 갇히는 역사와 거기서 사회적으로 진출하는 역사를 간단히 언급했지만, 남성 가장의 지배하에 있던 여성이 사회적으로 보편화되고 있는 근대적 합리성과 개인주의 사상에 의해 개인의 기본권을 자각하게 되고 따라서 투표권을 남성과 동일하게 찾아나서서 참정권을 획득하고 피선거권자로서 등장하기도 하였다. 따라서 경제 행위에 대해 남성과 동일한 보상을 받아야 한다고 생각하기에 이르렀다. 이것이 대체로 여성의 자아실현 차원에서 끊임없이 추구되었던 것이다. 교육기회의 보편화도 그것을 뒷받침하는 것이었다. 사회주의 국가에서는 사회주의 가치의 실현이라는 명목으로 여성의 사회적 활동이나 취업을 고취시켰을 것이다. 그런데 여성의 사회적 욕구는 아이의 임신, 출산이라는 계기를 어떻게 배치하느냐에 따라 개인적인 차원에서 그리고 사회적인 차원에서 그 의미가 상당히 달라진다.

3.
기혼여성의 사회적 진출은 대리모의 형태를 지금까지와는 다르게 조성했다. 몇가지만 예시해 보자.

(1) 전적으로 가족내에서 해결토록 하는 방법이나 친모가 맡도록 한다. 다음에는 친족범위에서 조달하는 방법으로서 시누이, 시고모, 시숙모 등등 또는 어머니 형제, 이모, 시어머니, 할머니 등이다. 우리나라에서 가장 많이 해결하는 형태이다. 근래 일본에서 젊은 남자가 결혼할 때 '젊은 장모'가 있는 여성을 좋아하는 이유가 '대리모' 동원이 쉽다는 데 있다고 한다. 우리나라에서도 장모가 아이의 양육을 맡는 경우가 흔히 나타난다.

(2) 아기방의 경우. 자발적인 봉사활동으로서의 '유아원'도 있을 수 있고, 상업용으로 유아원을 경영하는 경우도 있다. 이 경우 일정한 액수의 금액을 지불해야 하고, 일정한 시간이 지난 후에는 아이의 부모가 도로 맡는 일과표가 작성되어야 한다.

(3) 지역, 직장 차원에서 민간 기구가 유아원, 유치원을 경영하고 이용자에게 최소한 비용으로 이용케 하는 방법이다. 보모도 자원봉사자를 동원하는 여러 형태가 있을 수 있다.

4.
우리나라는 맞벌이부부의 자녀양육을 사회적으로 대응해주는 제도가 발달되어 있지 않고 대체로 부부와 가족이 해결하도록 하고 있다. 경제적으로 넉넉한 가정은 양육인을 고용함으로써 해결할 수 있다. 그렇지 못한 가정의 경우는 심각하다. 몇 년 전 빈곤한 맞벌이 부부가 아이를 집안에 두고 밖에서 문을 잠그고 일터에 갔다 와보니 아기가 연탄가스에 중독되어 죽은 사건이 있었다(정태춘의 노래 하나가 이 사고에 근거해서 만들어지기도 하였다).

　빈민층만이 아니라 생산직, 사무직, 서비스직, 기술직, 전문직에서 직장, 지역, 국가의 배려가 없는 경우 자라는 세대가 구축하는 묘한 자기들만의 공간이 생긴다. 아마도 이 공간을 가장 잘 구축할 수 있는 층이 있을 것이다. 그 하나를 검토해 보자. 자라는 세대 중에서 기득권 세상에 진입하기 어려운 층이 분명히 있다. 예컨대, 중고교 교과과정이 입시 위주로 짜여 있고, 수업이 대학 진학을 위주로 진행되는 현실에서 보면, 중학교 1-2 학년쯤이면 대학 진학이 불가능하다고 판단되는 층이 있고, 대학입시 철이 되면 분명 그러한 층이 30만 명쯤은 된다고 한다. 이들에게 분명 대학 외의 진로를 위한 교육기회는 전혀 주어져 있지 않다. 중학교 다닐 때쯤 탈락이 예상된, 말하자면 예정된 낙오자들이 기성세계에서 꿈꿀 수 있는 근거가 전혀 안 보인다. 그리고 안정된 고용, 안정된 취업을 꿈꿀 수도 없다. 17% 정도 조직률을 가진 민주노총과 한국노총도 자기들이 기대어 볼만한 사회적 힘도 못 된다고 판단한다. 그들의 감성, 정서를 풀 곳이 '서태지와 아이들'이나 '패닉' 같이 예정된 낙오자의 정서가 맞닿는 공간에서 그들은 그저 열광해 보는 것, 열광하는 듯이 몸짓해 보는 것이 아니겠는가! 이들이 특히 경제적으로 넉넉지도 못한 가정에서 학교 성적으로나 경제적으로나 풀 길이 없는 아이들이 버려진 시공간으로 탈출해 가는 것은 당연할 것이다. 도시 곳곳에 그들이 버려진 상태로 밥값은 꾸릴 수 있는 곳은 많다. 도시의 유통 서비스 3차산업(말이 좋아 3차산업이다)에 시간제로 싼 임금으로 하루하루 이곳저곳으로 벌이할 곳이 있다. 그 싼 임금을 가지고 어디로도 갈 수 없는 층, 이들이 '서태지' 노래에 예정된 낙오자의 소리로 그저 몸짓해볼 뿐이다. 부부가 중산층 수준으로 살아가더라도 결국 양육과 교육을 개인적으로 책임지고 초중고 교육이 입시 위주로만 치닫는 추세에서 는 '미리 예정된 낙오자'는 그 층에서 나올 수 있는 것이다.

5.

오직 해결해 보고자 하는 실마리는 임신, 출산, 양육. 교육을 개인의 사적 차원에 맡기지 않고 국가, 사회가 재생산 차원에서 사회적으로 국 가적으로 맡아나가는 사고, 방법, 제도를 찾아나서는 것밖에 없는 데서 출발해야 한다.

『그루풀』 29호, 1996. 12.

새 천년을 위하여

19세기 후반, 서구에서는 자본주의가 부르주아 지배체제를 완성하고 세계를 자본주의권으로 편입시키고 있었다. 동시에 자본주의의 병폐와 모순을 극복하고자 하는 사상과 세력이 대두되어 결국 20세기에 접어들어 사회주의혁명이 일어났다. 자본주의에 대한 견제세력이 존재하게 된 것이다.

그러나 20세기가 지나면서 그 사회주의체제는 국가형태에서는 오히려 붕괴되고 말았다. 반면 자본주의는 이 지구촌을 완전히 장악하고 그나마 국민국가 형태에서 역사와 문화와 경제를 하나의 공동체로 조절하던 경계선마저 붕괴시키고 있다. 자본은 거대한 첨단기술의 적용에 힘입어 산업자본으로서의 위력보다도 투기적인 금융자본의 야만적 공격력을 가지고 이 세계의 온 인류의 삶을 그 기반부터 흔들어대고 있다. 자본의 세계적 지배 구상인 '다자간투자협정안'은 OECD로부터 1999년 11월 30일 미국 시애틀에서 개막된 WTO 각료회담으로 넘겨져 지구촌을 미국에 근거한 초국적자본의 기업이 지배하는 세상으로 추진하고 있다.

여기에 맞서는 세력은 오직 민중밖에 없다. 1998년 다자간투자협정안을 OECD에서 체결되지 않도록 싸운 것도 세계민중들의 연대였으며, 작년 시애틀에서의 WTO각료회담에 대항한 것도 세계민중들의 연대였다. 이 민중 연대에는 거대한 자본이 망쳐버릴 것으로 보이는 대상과 영역, 즉 노동과 고용, 환경, 인권, 남녀차별, 인종차별에 속박되어온 민중들이 주도 세력으로 나타났다.

문제는 민중적 삶이 인간적인 존엄성, 자연과의 상생적 존속성 그리고 차이를 넘어선 연대성을 확보할 수 있는 사상과 이를 추진할 세력의 형성에 있을 것이다. 한 민족의 통일도 그러한 차원에서 진보성을 확보할 수 있도록 추구되어야 할 것이다. 과학과 기술이 인류에게 가해지는 야만적인 자본의 운동에 휩쓸려 가지 않도록 견제되어야 할 것이다. 인간이 가진 고유한 성능인 이성(理性)이 자유로운 감성과, 사람들이 함께 어울려 살아간다는 도덕성에 의하여 절제되어 이성의 폭력성이 제거되는 그러한 방향으로 세상의 구성을 살펴야 한다는 졸실한 소망이 형성되어야 한다.

『교수신문』 172호, 2000. 1. 10.

전자주민카드와 전자감시사회의 도래

　전자사회, 전자컴퓨터사회, 전자컴퓨터통신사회, 영상정보사회, 그리고 정보고속화도로 건설, 세계화시대, 선진사회…. 이러한 말들은 우리로 하여금 21세기가 화려한 장밋빛으로 나아가고 있다고 느끼게 한다. 그런데 우리는 이 97년에 두 가지 상충된 흐름을 느끼게 된다. 하나는 민주노총이 주도한 노동자대투쟁으로서 민중이 우리 사회의 민주화를 한 단계 올려놓아 민중에 의한 민주화 발전을 밝게 하는 것이 있는가 하면, 반면 정치권은 정경유착으로 추락의 나래를 접고 있다.

　또 한 가지는 우리나라의 첨단산업으로 각광을 받고 있는 전자컴퓨터통신의 기술은 우리에게 민주화의 갈림길을 열어놓고 있다는 점이다. 세계에서 인권 척도로는 우리나라를 3등 국가로 평가받게 하고 있는 '주민등록증'을 전자컴퓨터통신영상의 선진된 기술로 산뜻하게 '전자주민카드'로 만들어 놓겠다고 정부와 재벌기업이 발벗고 나섰다. 냉전시대 이래로 너무나 익숙하여 그것이 인권을 침해하는지조차 잘 몰랐던 '주민등록증'과 전자카드의 시대로 너무나 익숙해진 듯한 전화카드, 지하철승차전자카드, 현금인출카드, 각종 현금환전카드, 도서관출입카드, 진찰권카드, 신분증카드, 호텔키카드 등등이 주는 편리성을 몽땅 합쳐 '전자주민카드'로 통합시켜 보겠다는 야심찬 기획이 국가 예산으로, 법적 근거조차 마련하지 않은 채 추진되고 있다. 세계에서 처음이라는 '선두 단독'주자로서.

이것은 사람들로 하여금 자신을 하나의 인격체로 내세울 수 없게끔, 차라리 개가 목에 끈을 걸고 끌려 다니는 형국처럼, 샅샅이 감시당하고 통제당하고 살아가도록 만든다. 이것이 사람이 살아가는 형국이고 사람값하는 모양이라고 한다면야, 21세기는 바야흐로 기술적 야만의 시대를 맞이하는 것이 될 것이다.

국가가 하는 일이, 재벌이 하는 일이 모두 옳지 않다는 것을 우리는 너무 잘 알면서 살아오지 않았는가! 그 옳지 않은 것을 국민의 힘으로 막아내는 것이 민주화인 것이고 사람이 사람답게 사는 것이다. 민주주의는 언제 한 번에 가만히 있어 성취된 적이 있는가. 새로운 시대는 새로운 문제를 일으킨다. 조금이라도 주춤하면 퇴보하고 퇴락한다. 정부가 앞장서서 추진하고 있는 전자주민카드제는 결코 민주주의를 발전시키는 것이 아니다.

군사독재시대는 다시 올 수 없어도 '전자-독재시대'는 곧 올 수 있다. 전자시대에 나올 수 있는 '독재시대-독재체제'를 미리 예방하는 데 정신을 쏟읍시다. 우리가 각종 전자카드를 편리하다는 이유 하나만으로 일상생활에서 무심코 사용해 간다면, 그리고 편리하다는 단 한가지 이유만으로 그 각종 카드를 한 장으로 만들었으면 하고 스스로 유혹한다면.

1997. 4. 1.

인터넷 검열 반대 사이트파업에 임하며

〈정보통신 검열반대 공동행동〉에서 알립니다. 함께 정보를 공유하고 함께 표현의 자유를 위한 행동에 나섭시다.

　오는 7월 1일부터는 인터넷내용등급제가 시행됩니다. 지난 해 논란 끝에 국회에서 삭제되었던 인터넷내용등급제가 시행령을 통해 부활한 것입니다. 또 오는 9월부터는 이 인터넷 내용등급제가 적용되는 차단소프트웨어가 PC방에 의무적으로 설치됩니다. 정부에서는 이 등급제가 '세계적인 추세'이며 '민간자율적'인 방식으로 이루어질 것이라고 이야기하면서 여론을 호도하고 있습니다. 그러나 지금 문제는 등급제가 어떤 방법으로 시행되느냐는 것이 아닙니다. 사회단체들이 지적하는 것은 그 이전의 문제, 즉 등급제의 '시행주체'와 '시행기준' 문제입니다.

　한마디로 정부가 인터넷내용등급제를 시행하는 것은 검열이고, 정부가 자신들의 기준을 인터넷에 관철시키는 것은 사실상 국민의 사상·표현의 자유를 통제하겠다는 발상이라는 것이지요. 아시다시피 인터넷내용등급제는 행정위원회의 하나인 정보통신윤리위원회에서 시행하게 됩니다. 정보통신윤리위원회는 그간 PC통신과 인터넷에서 그들이 생각하기에 '불온한' 내용들을 삭제하고 차단하는 일을 해왔으며 청소년보호법에 의해 통신상의 청소년유해매체물을 지정해 왔습니다. 정보통신부 장관에 의해 위촉된 위원들이 심의를 맡고 있으며, 심의 결과를 정보통신부에 보고해왔고, 윤리위의 요구에 불응하는 경우 윤리위는 이에 대한 취급거부, 정지 또는 제한을 명령하도록 정보통신부 장관에게 건의해 왔습니다. 이를 따르지 않으면 2년이하의 징역, 2,000만원이하의 형사 처벌을 받아야 합니다. 따라서 정보통신윤리위원회가 하는 일이 민간자 율이라는 것은 궤변입니다. 인터넷내용등급제 또한 정보통신윤리위원 회의 기준을 따르지 않을 경우 2년이하의 징역 또는 1천만원이하라는 무거운 형사처벌을 받도록 되어있으며 이는 '정부의 검열'일 뿐입니다.

등급제의 판단 기준도 문제입니다. 지금 정부가 시행하는 등급제의 기준은 이를테면 김인규 교사의 홈페이지를 '음란물'로 판정하거나 아이 노스쿨을 폐쇄하여 논란을 빚고 있는 바로 그 기준들이기 때문입니다. 명분상으로는 '청소년보호'를 내세우고 있으나 실제 판단 기준은 청소년 에게 유해한지가 아니라 정부가 보기에 청소년에게 유해할 '것 같은' 내 용, 즉 지배권력을 불쾌하고 불편하게 만드는 '불온한' 내용들이 청소년 유해매체로 지정되는 것입니다. 실제로 청소년보호법은 전국노동단체 연합의 〈노동전선〉 등 노동·정치·사회적 내용들을 '반사회적'이라는 이유로, 동성애를 퇴폐적이라는 이유로 청소년유해매체물로 지정해 왔 습니다. 더구나 정보통신윤리위원회와 정보통신부 장관이 '불온'하다고 생각하는 통신은 무조건 삭제하고 폐쇄하도록 하여 위헌이라는 지적을 받고 있는 '전기통신사업법 제53조(불온통신의 단속)'의 위력이 인터넷 내용등급제와 결합한다면 더욱 가공할 일이 일어날 것입니다. '불온'이 야말로 지금 눈앞에서 벌어지는 인터넷을 둘러싼 논란의 핵심어입니다. 지금 우리 사회에서 벌어지고 있는 인터넷 논란은 새로운 미디어를 둘 러싸고 벌어지는, 그러나 본질적으로는 전형적인 것입니다. 자살사이트 의 폐쇄나 김인규 교사 홈페이지의 폐쇄나 아이노스쿨의 폐쇄는 사실 청소년 보호와는 아무런 관련이 없었습니다. 그들은 '불온'하기 때문에 차단되었으며 '막무가내로' 차단되었던 것입니다. 이것은 검열입니다. 과거 군사정권이 '금서목록'을 작성하여 배포하던 행위와 하나도 다를 바가 없습니다.

또한 7월 1일부터는 가상연좌시위와 같은 온라인 시위가 금지됩니다. 정부에서는 온라인 시위가 서버에 위협적이기 때문에 금지되어야 한다며 5년이하 징역 또는 5,000만원이하의 벌금이라는 무거운 형사처벌에 처하도록 하였습니다. 특히 정부 홈페이지에서 온라인 시위를 할 경우에는 그 2배로 처벌하고 미수범도 처벌합니다. 그러나 집회시위결사의 자유는 헌법에서 보장하고 있는 것입니다. 정부는 현실 공간에서 요상한 논리로 집회시위의 자유를 제한해온 데 이어 온라인에서조차 제 목소리를 내지 못하도록 억압하고 있는 것입니다.

표현의 자유는 저절로 획득되지 않습니다. 그래서 우리는 행동에 나섰습니다. 우리는 인터넷내용등급제 반대와 온라인시위 보장을 주장하며 우리의 홈페이지 문을 스스로 닫고 사이트파업에 들어갑니다. 인터넷은 정부의 것이 아니라 네티즌의 것이며 시민의 것이고 노동자의 것입니다. 이 파업은 제 입맛에 맞춰 인터넷을 재단하고 민주주의를 죽이려는 자들에 맞서 우리의 자유로운 인터넷을 지켜내기 위한 첫걸음일 뿐입니다.

2001. 6. 29.

검열 없는 영화제를 위하여

2001년 9월 13일에 '2001 제3회 서울국제노동미디어 조직위원회'가 발족하였다.

1997년 11월에 처음 개최될 때 주제는 '노동운동과 미디어: 노동자, 정보기술, 그리고 연대'였고 2년 후 제2회 때에는 '노동운동과 뉴미디어 그리고 커뮤니케이션: 자본의 전지구적 공세에 맞선 노동자의 세계적 네트워크 전략'이었는데 외국에서 35명과 국내에서 500여명이 참가하였다.

이 2회의 대회에서 부산의 임인애 씨 팀이 아주 독특한 영상물을 상영하고 설명하고 토론하였다. 그것은 울산 현대자동차의 노조파업 때 이 팀이 현장 조합원 노동자를 수없이 만나고 투쟁과정과 파업에 대한 태도 및 파업전술에 대한 의견 등등을 생생하게 수집한 것이었다. 물론 그 중에는 식당여성노동자와의 면담 내용도 있었다.

특징적이게 기억되는 것은 "생산 현장에 있는 노동자들은 지도부가 기계를 못 쓰게 만들 지시만 내리면 그렇게 할 용의가 되어 있다. 이번에야말로 공장의 가동을 상당한 기간 불가능하게 만들어 보자"는 것이었다. 물론 결국 그렇게 되지는 않았다. 현장조합원과 지도부와의 소통이 잘 안 되는 그런 모습이었다. 결국 파업을 종결지으면서 노조 지도부는 사용자측의 정리해고를 인정해주었다. (이것은 IMF사태 이후 정리

해고의 첫 시금석을 두고 싸운 한 판이었다.） 그런데 그 해고정리에 식
당여성노동자를 희생물로 삼았다는 것이 판명되었다.

　다음의 두 장면은 이를 설명한다. "파업의 대의를 살리기 위해 여성노
동자의 희생은 이미 예정되어 있었다. 무엇보다도 파업의 대의가 살아야
한다."그리고 식당여성노동자가 제물로 희생된 것이 알려지게 되었다.
이를 알게 된 남성 노동자들의 이야기가 이어진다. "왜 여성을 희생시키
느냐, 우리보고 희생하라면 할 것인데, 이건 정말 창피한 일이다."

　식당노동자-여성조합원-식당아주머니. 이들의 울부짖음은 지금도 계
속되고 있다.

　아마도 이번 울산영화제는 이 여성노동자들을 테마로 한 모양이다.
이 출품을 영화제 주최측에서 어떤 제약을 준다면 이것은 이미 인권영
화제로서의 본래 뜻을 손상시키는 일이 될 것이다.

2001. 9. 14.

5장

지성의 새로운 조건

민중지향성과 정의에 기초하는 지성

1.

한 사회에서 지성은 당시의 여러 요인에 의하여 부단히 형성되곤 하는 지적·감성적·도덕적 관념 '분위기'일 것이고 또한 항상 '정세'를 나타낸다고 할 것이다. 이 관념이 체계화되는 수준은 여러 형태로 나타난다. 여러 요인에는 외부에서 오는 접촉요인이 있고 내부에서는 항상 동요하는 여러 힘관계일 것이다. 사상, 학문, 양심 및 표현 등의 자유는 근대적 의미에 있어서 기본권이듯이 지성은 모든 사회구성원이 갖고 있다고 해야 할 것이다.

한국에서 100년간의 지성사를 성찰하자면 두 가지가 고려되어야 할 것이다. 하나는 '근대적 기획'일 것이고 다른 하나는 '정의'일 것이다. 말하자면 지적·감성적·도덕적 관념 '분위기'가 '근대적 기획'에 관련되는 것이고 동시에 '정의'에 관련되는 것이어야 할 것이다. '근대적 기획'이 한국에서도 우선 반봉건의 경향에 서는 것이라면, '정의'는 그 경향 속에서 민중이 저항하여 표출하는 것일 것이다. 민중의 저항이 항상 옳은 것은 아니지만, 그것을 공동체 차원에서 살펴야만 '정의'를 규정해나갈 수 있을 것이다. 그렇지 않으면 지배세력에 의하여 지배되고 경색되는 정세가 지속될 것이다.

그리고 지성은 단지 잘 정돈된 지식과 사상의 형태 이상으로 표현될 수 있을 것이다. 시, 소설, 판화, 음악, 미술, 춤을 포함한 예술, 그리고 언론, 사회운동의 성명서(강령 등등), 여론, 이론, 사상, 이데올로기 등등은 잘 체계화되었거나 그렇지 않거나 간에 모두 어떤 관념적 분위기를 나타내는 것이다. 단지 '지식인'이라고 통칭되는 사람들은 정세를 구성하면서 동시에 그 분위기를 형식적으로 잘 정식화할 것이다. 지성사를 성찰하는 데는 지성이 정세로 나타나는 계기 또는 지성이 형성되는 계기를 살피는 것이 중요할 것이다. 이 점에 유의하여 몇가지 토론을 하고자 한다.

2.

우선 역사적 민족공동체에 있어서 주민들-피지배층이 언제쯤 어떤 범위의 주민들을 한 공동체 성원의 범위로 설정하기 시작했는가 하는 문제이다. 아마도 이 질문에 대하여 하나의 답을 주는 것이 19세기 말 동학농민운동일 것이다. 이에 대하여 지배층은 일단 외세를 들어오게 해서 대응하였다. 이것은 지배층이 피지배층에 대하여 아직 일정한 정치적 공동체 일체성을 설정하지 못한 것이라고 질문해볼 만하다. 우리 '민족'은 지배층과 피지배층 사이에 언어, 인종, 종교, 지역에 있어서 오래된 동일한 자연사적 바탕을 가지고 있다고 가상되고 있지만, 하나의 정치적 공동체라는 관념이 언제 어떻게 형성되었는가 하는 문제는 궁구되어야 할 문제이다. 동학농민운동에 앞서서 실학에는 요즘에 말하는 바 '근대적 기획'이 엿보이지만 이것이 동학농민운동에서의 분출되는 열망의 분위기와 접맥이 되고 있는지는 의문이고 동시에 동학농민운동은 내부 지배체제에 대한 저항에 더하여 일본의 상품으로 들어오고 있는 세계자본주의적 세력에도 일정한 저항의 분위기를 조성하고 있었다. 이 시기에 근대국가 테두리 설정에 대한 정세가 진행되었지만 지배층은 지배의 연합을 외세지배세력에서 찾을 만큼 민족국가의 내적 동일성을 피지배 민중과 형성하는 치열한 갈등과정을 회피했는지가 문제일 것이다.

3.

19세기말과 20세기 초엽 근대민족국가적 동일성을 형성하기 위한 여러 운동과 반운동이 전개되어 오는 정세를 일단 정돈해준 것이 3.1운동이라고 볼 수 있을 것이다. 3.1운동에 나선 민중의 정체는 단재 신채호가 '민족독립혁명선언'에서 분명히 민중과 민족을 일치시키는 더서 규정되었다. 이 민중적 힘에 민족의 정체성을 규정함으로써 일제에 대항하는 정체성을 체계화시키는 지적 작업으로서 가상된 반만년 민족에 대한 역사적 및 문화적 정체성을 체계화시키고자 하였다. 한편 이 정체성 규정에는 균열도 내포되고 있었다. 자본주의와 사회주의의 외적 정세가 크게 작용하기도 하거니와 한편으로 일제가 한민족에게 거시적 제도차원뿐만 아니라 일상생활의 미시적 영역에 이르기까지 '이데올로기적 및 폭력적 국가장치'의 기능을 치밀하게 그리고 야만적으르 수행하였다. 이 효과가 그 이후 장기간에 걸쳐 한국에 지속적으로 작용했다.

4.

해방 이후 분단된 상태이지만 식민지 민중의 민족해방적 열망으로서 토지개혁에 따른 지주-소작제 폐지가 남북한 모두에 실시됨으로써 '민주공화국' 정치체제가 진행되는 것이었다. 문제는 민중의 해방적 요구에 대하여 한국이 분단 이후 극단적 냉전체제에 위치함으로써 상응하는 이론과 사상을 만날 수가 없었다. 지적되고 있다시피 60년대 이후 남한의 지식재생산은 전적으로 미국메커니즘에 의존함으로써 한국민중의 해방적 요구는 특정한 시기의 대중적 운동에서 대중적인 정치적 슬로건 형태로 나타나곤 하였다. 이 대중적 운동형태의 정치즈 요구만으로도 독재정권이나 군부정권을 붕괴, 퇴진시키는 엄청난 효과를 가져오기도 하였다. 이들의 요구는 생활상의 정치적·경제적·사회적·문화적 요구 모든 것이 내포된 것이었다. 민중적 요구와 지배적인 지식권력 사이에 근원적으로 균열이 지속되었다. 60년대 이후 대학의 확장과 그간 의존한바 미국에서의 지적 엘리트 재생산메커니즘에 의하여 기능적 지식인은 양적으로 팽창하여 지배블록의 지배에 자발적으로 동원되었다. 민중의 요구를 지식형태로 정식화시키는 '유기적 지식인'은 크게 두 가지 경로에서 조성되었다.

5.

첫째는 일반 지식인 중에서 비판적 개혁적 또는 변혁적 지향을 수련하여 나타나는 경우이다. 특히 70년대와 80년대 대학졸업생이 노동운동을 비롯한 변혁적 운동에 투신하여 활동가로 자리잡음으로써 민중의 유기적 지식인 역할을 하는 것이다. 전문직에 종사하는 교수나 지식인이 나서기도 한다. 다른 하나는 민중이 운동을 통해서 스스로 '선진노동자'처럼 생성하는 것이다. 이들은 부르주아 학문체계와 같은 지식체계와는 관계없이 직관과 감성 그리고 이성이 뭉쳐진 인식과 판단력과 실천적 역량을 지니고 있다.

6.

민중운동의 성장에는 다른 사회적 정세와 운동이 상호 배경이 되기도 한다. 첫째 문학 분야에서 '제3세계' 인식이 생성되고 리얼리즘이 제기되어 한국을 그 시각으로 보기 시작하였다. 이 인식의 지평은 자유실천문학운동을 거쳐 민족문학 그리고 80년대 후반 노동문학까지 넓혀졌다. 민족문학은 통일을 지향하는바 민족운동의 문학적 실천을 의미하여 민족의 정체성을 찾고 그것을 미래에 구축하고자 하는 뜻이 있다. 노동문학은 87년 노동자 대투쟁 이후의 정세를 반영하기도 하거니와 노동자 스스로 문학의 자기영토화 작업이기도 하였다. 어떤 경우에는 민족문학과 계급문학이 부딪치기도 하고 사회구성의 본질 차원으로 융합해 나타나기도 하였다.

둘째, 전통적 민중연희에 관한 관심이 실천운동 차원에서 70년대 이후 지속되었다. 한편으로는 민중연희 장르 발굴도 있었지만, 다른 한편으로는 민중의 전통적 정서를 '한'으로 형성하는 작업이 꾸준하게 있었다. 소리, 춤, 그림, 그리고 영상과 종교연구에 이르기까지 '한'은 아주 민족적인 핵심 정서요소로 치부되기도 하는 한편, 이것이 사회과학적 인식(특히 계급적 인식)을 우회하는 지대로 비판되기도 하였다.

셋째, 80년대 출판사들의 출판자유운동이 있었다. 냉전-분단체제에 의하여 금지되었던 서적들을 출판해냄으로써 사상과 학둔, 표현의 자유를 폭넓게 하는 데 기여하였다. 80년대 처음으로 맑스의 『자본론』을 번역 출판한 출판사 대표가 국가보안법 위반혐의로 구속된 지 일주일만에 구속적부심판결에서 석방되는 일이 발생하였다. 이 지구상에 나오는 지식과 사상과 문학을 검열없이 어느 것이나 읽고 연구하고 발표하는 자유를 투쟁을 통하여 쟁취하였다. 한국의 지식·사상·지성의 세계가 갑자기 넓혀지고 풍부해지는 계기들이었다.

넷째, 70년대 중반 자유언론실천운동이 발생하였다. 언론이 간간이 독재정권과 대결하는 형국이 있었지만, 87년 노동자대투쟁이 일어나고 난 뒤 대부분의 언론은 스스로 계급적 성격을 인지하고 지배블록으로 들어갔다. 민주적 시민이나 민중운동 부문들은 신문사를 만들어내거나 자기 주장을 할 수 있는 여러 매체를 만들어내서 언론민주화 내지 민주 민중운동에 기여하고 있다.

다섯째, 건국이후 그리고 6. 25전쟁 이후 교류가 철저히 차단되고 격리되어 있으면서도 한국의 자본이 조심스럽게 동구권과 중국으로 가기 시작했을 때, 문익환 목사와 임수경이 북한을 방문하고 돌아옴으로써 삼팔선을 넘나들 수 없다는 반공무의식을 밝은 햇볕 아래 드러냄으로써 남북한에 대한 배제·대립·적대의 감성과 이데올로기를 상대화시키고 문제의식의 전면에 서도록 하였다.

여섯째, 한국사회를 정치경제학적 맥락에서 연구함으로써 단지 맑스주의에 대한 이해뿐만 아니라 이와 연관하여 연구 대상에서 제외시켰던 영역을 학문 영역으로 들어오게 하였다. 역사학에서는 일제시대와 해방정국에 관하여 사회주의와 공산주의 운동부분을, 소련, 중국, 북한을, 내적으로는 노동자계급과 자본가계급, 계급투쟁 그리고 국가의 계급적 성격, 이 모두를 연구의 대상으로 삼을 수 있게 되었다. 이것은 사회구성체 논쟁을 하게 할 정도로 학계의 눈높이를 끌어올렸으며, 실천운동 진영에서도 사회구성의 변혁문제를 추구하게끔 하였다.

7.

현재 한국에서는 전통적인 신분에 의한 사회적 특혜의 배분은 거의 없어졌다고 보인다. 그렇지만 한국 자본주의의 퇴영적 발전은 결국 가족주의와 결합한 '재벌'을 형성시켰다. 그리고 잉여가치의 생산이나 독재정권에 유효하게 전통적인 사회적 관계인 혈연, 지연, 더 나아가 학연을 동원하는 사회적 메커니즘을 발전시켜 왔다. 또한 전통적인 가부장적 권위체제도 유효하게 지속시키고 있다.

우리는 근대적 기획이나 정의 차원에서 지성이 갇혀 있는 지대를 지금 크게 두 가지로 지적할 수 있다. 하나는 바로 '유교적'이라고 불리는 전통적 관계영역이다. 이것은 일상생활의 기초에 상당한 지층을 이루고 있다. 이 지점에 대해서는 일제시대로 거슬러 올라가서 연구되어야 할 것이다. 그 부문의 지적 담보세력도 시대적 변화에 적극 변모치 못함으로써 오히려 정치적 지배세력에게 전혀 정당성 없는 복종만 제공하고 있다는 혐의를 받고 있다. 둘째는 박군부정권에 의하여 급격히 압박당하여 변모하게 된 의식주 생활양식의 변화효과이다. 초가지붕 없애기로 시작된 새마을운동은 종국적으로 아파트 주택 형태를 지배적인 주택이 되게 하고 전통적인 주택 형태는 거의 소멸시켰다. 먹는 것도 오곡 중심으로부터 밀가루음식 먹기로 전환시켜 왔다. 의복도 그와 비슷하다. 가족계획사업은 산아제한을 단기간에 달성하는 한편, 임신중절 관행의 보편화에 따른 생명의 경시, 그리고 성상품의 만연을 초래하는 효과가 출산, 성, 생명의 문제를 왜곡시켰다. 이러한 급격한 생활양식의 변화는 인간생활 및 민족생활에 스며있는 감성 윤리를 진보적이고 민주적인 차원에서 발전 전환시키는 문제를 경시하게 하는 것이다.

흔히 지적되듯이 이것은 경박한 가치관을 초래하는 효과와 밀접히 연관되어 있을 것이다.

8.

현재 한국은 남아서 침전하면서도 효과를 내고 있는 전통적 관계, 제국주의의 지배에 의한 식민주의, 그리고 장기적인 군부독재지배에 의하여 억압되어 왔던 욕망, 감성, 심성, 그리고 정치적 요구가 민주화의 기나긴 운동에 의하여, 급격히 성장해온 노동운동의 돌파구에 의하여, 내외의 계몽적 효과에 의하여 참지 못하고 분출하고 있그 앞으로도 그러할 것이다. 여기에 거대국제자본의 신자유주의 운용이 우리에게 큰 과제를 던져주고 있다. 지성은 과거의 침전물을 정화해내기를 요구받고 있으며, 앞에 닥치는 과제들을 풀어갈 새로운 차원의 해방적·지적·감성적·도덕적 능력을 필요로 하고 있다.

지성은 정세를 나타내고 지적·감성적·도덕적 관념 '분위기'라고 모두에서 말했는데, 98-99년 즈음하여 한국에서는 유일하게 국제통화기금 총재와 명석하게 논설을 하고 싸움을 거는 세력은 민주노동운동세력이다.

이제 '정의'를 가늠해 보고 그 단초를 찾아보고자 한다. 아무래도 새로운 기획이 요구된다고 할 것이다.

『교수신문』, 1999. 6. 4.

객관적 조건을 인식하는 비판적 안목의 문제

1984년 한국산업사회연구회가 발족할 당시에는 집회와 발표의 자유가 극도로 억압받고 있었던 시기였고 따라서 자유롭고 폭넓은 시각들의 각축장이 있을 수 없었다. 장기적 군사독재 말기 파시스트적 분위기와 반공이데올로기의 무의식적 물신성을 차츰 깨닫기 시작하여 사유와 양심의 자유를 원초적인 감각적인 힘으로나마 비판적 사회과학인식론으로 퍼내어보자고 하였던 것이 우리의 바램이었고 그 바램이 산업사회연구회를 조직하는 초석이 되었던 것이다. 그리고 당시의 비판적 인식론으로써 역사적 소임을 다하기 위하여 노력했던 것이다. 이제 오늘 우리가 비판사회학대회를 개최하는 문제의식은 아마도 새로운 역사인식의 기분을 강하게 느끼고 있기 때문이라고 생각한다.

80년대 초 한국사회의 극단적 모순들이 단지 한국내의 문제소지 때문에 발생한다는 제한된 판단을 한 것은 아니지만, 사회과학적으로 한국사회의 중첩적 모순이 '세계체제'의 차원에 있음을 짐작하면서도 과학적 인식과 판단의 내재적 용량이 크게 자라지 못하여 문제점을 포괄해가기가 어려웠다. 그러나 이제 한국의 사회과학은 그동안 민중의 역사적 대결잠재력이 성장·강화되는 기나긴 운동의 시기가 있어온 시간과 함께 하면서 적어도 중첩적 모순의 문제를 한국의 특수성과 세계사적 보편성 수준에서 일관된 논리를 전개하면서 접근할 수 있을 만큼 성장

하였다고 보여진다. 45년 이후 세계적 냉전체제가 강고하게 한민족사회
에 뿌리를 내리고 있고 그리하여 사상, 이데올로기, 학문과 지식이 오
히려 초국적자본의 운용원리에 부합해서 성장한 부르주아적 체제에 일
방적으로 편입되어 있던 사태가 80년대 말을 전기로 하여 반전되기 시
작하였다. 한국에서는 오히려 냉전적 인식-학문체제로부터 해방하는 힘
이 너무 강하였고 홍수처럼 밀려오는 폭넓은 사상의 물결은 둑을 넘쳐
나가듯 힘있게 그리고 물꼬가 터지는 그 방향의 전방위를 향하여 나아
갔던 형상이 일어났다. 물이 처음 터질 때는 힘있게 보이고 그 물꼬가
사방으로 번져나가면 물은 가득 채워지면서 물줄기의 힘은 약화되는 듯
보이기도 하였다. 그렇지만 잘 살펴보면 그 물줄기가 사방의 마른 논에
물을 가득 채우듯이 하면 그것이 더욱더 큰 터전을 마련한 것이라고 볼
수 있는 것이다. 한국의 비판적 사회과학의 범위도 따라서 유물론적 인
식으로부터 그것을 기초로 삼거나 그렇지 아니하던 간이 모순의 중층적
구조에 대한 폭넓은 사유와 인식의 방법을 요구하고 있고 어느만큼은
그 폭으로 또한 깊이로 발전하고 있다고 보아야 할 것이다. 오늘 비판
사회학대회의 주제의 폭너비와 접근의 깊이가 이 발전의 징후를 나타내
주고 있다고 할만 할 것이다.

20세기가 거의 막을 내리고 있다. 우리가 동참하여 겪어오던 시기가
일부 포함되어 있는 이 20세기는 전반적으로 보면 자본의 운동이 전지
구적으로 확산·확충되어 왔다. 이 자본의 운동은 지구의 자연자원을
독차지하고자 하는 무리에 의하여 무섭게 개발 동원됨으로써 자연생태
환경을 파괴하고 세계 각 민족과 민중의 삶의 터전을 붕괴시켜 왔다.
또한 이 자본의 운동은 지구상의 다양한 삶의 양식을 누려온 인간을 하
나도 남김없이 상품화시켜 왔다. 자본의 운동은 이성과 발전의 슬로건
으로서 각 역사적 민족과 민중이 각각 오랫동안 자연과 더불어 인간의
존엄성을 키워가며 살아온 공동체를 허물고 인류를 오직 한 가지 노동

력 상품화 기준에 동일화시키고자 하였을 뿐 아니라, 이 동일화과정에 제국주의적 국가의 폭력도 동원하고 이성에 의해 판단된다고 보는 기준에 의하여 규율화시키고자 의식적, 무의식적 효과를 기대하는 메커니즘을 발전시켜 왔다.

사실 인간은 삶의 본질적인 특성 때문에 상품화의 보편적 경향의 강제성에 대하여 인간화 자체 경향을 지속하고자 하는 것이다. 근대성으로 표상되는 시기 동안에 자본주의를 잉태하고 지탱해온 이성이 인간에 대한 신의 규정성을 배제하고 대신 자리하여 인간의 구성에 빼놓지 못하는 요소로 자리해 왔다. 동시에 인간은 일정한 형태의 공동체를 기반으로 하여 살아야 하기 때문에 인종, 민족, 혈통 및 지역, 세대, 신분, 성과 섹슈얼리티, 종교 등의 요소가 공동체적 삶의 재생산 메커니즘을 구성해서 공동체적 가치를 만들어내면서 살아왔고 이 터전이 인간화경향의 토대를 이루는 것이다. 따라서 공동체적 가치에는 인간의 존엄성과 자연에 대한 인간의 상보적·상생적(相生的) 가치를 나름대로 형성시키는 동시에 다른 공동체를 이루는 인종과 민족 그리고 내재적으로는 어린이와 성차에 대한 일정한 문화적 편견과 억압에 대한 일정한 정당화의 논리가 동시에 형성된다. 이것이 인간화 경향의 구성요소일 것이다. 이러한 공동체적 구성요소와 인간화 경향은 인간에 대한 상품화 경향과 맞서는 동시에, 파괴되거나 또는 차별적 노동시장의 상품화 논리에 의하여 왜곡되어 자본주의사회 구성에서 차별과 착취의 동원메커니즘에서 효과를 발휘하게 되었다. 이것은 세계적 규모의 자본축적과정에서 다양한 공동체적 삶의 양식에 들어있는 노동력에 대해 여러 비동시대적 통제메커니즘이 초과이윤을 위해 효과를 거두는 것과 같다.

이 지구적 자본축적과정에 국가가 제국주의적 폭력을 동원하는 경우에도, 각 공동체의 인간존엄성 가치보다도 오히려 각 공동체가 갖고 있는 문화적·인종적 편견과 억압을 동원하는 것이 초과착취를 위해 훨씬 비용이 덜 드는 방법인 것이다. 예컨대 전통적 신분체제를 동원하는 방식이 노동력시장의 형성과 통제에 제국주의 동원방식의 핵심일 수 있는 것이다. 전통적 성억압방식의 동원이 성차별에 의한 노동통제에 더욱 유리할 것이다. 아시아 생활방식 중에서 '몸을 더럽힌 여자'로 몰아가는 방식이 식민지여성을 제국주의 노동력 동원이나 제국주의 군대의 위안부로 동원하는 데 제국주의적 도덕적 면죄의 근거로 삼을 수도 있을 것이다. 왜냐하면 그 '몸을 더럽힌 여자'는 떠나온 가족이나 인종공동체에 다시 수용되기 어렵기 때문일 것이다. 자본주의가 제국주의적 국가의 폭력을 동반하는 경우 자본주의가 요구하는 상품화 경향을 강제하는 동시에 타민족과 인종의 공동체에 대하여 제국주의국가가 가져온 문화양식에 동일화시키고자 강제하기도 하였다. 서구 열강이나 일본은 제국주의적 침략을 강제할 때 언제나 상대를 야만이라 규정하고 자기들의 문화양식을 채택하도록 강제하였다. 그렇기 때문에 자본주의와 제국주의는 기본적으로는 근대성의 포장에 싸인 두 가지—이성과 제국주의국가 요소—에 대한 동일화가 강제되었고 우선적으로 상품화에 이성적 수단이 앞서고 나머지 요소에 대한 가치들은 왜곡되거나 억압되곤 하였다. 이것은 단지 이차대전 전의 식민주의에서만 나타났던 것이 아니다. 아직 근대성이 식민성과 함께 천착되지 않은 상태에서 신식민주의 또는 '지구화' 단계에서도 그것이 남아 끈질기게 그 착종된 모순의 중첩적 구조가 '근대국가형태' 테두리 안팎에서 우리로 하여금 그것을 대면하게 하고 있다.

위와 같이 세상을 바라보면 사회과학은 '해방'의 과제를 더욱 안고 있다고 할 것이다. 나는 지식인이 이 모순의 중첩적 구조에 직면해서는 그리고 자본주의의 전지구적 획일화와 전지구적 위기창출의 상황에 직면해서 끊임없이 객관적으로 접근하는 노력이 필요함을 강조한 바 있다. 지식인의 소임은 징후적 독해, 비판 그리고 인식론적 단절이라고 대략 말할 수 있을 것이다. (우리 역사에서 선례는 조선조 후기 실학자 다산 정약용을 들 수 있을 것이다.) 인식론적 단절은 기본적인 성격으로는 기존 모순의 중첩적 구조에 대하여 해방적 길을 모색하는 이론적 실천이다. 우리는, 비판사회학을 내세울 수 있는 사람들은, 80년대에 치열하게 이 이론적 실천을 '피땀 흘려' 감행한 역사적 경험에 힘이 있다는 점을 인정할 것이다. 이제 우리에게는 이 이론적 실천을 위에서 언급한바 인간화 경향의 구성요소들을 그 자리대로 드러내어 그 얽히고 설킨 실체를 살펴내는 과제가 있다. 마치 감자를 캐면 감자가 뿌리에 얽혀 있는 것과 같은 총체성에서 인종, 민족, 혈통, 가족, 친족, 성, 세대, 종교, 지역, 신분과 계급 등등의 요소가 하나도 왜곡되거나 억압됨이 없이 모순의 중첩적 구조에 어떻게 달려 있는가를 살펴야 하는 일이 과제가 될 것이다.

지식인의 인식론적 단절은 치열한 역사의식에서 힘을 얻을 수밖에 없을 것이다. 그리고 인식론적 단절은 학문의 실제 상황에서 이론적 실천, 또는 이론적 투쟁을 수반할 것이다. 징후적 독해나 비판에 있어서 우리 학계는 지금까지 사회학적 상상력 차원―사회구조적 조건과 행위주체론적 수준에서 사회과학 방법과 역사학적 방법론의 다소 분화되고 애매한 종합을 시도하는 차원에서―에서 진행되어온 셈이다. 80년대를 되돌아보면 '주체없는 역사과정'으로부터(그 자체가 잘 이해되었는지는 문제이지만) '주체있는 역사과정'으로 문제의 소재 지점을 찾는 방식이 이동하면서도 동요해왔다고 볼 수 있다. 오히려 역사적 책임을 따지는 것으로 보면 '주체있는 역사과정' 방법이 더 유효할 것이다. 그런데 역사적 맥락은 한 연구자의 생애를 넘어서는 시기에 대한 성찰이 필요할 것이다. 그리고 살아가는 사람들의 역사가 또한 구조의 틀을 이루어내는 그 맥락을 살피는 대상이 될 것이다. 그러므로 그 역사적 구조와 주체있는 역사를 이해하기 위해서는 일정하게 정신분석학적 접근방법의 도입이 필요할 것이다. 가까운 역사적 사실에 대해서 말하자면 제주 4.3항쟁에 대한 연구는 그 항쟁의 역사적 진실을 밝히기 위해서라도 정신분석학적 접근이 필요할 것이다. 단지 역사적 잔영을 밝히는 것만은 아닐 것이다. 제국주의적 지배, 파시스트적 지배, 그리고 성억압과 성차별 등의 문제가 서로 얽히는 부분은 더욱 그러한 접근의 방법이 필요할 것이다. 자본주의의 근대성이 이성에 근거하면서 그외의 것을 배제, 억압해 왔고 그 이성적 근거에 의한 학문조차 과학적 연구방법을 인간의 '의식'만 강조해온 경향이 있다면 학문조차 편파적 인식을 강요하는 효과만 있었을 것이다. 무의식세계에 갇히게 했던 어떤 인간의 역사에 대한 구조적 법칙을 읽어낼 수 있는 방법론의 개척이 중요하다.

근대성의 역사가 상품화경향을 절대적으로 우세하게 하여 인간에게 하나의 측면 또는 차원인 이성에의 과도한 동일화를 요구해온 것이라고 성찰할 수 있다면, 그 성찰과정에서는 그 동일화에의 폭력과 파괴차원이 이성에 의한 발전, 개발, 진보라는 차원보다 우선해야 할 것이다. 이성에 의한 계몽적 효과가 인간에 의한 인간다움의 규정성으로 나아가는 진보를 의미했다고 한다면 바야흐로 인간화경향에 대한 인간다움의 규정성을 강조하자면 무엇보다도 이성에 의한 보편성 주장보다도 더 강조해서 '인권의 보편적 확충'이 주장되어야 한다. 왜냐하건 되풀이해 말하지만 자본주의의 제국주의적 지배의 폭력적-야만적 효과가 문제될 뿐만 아니라 그 지배폭력을 매개했던 근대국가의 제국주의적 행태 중에서 자국의 문화양식을 덧붙여 강요한 동일화의 폭력적 강제성이 있기 때문이다. 각 인종 민족의 공동체에서 각각 인간 존엄성에 대한 중심가치를 훌륭한 것으로 자임한다고 하더라도 타인종 민족공동체에 대해서는 편협한 가치의 폭력일 수밖에 없는 역사적 경험이 있기 때문에 그 테두리를 넘어서는 바 인간에 대한 이해, 그 이해의 한 가지 계기가 인권개념의 확충이라면 그 방향에서 모순의 중첩적 구조를 인식하고 판단하는 것이 인식론적 단절의 전략일 수 있다는 점을 각별히 주장하고자 하는 것이다. 여기서 우리는 '화이부동'(和而不同)을 음미해볼 필요가 있다.

화합하고 평화롭게 연대하고 관계를 맺지만 상대를 나와 동일하게 만들지 않는다는 말이다. 한 가지 기준을 가지고 모두를 동일화시키고자 한다면 그것은 억지이고 또한 폭력일 것이고 그 사회적 관계에서는 강자와 노예가 있을 뿐이다. 인간이 여자와 남자, 인종과 민족의 차이를 인정하고 인간이 각자 공동체를 만들어온 역사와 문화의 차이와 다양성을 인정하고 존중하면서 그 바탕 위에서 인간이 인간답게 살아가는 화합과 연대가 모색되어야 한다는 것은 대략 두 가지 의미가 강조되어야 할 것이다. 우선 위에서 말한 바대로 그 바탕 위에서 인권의 확충이 모색되어야 한다는 것이다. 다른 하나는 초국적자본이 각국의 재벌과 손을 잡으면서 거대한 규모의 자본을 이윤 추구를 위하여 전지구적으로 투자하여 강과 산을 허물어 고속도로를 만들고 하늘에 총총하게 인공위성을 쏘아 올리고 비행기를 날리며 독가스를 내뿜는 중화학공장을 세우며 핵발전소와 핵무기를 개발하여 무기장사를 하면서 지구의 민족·민중·주민이 살아가는 자연적 생태적 환경의 터전을 파괴하고 그들의 공동체적 생활을 붕괴시키는 지구촌세계에서 민중-주민이 자연과 상보상생하는 공동체를 만들어 살아가도록, 말하자면 민중-주민-민족의 공동체자결권이 확보되어야 할 것이다. 차이를 인정하면서 평화롭게 연대해서 살아간다는 원칙은 '기층 민중의 삶'을 기준으로 삼아 그 문화적 질을 상승시키는 판단원칙을 의미해야 한다. 나는 이러한 원칙에 충실하게 사물을 인식하고 판단하는 것이 우리 앞에 오는 시대의 인간다운 삶의 진보일 것이라고 생각하는 것이다. 우리가 당면하고 있는 계급갈등, 성차별, 자연생태 파괴문제, 통일문제 등등이 이 기준에서 해법의 실마리를 찾아가는 것이 진보적인 전망이라고 보는 것이다.

끝으로 한 가지 덧붙이고자 한다. 사회과학적 인식에 있어서 객관성이란 무엇인가? 만일 사회구조와 문화체제, 그리고 인성과 정신적 실체사이에 아주 잘 통합된 질서가 구성되어 그 사이에 어떤 모순도 없다면 그 질서는 객관적으로 존재한다고 하더라도 그 구성원에게는 단지 학습하는 데서만 그 질서가 객관적 존재조건으로 인식될 뿐일 것이다. '한 사람의 자유로운 존재 조건이 만인의 자유로운 존재 조건'이 되게 하는 궁극적 목적을 우리가 추구해야 한다고 하는 데에도, 거기까지 가는 역사적 도정은 상당히 멀 것이다. 그 가는 길은 사실 실천적 사회운동을 필요로 할 것이다. 그것도 미미한 운동이 아닐 것이다. 모순된 문제가 제기되고 그 모순문제의 성격을 파악하고 극복의 길을 찾아가자면 인식의 단계와 극복방법에 대한 판단을 막아서는 현실적 조건이 나타날 것이다. 즉 인식을 막거나 방해하거나 하는바, 해법을 위한 현실적 장애요소 또는 차단요소가 인식되고 판단될 것이다. 그것은 주체 자체내에 있을 수 있고 또는 정치적·경제적·가족적 여러 구조적 요소로서의 장벽으로 인식될 수 있을 것이다. 이렇게 다가오는 조건이 바로 객관적 조건이다. 이 객관적 조건에 대해서는 문제를 실천적 운동차원에서 부딪칠 경우에 생생하게 인식할 수 있다. 그 조건에 대한 객관적 인식과 판단의 능력은 곧 그 문제극복의 조건을 주체적 역량으로 어떻게 동원할 수 있는가 하는 잠재력에 일차적으로 달려있을 것이다. 지식인의 인식론적 단절과 이론적 실천을 위한 노력은 피를 말리는 일일 것이다. 그리고 실천적 사회운동에 대한 투여는 그 이론적 실천을 더욱 현실적이 되게 하고 풍부하게 해줄 것이다.

〈제1회 비판사회학대회, '변화하는 한국사회: 국가, 노동, 문화, 인권' 개막강연〉, 1998. 9. 18.

한국사회 변동과 민교협

1. 민교협의 탄생: 전국 규모의 교수대중운동체

민주화를 위한 전국교수협의회가 출범한 지 10년이 지난 오늘, 돌이켜보면 민교협이 한국에서 사회변혁적 운동에 지식인이 참여한 전통의 오래되고 또한 헌신적이고 고결한 역사를 바탕으로 하고 있음을 성찰케 한다. 현재 민교협이 전국의 일반 교수를 전적으로 대변하는 것은 아니지만, 짧게는 80년대 변혁지향적 운동의 흐름에 한 줄기 지식인운동을 일구어 내면서 최소한 군부독재에 저항하고 그것을 극복하고자 하는 민주화운동의 '조직'에 적극 지향하는 교수들의 진보적 힘을 반영하고 있음은 한국의 근대적인 변혁적 과정에서 처음으로 나타난 특징이다.

대학교수는 본격적으로 1945년 민족해방이 되고 국립대학교가 설치되면서 하나의 사회운동적 성격을 띠는 사회적 층으로 부각되었다. 왜냐하면 미군정청에서 추진한 국대안에 민족주의적 성격을 갖는 교수들과 대학생이 그 국대안을 민족주의 관점과 대학의 자율성 관점에서 반대하고 나왔기 때문이다. 국대안이 미군정당국에 의해 집행되자 민족주의 입장에서 반대하던 교수 거의 전부가 학교를 떠나고 또한 6.25전쟁을 겪는 사이에 학문영역과 연구인자들이 모두 냉전분단에 의해 미국 부르주아 학문에 경도하는 것으로 경향이 잡혀갈 때에도 대학내의 긴장은 학원외부의 정치적 간섭으로부터 자유로워야 하는 자율성 문제에서 나왔던 것이다. 대학의 자율성 문제는 그간 50년간을 두고 현재에도 학원의 핵심적 과제로 지속되고 있음은 그 시초부터 연유가 있었던 것이다. 이러한 대학의 자율성문제는 특히 정치적 위기가 고조되고 정치적 판단이 학원에 개입 내지 강요되는 시기에는 더욱 진통의 고비를 조성하는 것이기 때문에 그 문제는 단지 학원내에만 한정되는 상태로 있는 것이 아니라 곧 사회적인 정치적 문제와 쉽게 결부되곤 하였다. 그러한 때에는 교수들은 사회적 발언과 정치적 요구를 내세우지 않을 수 없었다.

그 가장 중요했던 경우가 60년 4. 19혁명이었다. 1960년 4월 26일 각 대학의 교수들이 모여 '학생의 피에 보답하라'는 플랭카드를 들고 시가행진을 하고 이승만대통령의 하야를 주장함으로써 4월혁명의 한 고비를 전환케 하는 데 이바지하였던 것이다. 60년대 한일국교정상회담을 반대했던 교수, 70년대 초반에 학원자율화운동을 전개했던 교수와 반체제민주화운동에 지식인으로서 참여했던 교수, 1978년 '우리의 교육지표' 사건, 그리고 80년 봄 민주화대투쟁의 시기에도 교수는 지식인으로서의 책무를 다하기 위하여 정치적 주장을 하였다. 80년 4월 학원사태에 관하여 재경 361명의 교수는 시국성명서를 발표하고 우선 학원의 민주화와 대학군사교육의 개선을 촉구하였다. 신군부가 정권을 장악할 기미가 보이던 5월 15일에는 지식인 134인이 시국선언을 하고 군부가 국토방위의 신성한 임무에 복무해줄 것과 비상계엄을 해제시키고 기층민중의 삶을 북돋우고 민주화의 확실한 길을 갈 것을 촉구하였다. 83년 말에 해직교수협의회가 결성되고 84년 3월에 해직교수의 원상회복을 촉구하는 성명서를 발표하고 신군부정권의 기만적이고 반민주적 작태를 성토하였다. 그리고 86년 드디어 전국의 대학 교수들이 대학별로 시국성명을 발표하고 이를 수합하여 86년 6월 '전국대학교수단' 명으로 '우리의 뜻을 다시 한번 밝힌다'는 성명을 발표하여 87년 민주화 대투쟁의 도정을 예비하고 있었다. 그리고 87년 다시 개헌을 통한 민주개혁을 요구하는 동시에 군부세력이 안간힘으로 대학을 다시 장악하려는 의도에서 나온 학원안정법제정 시도를 격퇴하는 과정에서 드디어 전국규모의 교수운동체로서 '민주화를 위한 전국교수협의회'가 결성되고 그 이후 조직적 차원에서 사회의 민주화와 대학의 민주화를 위해 민민운동세력과 연대하면서 그 사명을 다하고자 하고 있다. 민교협이 그 이전의 교수운동과 다른 점은 조직차원에서 전국규모로 구성되고 있고, 일시적 사안에 따른 교수들의 모임이 아니라 지속적으로 사회의 민주화를 지향하는 운동을 전개하고 있는 교수대중운동체라는 점이다.

　이러한 전국규모의 교수운동체가 결성된 것은 내적으로는 대학의 자율성이 발전할 여지가 외적·정치적 체제의 비민주적 성격에 의해 제약되고 오히려 대학의 내부 비민주적 구조의 발전이 조장되는 구조적 요인에 반응한 것이지만, 그 역사적 상황이 현실적으로 더 급박한 데 있었다. 80년대 중반은 이미 장기적인 군사파쇼정치체제에 의하여 누적되어온 모순과 갈등이 폭발하여, 민주적인 헌법으로의 개헌요구, 노동자와 농민의 생존권투쟁, 부의 편재에 의한 불공평한 경제적 현실에 대한 개혁요구, 반미·반일 자주화운동의 대두, 교육민주화운동 등 민주화의 요구가 열기를 더해가고 있고 그 민주화운동에 가장 변혁지향적으로 투쟁하고 있는 대학생에 군사독재정권은 가혹한 탄압을 계속하고 있었다. "다만 우리는 거의 매일같이 학생과 더불어 최루탄 연기에 눈물을 쏟으며, 학생과 전경들의 무의미한 대결로 유혈의 상처가 늘어가는 것을 목격하며, 더욱이 젊은 우리의 후진들이 대학과 노동현장에서 분신으로 산화하는 처절한 상황을 목도하면서 더 이상 이것을 피할 수도 없고 참을 수도 없기 때문에" 그리하여 "사회의 각 부문이 담당해야 할 비판의 기능을 온통 대신하게 될 때 그 발언의 강도는 커질 수밖에 없으며, 또 이를 금지하려는 정치적 탄압이 집요할수록 운동의 정도는 격렬해질 수밖에 없다. 그러므로 학생운동의 급진적인 성향을 매도하기 이전에 우선 사회의 각 부문에 자율적 비판기능을 부여하고 정치적 이데올로기를 포함한 온갖 금기의 폭을 축소하는 일이 선결되어야 한다"(1986년 전국대학교수단의 성명 '우리의 뜻을 다시 한번 밝힌다')는 역사적 상황이 급박한 것이었다.

여기에 지식인 및 교수는 그 사회적 비판 역할을 자성한 것이다. 지식인은, 교수는 "단지 지식을 기능적으로만 사용하거나 전수하는 것이 아니고, 그 지식을 현실에 비판적으로 적용하는 것이 그 본래의 모습이며, 또 그것은 학문의 기본적인 방법이기도 하다. 더구나, 대학교수를 포함한 사회의 지도층에 있는 지식인들은 국가 사회가 위기에 처했을 때는 그 지식을 바탕으로 현실을 비판하고 국가 사회가 나아갈 방향을 제시하여야 한다"는 것이 지식인의 사명이기도 한 것이다. (1984년 3월 12일 해직교수협의회 성명 '해직교수의 원상회복을 촉구한다') 국가사회의 궁극적 질서의 정당성 내지 정치적 지배질서의 정당성이 결여되고 있을 경우, 그 기본가치 또는 중심의 상징에 대하여 비판하고 그것을 변경하려고 하는 것이 지식인의 본질적인 성격이다. 왜냐하면 지식인과 교수는 그 비판적 작업에 의하여 학문과 사상의 자유를 확보할 수 있고 창의적인 지적 활동을 전개할 수 있기 때문이다. 군부독재에서 두드러지게 나타나는 특징이지만 사물과 현상에 대한 인식과 판단, 그리고 사회적 의사결정에 지배권력만이 작동하고 여타 지식인은 오직 그 의사결정에 기능적으로만 종속할 것을 강제한다면 그 사회는 관료제적이고 군사적인 경색된 구조를 체제화하게 되고 곧 사회적 균열을 발생케 될 것이기 때문이다. 압착된 발전전략이라도 그것이 사회를 기능적으로 분화시킨다면 분화된 사회부문들은 이미 기능적 자율성마저 요구하게 되는 것이기 때문이다.

2. 기본적 가치질서에 대한 이론적 실천의 지평을 넘어

1) 80년대 군부파쇼지배에 대항하는 운동세력은 크게 세 가지로 볼 수 있을 것이다. 우선 대학생으로 운동권을 이루는 세력이다. 대학생세

력이 군사정권에 대항하는 가장 대중적이고 조직적인 그러나 대학의 이수 년수에 의하여 그 조직역량이 유동적일 수밖에 없는 대항세력이었다. 가깝게 보아도 1960년의 4월혁명의 주역이었던 대학생이 61년 군사쿠데타에 의해 통제와 탄압의 대상으로 전환된 이후 줄곧 군사정권의 반민주적·반민족적 체제에 대항해 왔고 80년 민주화의 대망에 등을 돌린 채 광주민주시민의 운동에 학살적인 진압을 감행하고 정권을 탈취한 신군부에 대하여 대학생은 또한 가장 혹독한 탄압을 받으면서도 가장 치열하게 저항한 운동세력이었다. 그리고 70년대 중화학공업화정책으로 성장한 대기업 대공장 남성 노동자도 차츰 군사독재정권에 의해 세계적으로 유례가 없는 저임금 장시간노동, 즉 폐절의 위험에 가속도로 전락하는 노동조건에 대해 노동계급으로서 각성해가고 있었고, 이것이 85년 대우자동차 임금인상 파업투쟁, 구로공단 연대파업으로 그 잠재력이 바로 병영적 관리와 반공이데올로기의 물리적·정신적 탄압을 뚫고 드디어 87년 노동자 대투쟁을 감행하였던 것이다. 그리고 여기에 지식인의 반독재민주화운동도 그 몫을 하고 있었다. 종교인, 문인, 언론인 중에서도 해직기자, 그리고 86년을 기해 전국대학에서 시국선언을 감행했던 교수 및 민주적인 교사가 민민운동에 영향을 주고 있었다. 여기서 주목되는 점은 온통 감시와 통제의 그물망이 처진 대학구내에서 학업과 운동을 해낼 수 없던 대학생들이 공단을 향하여 소규모로 학습팀을 만들고 변혁지향적인 사상과 전술 전략을 의식화하고 있을 때에, 주로 해직언론인을 주축으로 해서 전개된 출판인들의 민주화운동 일환의 출판운동이 금서에 의한 출판검열을 공격하고 이 지구상에 있는 어떠한 사회체제라도 그 사상, 지식, 이론을 소개하기 시작하여 그 변혁지향적 운동의 자료를 제공하고 있었다. 이러한 상황의 전환은 학계의 연구풍토도 바꾸어가는 데 영향을 주고 있었다.

　　장기적으로 분단된 한국의 남한이 세계적 냉전체제에서 학문과 사상이 오로지 미국 부르주아 표준에 갇혀 오고만 있었고, 이들에 의해 전파된 근대화론이 70년 말쯤 이미 그것의 신식민주의적인 제국주의적 성격을 본질적으로 드러내기 시작한 것을 학계의 진지한 민족주의적이고 민주적인 지식인들이 깨닫고 있었다. 80년대 중반에 오면 학계에서는 실천운동진영에서 직접적인 인식의 긴박한 인식론적 필요성과 맞물려 한국사회구성체 문제, 즉 사회구성의 이행문제, 변혁운동문제를 토론하기 시작하였다. 민교협의 탄생은 이러한 사회구성체논쟁의 배경을 갖고 있는 것이다. 사실 사회구성체논쟁은 기존학계의 주도 패러다임에 도전하는 것이고 이것은 학계에 이론적 단절의 치열한 운동을 전개하게 하였다. 말하자면 획일적으로 구성되어 있는 교과과정을 개편하여 제3세계의 해방의 역사, 사회주의권의 이행과 발전, 유물론적 인식론과 맑스주의의 도입을 강력히 요구하는 한편, 한국의 근현대사에 대한 편협한 이해로부터 포괄적이고 민족민주운동사적 역사에 대한 연구와 강좌를 요구하였다. 한편으로 대학을 병영화한 통제대상에서 벗어나게 하기 위해서 국민윤리의 필수교양과목 폐지 및 교련과목의 폐지도 요구되었다. 이러한 이론적 실천은 대학의 조직이 민주적으로 개편되어야 하는 문제, 즉 사립대학에서의 재단의 횡포한 대학운영을 교수의 자율성에 맡겨야 하는 대학자율화문제, 즉 대학의 민주화운동과 별개로 진행될 수 없었다.

민교협이 이러한 배경을 갖는 것은 민교협의 활동이 이러한 학계내의 이론적 실천의 지평을 넘어서야 한다는 역사적 근거이기도 하였다. 오히려 학계의 이론적 실천의 문제는 1984년을 기점으로 해서 결성되어 나온 진보적 학술단체들과 이들이 함께 모여 매년 합동학술대회를 기획 성있게 현실적 정세에 대응하면서 진행하고 있는 '학술단체협의회'의 활동 몫이 클 것이다. 민교협은 그 이론적 실천의 차원을 넘어서 현실의 정세 또는 사회의 민주화에 더욱 직접적인 운동에 초점을 맞추고 있음이 특징적이었다. 80년대의 사회구성체논쟁 배경은 민교협 운동의 지향에 상당한 영향을 주었다고 본다. 사회구성체에 관한 논의는 사회구성의 기층조직에 주목하게 하였고 사회구성의 변혁주체를 인식함에 있어서도 기층민중의 민주적 역량을 주목하지 않을 수 없는 것이다. 민교협이 연대활동을 하는 데 있어서 가장 우선적으로 연대하는 교육운동계를 제외한다면 가장 중요한 지향점을 둔 것이 기층민중을 이루는 노동자, 농민, 빈민 그리고 그 군사독재로부터 가장 탄압을 받는 사람들의 가족의 모임인 민가협이다. 그리고 그러한 운동단체가 연합하는 국민연합이나 전국연합에 대해서도 정책적 차원에서뿐만 아니라 그 외의 여러 차원에서 헌신적으로 연대했던 것이 이러한 배경을 가지고 있기 때문이다. 민교협은 민중에 대해 '유기적 지식인'임을 자인한 셈이다. 민중운동진영에서 본다면 자본과 지배블록에 기능적으로 동원되고 있는 거대한 지식인층이 각계 각층에 포진하고 있는 데 비해, 민중들에게 유기적으로 결합하고 연대하는 지식인 집단은 오직 민교협뿐임이 드러나는 것이었다.

2) 민교협이 중심적 가치질서의 개편과 형성에 대해 비판적 역할을 수행하는 근거는 학문의 자유, 사상의 자유, 표현의 자유, 출판의 자유, 결사의 자유, 양심의 자유를 주된 것으로 하는 정치적 기본권이라는 근대적 권리의식일 것이다. 그리고 이러한 정치적 기본권은 비단 연구에 종사하는 교수들만의 특유한 권리가 아니라 이 나라의 국민이면 누구나 누려야 하는 권리라는 근대공화국원칙이라는 신념에 기초하고 있는 것이다. 그 권리는 특정 지배블록만이 누려야 하는 권리가 아니고 하나의 공동체를 이루는 모든 사람이 누려야 하는 권리인 것이다. 61년 5. 16 군사쿠데타를 감행한 군부독재정권은 헌법에도 없는 반공을 국시(國是)로 삼았다. 반공이라는 부정적이고 음산한 탄압의 의의가 담긴 이 국시는 반공법이나 국가보안법을 동원해서 국민의 기본권을 억제하고 탄압해왔던 것이다. 그러므로 80년대 한국사회구성체논쟁에서 그 장기적 전망을 어떻게 세우든지 간에 현실에서는 장기적인 군사파쇼정권

을 붕괴시키는 일이 가장 크게 당면한 '변혁적인 과제'였던 것이다. 온 민주적 역량이 피터지는 투쟁을 감행해야만이 그러한 가장 기초적인 전환을 기도할 수 있었던 것이다. 따라서 한국에서는 80년대의 '변혁적 과제'가 20세기 후반 자본주의와 사회주의의 세계체제적 대립 모순의 지형으로 다가오는 것이 아니라, 남한 자본주의의 발전과정을 강압적인 군사파쇼체제로 진행한바 파쇼지배블록과 이에 저항하는 민중민주운동의 주동세력과 이에 연대하는 세력의 대결로 구성되는 것이었다. 따라서 그 변혁의 현실적 전망이 단지 '자유민주주의적'일지라도 군사파쇼체제로부터 이탈하고 전이해가야 하는 경로와 방법은 광범한 민중대중투쟁적 연합전선에 기반해야 했던 것이다. 이러한 진영에 있어서 민교협이 모순과 대립의 정세를 이론적 실천의 보다 정세적 차원으로의 접근으로 인식하고 판단하고 설명하는 일과 민중대중과 함께 그러한 인식을 운동조직으로 성장전환시키는 데까지 개입하지 않을 수 없었던 것이다. 말하자면 군사파쇼지배체제에서는 비판과 토론의 기제와 매개가 싹부터 소멸되어 있었고 대의정치의 상징이기도 한 의회가 군사파쇼의 말단수단으로 자리잡고 있는 이상, 전통적인 점잖은 선비의 깔끔함과 너그러움으로 또는 토론을 통한 대의적 기제에 의탁하는 방법이 배제되어 있게 된 것이다.

민교협이 그러한 정세인식과 판단의 역할을 수행하는 방식은 크게 두 가지, 각종 성명과 토론회였다. 1987년 6월 26일 창립선포를 한 성명으로부터 1997년 3월 19일까지 중앙조직과 지역 및 각 대학단위에서 발표한 성명서는 232개이다(87년 8번, 88년 24번, 89년 29번, 90년 30번, 91년 50번, 92년 10번, 93년 12번, 94년 11번, 95년 21번, 96년 26번, 97년 3월까지 10번). 86년 전국대학교수단이 발표한 시국성명서가 당시 민주저항세력에게 유일하고도 종합적인 정세분석인 동시에 운동의 방향성을 시사하는 것이었던 것과 마찬가지로, 특히 거의 대년 발표했던 연두성명은 종합적인 정세판단과 민민운동진영의 정세적 과제를 제시하곤 하였다. 그리고 그 핵심은 언제나 군사파쇼정권의 퇴진과 그 역사적 책임을 묻는 것이었으며, 민주정치체제의 설정 방향을 정세적으로 진단하는 것이었다. 그리고 그러한 군사독재를 가능케 하고 통일논의를 막고 민주세력을 공산주의로 몰아붙였던 국가보안법과 안기부법의 개폐를 겨냥해 왔다. 그와 동시에 군사지배블록의 가장 핵심적 계급인 재벌에 대하여 반독점민주화논리로 그 해체와 경제적 민주화의 방향을 제시하곤 했다. 그리고 그러한 지배블록에 대항하는 민중세력의 조직화를 위하여 탄압의 핵심대상이었던 전국노동조합협의회를 반독점 반파쇼 민주화운동의 선상에서 지지하였다. 더불어 민주노동운동이 결합하여 민주노총 건설로 가는 길에 그 정당성을 부여해주곤 하였다. 성명서는 연두성명처럼 포괄적이면서도 정세분석과 운동과제를 제시하는 것이 있고, 큰 정세분석에 의해서 구체적으로 사안을 검토해서 성격을 분석해주거나 대처하는 방법을 조직하는 전술을 제시해보는 것으로 나누어진다.

이러한 성명서만으로 정세에 대한 인식과 판단 및 해석이 모두 가능한 것이 아니다. 따라서 토론회를 조직하거나 공청회나 학술발표회의 형식을 취하기도 한다. 성명서는 현안문제를 다양하게 그리고 지역과 단위대학에서 직면하는 문제를 다루는 데 신속하게 대처할 수 있다. 한편 토론회는 정세와 현안의 문제를 민교협만이 아니라 그 문제에 다양하게 연계되는 운동단체들과 이해를 공유해야 할 경우 보다 심도있는 접근이 필요할 경우에 개최된다. 그렇지만 교육, 정치·경제, 국가보안법(인권, 공안탄압과 학원수호의 문제, 안기부법 등), 노동, 농업·농민, 과거청산 역사바로 세우기, 학문 사상 표현의 자유, 언론 등의 영역에 걸쳐 교수로서의 전문성을 살려 어느 것 하나 소홀함이 없이 대상으로 삼아 개최한 것이다. 이 토론회도 지역차원에서 조직되기도 한다. 이를 보완하고 정세판단을 널리 홍보하고 전달하기 위하여 정책강좌, 월례토론회, 집담회, 자료집 내지 서적의 발간 등의 사업을 전개하였다. 물론 성명서나 토론회에서 대학의 민주화, 사학재단의 비리척결과 자율적 교권확보문제와, 재임용제의 악용에 따른 교권침해, 층장직선제와 같은 구체적 현안도 다루어졌지만, 교육법 개정의 문제, 전교조의 합법화 문제와 전교조 회원교사의 해직과 복직 문제도 다루었다. 대학 교수도 전교조의 합법성을 쟁취하기 위하여 500여명의 교수가 가입하기도 하였다. 그리고 학문 사상의 자유가 침해되는 경우(예컨대 연합학술대회에서 발표한 논문을 문제삼아 검찰이 소환했던 서관모 교수 사건, 울산대 조국 교수 사건, 유초하 교수 사건, 경남대학의 교양과목 교재 『한국사회의 이해』 사건, 안기부의 불법적인 정현백 교수 연행사건은 직접적으로 현직 교수에 대한 학문 사상의 자유를 침해한 사건이었다.)에도 강력히 대응하였다.

3. 새로운 지평을 위하여

사실 교수는 현재 두 가지 조건에 의해 신분이 불안한 상태이다. 그 하나는 교수재임용제가 악용되고 있고 그 교수의 신분이 대통령에 의해 규정되어 있어서 마냥 불안한 상태에 있다. 근래에 와서 국가경쟁력 개념이 대학의 사활을 평가하는 듯한 지렛대로 사용되어 교수를 끝없는 경쟁의 세계에 몰아넣고 있다. 교수재임용제와 경쟁력이 상호 상승작용해서 교수의 학문적 연구의 조건을 악화시키고 있다. 대학은 학문의 후속세대를 위한 자체 재생산체제를 발전시키지 않고 있으므로 대학과 국가사회의 지적 엘리트가 자기 나라 대학의 주체성있는 토양에서 재생산되지 않고 외국의 세계자본주의의 주도국에서 재생산되어 유입되고 있다. 자주 민주의 역사적·문화적·정치적 담당지식인이 이렇게 내적 학문적 재생산기반을 갖지 못하고 있다. 사물을 바라보는 시선과 관점, 문제의 해답을 외국토양 내지 자본주의세계체제의 중심에서 준비된 것으로 동원되는 학문체제-지식체제가 국가경쟁력과 정보의 세계화 기치에 의해 정착되고 뿌리내려지고 있다. 80년대 한국의 변혁운동이 민주·민중·민족 지향성에서 찾고자 했던, 그리고 민교협이 그러한 배경을 지고 나왔다고 한다면 위와 같은 학문의 조건과 지적 재생산 기제와는 근본적으로 대립되고 갈등을 빚을 것이다.

세계차원에서 체제모순을 논의하던 담론은 90년을 이후로 동구사회주의 국가들의 몰락으로 해체된 듯하고 자본주의의 전일적인 작동만이 전세계를 그 대상 하나하나를 놓치지 않고 자본축적의 운동 안으로 끌어들이고 있다. 그렇다고 자본주의가 내재적으로 발전시키고 있는 모순이 해소되는 것이 아니다. 자본주의의 모순은 사회주의체제와의 대립에서 발생한 것이 아니기 때문이다. 그런데 한민족은 분단된 민족으로서 바야흐로 통일을 지향해나가고 있다. 우리는 옛날 세계적인 냉전체제에서도 자본주의국가와 사회주의국가가 통상하는 경제관계와 같이 남북한의 경제교류를 볼 수 없는 것이다. 북한은 나름대로의 발전전략을 가져왔겠지만 근래에 드러나는 모습은 한국을 비롯한 세계자본주의의 '세계화'된 운동에 그냥 편입될 듯한 상황으로 보인다. 결국 우리에게는 통일 과정에서 일방적 편입 문제에 부딪칠 위기의 가능성이 높아가는 듯하다. 이러한 상황을 가상해 본다면, 한국의 민민운동진영은 80년대의 사회구성체 논의에서 추구해보려고 한 변혁의 전망이 적어도 그 이전 자본주의와 사회주의의 이행관계를 설정했던 가설로서는 대처하기 어려울 것이다. 이것은 새로운 인식과 관점을 요구할 것이다.

자본주의세계체제의 전일적인 작동이라는 '세계화'는 또한 자본주의 모순의 제어받지 않은 전일화도 의미할 것이다. 이렇게 볼 수 있다면 현재 한국을 비롯한 해외 자본이 북한으로 들어가는 그 차원의 상황에서만 가상하자면 한국에서 민주적인 민중의 민주화운동이 장기간 군부 파쇼지배체제와 그 블록의 재벌을 대상으로 반독점운동의 논리가 민족 전체에 대한 논리로 발전을 하고 민족 전체의 차원에서 자본의 작동에 대비하는 전략 전술을 갖추어야 할 시점에 와있다고 생각할 수 있다.

세계는 바야흐로 전자 정보통신시대를 맞이하고 있고 실시간으로 정보를 주고받는 우주통신시대를 맞이하고 있다. 모든 상징 지식 역시 정보로 환원되고 있다. 활자에 의하여 표상하던 지식형태와 그 체계는 곧바로 정보체계로 전환되고 또한 상품화되어 세계의 곳곳에서 유통되고 있다. 세계화담론 중에서 이 정보화의 세계화가 미래의 유토피아를 그려내는 듯하고 우리나라의 정보체제는 잘 정비되지도 않은 지식체계나 학문체계를 압도하려고 하고 있다. 지식의 배치가 권력의 배치이듯이 정보의 배치체제가 권력의 배치체제를 결정하려고 하고 있다. 문제는 우리나라의 활자학문체제, 활자지식체제의 민족적·민주적 모순이 내재하여 재생산되고 있는 정세에서는 아직도 우리는 정보의 근원을 검토해야 할 필요성이 제기된다는 점이다.

정보가 정보기술체계를 통하여 넘쳐나고 있다면 사회적으로 불균등하게 배치되어 있던 지식을 대중화시키는 효과가 있을 것이다. 그러나 그 정보가 자본주의세계체제의 중심에서 양산되어 급속도로 실시간에 세계에 유포되고 그러한 정보가 개인의 공동체적 환경과 괴리된 외부적 자극으로만, 그것도 상품으로서만 전달되고 거역할 수 없는 정보로서만 온다면 유치한 퇴행의 행위가 만연할 것이다. 다시 한번 우리는 이러한 세계적인 자본과 정보가 한국의 경계를 넘어 북한으로 민족통일의 이름이라는 역사적 과정에 개입하여 전횡하도록 한다면, 한국에서의 민주화운동이 통일된 민족주의 차원으로 고양될 여지는 상실되고 말 것이다.

지식, 학문, 정보의 재생산이 통일과 자본과 정보의 세계화라는 전망 아래에서 장기적인 민주적·민족적 변혁적 과제로 검토되어야 한다면 그것은 민교협이 그 동안 추구해온 운동의 지평에서 한 차원 등급을 높여서 지금까지의 치열성과 헌신성을 갖고 대처하지 않을 수 없는 것이다. 자본이 세계화의 전략에 따른 노동통제전략과 전술을 구사하고 정보의 세계화를 통하여 대중 개인, 민족 구성원 개인의 창의적 주관성을 억누르고 감각적 자극에 반응토록 하는 욕망의 배치를 꾀하게 한다면 한국에서 군사파쇼독재권력을 타도하기 위해 총체적으로 변혁을 꿈꾸어 싸워온 효과는 의식되지도 못한 채 상실되고 말 것이다. 고수가 가질 수 있는 전문적 지식이 정보로 유통되어 그것이 민주화의 토대로 전환되는 것은 공동체라는 하나의 울타리에 융합하는 대중 민중의 주관적 창의성과 결부될 때일 것이다.

민교협은 새로운 차원의 시대환경을 맞이해서 다시 학문과 사상의 자유, 표현의 자유, 결사의 자유와 같은 정치적 기본권을 민족차원에서 세계체제의 모순과 대결하는 위치로 올려 대결해가야 하는 일에 복무하지 않을 수 없을 것이다. 운동의 대상 영역은 민교협이 해온 그것 그대로일 것이고, 비록 성과는 단지 개량적인 수준의 것일지라도 우리가 10여 년 체험했듯이 운동 자체는 변혁적인 치열성을 갖추지 않을 수 없을 것이다.

<민교협 10주년 기념학술대회 주제발표>, 1997. 6. 26.

노동자로서의 교수 신분

1.

몇 년 전 국제노동영화제에 출품된 미국인 제작 다큐멘터리 중에 〈Out at work〉라는 작품이 있었는데 여기서 다룬 주제는 제목에서 보여지듯 실직과 복직 및 의료보험에 관한 것이었다.

그런데 주의를 끄는 점은 동성애자들의 경우를 가지고 그러한 주제를 다룬 것이다. 영화에는 실질적인 동성부부가 나오는데, 동성부부라는 사실만으로 직장에서 해고당하는 것으로 시작된다. 그리고 복직을 위해 투쟁하는데, 여자의 경우와 남자의 경우 두 사례 모두를 보여준다. 또 동성부부 중 한 사람이 병에 걸려 치료를 받고자 하는데 의료보험혜택이 주어지지 않자 동성부부도 '정상적인 부부'임을 주장해서 의료혜택을 받게 되는 과정을 다큐로 보여주었다. 이 다큐멘터리는 고용문제와 의료보험문제를 노동자의 차원과 성정체성 차원이 중첩되어 있는 상황에서 제기하는 것이다.

이 문제처럼 중첩되어 있다고 보이는 문제는 외국인노동자의 경우도 마찬가지일 것이다. 국적과 인종 차이로 사회적으로 차별당하는 문제가 그러할 것이다. 아마도 고용과 국적 및 인종, 거기다가 동성 차원까지 겹쳐있으면, 이성부부의 가족생활과 이성부부의 사회적 분업, 그리고 동족끼리의 사회구성에 기초하는 질서로 본다. 이 문제는 사회적으로 대단히 복잡하게 보일 것이다.

2.

'시민운동론' 전공의 교수에 임용된 80년대 중간 학번의 한 제자 예를 들어보겠다.

그는 석사학위논문으로는 '환경운동'을 주제로 하였다. 그리고 박사과정에서 한 동안은 '군산복합체'에 관한 연구를 진행하였다. 환경파괴에 군대와 무기 자체가 미치는 영향이 상상을 초월할 정도라는 점에서 환경문제와 군사문제와의 연계성이 인식되었기 때문이다. 군산복합체연구 과정에서 세계적인 지배 블록이 자본과 군수산업을 중심으로 형성되고 있다는 사실도 파악하게 되었지만, 더불어 핵무기관리체계는 C^3I라는 정보관리체계가 인프라를 이루고 있고 이것이 정보사회의 기초를 이루고 있음을 인지하게 되었다. 따라서 그의 연구는 자연스럽게 정보사회론으로 연계되었다. (그의 박사학위논문 주제는 '정보사회론'이었다.)

그리고 이러한 주제에 대해 단지 사회과학적인 접근만이 아니라 거기서 발생하는 문제에 대해 정치적 입장을 가지게 되어 환경운동, 반핵운동, 미군기지철폐운동과 정보민주화운동이라는 NGO 활동으로 나가게 되었는데, 그 여러 가지 문제들이 당연히 한 가지 이치에서 발생하는 연관된 문제들이라는 맥락에서 관심을 두지 않을 수 없었기 때문일 것이다. 겉으로 드러나는 문제영역은 다르게 보이지만 문제를 발생시키는 원인은 한 가지일 수밖에 없는 것이다. 따라서 학문하는 방법도 상당히 총체적으로 접근하는 방식을 택할 수밖에 없고 실천영역에서도 그러한 맥락에서 총체적인 방법을 택할 수밖에 없는 것이다.

3.

교수는 일단 '지식인'이라는 오래된 지위규정에서 벗어나기 힘들 것이다. 그렇지만 교수도 그 지위와 기능이 '고용된 것'으로 규정되는 면모가 드러나고 있다. 따라서 두 가지 중첩적인 자세가 요구된다. 우선 '고용된 자'로서의 자기 권리 인식과 권리함양이 과제일 겠이고 동시에 교수 외의 '고용된 자'들에 대한 전반적인 인식도 필요할 것이다. 그 다음에는 더욱 복잡하게 제기되고 있는 문제들의 연관성에 대하여 그 총체적 성격을 드러내어 그것을 정식화하고 문제해결의 방향을 강구해 가는데 '징후적 독해'와 '이론적 실천'을 감내해야 한다는 지식인으로서의 소임이 그것이다. 현재 우리나라에서 교수들이 '노조'를 만들고자 하는데, 이 두 가지 차원의 문제를 과제로 삼아야 한다. 말하자면 '노조'라는 운동차원을 도입하자면 '이론적 실천'을 넘어서는 그야말로 '사회 전반적 변혁'을 위한 실천의 영역을 과감하게 헤쳐가야 하는 과제에 당면한 것이다.

『민교협소식지』 43-44 합본호, 2001. 1.

한국사회의 민주화와 교육과제

1.

「大學」의 첫머리에 나오는 "大學之道 在明明德 在新民 在止於至善"에 대하여 다산(茶山) 정약용(丁若鏞)은 그의 글 「大學公議」에서 대학을 풀이하기를 그것은 국학(國學) 즉 태학(太學)이며 이곳에서 천자의 적 서자와 제후의 적자 및 공경대부의 적자들이 나라와 천하를 다스리는 것을 배우는 것이라고 하였다. 이러한 풀이는 곧 국가사회의 일정한 직 능구조와 그 배치, 그리고 그 구조에 따른 인력의 재생산구조 및 권력 의 배치, 그리고 그 배치를 정당화시킬 수 있는 도덕적 가치구성을 상 정하고 있는 것이다. 실학자들은 사농공상을 신분적 폐쇄회로로 보지 않고 이미 직능적 범주로 인식하기 시작하였고, 따라서 다산은 「탕론」 (蕩論)에서 군주도 무리가 추대한 것인 만큼 군주의 직능을 수행할 수 없다고 판단되면 무리들이 그를 다시 내려오게 할 수 있다고 주장하였 다. 생각컨대 다산은 '근대성 기획'을 시도했었다고 보인다.

2.

따라서 우리가 대학과 교육을 검토한다면 그것은 단지 교육주체라고 일컫는 교수와 학생사이의 문제가 아니고 그 속에 함축되고 있는 것은 전사회의 문제이며 지식의 전달, 일하는 사람들, 즉 넓은 의미의 노동자의 훈련, 산업의 필요, 그리고 대중의 욕망과 같은 문제들 사이의 관계를 설정하는 문제이다. 우리는 현재 이러한 문제들 사이의 관계가 급격히 변화되고 있는 상황에 있다고 본다. 국제금융사태가 보여주듯이 상황의 정세는 단지 일국 차원이 아니라 지구촌 세계와 긴밀히 연관되어 있음을 알게 해준다.

대학생이 되어야 한다는 대중적 욕망(이것은 한국에서 상당히 역사적으로 형성된 것이다), 선진국으로 발전해야 한다는 중화학공업과 첨단산업 위주의 산업구조, 그리고 잘 훈련되고 복종적인 노동력의 양성공급, 종합대학의 틀에서 규정되지만 또한 선진자본주의의 과학기술적 및 관리조직적 지식의 전달—이러한 것들이 한국자본주의적 경제구성을 일차적으로 지향케 해왔고 그 구성의 촉진을 위하여 강압적인 정치체제가 우선적으로 발전해왔던 것이 한국의 60-90년대의 정세였다. 그리하여 자본주의적 관료조직의 발달, 과학적 관리방법에 기초하고 포디즘적 생산체제의 고착, 이에 구상과 실행을 분단시킨 메커니즘 위에서 인력과 지식을 기초적으로 공급하기 위한 교육체제와 대학의 백화점식 종합대학의 제도화를 진행해 왔었다. 그리고 그 체제에 의하여 형성되는 노동자계급에 대한 고도의 관료적인 통제가 발전하였다. 이러한 구성은 대체로 근대국가의 기능으로서 국가경계 안에서 통제되고 조절되었다.

3.

여기에 관통하는 기준은 발전과 효율성 가치척도였으며, 이 가치척도가 사회적 맥락을 이루도록 하였다. 자본주의 일반과 한국의 60년대 이후 발전전략이 전사회구성에 대하여 이 가치척도로 인식·판별·구상·실현을 추진하였다. 자본주의적, 경제적 발전전략은 사회구조를 분화시켜 영역과 기능 그리고 활동의 수준이 다양하게 분화도고 생산과 유통 및 소비영역이 거대화되고 분화되어 현상적으로 다양성을 나타내고 있음에도 불구하고 발전과 효율성 척도에 의하여 그 구조적 맥락이 획일화되고 동일화되도록 강제되었다. 독재적 권력체제와 반공이데올로기는 그 획일화와 동일화에 주요한 이데올로기효과를 미치게 하였다.

발전과 효율성을 위하여 인력을 포함한 모든 자원이 동원되고 인식방법, 사유방법, 감응방법, 동기와 지각이 모두 이 효율성 척도에 의하여 강압되었으며 전반적인 학습과정과 연구과정, 실험과정이 이 기준에 의하여 프로그램화되었다. 이러한 동원화에 의하여 공장의 생산과정에서 내뿜는 배기가스의 생태계 환경에 대한 훼손과 파괴, 인간노동력에 대한 훼손, 효율성에 의해 강압되는 선택적 감성 및 이성의 동기와 욕망 그리고 이에 따른 정신적, 육체적 왜곡과 피폐, 경제적 및 정치적 선택의 제한, 비정규적인 생활양식의 배제, 억압 등이 자행되었다. 따라서 구조적 분화에 의한 현상적 다양성은 그 자체 선택적 생활양식을 포괄하는 것은 아니었다. 이러한 획일화와 동원화는 국가의 강압적 조절기능에 의하여 강제되어 왔다. 형식적 민주화는 이러한 동원화의 일부 원활유였으나 한국에서는 그것마저 계급갈등에 대한 왜곡된 통제양식에 의하여 억압되어 왔다.

4.

선택적 생활양식들의 발전은 발전과 효율화에 의하여 갇힌 다양한 인간들의 동기와 욕망을 해방시키는 작업으로부터 시작되어야 한다. 다양성이 선택적 생활양식을 기초하는 데서 인간의 전인격적 동기와 욕망을 제대로 표출할 수 있게 할 수 있을 것이고 여기에 진정한 '민주주의'의 새로운 지평이 열릴 것으로 기대해 본다. (앞으로 궁구해 보아야 할 딜레마를 예시하면 다음과 같다. 1) 사회주의에 갇힌 여성의 여성다움에의 욕망/자본주의에 갇힌 상품화된 여성의 인간다운 여성 욕망, 2) 평생 직업－평생직장에 갇힌 인간활동의 제약/비정규적 직업－직장과 부유하는 자유의 두려움, 3) 오염된 환경 공동체에 사는 민중·주민과 인공적 정화환경/자연환경과 상생(相生)하는 공동체적 삶의 문제, 4) 노

동에 갇힌 소득과 비노동생활선택의 배제/비노동-사회적 소득의 선택
적 생활양식.)

　미국의 백악관은 21세기 학술전략을 기초과학, 엔지니어링과 수학에
두고 있음을 천명하였다. 이것을 현재 미국 주도의 자본주의 세계화전
략에 비추어 본다면 첨단과학의 그 어마어마한 물리적 토대를 구축하면
서 그리고 가장 추상적인 비가시적 논리구조로서 세계를 자본주의적으
로 구성한다는 의미일 것이다. 이러한 전략이 한국과 같은 사회에서는
어떤 재앙으로 올 것인가를 미리 가늠해가는 일이 중요할 것이다. 오히
려 우리가 추구하고자 하는 선택적 생활양식의 창출에 저해가 될런지
검토해야 할 일이다. 왜냐하면 한미투자협정이나 OECD가 추구한 다자
간투자협정안이 결코 그러한 선택의 여지를 열어놓는 것 같지 않기 때
문이다.

5.

　교육단위나 대학단위의 개혁발전도 이러한 전망하에서 검토되어야
할 것이다. 발전과 효율성 기준에만 강제되었던 학술구즈와 대학제도는
이제 그 강제성의 경계를 뛰어넘는 인간 욕망을 살려가는 방향으로 개
편되어야 한다는 전제를 세워야 한다. 나는 대학단위도 과감하게 자신
을 해체하고 새로운 구도를 유도할 수 있도록 발상과 인식, 그리고 판
별의 문을 활짝 열어야 한다고 본다. 아무래도 그것은 차이있는 다양한
인간 욕망이 살려지는 지평에서 전개될 '민주주의'에 대한 새로운 성찰
을 해야 하고 이를 대학 단위에서 과감하게 실험해 가야 한다고 본다.
그 민주주의는 동일성, 정체성만을 강조한 구조적 맥락에 근거지울 것
이 아니라 차이를 인정하고 연대를 살릴 수 있는 '화이부동'(和而不同)
의 원리를 궁구하는 데서 가능하리라 생각해보는 것이다.

〈상지대학 교수협의회 창립10주년 및 학원민주화 승리 6주년 기념
학술행사〉, 1999. 3. 31.

민주와 진보를 위한 지식인연대 출범에 부쳐

1998년도 이제 저물어 갑니다. 많은 과제가 새롭게 가을철 낙엽처럼 쌓이고 있습니다. 머지않아 새로운 세기도 도착할 것입니다. 우리는 이제 겸허하게 옷깃을 여미며 우리가 할 일을 성찰하고자 합니다.

생각컨대, 진정한 진보의 정신과 행동이 필요한 때라고 생각합니다. 권력집단과 자본의 울타리 안에서 뿐만이 아니라 우리 주변에서조차 진보와 민주라는 이름 아래 온갖 거짓과 기만의 몸짓들이 우리를 혼란스럽게 하고 있습니다. 그러나 더욱더 피폐화된 삶을 강요받는 노동자·민중들에게 희망이 되어줄 만한 진정한 진보와 민주의 목소리가 들려야 할 때입니다. 한 세기를 마감하고 새로운 천년을 맞이하는 지금, 우리 진보적 사회인, 지식인과 운동가들은 진정한 민중의 길, 진보의 길을 제시하고 개척해야 할 시대적 과제를 부여받고 있습니다.

외환위기의 촉발과 함께 시작된 김대중정권은 IMF와 신자유주의자들의 충실한 집행자로 나서고 있습니다. 경제위기를 빌미로 강력히 추진되고 있는 구조조정 정책은 시장만능주의라는 거짓된 신화를 내세워 정리해고와 대량실업을 받아들이도록 강요하고 있습니다. 그러나 한편에서는 국가의 강력한 주도하에 부실기업과 금융기관 정리 부채를 노동자·민중들의 일방적 부담으로 전가하고 있으며, 이는 소수 재벌과 독점자본의 힘을 더욱 강화하는 데 철저히 기여하고 있을 뿐입니다. 초국적 외국자본은 한국에서 멋대로 활개를 치게 되었습니다. 사회적 안전망이 절대적으로 설치되어 있지 않은 복지현실은 더욱 후퇴하고 있으며, 민영화의 이름으로 최소한의 공공성마저 실종시키고 있습니다. 대량실업과 빈곤이 확산되는 상황에서 노동자 민중은 최소한의 주거권과 건강권도 보장받지 못한 채 거리로 내몰리고 있습니다. 정리해고 반대와 구조조정에 맞선 노동자 민중들의 저항의 목소리는 경제위기의 주범인 양 낙인찍힌 채 해고와 고통을 감내할 것을 강요받고 있습니다.

김대중정권이 IMF 프로그램을 충실히 수행함으로써 그것이 가져오는 전사회적 위기와 모순 속에서 현시기 민주주의와 진보를 위한 노동자·민중의 투쟁은 커다란 시련을 맞고 있습니다. 그것은 무엇보다도 경제위기 상황에서 개혁의 쟁점과 사회진보에 대한 혼란과 관련되어 있습니다. 시장만능주의에 대한 어설픈 기대나, 합리적 시장구조에 대한 막연한 기대는 김대중정권의 개혁에 대한 기대로 이어지고 있습니다. 시민사회단체의 많은 부분들이 이러한 환상 속에 헤매고 있습니다. 민주화운동과 진보적 운동에 관계했던 이전의 적지 않은 동지들이 이 신자유주의적 정책과의 연대를 이 시대의 진보라고 왜곡·선전함으로써 진정한 진보와 민주적 개혁에 대한 방향을 혼란스럽게 하고 있는 상태입니다. 그러한 왜곡된 논리 속에 김대중정권의 참여민주주의와 노사정 합의주의가 대세인 양 추동하고 있습니다.

그러나 여전히 신자유주의전략을 통해 자신의 기득권을 유지·확대하려는 국내외 독점자본과 노동자·민중 사이에는 옛날보다 더욱 치열하게 대결구조가 형성되고 있습니다. 이 대립의 문제를 김대중정권과 신자유주의를 넘어서 진보의 맥락으로 풀어가기를 요구합니다. 이 시대는 다시 민주주의와 진보를 위한 담론이 지배하고 노동자·민중의 정치·경제·사회적 지위를 향상시키기 위한 민주적·민중적 개혁의 시대로 바뀌어야 합니다. 이러한 전환은 진보운동이 노동자·민중운동과

굳건히 결합하여 사회의 민주적 잠재력을 폭넓게 만들어가지 않는 한 이루어지지 않을 것이라고 저희는 믿고 있습니다.

이에 1994년 우리 사회 각 부문에서 활동하는 진보적 지식인들의 자발적·연대적 사회운동체로서 출범한 '민주와 진보를 위한 지식인연대 (준)'는 지난 시기 활동의 성과를 바탕으로 하여 진보의 진정한 방향과 운동능력을 갖추고자 진보적 지식인, 노동·사회운동가, 진보적 사회인들의 자발적인 연대운동체 '사회진보를 위한 민주연대'(약칭 '진보연대')로 거듭나고자 합니다. 사실 지난 4년간의 활동 역시 이 시대 진정한 진보의 이름을 지키고자 하는 노력이었다고 생각합니다. 노동자 민중운동과의 연대와 진보적 연구집단과의 정책적 교류, 진보적 사회단체들과의 공동활동을 통해 지식인연대는 자신의 위상과 역할을 다시금 재정립해야만 할 필요를 절감하고 있었습니다.

새롭게 나가고자 하는 '사회진보를 위한 민주연대'는 민주적·계급적 사회운동을 표방하며 노동자 민중의 투쟁 현장에서 살아 숨쉬는 실천적 연대와 정책생산을 지향하고 이를 위해 온 힘을 다할 것입니다. 환경·여성·평화운동 등 진보적 사회운동들과 연대할 것이며 진보진영의 저변을 확대하고 자본의 지구화 및 신자유주의에 반대하는 세계적인 흐름들과 국제연대를 더욱 강화할 것입니다. 또한 우리 사회의 자주적·민중적 평화통일을 위한 대안을 제시하고 실천해나갈 것이다. 우리는 우리의 활동을 노동자·민중과 함께 하기 위해 노력할 것이며 우리의 활동에 대한 격려와 비판을 발전의 원동력으로 삼고자 합니다. 정보화시대를 맞이하여 새로운 운동지평을 열어가는 〈진보네트워크 참세상〉과 뻗어가는 연대망을 만들어나갈 것입니다. 나아가 진보진영 내부에 존재하는 여러 이론적·정치적 흐름들을 비판적으로 검토하고 이를 진보운동의 일보 전진으로 가져가도록 노력할 것입니다. 우리의 실천이 현실에서 노동자 민중운동과 진보적 정치운동의 발전에 실질적으로 기여할 수 있도록 최선을 다할 것입니다.

이제까지 보여주셨던 관심과 애정이 변하지 않기를, 더욱 큰 애정으로 함께 하실 수 있기를 간절히 바랍니다. 여러분의 한 걸음이 이 시대의 진정한 진보의 이름을 복원하는 큰 걸음이 될 수 있다는 사실을 기억해 주십시오.

1998. 11. 13.

학문 사상의 자유와 진보적 학문공동체의 사명

1.

1948년 이후 한국에는 차츰 민족, 민중, 무산/유산계급, 사회주의, 자본주의, 평화통일이라는 용어가 사라지기 시작했다.[1] 1960년 4. 19혁명기에 다소 복원되는가 하다가 1961년 군사쿠테타에 의하여 모두 반공이라는 국시에 의하여 청소되었다.

2.

1970년대 법정에서 '미국은 자본주의 국가다'라는 응답을 한 피고인은 삼단논법에 의하여 '이적행위자'로 규정되었다. 다음과 같은 논리에 의해서다. 자본주의체제는 두 적대계급이 존재한다. 프롤레타리아계급의 폭력혁명에 의하여 전복된다. 이는 북괴에 동조하는 것이다.

1979년 크리스찬 아카데미 사건이 있었는데, 전말은 다음과 같다. 크리스찬 아카데미 중간집단교육 프로그램에서 한국의 노동자들이 비로소 처음으로 노동조합론, 노동운동사, 사회주의운동사 공부를 하게 되었

---

1) 1953년 4월부터 1967년 12월까지 간행된 월간지 『사상계』 목차를 보면 유물론, 맑시즘, 사회주의, 공산당, 모택동, 김일성체제에 관하여 34개 정도의 글이 올랐다. 그것도 대개 비판하는 것이 주목적이었다. 노동조합에 관해서는 한번의 특집이 있다. 이 월간지는 자유주의, 휴머니즘, 그리고 한국의 고전사상을 주로 다루고 있다. 계급, 노동 그리고 자본축적과 같은 범주에 대한 인식론적, 실천적 접근의 글은 거의 없다. 61년 이후 박정희 군사정권에 대한 비판이 차츰 강화되는 경향이었다.

다. 이 프로그램 담당자들이 자생적 사회주의 전복집단으로 구속 기소되었다. 사회주의가 무엇인가가 법정에서 논쟁되었다. 득일이 이적국가가 될 뻔하였다. 이 재판과정에서 '착취'라는 용어가 이적집단 규정의 단서가 된 것이 드러났다.

3.

80년대에 들어와서 4. 19 재평가에서 민중, 민족 단어가 복원되기 시작하였다. 서관모 교수의 박사논문이 한국의 계급구조를 구획하는 통계적 작업을 수행하였다.[2] 이 작업에 힘입어 1983년 기독교사회문제연구소에서 『한국사회구조변동』을 발간하면서 '한국사회의 계급구조'가 총괄적으로 기술되었다. 이로써 사회과학계에 계급연구가 촉발하였으며,[3] 운동영역에서는 '사구체 논쟁'의 길을 열었다. 자본축적, 국가, 주변부 자본주의 그리고 소련, 중국, 북한이 연구 대상으로 들어오게 되었다. 진보적인 학술연구회가 84년을 기점으로 하여 다양하게 조직되었다. 이들이 나중에 학술단체협의회를 구성하게 되었다(1988년 11월).

이 학술단체협의회는 오히려 1988년 서관모교수 사건에 대응하는 공동대책위원회가 전환한 의미가 더 강하였다. 연합심포지움이 개최되어 계급문제가 한 주제가 되었는데 이를 빌미로 검찰이 서교수를 소환하였다(중간에 『조선일보』의 보도와 '김동길 칼럼'이 있었다). '학문자유 침해 사건에 대한 범교수공동대책위원회'가 구성된 것이 적어도 6. 25이후 교수들의 학문자유 공동활동의 시초일 것이다.

1987년 맑스의 자본론이 번역 간행되었다(세 종류). 88년 출판사 대표가 구속되었는데 구속적부심사에서 석방되었다. 당시 출판물에 대한

---

2) 서관모, 『현대 한국사회의 계급구성과 계급변화: 쁘띠부르조아지의 추세를 중심으로』, 한국사회학회/한울출판사, 1984.
3) 김진균 외, 『한국사회의 계급연구 1』, 한울, 1985. 계급연구 총론에는 홍두승, 서관모, 공제욱, 민중과 계급에는 박현채, 자본가계급에는 홍득률, 쁘띠 부르주아지에는 서관모, 화이트칼라에는 정근식, 하층계급에는 김진균, 조희연, 농민여는 김진균, 임영일, 박명규, 무산계급에는 김석준이 논문을 썼다.

통제가 심했는데 출판인들도 '한국출판 문화운동협의회'를 결성하여 대응하였다. 87년 10월 77년 이래의 판금도서 중 451종이 해금되었음에도 불구하고 판금 리스트는 더욱 정교하게 구성되어 있었다. 이리하여 89년 2월 민교협과 민변 공동주최로 '민주사회와 사상의 자유' 공청회가 개최되었는데 여기서는 국가보안법 이적표현물 조항을 중심으로 전개되었다. 특히 서점의 어떤 사회과학 서적이라도 경찰이 이를 혐의로 구속하면 일심판결까지 중간에서 걸러내는 장치가 없음을 지적한 민변의 발제는 중요했다.

이 80년대 학술을 중심으로 한 사회운동은 연구의 대상영역을 넓히고 개념과 사유방식을 넓혔다. 맑스주의와 모택동 연구 및 북한 사회와 주체사상, 제3세계 연구, 한국사에 있어서 근현대 및 사회주의운동 및 독립운동과 사회주의운동, 그리고 계급연구와 노동운동, 주변-중심 자본주의체제, 변혁과 혁명 등이 모두 연구방식을 확대하는 동시에 사회변혁의 꿈에 사회과학적 연구를 촉발하였다. 여기에 북한 문제가 어울려지고 있었다.[4] 그리고 80년대에 1980년의 광주 5. 18민중항쟁 사태를 점검하는 사이에 미국의 정체에 대해 비로소 객관적인 접근을 하기 시작하였다.

4.

1991년 남북고위회담에서 남북 화해, 불가침, 교류협력 합의서가 이루어지고 그해 12월에는 남북 비핵화가 합의되었다. 그렇지만 국가보안법은 개정되지 않았으며 오히려 학계에 대한 감시탄압은 지속되었다. 91년 5월 민교협과 민변 공동으로 '국가보안법 어떻게 할 것인가'라는 주제로 토론회가 개최되었다. 그러나 7월에는 서울사회과학연구소 사건

---

4) 80년대 중반에는 무크지가 발행되었다(계간지 발행이 허용되지 않았기 때문이었다). 『한국사회연구』, 『창작과 비평』, 『역사비평』, 『노동운동과 노동현실』 그리고 80년대 후반 계간지로서 『현실과 과학』, 『경제와 사회』, 『창작과 비평』, 『역사비평』 등이, 월간지로서는 1988년 9월에 창간한 『사회와 사상』이 주목을 받았다.

이 발생하여 연구자들이 구속되었다. 말하자면 연구영역과 운동영역이 연구대상을 확대심화하면 할수록 이를 통제하려고 국가보안법을 확대적용하는 동시에 교수에 대한 통제(학원안정법, 교수재임용제 등등)가 제도적 세련을 더해 갔다. 93년 조국 교수 구속사건이 발생하였다.

92년 5월 국가보안법 철폐 범국민 투쟁본부가 결성되었다.

5.

94년 서강대 박홍 총장의 음해성 발언―일부 학생과 교수가 북한의 지원을 받았다―이 있었다. 그리고 다음과 같은 세 가지 사건이 있었다. 1) 경상대학교 '한국사회의 이해' 사건(7년 만에 1심 판결), 2) 유초하 교수 수배 연행 사건, 3) 정현백 교수 연행 사건.

현재 계류중인 한 사건에서는 한 단체의 규약해설에서 나온 단어 '민주집중제'가 북한 공산당 규약의 것과 동일하다고 하여 국가보안법 위반 혐의를 받고 있다. (대통령중심제가 민주집중제의 한 형태임을 상기하라.)

북한과의 교류가 여러 형태로 여러 수준에서 진행되고 있지만 북한과의 관계 측면에서 국가보안법은 국가가 적절히 적용시키고 있다. 현 정권에서도 국가보안법 혐의구속자 수가 더욱 증대하고 있다. 국가보안법 중에서도 이적표현물 조항을 대부분 적용하고 있다. (이적표현물 리스트도 있다―인권운동사랑방).

6.

강교수 사건은 남북이 통일을 향해 가는 길목에서 어느 진행단계마다 그 길목에서 진행을 차단함으로써 지배블록의 실체를 인식케 하는, 말하자면 권력주체―남북관계를 규정하는 권력의 주체―를 인지케 하는 사건의 연속선상에 놓여 있다.

남북 통일과정도 민족구성원의 삶의 형태를 확대심화시키는 방향에서 새롭게 구성해 가는 과정이다. 이를 구성하는 데는 지배블록만의 규정으로 성립되는 것이 아니다. 삶의 공동체를 이루는 여러 구성원의 감성, 지성, 그리고 도덕성이 개입되는 것이다. 여기에서 지식인은 보다 객관적인 차원에서 이 새로운 구성적인 삶의 형태가 '진보적'인 것이 되도록 인식하고 판단하고 정식화시키는 데 노력을 집중한다. 말하자면 새로운 삶의 형태에 대한 공동체적 윤리의 개입을 의미하며 지식인은 이렇게 해야 할 책임을 가지고 있다. 이 과정에서 부당한 편파적 소수 권력이 민족 전체의 명운과 이익을 독차지하는 퇴행적 역사과정으로 가도록 방치해서는 안되는 것이 지식인의 사명이다.

남북한의 통일을 향한 전개과정은 전지구적 통합자본주의 경향과 함께 진행되고 있다. 투자우선의 투자협정이 미국을 중심으로 강행되고 있고 이와 동시에 전우주적인 군사전략체계에 각국이 포섭되도록 강요당하고 있다. 이에 맞서 전세계적 민중의 저항이 강화되고 있다.[5] 이 역사적 과정은 분단된 국가의 경직된 체제의 협소하고 편파적인 인식-판단방식으로서는 감당하지 못할 것이다. 보다 심화되고 확대된 인식/사유/상상을 필요로 한다. 풍부한 상상력이 있어야만 새로운 사회구성을 창의적으로 형성해 나갈 수 있을 것이다. 역사를 성찰하고 잠재된 능력의 문화를 살피고 한 민족구성원이 지구촌 사람들과 어울려 살아가야 하는 지적, 도덕적 감수성을 키워가야 한다. 진보적 학술공동체도 80년대의 변혁적 인식의 차원을 넘어서 더 넓혀진 지적 도덕성을 확대하면서 새로운 사회구성에 대처해야만 역사적 책임을 다하리라고 본다.

〈산업사회학회 토론회〉, '강정구 교수의 학문과 사상', 2001. 10. 27.

---

5) 김진균, 「21세기 세계질서와 반체제운동」, 『사회과학연구』 6호, 동국대학교 부설 사회과학연구원, 1998, 69-87쪽 참조.

학문의 자유와 정치적 실천 사이

  우리가 80년대를 한국사에서 하나의 전환기로 삼을 수 있다는 것은
단순히 장기적인 군사독재정권이 민주화운동의 거대한 힘이 밀려 퇴진
했다는 단순한 사태 때문인 것만은 아닐 것이다. 민주화운동에 참여했
던 많은 사람이 국가보안법에 의해 고통받으면서도 변혁의 길을 추구한
결집된 힘이 창조한 시기를 마련할 수 있었기 때문이었을 것이다. 노동
자들은 노동조합 결성 활동을 탄압해오던 국가보안법을 밀어내고 있었
다. 위대한 근대적 역사의 유산으로 지칭되는 맑스의『자본』 출판조차
국가보안법의 구속을 받아야 했던 출판계가 이 지구상의 역사적 그리고
당대의 지식과 이론과 사상을 과감하게 국내에 도입 출판하는 투쟁을
감행하였고, '학술단체협의회'로 모아진 연구자-지식인들은 현실적 어
려움의 모든 고통을 감내하면서도 연구의 대상을 제한하지 않고 한국의
근현대 시기에, 그리고 응당 그 연구 대상에 포함되고 있는 북한에 대
해서도, 그리고 그러한 시기에 대한 넓은 시야의 인식방법을 수련하기
위하여 동서양을 막론하고 제3세계의 당대현실과 역사, 그리고 그것을
담아내고 있는 사상과 철학을 연구해야만 했다. 그러는 사이에 머리를
들고 성장하는 노동자는 그들을 계급으로 드러냄으로써, 그리고 문익
환 목사와 임수경씨가 합법을 넘어 강고했던 38선 벽을 넘나들어 남북
한 물꼬를 트이게 함으로써 현실적으로 북한조차 연구의 대상으로 삼

게 했던 것이다.

이러한 사태의 변환은 사회과학 전반에 방법론과 대상영역의 변혁을 요구했던 것이다. 학문의 자유는 비판으로부터 시작한다. 연구의 대상이 제한되어 있고 방법론이 옹졸하다면 역사가 바로 보일 수 없을 것이다. 학문의 자유는 그러므로 어떤 종류의 이데올로기로부터도 자유로워야 한다는 전제가 있다. 학문의 자유는 사상의 자유와 표현의 자유를 동반해서 또한 서로 상승하면서 발전한다는 점은 우리는 80년대를 지나면서 절실히 느꼈던 것이고 그리하여 지금은 정치적으로 경제적으로 학문-사상 차원에서 한국을 '세계화'라는 무한히 열려있는 지평에서 바라볼 수 있는 역량을 가지게 되었다. 학문의 자유와 사상의 자유와 같은 정치적 기본권이 확대심화되면 될수록 사회와 국가가 발전한다는 것은 명백하다. 그렇지만 학문의 자유가 지금 향유될 만큼 발전된 것은 아니다. 80년대는 민주화를 위하여 반(反) 지성적이고 반(反) 이성적인 군사주의를 타파하기 위하여 지식인들은 학문의 자유와 사상의 자유 및 표현의 자유라는 맥락을 통해서 이론적으로 실천운동으로 싸웠던 것이다. 그 다음, 〈학술단체협의회〉가 1년마다 개최하는 연합심포지움에서 1996년 가을에는 주제를 '재벌과 언론'으로 설정한 데서 그 문제의식을 알 수 있듯이 재벌의 지배구조와 제도언론의 소유구조와 공안언론적 이데올로기공세 행태가 한국사회의 민주적-자율적-통일지향적-복지적 발전에 걸림돌이 된다는 점을 밝히고자 하였다. (학술단체협의회 제9회 연합심포지엄, 『재벌과 언론』, 당대, 1996) 언론 자체에서 80년대 변혁적 사회운동에 반응해서 90년대에 와서 스스로 한국사회의 진로를 '시민사회론'으로 내세우면서도 그 지향성에 적극적으로 스스로 변신을 할 수 없었다. 그 균열이 지금 조선일보가 최장집 교수에 대해 이념적 검열을 자청하고 나서는 무모한 행태로 드러나고 있는 것이다. 물론 언론에서도 변화는 일어나고 있었다. 민주와 자주를 열망하는 국민들이 다소 진취적인 신문사를 만들기도 하고 언론-방송계에 스스로 성찰하는 기구가 생기기도 하고 노동조합이 설립되어 자쟁하고자 노력하기도 한다. 그럼에도 불구하고 그 소유구조(신문사는 재벌 소유이거나 거의 재벌화되어 있다)와 오랜 폐습으로서의 정권과의 유착에 의하여 상업주의를 치밀하게 추구하는 동시에 끈질기게 공안추수적 이데올로기 공세를 펴내는 성향을 바꿔내지 못하고 있다. 대체로 민주적 시민사회건설이라는 공표된 그들의 목표에 충실히 복무하는 기획이 발전되지 못하고 그 중에서도 조선일보는 상업주의와 공안언론이 합쳐진 '안보상업주의'라는 지칭까지 받아 비판당하고 있다. 언론에서는 가장 조심해야 할 가인에 대한 기본권조차 침해하는 경우가 지금도 허다하게 발생하고 있다.

학문의 자유를 이론적으로 실천했을 뿐만 아니라 학술운동 영역에서 일정하게 헌신한 최장집 교수가 현정권과의 제휴관계를 맺고 있는 데 대하여 그의 정치적 실천이 이상적으로 진행되기는 어려울 것이지만, 이번 조선일보의 이데올로기 공세는 최교수 개인에 대한 문제차원이 아니고 그의 정권참여와는 관계없이 학문의 자유와 사상의 자유 차원에서 학계는 심각하게 대처해야 한다고 생각한다. 근현대사에 대한 열려진 접근이 앞으로 우리가 통일을 지향하고 더 나아가 자율적인 역사적-문화적 바탕에서 '전지구적으로' 한국민족의 생존과 성장의 길을 찾아나가고자 하는 데 생명력과 활력을 줄 수 있기 때문이다. 학계에 진보적인 성찰의 방법이 있어야 학문이 실천적 영역과 함께 발전할 수 있듯이 언론도 스스로 성장전화하지 못하고 경색된 이데올로기 울타리에 갇혀있다면 도태되는 길로 접어들 수밖에 없을 것이다. 시민은, 민중은 세대를 지나면서 성장하고 발전한다.

『교수신문』, 1998. 11. 9.

부록

한국의 교육문화

한국의 교육문화에 대한 사회학적 접근
—학교교육을 중심으로

1. 연구의 목적

이 연구는 한국의 교육문화의 구조를 비판적으로 이해함을 목적으로 한다. 1945년 이후 현재까지의 시기에 걸쳐서 교육 부문에서 발생하는 많은 문제는 교육체계 자체뿐만 아니라 교육과 다른 부문간에 맺어지는 연관성 속에서 발생하기 때문에, 여기서는 가능한한 교육문화의 구조와 다른 사회 부문간의 관계에 특히 초점을 두어 다루어 가고자 한다. 따라서 교육체계의 기술적인 측면이나 교과과정에 있어서의 심리학적 요소에 관심을 두기보다는, 다른 부문과의 관련성에서 조성된 교육문화의 특성이 보다 사회학적 시각에서 제시될 것이고, 그 특성들이 지니고 있는 문제점들을 검토하여 민주주의와 민족주의에 기초하는 교육체계의 발전에 기여하는 기준들이 유도될 수 있도록 그 기초 작업을 진행할 것이다.

2. 분석의 틀

이 연구에서 교육체계를 다른 부문과 상호 연관성 속에서 분석함에 있어서, 1960-70년대에 특징적으로 나타났던 두 가지 사실을 중요시하고자 한다. 첫째는 정부가 근대화(경제개발계획)를 추진한 사실이다.

이것은 학교 교육에 인력공급 기능의 강화를 요구하였고, 이 요인은 성장한 인간상(人間像)의 일정한 형태, 말하자면 기능적 인간을 형성하는 데 크게 영향을 주었으리라고 생각할 수 있다. 둘째는, 근대화를 추진했던 정치적 엘리트 집단은 70년대에 이르러 유신체제를 통하여 독재적 정치체제를 강화하였는데, 이에 대하여 특히 대학생들이 계속 저항하였다. 악순환적으로 독재적 정치체제는 교육제도의 개편이나 직접적 조치를 통하여 대학생의 행위에 대한 통제를 강화하였다. 이 두 사실은 교육에 대하여 경제와 국가가 관련되는 점이다.

한편, 교육체제는 자라나는 사람들에게 사회적 지위를 부여해주는 첫 번째 관문이다. 이 관문을 통하여 사람들은 계층적 지위를 차지하거나 이동하는 계기가 될 뿐만 아니라 계급적 지위를 획득하는 데 크게 영향을 받는다. 경제개발계획은 국민들의 계급적 위치를 의도적으로 개편시켜 주는 결과를 가져오는 것이며, 교육은 사람들로 하여금 그러한 결과적 이득을 차지하는 개별적 조건을 준비케 하는 것이다.

<표 1> 교육과 다른 부문과의 관계

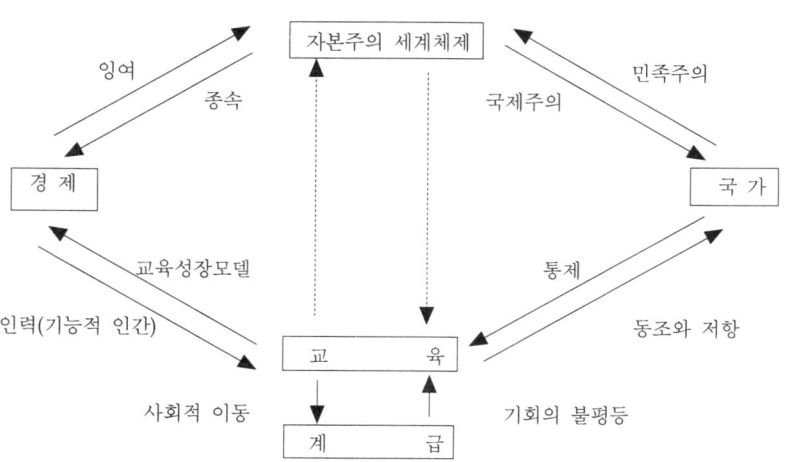

또한 교육체계를 다른 부문과 연관적으로 분석하는 데 있어서 한국이 경제개발계획을 통하여 추구해온 자본주의적 발전 모델이 세계적 자본주의 체계와 보다 밀착해있고, 이것은 국가 부문과 경제 부문을 통하여 교육에 영향을 주고 있다는 점을 고려하게 한다. 이와 같은 관계를 도식화하면 앞의 〈표 1〉과 같다.

1) 교육과 국가

교육은 국가 성원으로 하여금 학교제도를 통하여 국가 사회가 지향하는 이상(理想), 기본적인 사회적 가치와 규범, 공동생활에 필요한 생활양식과 생활기술을 습득케 하여 국가성원의 행위를 일정한 기준에 합치하도록 통제한다. 이 측면에 있어서 중요한 분석의 대상은 국정 교과서의 내용, 학제의 개편, 학생에 대한 직접적 또는 간접적인 국가 통제 등이다. 피교육자인 학생은 공식적 교육을 통하여 기본조인 생활양식을 습득하는 것이지만 기본적인 가치에 대해서는 여러 가지 반응을 보일 수 있고, 국가의 직접적·간접적 통제에 대해서도 여러 가지 반응을 나타낼 것이다. 즉 적극적으로 동조하기도 하고, 회의하기도 하며 저항하기도 할 것이다. 1960-70년대에 대학생들의 저항적 측면에서 특히 국·중·고등학교와 대학 사이에 교육문화가 단절되는 현상이 현저히 나타나고 있다. 60-70년대에 국가의 통치체제가 독재적이고 권위주의적으로 될수록 그리고 그 표방하는 민족주의의 실체가 애매해질수록, 대학사회는 더욱더 사회운동(민주적이고 민족주의적인)의 무대가 되었다. 따라서 국가의 통제와 대학생의 저항적 운동은 악순환적인 과정을 보이기도 하였다.

2) 교육과 경제

인력 개발은 넓게 보면, 한 국가 사회의 경제 성장과 사회 문화의 발전 및 정치적 성장에 필요로 하는 기능과 지식을 조성하고, 보다 나은 사회의 창조에 모든 삶이 참여하는 길을 제공하는 데 그 목적이 있다. 1960-70년대 한국에서는 경제개발계획을 추진함에 따라 인력개발 개념이 공업화에 유용한 인력, 즉 과학기술계 인력의 양성과 공급에 한정되었다. 이에 따라 과학기술계 인력의 양성을 공식적인 학교교육체계에 더욱 요구하게 되었으며, 한편 교육체계는 이 요구를 충족시켜 주는 방향으로 개편을 거듭하였다. 여기에서 발생하는 교육문화적 문제는 전문교육(직업 교육) 대 전인교육, 기능적 인간 대 창조적 인간과 같은 쟁점이 부각되는 것이지만, 전인교육이나 창조적 인간을 위한 교육은 부차적으로 밀려나는 것이었다.

3) 교육과 계급

근래의 많은 사회학적 조사 연구에 있어서 사람들의 행위 차이에 가장 중요하게 영향을 주는 변수로서 교육의 수준이라는 요인이 크게 지적되고 있다. 말하자면 교육의 수준, 특히 고등교육(대학교육)이냐 그 이하의 교육을 받았느냐의 차이가 경제적 차별뿐만 아니라 사회적 차별이 기본 분수령이 되어서, 고등교육(대학교육)이 사람들 사이에 봉건적 신분과 같은 계급적인 배타적 분화(分化)를 결정해주는 요인이 되고 있다. 이러한 요인이 사람들 사이에 대학교육에 대한 열망을 고취시켜 주고 있다. 한편으로 중학교에서 어떤 고등학교(주간 인문·야간 인문·실업학교)로 진입하는가 하는 자체가 계층적 기회의 배분에 대한 전초적 기능 작용을 하기도 한다. 이 점에서 한국 교육문화의 독특성이 나타나기도 한다.

4) 자본주의 세계체제와의 관련성

한국은 자본주의적 세계체제와는 두 가지 역사적 관련성을 갖고 있다. 그 하나는 20세기 전반기 일본 제국주의에 의한 지배와 그 잔재의 영향을 받고 있다는 것이며, 다른 하나는 해방 후 미국 군정 시기와 그

후에 있어서 세계 냉전체제의 한 첨단적 위치에 놓임으로써 세계의 자본주의 주도국인 미국과 밀접한 연계성을 가졌다는 것이다.

본 연구에서는 일제의 잔재에 대해서 언급하고 미국과의 관계에 있어서는 한국에 대한 미국의 교육원조의 특성을 지적하여, 그것이 한국의 교육문화에 어떤 한계를 주었는가를 시사하고자 한다. 기국의 교육원조는 일반적으로 한국에 대한 미국의 경제원조와 관련되고, 미국의 자본과 기술에 주로 의존한 한국의 경제개발계획이 미국의 경제 발전에 관련된다고 하는 측면에 있어서 미국의 교육원조와 한국의 교육정책이 갖는 함축성을 간단히 취급하고자 한다.

3. 교육제도—그 역사적 개관

여기서는 해방 이후 한국의 교육제도의 변천을 개관하고자 한다.

1) 1945-1950년

현재 한국 교육제도의 골격은 1945-1948년간 미국 근정에 의한 미국 교육제도의 도입에 의하여 구축된 것이었다. 1945년 종전과 더불어 남한에 진주한 미군은 군정청을 설치하고 처음에는 교육을 담당할 학무국을 두었다가 문교부로 개편(1946)하였고, 지방에도 각 도에 학무국을 두어 교육행정체계를 확립하는 한편 단선형 학제(6-6-4)를 도입하였다. 한반도에 한국인 자체의 어떠한 국가 정체도 인정하지 않았던 미국 군정은 북한에 진주한 소련군 및 공산 세력에 대항하는 강력한 보루를 남한에 구축하는 것이 일차적인 목적이었다. 따라서 미국 군정이 추구했던 교육 정책도 미국식 제도를 이식함으로써 반공의 기틀을 만들고자 하는 데 일차적인 중점이 주어졌던 것이다.

그러나 교육을 담당할 각급 수준의 교사들은 대부분 일본식 교육제도에 습관화된 사람들이었다. 미국 군정은 이들을 미국식으로 재교육시키는 것이 급선무였다. 이를 위해 미국으로부터 교육사절단이 파견되었고,

'중앙교원훈련소(T. T. C)'가 설치되어 교사들을 재훈련하였다. 이미 여기서 한국의 교육문화가 미국의 영향권에 철저히 들어가기 시작하였다.[1]

한편 1948년 남한에 대한민국 정부가 수립되자 정부조직법에 의거하여 문교부가 창설되었다. 교육도 헌법에 의하여 규정되었는데, 그 중에 가장 중요한 것은 헌법 제14조에 "모든 국민은 균등하게 교육을 받을 권리가 있다. 적어도 초등교육은 의무적이며 무상으로 한다…"고 하여 의무교육 제도를 처음부터 도입하였다. 물론 이 의무교육이 무상으로 완벽하게 이루어지는 문제는 아직도 해결되지 못하고 있다. 이 시기의 또 하나의 특징은 중등학교 이상에는 학도호국단이 조직되었고, 이념적으로는 반공을 기반으로 하는 일민주의가 제창되었다는 것이다.[2]

전체적으로 보아 이 시기는 세계적 냉전체제가 구축되면서 남북한을 양극의 한 쪽으로 각각 편입시키는 시기였으며, 또한 이 기간 동안에 대한민국의 첫 정권을 장악한 이승만은 친일세력에 기반을 두면서 지배체제를 반공이데올로기로써 정당화시켰으며, 따라서 일제 잔재의 청산 문제도 효과적으로 저지시켰다(예컨대 반민특위 활동의 저지).[3] 교육계에서도 친일 세력이나 일본식 의식과 사고가 전혀 배제되지 않았으며 친일 세력이나 일본식 교육에 습관화된 사람들이 그대로 교육제도를 운용함으로써 일제 식민주의 교육문화가 구조적으로 지속되었다. 그리하여 당시 고등교육기관은 경성제대 내지 일본 유학 출신자에 의해서, 교육기관은 일제 사범학교 출신자에 의해 장악되었고,[4] 그 영향은 70년

1) 김인회, 「문화 식민지 교육 경향과 그 탈피의 몸부림」, 『월간 조선』, 1982년 8월호, 359쪽. 미국 군정 기간 동안 미국 교육 사절단에 의하여 미국식 교육 방법과 이론을 교육받은 교사의 수는 약 3만 명에 이른다고 한다.
2) 손인수 외, 『文敎史 : 1945-1972』, 한국교육문제연구소, 1974, 20쪽. 미국 군정 3년간에 신탁통치와 국립대학안을 둘러싼 동맹휴학, 1948년 4월의 제주도 폭동 사건, 10월의 여수·순천 반란 사건의 와중에서 학원의 사상적 안정과 국민 사상을 반공으로 귀일시키기 위해 초대 문교부 장관 안호상에 의하여 제창된 것이 일민주의(一民主義)이며, 그 이념을 구현하기 위하여 학생을 조직한 것이 학도호국단이다.
3) 송건호, 『8.15後의 韓國民族主義』, 송건호·강만길 편, 『韓國民族主義論』, 창작과비평사, 1982, 195-199쪽 참조.
4) 김인회, 『한국인의 교육관』, 이성사, 1960, 35-44쪽. 당시 경성제대의 교육이나 일본

대까지도 강력히 지속되었다. 따라서 민족주의 그리고 대한민국 정부가 표방한 민주주의는 형식상으로 표방된 가치로 존재하였을 뿐이고, 민족주의와 민주주의에 철저히 의식 개혁되지 않은 교육 담당자들이 미국에서 주로 도입된 교과 내용을 가지고, 반공이데올로기를 앞세우고 다음 세대를 교육해야 하는 교육문화를 창출하였다.

2) 1950-1960년

1950년에 발발한 6.25전쟁은 교육부문에도 커다란 시련을 안겨 주었다. 전시 문교부에 의하여 교육 비상 조치가 취해졌다('전시하교육특별조치요강', 1951년 2월 26일). 전시 중에는 학교교육이 정상적으로 이루어질 수 없었으며, 많은 학생들이 전쟁에 참가하여 희생이 나게 되었다. 한편으로 사학재단은 농지개혁에 의하여 크게 위축되었으나, 전후에는 대학생의 병역 혜택 조치에 의하여 재학생이 증대함에 따라 양적으로 크게 팽창하였는데, 이때 교육문화에서 대학입학 열풍이 처음으로 불기 시작하였다.

이 시기에 주목할 만한 것은 첫째, 1951년 교육법 개정을 통하여 현행 기간(基幹) 학제인 6·3·3·4제의 단선형 학제가 확정되었다는 사실이다. 이것은 '국민학교→중학교→고등학교→대학고'로 연결되는 계제(階梯)의 학제이다.[5] 이 학제는 초기부터 개편의 필요성을 역설하는 비판에 계속 봉착하였으나, 부분적인 개정이 있었을 뿐이고 그 골격은 계속되고 있다. 둘째는 교육자치제도가 형식상 도입되었다는 점이다.

유학은 주로 상층부 출신이, 사범학교 교육은 주로 하층부 출신이 받았다고 한다. 특히 교육의 방향이나 정책 결정에 영향력을 행사하는 세력은 단지 표현이나 구호를 군국주의 대신 민주주의로 바꾸고, "君臣一體 忠孝日本"이라는 덕목 대신에 "새마음 새정신 충효사상" 등으로 바꾸고 "황국신민서사"를 '국민교육헌장'으로 대신하기는 했어도 그것들을 교육하는 권위주의적 방식에 있어서나 지도 감독하는 장학 행정에 있어서는 하등 달라진 게 없고, 더구나 교육을 체제유지와 강화를 위한 수단으로 이용하는 수법에 있어서는 일제 사범교육이 가르쳐준 것을 충실히 따르고 있는 것 같다고 한다.
5) 학제의 기간형에 대한 설명은 정원식, 「교육의 장래」, 이해영·권태환 편, 『한국사회』 제2권, 서울대학교 인구 및 발전문제연구소, 1978, 464-468쪽을 참조하시오.

1952년 시·읍·면의 지방의회가 성립되고 1953년 도의회가 성립됨에 따라 교육법에 의거하여 시·군 단위의 교육행정 및 중앙교육행정체제는 변하지 않아서 중앙집권적 행정체제가 계속 작용함으로써 교육자치제는 크게 제약을 받았다.6) 셋째는 교육에 있어서도 수익자 부담 원칙이 도입되었는데, 그것이 특히 미국을 모방하여 1951년에 사친회가 조직되고 1953년부터 본격적으로 실시되었다. 이것은 육성회 및 기성회라는 이름으로 국가가 감당하여야 할 교육재정을 학부모에 전가하는 것이었다. 해방 직후와 6.25전쟁으로 인하여 국가가 의무교육의 재정조차도 감당하기에 벅찬 실정을 배경으로 하여 그 80%의 재정을 학부모가 감당하게 하였다. 이것이 한국 교육문화에 있어서 학부모가 교육비를 사적으로 과중하게 부담하고 국가나 교육재단(사립학교의 재단)이 재정 부담을 가볍게 맡으려는 경향을 낳게 되었다.7)

전쟁을 통하여 한국 경제는 미국의 원조에 크게 의존하게 되었고, 교육부문에서도 이러한 원조의 일환으로 들어온 미국교육사절단의 활동으로 미국식 교육이 보다 체계적으로 도입되었다. 1952년 '유니테리언 서비스 커미티(Uniterian Sevice Commity)'에서 사절단이 파견되었고, 그 영향으로 '중앙교육연구소'가 성립되었다. 특히 피바디 대학에서 온 3차 사절단의 영향이 컸다. 위의 연구소에서는 매년 1-2명의 연구원을 미국(초기에는 주로 피바디 대학)에 보내 1년씩 교육받게 하였는데, 이 기간에 미국에 가서 교육을 받고 돌아온 학자들이 1960년대의 한국 교육을 지배하게 되었다. 객관식 집단 검사·OX식 시험·각종 표준화 검사·질문지 조사 방법 등이 유행하게 된 것도 그 영향이었다. 미국식 교육 이론 중에서 특히 행동주의 심리학을 기초로 발달한 실증주의적 교육학 이론이 수입되어 교육의 과학화와 효율화라는 목적에 많이 이용되었던 것이다. 한국의 교육이 줄곧 미국 교육학 이론의 지배를 받는

---

6) 박준희, 「방황했던 한국 교육 행정」, 『광장』 113호, 1983. 1, 161-167쪽. 교육자치제는 이미 미국 군정에 의하여 추진되었던 것으로 지적되고 있다.
7) 같은 글, 162쪽.

데서 한편으로 한국의 교육문화가 이론과 현실의 괴리 현상을 노출시키는 크나큰 원인의 하나가 되고 있는 것이다.[8]

3) 1960-1970년

4. 19 혁명과 5. 16 군사 쿠데타는 교육에 대해서도 큰 충격을 주었다. 4. 19혁명에 의한 이승만 독재정권의 붕괴는 학원에 민주화 운동을 일으켰다. 과도 정부의 문교 방침은 학원의 정상화(학원 누패 내지 비민주적 요인에 대한 정화), 사도의 확립(교사의 중립), 교육의 중립성 확립이었다. 그리하여 학도호국단이 해체되고 학생회가 조직되었으며, 교육노조가 조직되기도 하였다.

학원의 민주화 운동이 5. 16군사 쿠데타에 의하여 전환기를 맞게 되었으며, 그 이후 군부 출신에 의한 정권의 장악과 함께 특히 대학생들의 저항은 계속 평행선을 긋는 것이었다. 1961년 9월 1일에 공포된 '교육에 관한 임시 특례법'에 의해 교육자치제와 교원노조가 폐지되었고 교수연구실적 심사제·학생정원 조정제·학사자격 국가고사제가 설정되었고, 사립학교법이 제정되어 사립학교에 대한 정부의 감독이 강화되었는데, 전반적으로 정부가 교육을 통제하는 힘이나 정도가 강화되는 것이었다. 그 이후에 교육 자치제는 부활되었으나 여전히 교육은 통제적이고 중앙집권적인 행정체계에 종속되었다.[9] 그리고 1968년에는 박정희정권의 교육이데올로기라 할 수 있는 '국민교육헌장'이 제정·공포되었다.

한편 1960년대는 1차 경제개발5개년계획이 시작되어 바야흐로 경제개발계획의 시대로 들어선 것으로 특징지어진다. 이때부터 교육을 경제개발의 측면으로 보기 시작하였으며 교육제도와 교육과정에 인력개발

---

8) 김인회, 「문화 식민지 교육 경향과 그 탈피의 몸부림」, 366-368쪽.
9) 박준희, 앞의 글, 167-168쪽 참조. "가령 교육위원회에서 교육감을 선출하는 것을 법으로 정해 놓았지만 실질적으로는 미리 특정 인물을 지명하고 그 사람을 선출케 하는 방식을 취했으니, 이것은 내막적인 사실로 공인되다시피 한일이었다."(168쪽)

개념이 도입되기 시작하였고, 실질과 효율을 숭상하는 경제적 인간, 기능적 인간의 창조가 교육문화의 이상으로 표방되기에 이르렀다.

교육계에서는 교육의 방법과 측정에 관한 연구가 주류를 형성(특히 1968년 '한국행동과학연구소'의 설립)하는데 그 가운데서도 존 듀이 철학에 대한 비판과 함께 본질주의 교육 철학에 관한 연구가 일어나고 교육의 주체성을 추구하는 움직임도 전개되었다.

4) 1970-1980

이 시기에는 박정권이 3선개헌(1969)과 10월유신(1972)으로 장기집권과 독재체제를 강화하였는데, 이에 대하여 민주적인 대학생, 지식인 및 노동자가 중심이 되는 민주화 투쟁이 줄기차게 전개되었고, 그 민주화 투쟁의 중심 무대의 하나가 대학교가 됨에 따라 박정권은 이를 강압적으로 통제하기 위하여 위수령·휴교령·긴급조치 등을 선포하기도 하였고 각종 사건(1974년의 민청학련 사건, 1979년의 남민전 사건 등)에 관해서도 강압적인 취체를 하기도 하였다. 결국 1979년 10. 26 사태에 직면하여 유신체제의 박정권은 붕괴되었다.

1972년 제3차 경제개발계획부터는 중화학 공업을 중심으로 하는 수출주도형의 경제체제로 방향을 전환하게 되어 한국 경제체제가 더욱더 자본주의적 세계체제에 흡착하게 되었는데, 학교교육은 이에 따라 고급인력과 수준높은 기능공의 양성을 위한 공급체제로 변모하게끔 되었다. 이 시기에는 특히 경제성장의 과실 배분이 양극화하는 현상이 현저히 노출되었으며, 생활양식의 상속성 차원에서 볼 때 자본주의적 경제체제를 기반으로 하는 계급분화가 현저화되었으며, 따라서 계급적 이익을 중심으로 갈등이 첨예화되기도 하였다.

한편 교육계에서는 1972년 '한국교육개발원'이 설립되고(텔레비전 학습을 위해 미국 잉여농산물 차관으로 설립), '학교 교육환경 정상화에 관한 지침'(1970)에 의거하여 학부모의 교육 부담이 공식화되어 육성회가 조직되었으며 '10월 유신의 실정요강'으로서 국민교육헌장 이념을 구현시키려는 조치들이 있었다. 또한 박정권은 '국적있는 교육'을 강조함으로써 민족주체사관을 확립한다는 목적 아래서 국사 교육을 강화하고 국사교과서를 국정화(75년)하였는데, 이것은 민족주의를 독재체제에 이용하는 측면이기도 하였다. 이와 함께 대학생을 통제하기 위한 일환으로 안보교육이라는 명목으로 대학생의 군사교육이 더욱 강화되었고, 1975년에는 학생회를 폐지하고 학도호국단을 부활시킴으로써 대학에 대한 정부의 통제가 더욱 증대하였다.

한편, 경제개발정책은 중화학공업과 두뇌집약산업을 강조하게 되어 고등교육기관, 특히 이공계 계통의 대학생이 양적으로 더욱 확대되었다. 고등학교 입시제도가 연합고사로 대체(1973)되면서 고교평준화 작업이 제도적으로 설정되었다. 1980년 5.17 이후에는 과외제도의 폐지, 대학입시에 있어서 입학예비고사에서 입학학력고사로의 전환 및 고교 내신성적의 반영, 대학 졸업정원제의 채택과 성적의 상대적 평가제의 실시 등의 조치가 있었다.

4. 교육과 국가

1960-70년대에 있어서 국가는 교육에 관하여 두 가지 차원에서 크게 영향을 주었다고 볼 수 있다. 첫째는 5개년경제개발계획을 몇 차례 추진해 오면서, 그 경제 개방에 수요되는 인력을 학교 교육제도에서 양성해서 공급해야 한다는 측면에서 교육제도, 교육과정 및 교육내용을 계속 개편하거나 수정했다는 사실이다. 이 점은 다음 장의 인력 개발 측면에서 다룰 것이다. 둘째는 국가가 교육제도를 통하여 일반적으로 말하는 생성 세대를 사회화시킴에 있어서, 특히 한국은 남북분단 이후 남한만의 정부 수립에 따르는 정체성과 정통성, 6.25 남북 전쟁 이후 이데올로기 측면에서의 정당성의 강화, 이에 따른 국가와 민족 및 정부(정권)와의 일체성을 강조코자 하는 필요성 등으로 인하여 공식적 사회화

과정에서 일반 생활 지식이나 규범의 범위를 넘어서는 정치적 사회화를 더욱 강조하게 되었다는 점이다.

이승만의 자유당 정권부터 시작해서 정치권력의 집중화가 민주적 정치질서와 상충되면 될수록 정치적 지배 권력의 정당화를 위한 하나의 수단으로서 학교교육이나 교육제도 및 직접적 관여에 의하여 학생들에게 정치적 통제가 강화되는 경향을 보여주었다. 이 점을 이 장에서 다루려고 한다.

사실 초등학교로부터 소위 인격을 완성시킨다는 고등학교에 이르기까지, 정상적인 사회적 인간으로서 생활할 수 있도록 교육시켜 주는 사회생활 기술이나 기법 및 규범(이것은 관습적이고 공중도덕적 규범이라고 해도 좋다)을 훈련하고 습득케 하는 데도 많은 문제점이 교육과정이나 그 환경적 조건 속에 있다. 그러나 이 점은 여기서 실증적으로 자세히 분석할 수 없다.[10] 여기서는 보다 형식적이고 공식적인 규범체계나 가치체계의 수준에 입각하여 어떤 구체적인 이데올로기로서 정치 사회화하려고 했는가를 교과서의 내용(특히 초등학교 교과서)을 통하여 논의하고자 한다. 그리고 중고등학교용 국정 국사교과서가 처음 작성될 때, 이를 두고 논의되었던 것을 검토코자 한다. 그 다음에 학생들을 특히 통제하고자 하는 데 더 큰 비중을 두었던 제도적 장치와 이에 대한 학생들의 반응을 살펴보고자 한다.

1) 교과서와 정치사회화

대한민국정부가 수립될 당시 선포된 헌법에서 홍익인간을 건국 이념

---

10) 예컨대, 초등학교 교육과정에 있어서 실험이나 체험을 통해서 습득해야 할 사회생활의 기법 또는 실과 과목에서의 기초적인 과학 내지 기술적 지식이 참고서를 통해서 머리 속에서만 기억케 하는 교육환경 조건의 미비점이 교육제도의 근본적 문제점으로 대두된 지 오래이다. 또한 각급 학교에 있어서의 교과서가 그 교과서만으로는 학생이 그 단위 내용을 이해하기가 어렵도록 작성되어 있어서, 교사의 도움이 필요하게 된다. 따라서 참고서・테이프 종류의 참고물・과외교사・문제풀이 연습용 참고물 등이 발달하고, 소년소녀용 신문에서조차 초등학교 학생을 위한 문제의 출제를 정상적인 서비스로 제공하기에 이르고 있다. 이것은 모두 학교교육의 비정상적 상태에서 비롯된 것이다.

으로 내세웠고, 교육법에 있어서도 그 홍익인간을 교육에서 추구해야할 이상적인 인간형으로 설정하였다. 그리고 교육학계에서는 이 홍익인간의 이념을 연구하고 구체화시킨 연구 업적도 상당히 내놓았다. 그런데 문제는 민족이 해방이 되고, 비록 통일이 되지는 않고 분단된 채 남한에만 정부를 수립하기는 하였지만, 그 건국이념으로 내놓은 홍익인간의 이념은 결코 미래지향적인 것은 아니고 과거, 더구나 그 유구한 세월을 자랑하는 만큼의 5천년 전에 단군이 주창했다는 것을 찾아감으로써 과거지향적 특성을 명백히 하는 것이었다. 이것은 헌법을 제정할 당시, 헌법을 작성하는 작업에 참여했던 사람들이 결코 민족주의와 민주주의에 대하여 확고한 미래상이 없었다는 점에 연유하는 것이다.

식민지로부터의 해방이라는 사실과, 어느 때건 통일될 것이라는 기대를 하게 된 당시의 분단 상황으로 보면 민족주의의 장래에 대한 전망은 확연한 것이어야 했다. 그리고 민주주의는 그것이 어떻게 하서 이식되었던지 간에, 상해임시정부의 헌법에서 공화국을 선포하고 있었고 또한 남북한의 분단상황에 있어서 북한의 공산주의 이데올로기에 대한 대응으로서, 그리고 통일되었을 때의 이념적 대안으로서 민주주의에 대한 미래지향적 전망을 주창했어야 했다. 그런데 오히려 그러한 지향적 전망은 뒷전으로 물러났고 따라서 교육과정에 있어서도 그것이 뚜렷이 제시되지 못하였다.

한 분석에 의하면 1962-63년 당시 문교부가 펴낸 국민학교용(1-6학년) 도덕교과서에서 제시된 "도의 교육의 상당한 부분이 반공사상의 고취에 기울어져" 있으며 이 점만 빼면 일제시대에 사용되던 수신(修身) 교과서와 별반 다른 것이 없고, "일제가 우리에게 전해준 극히 모호한 도의관이 그대로 우리의 새 세대들에게 교육되고 있지 않나 하는 의구심이 앞섬을 금치 못한다"고 하였다.[11] 이러한 흐름을 좀더 자세하게

---

11) 김경동, 「교과서분석에 의한 한국사회의 유교가치관 연구」, 『이상백박사 회갑기념 논총』, 을유문화사, 1964, 35쪽. 이 분석에 의하면, 『小學』이나 일제 새대의 『修身』교과서보다도 『도덕』에서 국가와 사회에 관한 내용이 전체의 내용 중에서 각각 29.4%와

교과서의 내용 분석을 통해서 검토해 보기로 한다.

(1) 국민학교 교과서 내용 분석
① 교육과정의 개정

해방 이후 미국 군정은 '신조선의 조선인을 위한 교육 방침'(1954)을 발표하고 교육과정을 처음으로 설정하였지만, 교과서 내용이 다듬어지지 못했고 교과서의 크기조차 정비되지 못한 상태였다. 대한민국 정부 수립과 더불어 1948년에 교육법이 제정되고 그 시행령이 반포되었으나, 6.25전쟁을 겪고 나서 1955년에 와서야 교육과정이 문교부령으로 각급 학교별로 공포되었다(교육과정 제정: 1955년 8월 1일). 그러나 그 이후에 새로운 교과과정을 제정할 필요성이 점차 인식되었는데 그 개정의 중요성은 5.16쿠데타 이후 군사정부에 의하여 인식되어 1963년에 1차 개정이 있었다(교육과정 제1차 개정: 1963년 2월 15일). 그리고 1968년 '국민교육헌장'이 제정된 후 1969년에 부분적인 수정이 있긴 했지만, 2차 개정은 10월 유신 다음해인 1973년에 있었다(교육과정 제2차 개정:

<표 2> 교과과정 개정 시기

정치적 사건	교육과정의 개정
1950년 6 · 25 전쟁	1955년 제정
1961년 5 · 16 쿠데타	1963년 제1차 개정
1972년 10월 유신	1973년 제2차 개정
1980년 5 · 19	1981년 제3차 개정

11.5%를 차지할 만큼 증대되었는데, 그 '국가'의 내용은 국민된 도리 · 의무 · 일반적 애국심 고취, 기타 국가적 축일의 기억 등의 애국이라는 것과 반공이라는 것이며 '사회'에는 일반적 공익을 위한 봉사 · 공중 도덕 · 규칙 준수 · 공례의 구별 등이다(358쪽). 따라서 민주주의와 민족주의에 대한 구체적인 가치와 규범 또는 적극적인 체제의 모형 제시가 거의 없는 것이다.

1973년 2월 14일). 1974년에는 국사교과서가 검인정에서 국정으로 바뀌었고, 1980년 7월 30일에 단행된 '교육정상화를 위한 교육개혁' 조치에 의하여 교육과정 제3차 개정이 있었다.

교육과정의 개정 시기를 주요한 정치적 사건과 관련시켜 브면, 〈표 2〉에서 보듯이, 큰 정치적 변혁이 있은 후에는 반드시 교육과정의 개정 (즉 교과서의 개편)이 있었다는 점이다. 말하자면 정치체제는 그 주제의 정당성을 교육과정에 반영하여 정통성을 획득하자는 의도가 명백한 것이다.

② 교과서 내용 분석: 정치사회화의 측면에서[12]

12) 이 부분은 배규한, 「국민학교 내용분석에 의한 정치사회화의 일고찰」, 『한국사회학 연구』 제3집, 1979. 12, 107-184쪽에 의거한다. 여기서 취급된 교과서는 『바른 생활』, 『사회생활』 및 『국어』이며, 분석의 대상은 '課主題'·'페이지' 및 '삽화'이다. 그리고 정치 사회화의 범주는 다음의 7개로 설정되었다.

Ⅰ. 일반적 대상으로서의 정치체제에 관한 것: 국가, 정치체제 및 그 역사·크기·위치·의미·필요성·상징이며, 제도적 특성이나 권력·국가에 대한 충성·정통성의 개념·전통문화·주체성 등. 그리고 이것을 나타내는 삽화로서는 태극기·무궁화·국군에 대한 그림·국립묘지나 충열사 사진·애국자상·우리의 문화유산·중앙청·국산품 애용 포스터. 이것은 개인보다 우선하는 국가 또는 체계의 당위성을 강조함으로써 기존 체제에의 복종·충성을 유도해내는 것들이다.

Ⅱ. 정치체계의 투입 요소에 관한 것: 정책에 입안되는 상향적 흐름과 이에 관계되는 구조나 역할, 정치적 결정을 주도하는 정치 엘리트와 그러한 제도들, 정책 제안 등의 내용이다. 여기에 대한 삽화는 대통령·임금·왕자·국회 등의 사진 또는 그림기다.

Ⅲ. 정치체계의 산출요소에 관한 것: 정책시행의 하향적 흐름과 이 과정에 관계되는 구조·개인·결정 등을 포함하며, 국가 발전상이나 생활수준의 향상 수출증대·새마을 운동 및 그 결과 등의 정책 시행의 결과로 나타난 업적도 모두 여기에 포함된다. 이들에 대한 강조는 현체제에 대한 신임과 지지를 증가시킬 수 있다.

Ⅳ. 정치체계 성원으로서의 개인에 관한 것: 개인의 권리·의무·책임·능력 그리고 정치체계의 영향력에 접근하는 전략·자치활동·리더쉽·참정권·준법정신·공익정신·동료의식·여론·대중운동 등이 모두 여기에 포함된다. 삽화는 교통질서 준수그림·어린이 회의 장면·투표하는 그림 등이다. 이 범주의 내용은 주로 정치사회와 그 구성원인 개인 자신과의 관계를 올바로 이해시켜 참여적 민주시민을 길러내는 데 관한 것이라고 볼 수 있다.

Ⅴ. 반공의식에 관한 것: 6.25 전쟁 당시의 이야기, 북한의 참상, 공산당의 단행, 통일에의 의지, 헝가리·폴란드의 반공투쟁, 월남전쟁에서의 자유 수호에 관한 내용 등이 포함된다. 삽화는 피난 행렬, 북괴군의 험상궂은 모습, 소련이나 중공군의 위협적인 그림, 그들과의 전투 장면, 그들의 양민 납치·학살 또는 약탈하는 그림, 공산 치하의 비참한 생활과 강제 노동의 그림, 김일성의 일그러진 모습, 자유를 찾아 기뻐하는 모습 등이다.

    국민학교 교과서 중에서 바른생활, 사회, 국어가 국가 사회의 기본적인 가치 규범을 내포하고 있다. 여기에서는 1955년, 1963년 및 1973년에 제정 및 개정된 위의 교과서(전학년)를 분석한 것을 참고한다. 이 세 가지 교과서의 내용 중에서 정치 사회화의 내용이 차지하는 비중을 과별, 페이지별 및 삽화별로 보면 〈표 3〉과 같다.

<표 3> 시기별 교과서의 정치 사회화 내용 반영 비율

분석 방법	연도별 구분 과목별	1955			1963			1973		
		해당수	전체수	%	해당수	전체수	%	해당수	전체수	%
과별	바른생활	15	102	14.71	100	228	43.86	122	249	48.99
	사　　회	53	197	26.90	51	159	32.08	64	129	49.61
	국　　어	34	187	18.18	35	191	18.32	47	184	25.54
	합　　계	102	486	20.99	186	578	32.18	233	562	41.46
페이지별	바른생활	159	699	22.74	687	1,350	50.89	804	1,384	58.09
	사　　회	487	1,464	33.27	555	1,298	42.76	513	1,216	42.19
	국　　어	344	1,552	22.16	345	1,561	22.10	471	1,744	27.01
	합　　계	990	3,715	26.65	1,587	4,209	37.70	1,788	4,344	41.16
삽화별	바른생활	29	281	10.32	211	719	29.35	259	756	34.26
	사　　회	172	825	20.85	168	680	24.71	313	880	35.57
	국　　어	62	577	10.75	74	691	10.71	121	716	16.90
	합　　계	263	1,683	15.63	453	2,090	21.67	693	2,352	29.46

자료: 배규환, 『교과서 내용 분석에 의한 정치 사회화의 일고찰』, 128쪽.

Ⅵ. 항일의식에 관한 것: 역사에 나타난 왜구의 침략, 임진왜란과 그에 대한 우리 민족의 저항, 일제 식민지하에서의 어려웠던 생활과 일본 경찰의 잔악한 행위, 독립운동에 관한 이야기 등이 포함되고 삽화도 위에 관한 그림이다.
Ⅶ. 세계의식에 관한 것: 국제이해·세계평화·국가 사이의 우호적인 협조 관계·인류애·인권사상 등이 포함되고 삽화로서는 만국기·유엔기·적의 부상병에 대한 간호 장면 등이다.

〈표 3〉에 의하면,

과주제 분석의 결과, 『바른생활』의 경우 1955년에는 1학년에서 6학년까지 전체 102과 중에서 14.7%인 15과가 정치 사회화에 관련도는 내용이었으나 1963년에는 228과 중 43.86%인 100과, 1973년에는 249과 중 48.99%인 122과로 절대수나 비율면에서 모두 증가하였다. 『사회생활』의 경우는 1955년에는 197과 중에서 26.90%인 53과가 정치 사회화에 관한 내용이었으나 1963년에는 159과 중 32.08%인 51과로서 절대수에서 약간 줄었으나 비율면에서는 증가를 보이고 있고, 1973년에는 129과 중에서 49.61%인 64과로서 절대수나 비율면에서 다같이 뚜렷한 증가 현상을 보이고 있다. 『국어』의 경우도 역시 증가하는 경향을 보여 주고 있다.[13]

전 학년 1-2학기 합쳐서 위의 세 가지 교과서 내용을 종합해 보면 1955년 20.99%에서 1973년 41.46%로 불어났다. 이것을 페이지 별로나 삽화별로 분석해 보아도 증가 경향은 같다. 특히 『바른생활』과 『사회』에서 과별이나 페이지별이나 삽화별로도 모두 1955년에서 1973년에는 정치 사회화 내용의 비중이 현저하게 커지고 있음이 혼연하다. 그리고 학년별로 보았을 경우, 1955년에는 정치 사회화의 내용이 6학년에 와서 비중이 높아지는 데 대하여 1963년에는 비중이 5학년에까지 확대되고, 이 경향은 1973년에는 더 확대해서 6학년 자체에서의 비중도 더욱 높아지는 현상과 더불어 4학년에까지도 상당히 비중이 높게 배당되고 있다.[14] 말하자면 1955-1973년의 경과 기간에 정치 사회화 교육의 필요성이 증대되었음을 보여주고 있는 것이다.

교과서 내용에서 정치 사회화 내용의 비중이 증대되어온 사실을 엄두에 두고, 그 교과서에 나타난 정치 사회화 내용을 7개 범주로 나누어 분석해 보면 〈표 4〉와 같다. '과 주제'·'페이지 수' 및 '삽화 수'의 세 개 측면에서 분석한 경향은 7개 범주에서 거의 비슷하다. 단지 시각적으로 나타나는 삽

---

13) 같은 책, 128-129쪽.
14) 같은 책, 129-130쪽 및 〈표 11〉 참조.

<표 4> 시기별 교과서에 나타난 정치사회화 내용(종합)

범주 구분	분석방법 연도	과주제분석 '55	'63	'73	페이지수분석 '55	'63	'73	삽화수분석 '55	'63	'73
정치 체제	수	38	56	84	343	480	616	110	194	325
	%	37.25	30.11	36.05	35.14	30.25	34.45	41.83	42.83	46.90
	증감		-7.14	5.94		-4.89	4.20		1.00	4.07
투입 요소	수	15	19	22	134	174	157	46	51	76
	%	14.71	10.22	9.44	13.73	10.96	8.78	17.49	11.26	10.97
	증감		-4.49	-0.78		-2.77	-2.18		-6.23	-0.29
산출 요소	수	3	2	28	20	50	228	14	15	103
	%	2.94	1.08	12.02	2.05	3.15	12.75	5.32	3.31	14.86
	증감		-1.86	10.94		1.10	9.60		-2.01	11.55
참 여 행위자	수	10	12	13	90	97	88	28	36	38
	%	9.80	6.45	5.58	9.22	6.11	4.92	10.65	7.95	5.48
	증감		-3.35	-0.87		-3.11	-1.19		-2.70	-2.47
반공 의식	수	11	68	65	127	500	442	19	103	91
	%	10.78	36.56	27.90	13.01	31.51	24.72	7.22	22.74	13.13
	증감		25.78	-8.66		18.5	-6.79		15.52	-9.61
항일 의식	수	10	14	14	106	131	187	19	23	35
	%	9.80	7.53	6.01	10.86	8.25	10.46	7.22	5.08	5.05
	증감		-2.27	-1.52		-2.61	2.21		-2.14	-0.03
세계 의식	수	15	15	7	156	155	70	27	31	25
	%	14.71	8.06	3.00	15.98	9.77	3.91	10.27	6.84	3.61
	증감		-6.65	-5.06		-6.21	-5.86		-3.43	-3.23
계	수	102	186	233	976	1,587	1,788	263	453	693
	%	99.99	100.01	100.00	99.99	100.00	99.99	100.00	100.01	100.00

자료: 배규환, 『교과서 내용 분석에 의한 정치 사회화의 일고찰』, 128쪽.

화가 다른 두 가지의 경우에서보다도 더욱 강조되고 있다는 점이다.

　7개 범주별로 보면, 1955년 제정 당시와 1차 개정의 1963년, 2차 개정의 1973년에 걸쳐 가장 높은 비중을 차지하는 것이 '일반적인 정치체제' 자체이다. 말하자면 어느 시기에 있어서나 교과서에서 정치체제 자체의 정당성과 정통성을 강조하는 경향이 짙다는 것이다. 한편 이 정치체제의 부가적인 이데올로기적 합리화라고 설명될 수 있는 '반공'과 '항일'의 내용은 정치체제를 제외하고는 다른 범주에 비해 거의 같거나 또는 높게 나타나고 있다. 그런데 '과 주제' 분석만을 보면 '항일' 내용이 55년 교과서 제정 당시엔 '반공' 내용과 거의 비슷한 비중을 차지하고 있으나, 63년과 73년 개정 시기로 오면 '항일' 내용은 점차 줄어드는 반면에 '반공' 내용은 그 비중이 대단히 높게 나타나고 있는 것이 특색이다. 말하자면 분단되고 6.25 동란을 바로 치른 직후에 제정된 교과서에서도 '반공'이 '정치체제'와 합하여 결코 비중이 낮은 것은 아니었으나, 63년과 73년 개정시에 와서는 '반공'의 이데올로기화가 교과서 처음 제정 당시보다도 더욱더 강조되고 있다는 것이다.

　한편 정권이 자기의 성과를 자랑할 수 있는 범주인 '산출 요소'의 범주는 73년에 와서 증대되고 있고, '세계의식'의 내용은 개정 시기에는 줄어들고 있다. 그런데 여기서 극히 주목되는 점은 '참여 행위자'(정치체계의 성원으로서의 개인에 관한 것, 다른 말로 표현하면 민주적 시민에 관련된 것)의 범주가 '정치체계' 자체의 비중에서 훨씬 밑돌뿐만 아니라 교과서 제정 시기(1955)보다도 그 이후 개정 시기에는 그 비중이 더욱 줄어들었다는 것이다. '정치체계'의 범주가 민주국가의 운영이나 그 제도적 특징에 관련된 내용보다는 국가 자체, 특히 일본의 식민지 굴레에서 벗어났다는 의미에서의 일반적인 민족 주체성이나 전통을 강조하는 내용이 거의 대부분을 차지하고 있으므로 민주주의 가치, 민주주의 제도의 운영을 위한 연습 등을 내용으로 하는 것은 교과서 내용 구성에 있어서 극히 미미하다는 것이다.

교육과정이 제정되거나 개정된 각 시기의 정치적 상황을 살펴보면 교과서 내용 중에서 정치체계 자체의 정당화와 개정에 있어서 '반공'의식의 강조가 두드러진 이유를 이해하는 데 도움이 될 것이다.

1955년 교육과정이 제정된 당시에는 이승만이 자유당을 기반으로 하여 지배적 1당제를 확립하던 시기라고 볼 수 있다. 1948년에 실시된 5. 10 총선에서 대통령으로 당선된 이승만은 1950년 제2회 총선거에서 무소속이 다수 진출하였고 6. 25동란이 발발함으로 정치 상황이 극히 불안하였으므로, 이승만은 국회에서 대통령 재선이 곤란할 것을 알고 1952년 발췌개헌안을 변칙적으로 국회에서 통과시켜 당선됨으로써 그의 독재체제를 굳혀 갔다. 또한 1954년(11월 27일)에는 이승만이 대통령의 3선을 가능케 하는 소위 사사오입 개헌을 단행하였다.[15] 이러한 여건하에서 첫 교과서 제정에 있어서 대통령제를 강조하는 정치체제, 반일·반공의 이데올로기 및 세계에서의 평화 등을 강조하는바, 자유민주주의 표방을 앞세우게 되었다. 이승만 자신의 항일운동과 그의 카리스마, 대한민국의 독립과 정부수립, 6. 25전쟁시 자유 우방의 참전, 북한을 비롯한 공산권 국가에 대한 저항의식 등이 교과서에 크게 반영됨으로써 민주주의 자체의 구조적 특징과 인권에 대한 내용이 극히 적게 취급되었다.

교육과정이 1차 개정된 1963년은 그 직전 4. 19혁명과 5. 16 군사 쿠데타가 있었고, 군사정부는 민주당 정권하의 상황에 대조적으로 반응하여 강력한 지도 체제를 표방하였으며, 특히 '반공'의 기치를 더욱 높이 들고 경제 발전을 주장하게 되었다. 군사정부가 민정 이양을 하기 직전에 단행한 교육과정 1차 개정에 있어서 '반공'의 내용이 크게 증대된 이유를 몇가지 고려해 볼 수 있을 것이다. 첫째, 민주당 정권 당시 4. 19 혁명을 주도했던 대학생 중에서는 민주당 정권의 남북통일에 대한 자세가 분명치 않음을 지적하고 판문점에서 직접 북한과 만나자는 통일지향적

---

15) 같은 책, 137-138쪽.

인 민족주의를 거세게 주장하였다. 이것은 특히 6.25동란 당시 북한과 싸운 군인들에게 불안한 현상으로 인식되었다.16) 또한 10.15 대통령 선거에서 쟁점으로 부각되었던 '사상논쟁'17) 이후부터 군사정부에게는 민정이양 후의 정통성 문제가 절실한 과제로 부각되었다. 따라서 군사정부는 민정이양 후의 정통성을 '반공'에 더 비중을 두고 찾았으며, '정치체계 성원으로서의 개인에 관한' 민주주의적 행위 특성에 관해서는 그만큼 교과서 내용에서 비중을 적게 함으로써 불신을 보였던 것이다.

1973년에 2차 개정된 교과서는 유신체제의 정착을 위한 의도를 반영하고 있다. 교과서 내용에 있어서 그 이전의 것과 비교해서 특징적인 것은 '정치체계'에 대한 비중이 다시 높아져서 유신체제의 정당성을 강조하고 있고, '반공'의 비중이 1차 개정 때보다는 줄어들었지만 시간 배당에 있어서는 강조되고 있으므로 그 비중은 그대로 존속되고 있으며, '항일의식'은 줄어들었고(한일 국교 정상화를 단행한 박정권으로서는 당연할 것이다), 60년대의 경제개발계획의 수행에 의한 경제성장의 '산출요소'를 강조함으로써 유신체제를 합리화시키고 있는 것이 특징이다. 따라서 참여민주주의에 관한 것은 정치 사회화의 7개 범주의 어느 곳에서도 더욱 약화되었다. 2차 개정 당시의 정치 상황을 보면, 민주공화당은 1963년 5대 대통령 선거에서 박정희를 대통령으로 당선시켰고 6대 국회의원 선거에도 승리하였다. 1969년에는 대통령 3선 개헌안을 국회에 통과시켜 박정희의 장기집권의 길을 열었고, 1971년에 박정희는 대통령

---

16) 김학준, 「남북한에 있어서 통일논의의 전개」, 송건호·강만길 편, 앞의 책, 215-252쪽. 이 책 229-236쪽에서는 장면 정부의 자기방어적 입장과 혁신세력의 통일 논의를 소개하고 있다. 물론 혁신세력의 통일 논의(주로 중립화된 한반도)도 보수세력에게는 극히 불안한 것이었다.
17) 배규환, 앞의 책, 140쪽. 이것은 10.15 대통령선거 당시 윤보선 후보가 박정희 후보의 사상적 배경을 의심한다고 전제한 다음 "이번 선거는 자유민주주의적 구세력과 교도(敎導) 민주주의의 대결이며, 조국의 향방을 결정할 수 있는 한 개의 사상과 또 한 개의 이질적 사상의 대결"이라고 규정함으로써 유권자의 지지를 호소한 데 대하여, 박정희 후보는 "이번 선거는 개인과 개인의 대결이 아니라 민족적 이념을 바탕으로 한 가식적 민주주의 사상과 강력한 민족적 이념을 바탕으로 한 자유민주주의의 대결"이라고 응수하던 논쟁을 말한다. 김민하, 『한국정당정치론』, 일신사, 1976, 130-131쪽을 참조하시오.

에 3선되고 국회의원 선거에서도 공화당은 다수 의석을 차지하게 외었다. 그러나 정국은 박정권의 장기집권에 대항하는 세력과의 갈등으로 더욱 경화되어가고 있었다. 박정권은 71년 12월에 '국가 보위에 관한 특별조치법'을 국회에서 통과시켰고, 1972년에는 남북 적십자회담과 남북조절위원회를 통하여 북한과의 대화가 시작되었으나 정국은 더욱 경화되었다.

드디어 박정권은 1972년 10월 유신을 단행함으로써 유신 헌법을 공포하여 발효시키고 독재체제를 더욱 강화하였다. 따라서 1973년에 2차 개정된 교과서에는 유신체제를 국가와 민족에 일치시키는 정당화의 의도가 크게 반영되었고, 더구나 모든 교과서의 권두에 태극기에 대한 맹세와 국민교육헌장을 수록토록 함으로써 그러한 의도를 더욱 강화시켰던 것이다. 18)

따라서 국민학교 교과서에 있어서 제정과 개정은 지배정치체제의 정당성을 강조하기 위한 필요성에 근거하였으며, 따라서 민족이나 국가를 지배정치체제와 일치시키는 노력을 강화하는 동시에 참여 민주주의의 표방된 이데올로기로서는 그 비중이 약화되었던 것이다.

(2) 국사 교과서의 국정화 문제

유신체제를 정당화하기 위한 2차 교과서 개정(1973년)에 있어서 '반공'의 비중이 크게 존속되고 있고 또 '항일'과 민주적 참여의 내용이 줄어드는 반면에, 중요하게 지적되어야 할 점은 교육 내용에 있어서나 정치적 이데올로기 수준에 있어서 '주체성'이 강조되었다는 것이다. 이것은 위의 범주 중 '일반적 정치체계'의 내용에 있어서 민족 주체성을 강조하는 부분이 대폭 강화되고 있다는 것이다. 이 민족 주체성의 강조에 의하여 문교부는 국민학교 교육과정뿐만 아니라 중고등학교의 '국사' 과정을 국정교과서에 의하여 수업토록 하였고, 각급 학교에 있어서 국사 과정을 필수적으로 이수케 하는 조치를 취하였다.

---

18) 같은 책, 141-142쪽.

국정교과서, 즉 "정부 전담으로 유일한 국사교과서가 서술 사용되는 경우 국사교육이 가지는 중책을 전혀 정부가 짊어질 것임은 물론, 한걸음 더 나아가서 이 국정교과서는 당시 박정권이 가지는 역사적 성격 및 그 위치까지를 나타낼 뿐만 아니라, 이 교과서만에 의한 국사교육을 통하여 그 정권이 가지는 성격을 강요하는 결과가 될 것이니"[19] 국사의 국정교과서는 역사적으로 대단히 중요한 의미를 갖는다.

당시 유신체제가 국사교과서를 국정화하게 된 동기는 대체로 1) 주체적 민족사관을 확립하고 그것을 바탕으로 하여 국민의 애국심을 길러 전체 국민의 대동단결을 이루고자 한 것과 2) 종래의 검인정 교과서에서 노출되었던 약점들, 예컨대 그 내용과 체제가 각양각색이었던 점을 개혁해서 그 체제와 구체적 사실에 대한 서술 내용 및 용어를 통일한다는 것[20]으로 이해되었다.

첫 번째 동기 측면에서 보더라도 국정교과서의 내용 구성이 '주체적 민족사관'을 밑받침하지 못하고 있다고 평가되었다. 즉 동학혁명과 갑오경장의 관계에 관한 부분,[21] 이씨 왕조와 명나라와의 외교관계에 관한 평가,[22] 실학을 이해하는 자세,[23] 3.1 운동의 역사적 의의에 관한

---

19) 강만길, 「사관과 서술체제의 검토」, 『창작과 비평』, 1974년 여름, 414쪽. 1974년부터 중고등학교에서 문교부에서 발행한 국정 『국사』 교과서를 사용하게 되자, 『창작과 비평』에서는 『국사』 교과서의 문제점이라는 특집을 마련하고, 김정배·이우성·이성무·송찬식·강만길 교수들이 시대별로 나누어 분석 논평하였다. 여기서는 구체적으로 논의된 것보다는 교과서 전체의 일반적인 문제점을 다룬 강만길 교수의 논평을 주로 참고하겠다.
20) 같은 글, 414-415쪽.
21) 동학혁명의 결과로 "일본이 침입하는 구실을 주어 마침내 청일전쟁을 일으키게 하였고 안으로는 강제적 갑오경장 개혁을 단행하게 하였다"(고등학교 국사교과서, 178쪽)고 하여 마치 동학혁명이 우리 근대사에 나쁜 영향을 미쳤고, 일본군의 침입과 청일전쟁 발발의 책임이 동학혁명군에게 있는 것처럼 표현되고 있지만, 그것은 집권층의 외세 의존책과 청·일의 침략 정책이 빚어낸 결과임을 분명히 해야 할 것이다. 같은 글, 415쪽.
22) 명나라와의 사대외교를 자주외교라 강조하고 있다. 같은 글, 416쪽.
23) 이조후기의 실학사상을 학계에서는 이조사회 내부의 제반 모순을 타개하고 화이사상(華夷思想)에서 탈피하려는 시대적 요청이 배경이 되어 발달한 것이라고 이해하고 있지만, 국정교과서에서는 종래 식민사관의 해석을 그대로 답습하여 "외란 호란의 쓰라림을 겪은 데다 새로운 서양문화에도 눈뜨고 또 청조 학풍의 영향을 받아"(중학교과서, 149쪽) 발달한 것으로 서술하고 있다. 같은 글, 416쪽.

부분24) 고려시대의 천민란과25) 이조 시대의 민본 사상에 관한 서술 등에서 외부로부터의 자극과 영향만을 강조하는 종래의 수준이나 기술 태도를 답습하거나 지배계급의 역사적 역할만을 강조하는 지배계급 중심적 서술방법을 취하고 있는 것이다.

따라서 민족주의 사관에 입각하는 주체적 역사 서술을 표방은 하였으나 내용 서술에서는 그렇지 못하였다. 그리하여 국사의 국정교과서가 지니는 의의는 달리 평가될 수밖에 없는 것이다. "국사교육의 주목적이 애국심의 함양이니 민족의식의 강화에 두어졌다는 사실은 곧 역사학이 아직 과학으로서의 주체적 위치를 인정받지 못하는 데 기인한 것"이라는 반성이 일어났고, 애국심은 하나의 덕이지만 역사는 과학이므로 양자가 혼돈되어서는 안 된다는 주장이 나오기도 하였다. 이와 같은 반성은 두말할 것 없이 애국심 교육을 표방하고, 정치적으로 특정 정치세력의 이익을 옹호하는 구실을 하였거나 외적으로 침략을 합리화하는 데 이용되었기 때문에 나타난 것26) 이었다. 이렇게 보면 국사교과서의 국정화에서 주체적 사관을 강조한 것은 이데올로기적 기치에 불과하여 유신체제를 합리화하고자 하는 데 급급했던 것으로 보였다.

2) 교육의 표방된 기본 가치

교육에 관한 한, 가장 포괄적으로 그 기본 가치를 표명한 것이 '국민교육헌장'이라 할 수 있다. (1968년 12월 선포)

국민교육헌장

우리는 민족 중흥의 역사적 사명을 띠고 이 땅에 태어났다. 조상의 빛난 얼

---

24) 3.1운동의 의의를 잘못 파악하고 있는 서술 부분은 "3.1운동은 침략자인 일본이 양심적으로 반성할 것과 열강이 우리에게 호의를 베풀어 주기를 바랐으나 일본의 야만적인 탄압으로 뜻을 이룰 수는 없었지만 그 의의는 컸다"(중학교 국사교과서, 228쪽)고 되어 있어서 한국 민중의 처절한 투쟁을 외면하고 있다. 같은 글, 417쪽.
25) 같은 글, 417-420쪽을 참조.
26) 같은 글, 423쪽.

을 오늘에 되살려 안으로 자주 독립의 자세를 확립하고, 밖으로 인류 공영에 이바지할 때다. 이에, 우리의 나아갈 바를 밝혀 교육의 지표로 삼는다. 성실한 마음과 튼튼한 몸으로 학문과 기술을 배우고 익히며 타고 난 저마다의 소질을 계발하고, 우리의 처지를 약진의 발판으로 삼아 창조의 힘과 개척의 정신을 기른다. 공익과 질서를 앞세우며 능률과 실질을 숭상하고, 경애하며 스스로 국가 건설에 참여하고 봉사하는 국민 정신을 드높인다. 반공 민주 정신에 투철한 애국 애족이 우리의 삶의 길이며, 자유 세계의 이상을 실현하는 기반이다. 길이 후손에 물려줄 영광된 통일 조국의 앞날을 내다 보며, 신념과 긍지를 지닌 근면한 국민으로서 민족의 슬기를 모아 줄기찬 노력으로 새 역사를 창조하자.

이 국민교육헌장은 그 선포식을 성대히 가졌고, 그 이후 각종 국가적 행사나 학교행사에서는 국민교육헌장을 꼭 읽도록 했으며 각급 교과서의 속 표지에 모두 싣도록 하였다. 그 내용에 있어서 개인의 인권보다는 애국심 또는 국가주의적인 듯한 가치를 앞세우고 있고,[27] 다음의 경제와 교육의 관계에서도 논의되겠지만 기능적 인간·공리적 인간상을 내세우고 있는 것이다.

이 교육헌장에 대한 하나의 비판을 참고하면 다음과 같다.

…오늘날 우리 교육의 실패는 교육계 안팎의 모든 국민으로 하여금 자발적인 일치를 이룩할 수 있게 하는 민주주의에 우리 교육이 뿌리박지 못한 데서 온 것이다. 국민교육헌장은 바로 그러한 실패를 집약하는 본보기인바, 행정부의 독단적 추진에 의한 그 제정 경위 및 선포 절차 자체가 민주교육의 근본정신에 어긋나며 일제하의 교육 칙어를 연상케 한다. 뿐만 아니라 그 속에서 강조되고 있는 형태의 애국애족 교육도 그냥 지나칠 수 없는 문제점을 안고 있다. 지난날의 세계 역사 속에서 한때 흥하는 듯하다가 망해 버린 국가주의 교육사상을 짙게 풍기고 있는 것이다. 부국강병과 낡은 권위주의 문화에서 조상의 빛난 얼을 찾는 것은 잘못이며, 민주주의에 굳건히

---

27) '국민교육헌장'의 제정과정에 대해서는 박준희, 「사상적 부정형과 가치교육의 우여곡절」, 『광장』, 1982년 11월호, 149쪽을 참조.

바탕을 두지 않은 민족중흥의 구호는 전체주의와 복고주의의 도구로 떨어
질 위험성이 있다. 또한 능률과 실질을 숭상한다는 것이 공리주의와 권력
순응을 조장하고, 정의로운 인간과 사회를 위한 용기를 소홀히 하는 결과가
되어서는 안 될 것이다.

　민주주의 교육이 선행되지 않은 애국애족 교육은 진정한 안보에도 도움이
되지 않는다….28)

요약컨대, 교육과정에서 민주주의의 가치를 우선하지 않음을 여실히
보여주고 있고, 또한 민족주체성이란 것도 통일을 적극적으로 뒷받침
하는 민족주의적 가치를 내포하지 않은 채 원초적 애국애족의 감정에
호소되고 있는 것이다. 모든 교육과정에 가치전도의 현상이 노출되고
있다.

3) 학교에 관한 통제 메커니즘

교육의 기본가치에서도 표명되었듯이 민주주의의 가치를 우선하지
않은 애국·애족의 표명은 학교교육에 있어서도 민주주의의 가치를 실
현시키는 훈련과 학습보다도 국가질서에 동조 내지 순종을 강조하는 방
향을 강화해왔다. 따라서 학생뿐만 아니라 학교구성체에 자율성보다는
정부가 통제를 가중하는 경향이 특히 1960-70년대에 보였다. 이 경향은
일종의 악순환 현상을 보여주었다. 특히 5. 16군사 쿠데타 이후 군사정
부 및 박정권(유신체제에 이르기까지)이 지배체제의 정당성을 강조하는

---

28) 전남대학교 교수 11명이 작성한 '우리교육의 지표'는 다음의 4개 사항을 내걸고 있다.
1. 물질보다 사람을 존중하는 교육, 진실을 배우고 가르치는 교육이 제대로 이루어지기 위
　해 교육의 참 현실인 우리의 일상생활과 학원이 아울러 인간화되고 민주화되어야 한다.
2. 학원의 인간화와 민주화의 첫 걸음으로 교육자 자신이 인간적 양심과 민주주의에 대
　헌신적 정열로써 학생들을 가르치고 그들과 함께 배워야 한다.
3. 진실을 배우고 가르치는 일에 대한 외부의 간섭을 배제하며 그러한 간섭에 따른 대학
　인의 희생에 항의한다. 특히 구속 학생의 석방과 제적 학생의 복적을 위해 우선적으로
　노력한다.
4. 3. 1정신과 4. 19정신을 충실히 계승 전파하며 겨레의 숙원인 자주평화통일을 위한 민족
　역량을 함양하는 교육을 한다.

반면에, 이를 부정하고 저항하는 학생운동이 계속 일어나자 박정권은 더욱더 학원을 통제하는 경향을 보였다.

(1) 학생 군사교육과 학도호국단
군사 교육제도가 전개된 과정을 요약하면 다음과 같다.

1. 학생 군사 교육을 1948년 8월 병역법 제78조에 의거, 전국 고등학교 학생을 대상으로 실시.
2. 1950년 6. 25 동란으로 중단.
3. 1951년 예비병력의 필요에 의하여 재부활.
4. 1955년 2월 폐지.
5. 1961년 6월 미국의 R. O. T. C제도 도입.
6. 1969년 전국 고등학교 이상 학생들에게 문교부장관 책임하에 군사교육 실시.
7. 1970년 R. O. T. C제도 폐지.
8. 1971년 R. O. T. C제도 부활.
9. 1975년 대통령령 제7645호에 의거 고등학교 이상에 학도호국단이 창설되며 군사교육이 확대 강화됨.

현재 대학에서 실시중인 군사교육은 예비역 장교후보생(R. O. T. C) 교육과 일반학생 교육으로 구분된다. 학교 군사교육에 있어서 문제가 되고 있는 것은 일반학생 교육이다. 이것은 대학생의 전력화로 국가방위력을 증대하고 대학생의 안보개념을 강화하여 동원체제를 확립하는 데에 목적을 두고 있는데, 교육시간은 1학년의 집체 훈련(1주일을 병영에 가서 훈련함)을 제외하고 전 1·2·3학년 훈련이 주당 4시간씩 일반 전공 과목과 같이 실시되고 있다. 대학에 있어서는 군사교육 과목은 필수과목이며 학점을 취득하지 못하는 경우에는 졸업이 불가능하도록 규정되어 있다. 이 점이 대학생들에게 큰 규제력을 발휘하는 것이다.
1969년 대학에 군사교육을 실시하게 되자 거의 대부분의 대학에서 대학생들이 학원을 병영화시켜서는 안 된다는 주장을 펴면서, 대학에 교련과목을 필수화하는 것은 군국주의로 가는 길이라고 비판하고 교련 반대 시위를 벌였다. 그리고 1975년 군사교육이 확대되었을 때에도(입영 집체훈련을 신설하고 교련수업 시간을 증대시켰음), 그 군사교육 강화는 유신독재체제를 군국주의 토대 위에 강화시키는 것이라고 해서 대학생들의 반대 시위가 있었다. 대학생들에게 군사교육의 강화는 안보의 필요성을 인정함에도 불구하고 유신독재체제의 가장 강한 반대세력인 대학생을 통제하기 위한 수단으로 이해되었던 것이다.[29]

한편, 1975년 고등·대학생의 자치기구인 학생회가 폐지되고 학도호국단이 재조직되었는데, 이 학도호국단의 조직은 유신체제 강화의 일환임이 더욱 명백하였다. 학도호국단의 목표에서도 밝혀 놓았듯이, 1) 유신 이념과 반공 정신을 함양시키고, 2) 학생의 면학 기풍을 진작하며, 3) 학생 군사 교육 및 훈련에 적극 참여하여 국가 안보 태세를 확립하고, 4) 새마을운동을 전개하고 이 일에 적극 참여한다는 것으로 하였는데 말하자면 군사교육훈련을 학생 조직인 학도호국단으로써 뒷받침하고 유신체제 및 새마을운동을 정당화시키는 것을 목표로 하였던 것이다. 따라서 대학생들에게는 그만큼 정치체제적인 통제를 강화시키는 것이었다.

---

[29] 군사교육 관계자의 한 평가에 의해서도 "학생들로부터 자발적인 참여를 얻지 못하고 일방적인 강요로 교육이 실시되고 있으며 학생들은 무관심하고 피동적인 참여 자세를 나타내고 있다"든지 학생들의 전공과 무관한 교육의 부담과 다분히 자치적이어야 할 대학의 특수성에 비추어 마찰과 부작용이 노출되고 있다"든지, "군사교육 과목은 필수과목이며 학점을 취득하지 못하였을 경우 졸업이 불가능하며 훈련거부처분을 받을 경우 신상에 영향이 미칠 것을 염려하여 거의 피동적으로 시간만 채우자는 심리상태에서 제도적인 제약 때문에 할 수 없이 참여하는 실정이다"라고 한다. 이 군사교육 문제는 "개인과 국가의 안전이 보장된 연후에 대학에서의 학문·진리 탐구가 가능하다고 본다. 따라서 대학인들은 국가안보를 제일의 가치로 숭상하는 가치체계를 기반으로 하고 그 위에서 학문을 추구하는 자세 확립이 무엇보다도 시급한 문제가 아닌가 생각한다"는 입장에서 항상 대학생과의 갈등이 지속될 수밖에 없을 것이다. 인용문은 서울대학교 학군단장 이문준의 글, 「대학에서 군사교육 개선방안」, 『발전정책연구』 6호, 1978, 200쪽, 201쪽, 202쪽 및 204쪽에서 인용하였음.

(2) 입학과 졸업 제도

정치적 이념으로서의 자유민주주의는 한국이 표방한 주요한 가치인데, 이미 앞서 살펴본 바와 같이 '국민교육헌장'은 이 가치의 주도적인 우위성을 인정하거나 그것을 구체화시킨 것이 아니었다. 더구나 그 '헌장'에 나타난 이념 자체는 차치하고라도 문제는 거기에 제시된 이념과 현재적인 현실 사이에는 너무나 거리가 멀다는 평가도 나오고 있다. 예컨대 "이념에서 협동 정신이 강조되고 있음에도 교육 실제에 있어서는 경쟁 일변도의 교육이 자행되고 있다고 해도 과언이 아니며, 창의와 개척의 정신이 강조되고 있으나 일방적인 주입과 이에 대한 무비판적 수용이 존재하고 있을 뿐이다."[30]

위와 같이 교육에 있어서 가치와 규범, 규범과 현실 사이의 불일치는 근본적으로 교육에 대한 기본적 이념이 인간적인 삶과 민주주의에 구체적으로 기반하지 않는 교육 정책에 일단의 원인이 있을 것이다. 무질서한 경쟁인 반면에 교육기회에 대한 애매한 국가적 통제, 교육과정의 목표가 전도되어 각급 교육이 상급학교 입시가 더 중요하게 대두된 현실에 있어서, 각급 학교의 입시제도가 곧 각급 학교 교육의 실질적 양상을 규정하는 지경에 이르고 있다.

중학 입시제도는 그동안 변천을 거듭하다가 1969년 이래 무시험 추첨제가 서울에서부터 시작되어 1971년부터는 전국적으로 실시되어 오늘에 이르고 있으며, 고교입시제도도 중학입시제도의 경우와 비슷하게 변천되어 오다가 1974년부터 학군별 무시험제가 전국 5개 대도시에서 채택되어 이후 전국적으로 확대시켜 갔다. 대학입시제도는 처음에는 학교관리제가 계속되다가 대학입학자격 국가고사제가 1962-53년에 실시되었으나 곧 철폐되었고 1968년부터는 대학입학 예비고사가 생겼다. 1969-80 학년도까지의 대학입학제도는 국가가 관장하는 대학입학 예비고사와 학교가 관장하는 대학입학 본고사가 함께 이원적으로 실시되었

---

30) 정원식, 앞의 글, 472쪽.

다. 입학예비고사는 고등학교 수업의 전과목에 대하여 객관식으로 출제되었고 대학별 본고사는 국어·영어·수학 등의 교과목에 한정하여 보다 주관적 형태의 출제를 하였는데, 이것이 고등학교 교육에 있어서 몇 과목에만 편중되는 교육현상과 과외수업의 과열을 유발하여 학교교육 자체를 비정상화시켰다. 그러다가 1980년 '국가보위비상대책위원회'는 '학교 교육의 정상화 및 과열 과외 해소 방안'을 발표(7. 30 조치)하고, 81학년도부터 대학별 본고사 제도를 폐지하여 대학입시는 대학입학 예비고사제와 고등학교 성적내신제로 운영하게 되었다. 즉 대학별로 대학 입학 예비고사 성적을 대학입시 총점의 50% 이상, 고등학교 내신성적을 20% 이상 반영하여 학생을 선발하게 된 것이다. 1981년 2월 13일 교육법 개정에 따라 대학입학 예비고사제는 대학입학 고사제로 변경되었다. 왜냐하면 대학의 졸업정원제 실시로 인하여 대학입학 정원이 대폭 늘어나 예비고사 불합격률이 극히 낮아졌기 때문이었다. 80년도의 7. 30 교육조치로 확정된 졸업정원제에 의해 81학년도 신입생부터 대학은 졸업정원의 130% 인원을 입학시키게 되었으며(전문학교는 115%), 졸업 정원제와 정원의 증대에 따른 학생수의 급증에 따라 전일수업제가 실시되었다.

대개의 경우, 입학제도의 변경은 현실적으로는 과열한 입시경쟁이나 과외공부의 폐단 및 재수생(대학 진학을 위한)의 증대 등의 문제를 해소하여 교육을 정상적인 상태로 놓아 발전시키겠다는 이유에 의거하였다. 그러나 그 변경은 무엇보다도 학생들의 행위를 정치적으로는 무관하고 기존질서에 순종하는 유형으로 조성하고자 통제하려는 방향으로 강화되어 왔었다. 초등학교를 제외하고는 중고등학교 및 대학생의 경우 학생들은 모두 '공부'에만 매달려서 성적을 올리고 성적의 석차 순위를 올라가게 하는 데 모든 관심과 정열을 쏟도록 하는 체제가 만들어져 왔던 것이다.

대학에 도입된 '졸업정원제'는 입학할 때 졸업 정원의 130%를 합격시키고 졸업할 때까지 그 정원의 30%를 탈락시키는 제도이다. 이 제도의 설치 동기는 대학의 계속되는 격렬한 학원 소요를 통제하고 안정시키는 장치로 내세워졌던 것이고, 제정 당시 국보위·문공부 소속 몇몇 민간 위원과 교육개발원 관계자들에 의해 불과 며칠 사이에 구체화된 것이다. 대학생들이 졸업을 못 하고 중도에 탈락할 위협에 직면하게 되면 심리적 부담(대학의 졸업자와 비졸업자에 대한 사회적 차별의 현실적인 인식) 때문에 학업 외에는 전혀 관심을 두지 못할 것이라는 기대가 이 제도의 제정에 크게 작용했던 것이다.[31]

　(3) 교수 재임용제와 학생 통제

　정부는 학교, 특히 대학을 통제하는 힘을 학생들에게 직접 작용하게 하는 것뿐만 아니라 교수에게도 강화시켜 갔다. 이 중에서 가장 중요한 조처가 곧 교수 재임용제였다. 교수 재임용제는 1975년에 교육 공무원 인사 위원회 규정의 개정에 의하여 제정되었다. 교수 재임용제는 대학 교수 임기계약제를 근간으로 하고 있다. 말하자면 교수의 임용 기간이 끝나면 다시 심사하여 재임용토록 하는데 그 심사 기준은 1) 연구실적 및 전문영역의 학회활동, 2) 교수 연구 및 생활지도에 대한 능력과 실제, 3) 교육관계법령의 준수 등이었다.

　이 교수 재임용제에 있어서 문제가 되는 점은 교수의 임기 계약에 있어서 교수의 선택적 기회는 거의 없고, 임용하는 정부가 일방적으로 그 선택의 기회를 갖는다는 점이다. 그렇기 때문에 임기 계약이 끝나고 재임용시에 임용되지 않으면 그 탈락된 교수는 학계에서 매장되어 물러나거나 다른 학교에서의 취업기회를 찾기까지 많은 시간을 낭비해야 한다는 것이다. 따라서 교수들은 이 제도에서 강조되고 있는 심사기준 중에서 그 어느 것이나 철저하게 업적을 내야 하는 것은 말할 것도 없지만, 특히 대학생들에 대한 지도에 더욱 열을 올려야 하고 학생지도에 대한 당국의 행정 지시에 철저히 동조해야 한다는 데에 현실적인 압력을 받

---

31) 고학용, 「세계에서 유일한 제도를 낳는 배경」, 『주간 조선』, 1982년 9월호, 17쪽.

는 것이다.[32] 더구나 70년대 유신 독재체제의 시기 이후 대학에서 학생 운동이 격렬하면 할수록, 그리고 학생운동이 벌이는 시위 활동의 횟수 가 많으면 많을수록 그러한 압력은 더욱 커지는 것이다. 따라서 교수들 은 학문 연구 자체에 있어서도 자율성이 위축되고 마는 것이다.

이와 함께 교수는 학생지도에 더 많은 시간과 노력을 쓰도록 요구받 고 있다. 분담지도제(특별지도제 포함)・서클지도교수제・서클등록 제・학생시위의 상황에 따른 교수동원체제・이데올로기비판 교육 등을 교수가 감당하여야 하고, 학사 징계는 일반 교수의 결정 사항에서 벗어 나서 학교 당국자에 의하여 결정되게 되었다.

4) 학생의 반응 양식

(1) 출세주의 지향과 아노미 상태

일반적으로 말해서, 사회화는 우선 국가의 공식적 교육제도에서 제시 되는 가치와 규범을 성장하는 세대에 학습시키는 것을 의미한다. 사회 화를 담당하는 다른 담당자, 즉 가족・친구 그리고 매스컴 등에서 제시 하는 가치와 규범이 공식적 교육제도에서 제시하는 것과 동일하다면, 체계적인 문화전수의 측면에서 사회화의 효과는 보다 클 것이다. 그리 고 학습한 결과, 자라나는 세대의 어떤 개인이 공식적으로 전수해주는 가치와 규범을 가장 잘 실천했을 경우에 그는 그 사회의 문화에 가장 잘 동조된 사람이고, 따라서 그 사회의 다른 성원으로부터 칭찬과 사회적 인정을 받을 것이다.

한국의 교육체계가 어떤 문제점을 갖고 있다고 하더라도, 그동안에 추구해온 교육의 목표는 성장하는 세대에게 그만큼 사회화의 효과를 갖

---

32) 교수가 정부 당국이나 학교 재단의 자의성에 의하여 지배당할 위험성이 더욱 커진 것 만은 사실이다. "그렇지만 '당국이나 재단(사학의 경우)의 눈에 거슬린 언행을 하면 재임 용과정에서 쫓겨나게 된다'는 불안감을 주어 교수를 시녀로 전락시키고 있다는 비판 역시 귀를 기울여야 할 것 같다." 『조선일보』, 「대학・대학인, 교수재임용: 얻은 것, 잃은 것」, 1983년 3월 11일자 참조.

게 할 것이다. 1960-70년대에 통제의 강화에 비중을 둔 정치사회화와 경제개발을 위한 인력개발의 개념을 도입한 교육정책은 학생들에게 몇 가지 형태의 반응성향을 나타내게 하였다. 그것은 첫째로 동즈적인 형태이며, 둘째는 도피주의 또는 여러 형태의 아노미 현상이고, 셋째는 학생들의 저항, 즉 학생운동 형태 등 크게 세 가지로 나누어볼 수 있을 것이다.

첫 번째로 제시된 가치와 규범에 동조하는 형태는 대브분의 학생들이 보여주는 성향일 것이다. 그 중에서 그 동조가 성공적으로 나타나는 인간형이 기능적 인간 또는 정치적 동조형의 인간일 것이다. 이 형태가 크게 유도되어 나오는 곳이 고등학교에 있어서는 주간인문계이며, 대학에 있어서는 상경계, 법학계통 및 이공계통과 같이 학생들의 진학열이 집중되는 곳이다. 이 형태를 왜곡되게 뒷받침해 주는 가치관이 출세주의 또는 배금사상이다. 말하자면 중고등학교일 경우는 주간 인문계에서 열심히 공부해서 성적을 올리고 석차를 좋게 해서 졸업 후 좋은 대학에 가서 인기있는 학과를 택해서 졸업하고, 유명하거나 수입이 많은 직장을 찾아간다는 인생 진로를 설정하는 형태인 것이다. 이 형태의 학생은 좋은 대학을 졸업해서 이에 사회적으로 우대하는 모든 혜택을 차지하고자 매진하는 것이다.

한편, 이러한 반응 성향은 정서적이고 전인격적인 사회관계를 배제하고, 경쟁하여 승리해야 한다는 기능적이고 기계적이며 이기적인 관계를 조성케 하였다. 고등학교(특히 주간인문계)에서는 대학입학에 고등학교 성적을 반영하는 내신제를 택하기 때문에 더욱더 학생 상호간에 성적과 그 석차에 관심을 집중시키고 이기적인 경쟁에 몰입케 한다. 고등학교의 실존적인 교육활동은 성적 올리기 또는 대학 입학률 올리기에 집중되게 하고 다른 교육활동은 전혀 무시된다. 대학에 있어서는 특히 졸업 정원제가 도입됨으로써 대학생 상호간에는 '꿈도 친구도 없는 전장'을 조성하는 것이다.[33] 그리고 학생과 교수 사이 역시 다른 요인들이 겹치기도 해서 불신과 기계적인 관계가 형성되어 가는 경향을 보이고 있다.

그런데 문제는 대부분의 학생들이 이와 같은 동조 성향으로 가고 있으면서도, 대다수의 학생(특히 대학생)이 이 가치 규범에의 동조를 뚜렷하게 표방하거나 주장하지 못하고 있다는 점이다. 오히려 학생운동의 분위기에 압도되는 듯한 현상을 보여주고 있다.

(2) 도피주의·폭력현상·아노미

학교교육에서 제시하는 가치를 적극적으로 수용하지도 못하고 그렇다고 적극적으로 저항해서 극복하지도 못하는 학생이 점차 불어나는 듯하고, 방향감각을 상실하여 아노미 상태에 빠지거나 도피주의적 형태를 보이는 학생이 점차 늘어나고 있는 듯하다.

첫째, 방향감각을 상실한 듯한 아노미 상태를 보이는 학생이 근래에 증대되고 있다. 성적 향상과 석차 올리기에 매달린 채 오랜 세월을 보낸 학생들은 특히 대학에 진학하고 나면, 자기 자신이 자기의 행동과 생활을 판단하고 결정하고 자기정체성을 갖고 행동하기가 대단히 어려운 상태에 빠지는 경우가 많다. 중고등학교에 있어서 행위형태(특히 공부하는 행위)를 학교 또는 선생이 거의 결정해주고 가정에서도 그 행위에만 맞추도록 관심을 집중시키고 간섭하기 때문에, 학생 스스로가 자기를 지탱할 수 없고 남에게 의존해야 하는 인간 형태로 빠지게 된다. 더구나 졸업정원제가 채택된 이후부터 대학에서조차도 학점과 졸업에 대한 불안에 시달려야 하기 때문에 그러한 방향감각을 상실하고 자기정체성을 상실한 학생들이 점차 증대되는 현상을 보이고 있다. 34)

둘째, 이와 연관해서 정신질환에 걸리는 학생의 수가 근래에 증대되

---

33) 『조선일보』, 「대학·대학인 ⑮, 꿈도 친구도 없는 '전장'」, 1983년 1월 25일자 참조. 또한 김돈, 「멀티버시티의 겉병과 속병—대학생이 쓴 과밀대학 현장르포」, 『마당』, 1982년 11월호, 75-85쪽.

34) 이러한 집단적 반응 중에서 대학 실증적 연구 자료는 거의 없다. 그것을 회화적으로 표현한 것으로는 이승엽, 「안녕, 우리들—대학생이 연극처럼 쓴 대학가의 유언(流言)들」(『월간 조선』, 1982년 9월호, 90-99쪽)이 있다.

고 있다는 현상이다. 특히 고등학교 3학년 학생은 대학 입시에 대한 긴장 때문에 소위 '고3 병'이라는 노이로제에 걸리는 현상이 증대되고 있고, 또한 대학에서도 정신질환 학생이 증대되고 있다는 것이다.[35] 이것은 한국 교육에 있어서 중고등학교의 교육문화가 대학의 교육문화와는 급격히 단절되는 데서 오는 영향도 크리라고 생각된다.

셋째, 도피적 쾌락주의로 빠지는 현상이 고등학교 및 대학의 학생들 사이에 번지고 있는 것도 근래의 현상이다. 야간고등학교 학생, 실업고등학교의 학생 중에서 장래의 사회적 기회에 대해 좌절감을 갖는 학생, 인문계 주간 고등학교 학생 중에서 대학진학을 거의 포기했거나 '공부만 하기'의 구속에서 벗어나는 학생, 그리고 대학생 중에서 성인으로서의 불건전한 오락문화 접촉 기회를 즐기고자 하는 학생들은 사회에서 제공하는 쾌락주의적 기회를 이용하는 데 관심을 쏟게 된다.

넷째, 폭력 현상의 증대이다. 예컨대 전국 범죄 상황을 보면 1978년의 62만여 명에서 82년에 84만여 명으로 35%가 늘어났는데, 이 중에서 소년 범죄는 78년의 7만 5천여 명에서 82년에 9만 8천 명으로 31.3%가 증가하였고 학생 범죄는 그보다 더욱 빠르게 120%나 증가하였다.

청소년 범죄는 갈수록 흉포화되는 경향을 보이고 있다. 특히 강도의 경우 소년 범죄는 78년보다 81년에 155%, 그리고 학생 범죄는 그 기간에 199%나 증대하였고, 강간의 경우 소년 범죄는 91%, 학생 범죄는 130%나 늘어나고 있다. 그리고 소년 범죄의 경우 연령이 아래로 내려가는 경향을 보이고 있는 것도 특징인데, 전체적으로는 16-19세가 81%나 차지하고 있다.

이러한 소년 및 학생 범죄의 경향은 결손 가정의 환경이나 유흥비를 마련하기 위한 목적 등으로 그 동기가 종종 분석되기도 하지만, 교육환경이 미치는 영향도 분석해야 할 과제이다. 첫째, 중학교에서 고등학

---

[35] 이 정신질환의 경우 자료가 정리되어 있지는 않다. 다만 서울대학교 학생지도소가 매년 카운셀링해주고 정신질환 치료를 권고해주는 학생 수가 급증하고 있다는 사실만으로도 짐작이 가게 한다.

<표 5> 소년·학생범 증가 현상

구분 연도	전체범죄		소년범죄		학생범죄	
	인원	증가율	인원	증가율	인원	증가율
1978	625,465	100.0	75,300(12.0)	100.0	17,661(2.8)	100.0
1979	683,118	109.2	79,240(11.6)	105.2	20,569(3.0)	116.5
1980	752,701	120.3	87,962(11.7)	116.8	26,615(3.5)	150.7
1981	768,571	122.9	88,936(11.6)	118.1	32,383(4.2)	183.4
1982	844,170	135.0	98,885(11.7)	131.3	38.871(4.6)	220.1

주: 괄호 안의 숫자는 전체 범죄에 대한 구성비(%)임.
자료: 서울지방 검찰청; 『동아일보』, 1983년 3월 7일자.

교로 진학하는 데 있어서, 실업 고등학교와 야간 고등학교로 진학하는 학생은 장래에 대해 불안감을 갖는다. 주간 인문계 고등학교로 진학한 학생에 비하여, 이들은 이 사회에서의 대학 졸업자와 비대학 졸업자에 대한 엄청난 차별을 인식하고 있고 따라서 이들은 이미 사회적으로 자신의 운명이 결정지어져 있다고 생각하기 쉽다. 이들은 대학에 진학할 능력이 거의 없다고 이미 평가받았기 때문이다. 둘째로, 전반적으로 야간학교와 실업 고등학교의 교육과정은 주간 인문계 고등학교에 비하여 거의 내팽개치다시피 소원당하고 있다. 셋째로, 고등학교 교육의 경우, 대학진학을 위한 공부에 일차적이고 또한 거의 전체적인 비중을 두고 있기 때문에, 성적올리기 공부 외의 어떤 활동에 대한 교육적 기회나 그 교육을 위한 제도적 장치가 거의 마련되지 못하고 있다. 또한 학교 안 팎에서 정서적인 긴장 해소와 만족감을 얻을 수 있는 기회·장소가 거의 마련되어 있지 않다. 대부분의 성인이 누릴 수 있는 문화시설이나 오락시설, 서비스시설은 거의 대부분이 청소년 출입금지 딱지를 붙이고 있다. 따라서 도덕적으로 인격을 연마하고 정서적으로 건강하게 성장하며 긴장을 풀 수 있는 길이 거의 차단되어 있다. 이러한 요소가 청소년 내지 학생 범죄의 증가 현상에 어떤 영향을 주리라고 추측할 수 있을 것이다.

(3) 학생운동

초중고교의 교육문화와 대학의 교육문화 사이에 나타나는 비연속성의 문제가 가장 뚜렷이 부각되는 것이 대학생의 학생운동이다. 초중고교의 교육과정에서 제시된 기본적인 가치와 규범을 학습한 학생이 대학에 입학해서는 왜 그 가치와 규범을 회의하게 되고, 더 나아가 사회 구조적 모순으로서의 문제점을 파악하려 하고 또한 주로 정치체제와 경제체제를 목격하고 비판하게 되는가? 한국에서 대학생들이 일으키고 있는 학생운동은 단순히 세대간의 이상과 현실의 인식 차이에서만 연유하는 것이 아니다. 60-70년대 학생운동은 대체로 민주주의와 민족주의를 골격으로 하여 지배체제에 저항하는 줄기를 보여주고 있다. 특히 70년대에 있어서의 학생운동이 민주화투쟁의 일환임을 학생들 스스로가 표명하고 있는 것이 특징적이다.

1961년 5. 16군사 쿠데타 이후 학생운동은 6. 3 한일협정 반대 데모 (1964), 3선개헌 반대 데모(1969), 교련반대 데모 및 부정부패 항의 데모(1971), 그리고 1970년대의 민주화투쟁으로 이어져 왔으며 1979년 10월에 이르러 부마(부마)사태가 발생하였고(부산·마산 등지에서 학생·일반인 등이 벌인 데모와 폭력적 진압 사태), 이에 유신독재체제가 내부적 모순에 의하여 10월 26일에 자멸하게 되기까지 특히 유신독재체제 아래서는 반유신 민주화운동으로 계속되었던 것이다.

1960년대의 학생운동은 1970년대 민중운동과 연계를 가지면서 새로운 전환기에 들어서게 된다. 1970년 11월 13일 소위 전태일사건(청계천 피복노조의 노동운동에서 전태일이 분신 자살함)으로 일어난 서울 법대·상대의 학생 데모는 학생운동을 노동자문제와 결부시키는 것이었다. 또한 1969년에 시작된 학생군사교육이 점차 강화되자 1971년에는 본격적인 교련 반대 데모가 전개되었다. 대통령선거(1971. 4. 17)와 국회의원선거(1971. 5. 25)가 끝나자 학원 분위기는 저항과 시위로 가열되었는데 이에 대처해 박정권은 휴업령(5. 27), 위수령(10. 15)을 발동하였고, 그 해 12월 27일에는 '국가보위에 관한 특별조치법'이 통과되었다. 1972년에 들어서자 박정권은 남북회담을 열고 '7·4남북 공동 성명'을 발표하고, 이를 이용하여 고조된 민중의식이나 학생운동을 억압코자 10월 17일에 10월 유신을 비상계엄과 함께 선포하였다. 소위 남북통일을 위한 헌법이라는 미명 아래 유신헌법을 통과시킨 박정권은 이후 더욱 독재화되었는데, 이에 대항해서 1973년 고려대학 교수 N·H사건(5. 24), 중앙·동아 기자단의 '언론자유수호 선언'(11. 5), 개헌청원서명 운동(12. 4), 15인 지식인 양심선언, 도시산업선교연합회의 활동 등, 지식인의 비판과 저항활동이 대두되어 학생운동의 측면을 돕고 있었다.

그리하여 1974년에는 개헌문제와 관련하여 긴급조치 1호와 2호가 선포되었고(1. 8), 민청학련과 관련하여 긴급조치 4호(4. 3)가 선포되었는데, 학생운동은 곧 반정부활동으로 선회하고 대통령 사임과 유신헌법 철폐를 요구하였다. 1975년에는 유신헌법 개정의 논의조차 금지하는 긴급조치 9호(5. 13)가 선포되었는데, 학생 써클은 강제 해산되거나 지하로 숨어들어 갔고, 학생회는 정부 주도의 학도호국단으로 개편되었다. 긴급조치 9호에 대항하는 학생시위가 극렬하게 전개되자 대부분의 대학은 휴교조치를 당하게 되었다.

1976년 3월 1일 민주구국선언 사건을 거쳐서 1977년에 이르러서는 학생데모가 더욱 대규모화하였다. 한편 그 해 12월 12일에는 해직교수협의회가 조직되어 본격적인 활동에 들어갔다. 1978년에 이르자 드디어 민중운동도 가열되었는데(2. 21 동일방직사건, 4. 24 함평고구마사건, 4. 27 진로주조사건 등), 학생운동도 점차 가두에 나서기 시작하였다(6. 26 광화문 데모가 시효). 그리고 6월 27일에는 전남대 교수 11명이 국민교육헌장을 비판하고 "참다운 민주교육, 참다운 인간교육"을 주장하는 '우리의 교육지표'를 발표하였다. 1979년에는 유신체제의 마지막 단계에서 마포 신민당사에서 일어난 Y·H사건(8. 9)으로 노동운동은 정치운동과 강한 유대를 갖게 되었고, 핵생운동과 민중운동, 그리고 지식인 중심의 민권운동 등이 서로 제휴하고 교효작용을 해서 드디어 부마사태를 일으키고 또한 유혈 사태가 전개되었으며, 드디어 10월 26일에는 유신독재체제의 박대통령이 피살됨으로써 결국 유신독재체제가 붕괴되었다. 60-70년대의 모든 민주화운동에 있어서 학생운등은 항상 그 중심이었고 또한 교육문화의 핵심적인 요소였으며, 이것이 정치문화를 변경하고 결정하는 데 중요한 변수로 작용하였던 것이다.

70년대 학생운동의 특징은 다음과 같이 지적할 수 있을 것이다. 첫째는, 학생운동이 민중운동과 보다 긴밀한 결속을 가졌다는 점이다. 학생들이 농민·빈민대중의 생존권에 관심을 가지는 것에서부터 출발하여 그들의 구체적 삶의 현장과 연결됨으로써 보다 심화된 운동의 기층을 형성할 수 있었고, 그 삶의 현장에 깊이 파고들어가 사회의 구조적 모순을 심층적으로 파헤칠 수 있었다. 둘째로, 학생이 지식인 및 양심 세력인 교수·언론인·문인, 재야 및 선한 정치세력들이 모두 하나의 운동 또는 지향점에 결집하여 민주화 투쟁에 상호 연대하였다. 셋째, 운동에 대한 신념이나 실천력이 강화되었다는 점이다. 70년대에 이 운동 참가자에게 가혹하게 가해진 투옥·고문·제적·미행·감사 및 입영 등의 대가를 치르면서도 학생운동의 전략이 다양해졌다는 점이다. 공개적인 운동이 불가능할 때는 보이지 않는 운동의 소그룹 형태인 이념 써클 중심으로 대응하였고, 학내에서 저지당하면 거리에서, 그리고 다양한 보안유지 및 충원의 방법론이 만들어졌다.[36]

(4) 문화운동

대학생들의 반응 현상 중에서 70년대에 나타난 특경적인 것이 일련의 문화운동이다. 이 중에서도 특히 '야학'운동, '양서출판'운동 및 '민속극'운동(탈춤·마당굿)을 손꼽을 수 있을 것이다. 앞서 교과서의 내

---

36) 『경향신문』, '대학가의 음영', 1981년 12월 2일부터 1982년 2월 26일까지 특집기사를 참조할 것.

용 분석에 있어서도 지적된 바와 같이, 해방 이후 오늘에 이르기까지 일제의 식민주의 문화의 잔재를 청산치 못했을 뿐 아니라, 미국문화의 이입은 외국문화의 개방에 의한 민족문화의 개발보다는 차라리 '문화적 식민주의'가 새로운 차원에서 전개되는 것으로 대학생에게는 인식되었던 것이다.

한편으로 70년대에 와서 경제개발계획을 중심으로 정부주도의 근대화정책이 본격적으로 진행되면서 한국경제의 대외의존도가 심화되고 이에 따라 민중의 희생이 가중되어, 소외계층의 문제가 심각하게 제기되었다. 따라서 노동자와 농민을 중심으로 하는 민중은 경제적 평등에 의한 기본 인권의 보장을 요망하는 민중의식을 첨예화시키게 되었다. 70년대는 이러한 민중 의식에 기초하는 민중운동이 활발히 진행되었고 따라서 70년대 대학생들의 문화운동도 이 민중에게 관심을 돌렸다는 데서 그 특징을 보여주었던 것이다.

70년대의 대학생 문화운동은 위에서 지적한 것 외에도 여러 가지 형태가 있었다. 예컨대, 민속음악의 보급과 창조적 계승을 위해 이바지한다는 민속학회 '시나위'(1979년 창단)와 '대학 판소리연구회' 등 젊은 국악계의 새로운 움직임, 오도된 대학가요를 불식하고 오늘의 민요를 찾아나선 '메아리'(1977년 창단), '한소리'(1978년 창립), '빛바람' 등의 젊은이의 노래 모임, 그리고 현실에 대해 조형 언어로 발언함으로써 삶의 진실성을 구상화하고 있는 '현실과 발언'(1979년 창립) 등 젊은이의 미술계 움직임도 있었다. 이와 같은 운동에 대한 체계적 연구는 거의 없기 때문에 다소 자료가 정리되어 있는 '민속극' 운동에 관하여 간단히 언급코자 한다.[37)]

민속극 부흥 운동은 1970년 서울대학교에서 학생 연희자에 의해 봉산탈춤이 마당에서 공연된 후로 서울대·부산대(70년), 이화여대·연대·서강대(73년), 중앙대·한양대(75년) 등 차례로 민속극 관계 모임

---

37) 채희완, 「70년대의 문화운동」, 『문화와 통치』, 민중사, 1982, 168-219쪽 참조.

이 결성되면서 본격화되었다. 대학생들은 민족문화의 재창조와 민속문화의 대중화라는 두 가지 명제를 걸고, 그것을 탈춤이나 농악의 놀이판에서 풀어가고자 하였다. 대학 탈춤은 민족과 민중을 민속문화 속에서 통합하고 민중적 민족의식에 대한 젊은이다운 열정을 놀이판에서 분출시키는 것이었다. 젊은 세대는 탈춤이나 농악을 접하면서 우리 것에 대한 새삼스러운 충격과 놀라움을 가지게 되고, 외세적인 것에 대항하는 민족주체의식은 민족예술에 대한 뜨거운 열정과 만나게 되어 관념화된 보편주의로부터 원초적인 문화의식으로 되돌아와서, 탈춤을 추는 일 자체에 현실적이고 객관적인 시선을 갖게 되었다. 그리하여 원형의 전수나 보급을 넘어서서 창조적인 실험 정신을 가지고 주체적인 연극을 지향하고자 하는 움직임이 대두되어, 민속극의 재창조가 '마당극'이라는 새로운 형태로 나타나게 되었다.

마당극이란 바로 사회 각 계층의 생산과 삶의 투쟁을 두루 포함하여 '일하는 것'과 '노는 것'을 일치시켜 표현 매체의 공유화를 통해 삶의 집합화를 이룸으로써, 생산물과 생산구조의 반영물인 문화를 서로 나누어 가지며(육화), 몸으로써 새로운 미적 유토피아를 현실적으로 실현하는 것이다.

5. 교육과 경제

1) 과학 기술계 인력의 공급

1960-70년대에 한국에 있어서 교육과 경제의 관계는 특징적으로 교육이 경제개발계획에 필요한 인력을 공급한다는 기능과, 경제는 교육체계에 보다 기능적인 인간의 훈련과 공급을 강력히 요구한다는 것으로 요약될 수 있다. 따라서 1962년에 시작된 제1차 경제개발5개년계획이 진행됨에 따라 차츰 인력 개발의 개념이 도입되기 시작하였다.

인력 개발의 목적은 넓게 보면 한 사회의 경제 성장, 사회 문화의 발전, 정치적 성장에 필요로 하는 기능성과 지식을 조성하고 보다 나은 사회의 창조에 모든 사람들이 참여하는 길을 제공하는 데 있다. 그러나 한국의 경제개발계획에서 사용된 인력 개발의 개념은 과학기술계 인력에 한정되었다. 38)

1962년 경제개발계획이 처음 시작될 무렵에는 과학기술계 인력의 양성 공급체계가 정책적으로 크게 발전하지 못하였으나 과학기술계 인력 (이공대 출신과 기술자 및 기능공)의 수요와 공급은 그런대로 균형을 맞추어 갔다. 그 이전까지는 대학교육이 발전했고 인문계 중고등학교 졸업생이 많이 배출되어 있었으므로, 경공업을 주축으로 했던 초기 경제개발에는 많은 잠재적 인력을 동원할 수 있었기 때문이다. 그러나 공업화가 어떻게 해서든 진행되자 산업구조가 다양하게 분화하고 또 고도화되면서 고급기술자와 기능공의 양성 공급이 절대적으로 필요해졌다. 특히 현장기술자와 기능공의 양성 문제가 더욱 절실해졌고, 1970년대에 와서 비로소 과학기술계 인력의 양성 체계를 다루는 데 있어서 과학기술계 인력의 추계를 공식교육 체계와 연관시켜 발전시키는 데 정책이 집중되기 시작하였다. 39) 특히 1970년대에 와서 경제개발계획이 중화학공업에 중점을 두게 되자 인력개발의 정책적 초점을 주로 중화학공업이 요구하는 과학기술계 인력의 양성 공급에 두게 된 것이 특징이었다.

이와 같이 60년대에 도입된 과학 기술계 인력의 개념이 1976년부터 수정되었는데. 그 개념을 도식화하면 〈표 6〉과 같다

1967년 과학기술처가 설치되어, 이것에서 과학기술진흥을 전담하게 되고 또한 과학기술계 인력 수급에 따른 모든 문제를 관장하게 되었다. 대체로 인력개발은 학교교육제도를 개편해감으로써 일차적 수요를 충당하는 것이었다. 대학·전문대학·초급대학·전문고등학교·실업고등

---

38) 김진균, 「인력개발」, 이해영·권태환 편, 『한국사회·인구와 발전』, 서울대 인구 및 발전 문제 연구소, 1978, 389쪽.
39) 인력과 학생 정원(특히 대학)의 통제관계는 김신복, 「인력정책과 대학교육」, 『발전정책연구』, No. 4, 서울대학교행정대학원, 1979을 참조.

<표 6>　과학 기술계 인력의 유형(개념 규정)

유 형	과학자	기술자	기능자
성 격	창조적 활동 (학자 연구원)	기술적 활동 (기술자 현장기술자)	기능적 활동 (기능공)
직 능	·연구개발 ·교　　수 ·기초연구	·기술계획관리 ·설계시공 ·기술 및 공정지도	·제조 제조 ·운전 ·보수 유지
교 육	·대학원교육 ·연구경험 ·기초과학 ·응용과학 ·연구활동	·공과대학 ·전문학교 ·기본공학 ·현장실용기술	·실업교육 ·훈련 ·실업교육 ·직업훈련 ·현장실습
자격	박사	기술사	기능장

자료: 과학기술처, 『과학 기술 연감』(1976), 78쪽.

학교의 증설이나 학과의 증설, 그리고 각급 수준 학교의 학생 정원제를 통하여 과학기술계 인력 수요에 양성 공급하는 것을 원초적 메커니즘으로 삼았다.

　예컨대 제4차 인력 수급 계획(제4차 경제개발5개년계획, 1977-1981)에 의하면 1975년 현재 취업 인구는 11,932천명이며 과학기술 인력은 취업 인구의 9.2%인 1,092천명인데, 1981년에 취업 인구는 14,199천명, 과학기술 인력은 취업인구의 13.9%에 해당하는 1,959천명으로 그 수요가 증대되는 것으로 예측되었다. 그 중에서 과학자는 대학원 확충으로 공급케 하고, 기술자의 경우는 1981년까지 245천명의 기술자를 확보하기 위하여 그 기간 중 총 125천명의 기술자가 새로이 양성 공급되어야 하는데, 이들 기술자의 필요 공급량은 이공계 대학 및 전문학교의 교육을 통하여 (학생 정원의 조정) 공급토록 되어 있다. 즉 기술자의 수급 계획에 있어서 현 공급 능력은 곧 1975년도 4년제 이공계 대학의 관련 학과의 현원을 기준(상급 기술자)으로 하거나, 1975년도 전문학교·실업고등 전문학교·초급대학의 관련학과의 현원 기준(보통기술자)으로 하고, 새로운 필요공급량은 정원조정에 의해 확보한다는 것이다.

<표 7> 과학 기술계 인력의 수요 추계　　　　　　(단위: 천 명)

	1975	1977	1978	1979	1980	1981
취 업 인 구(A)	11,932	12,579	12,961	13,358	13,769	14,199
과학기술인력(B)	1,092	1,353	1,483	1,625	1,783	1,959
과 학 자	9	10	11	12	13	14
기 술 자	132	164	182	201	222	245
기 능 자	951	1,179	1,290	1,412	1,548	1,700
B/A (%)	9.2	10.8	11.5	12.2	12.9	13.9

주: ① 과학자는 전임 강사 이상의 자연계 대학 교수와 연구 기관의 연구원임.
　　② 기술자는 종래의 현장기술자(기술공)를 포함함.
　　③ 취업 인구의 추계는 제 4차 5개년 계획치임.
자료: 과학기술처,『과학 기술 연감』(1976), 78쪽.

<표 8> 기술자의 수급　　　　　　(단위: 천 명)

		계(77-81)	1975	1977	1978	1979	1980	1981
수	요		132.1	164.5	181.9	200.9	221.8	245.5
필요공급량(A+B)		124.7	—	22.6	21.8	24.0	26.6	29.7
상 급 기 술 자(A)	· 필요공급량	44.7	—	7.9	7.9	8.6	9.6	10.7
	· 현공급능력	62.4	—	11.3	12.1	13.0	13.0	13.0
	· 수급차	17.7	—	3.4	4.2	4.4	3.4	2.3
보 통 기 술 자(B)	· 필요공급량	80.0	—	14.7	13.9	15.4	17.0	19.0
	· 현공급능력	55.7	—	13.6	12.6	10.7	9.6	9.2
	· 수급차	△24.3		△1.1	△1.3	△4.7	△7.4	△9.8

주: ① 상급 기술자: 4년제 이공계 대학 졸업자로 충당될 기술자(전체의 40%).
　　현공급능력: 1975년 현재 4년제 이공계 대학의 관련학과 현원 기준.
　　② 보통 기술자: 전문학교·초대 등의 졸업자로 충당되어야 할 기술자(전체의60%)
　　현공급능력: 1975년 현재 전문학교·실업고등 전문학교·초급대학의 관련학과 현
　　인원 기준.
　　③ 필요공급량: 수요 증가분＋전년도 탈락률(3%).
자료: 과학기술처,『과학 기술 연감』, 1976, 79쪽.

제3차 경제개발계획 기간부터 정부가 주도한 기술자의 양성정책은 크게 두 가지였다. 첫째로 과학기술계 인력 중에서 중화학공업 부문의 대학교육 인구를 확충시켜 나간다는 것이고, 둘째는 대학의 이공계 학과를 지역별로 특정화시킨다는 것이다. 즉, 1) 대학생 정원의 조정은 국가인력 수급계획에 의거하고, 자연계 대 인문계의 구성 비율은 6:4를 기준으로 한다(1971·72년), 2) 고등교육 개혁을 위한 대학별 특성화(전문화)에 필요한 학과는 증과·증원을 우선한다(1973년), 3) 중화학공업을 비롯한 국가 인력수급에 필요한 분야를 증설한다(1974년)[40] 는 것이다. 이러한 정책 방향에서 대학의 이공계 정원이 문교부에 의하여

<표 9> 기능자의 수급   (단위: 천 명)

		계(77-81)	1975	1977	1978	1979	1980	1981
수　　요			951.4	1,179.0	1,289.9	1,412.0	1,548.2	1,700.1
필요공급량 (A+B+C)		842.9	—	158.4	146.6	161.0	178.8	198.1
상급기능자 (A)	·필요공급량	280.0	—	49.0	48.0	53.7	60.8	68.5
	·현공급능력	259.0	—	49.0	52.5	52.5	52.5	52.5
	·수급차	△21.0	—	—	4.5	△1.2	△8.3	△16.0
보통기술자 (B)	·필요공급량	441.6	—	85.8	77.7	83.6	92.6	101.8
	·현공급능력	163.8	—	29.8	33.5	33.5	33.5	33.5
	·수급차	△277.8	—	△56.0	△44.2	△50.1	△59.2	△68.3
견습기능자 (C)	·필요공급량	121.3	—	23.6	20.9	23.7	25.3	27.8

주: ① 상급기능자: 실업고 졸업자로 충당될 기능자(전체의 29%)
　　현공급능력: 1975년 현재 실업고 관련학과 학생 현원 기준
　② 보통기술자: 직업훈련 등 단기훈련으로 충당될 기능자(전체의 56%)
　　현공급능력: 1975년 현재 직업훈련 고등기술학교 및 기술학교의 관련 과정 현원 기준
　③ 견습기능자: 산업현장에서 스스로 기능을 습득하는 기능자(전체의 15%)
　④ 필요공급량: 수요 증가분+전년도 탈락자(탈락률 3%)
자료: 과학기술처, 『과학 기술 연감』, 1976, 79쪽.

---

40) 중화학공업의 직종 분야는 기계·금속·화공·전기·전자·요업 등이고 경공업 및 광업 직종 분야는 채광·음식료품·섬유·토목·건축 등이며, 따로이 농림수산 및 이학 분야가 있다.

조정되어 왔다.

기술자의 양성 공급이 대학교육에서 전담되는 데 비하여 기능자의 공급은 실업학교 외에 직업훈련 및 현장훈련으로 나누어진다. 제4차 인력 수급계획에 의하면 실업고등학교 졸업자로 구성되는 상급 기능자는 전체 기능자의 29%를 차지하고 있고, 기능자의 양성 공급에 있어서 장기적으로는 실업고등학교의 비중이 높아져 실업고등학교의 확충과 정원 조정으로 대처해가고 있다.

지난 60-70년대의 노동 및 기능집약적 산업형태와는 달리, 한국경제가 1980년대에 와서는 국제경제환경의 변화에 대처하여 고도의 기술축적에 의한 부가가치가 높은 상품의 개발을 위한 산업의 고도화를 추구함에 있어서, 필요한 인력도 질적으로 고도화되어야 한다는 전망 아래에서 정부는 과학기술계 인력의 장기수요 전망을 만들어 놓았는데 인력의 양성 공급체계는 앞에서 언급된 것과 같다. (다음 표 10을 참조).

<표 10> 과학 기술 인력 장기 수용 전망 　　　　　(단위: 천 명)

연도 구분	'81	'82	'83	'84	'85	'86	'91
총취업인구(A)	14,037	14,490	14,938	15,369	15,813	16,268	18,454
과학기술인력(B)	736.1	792.4	851.8	912.9	976.8	1,043.6	1,402
과학자	21.9	25.0	28.6	32.7	37.3	42.7	83
기술자	203.2	217.1	231.8	247.0	262.9	279.6	441
기능자	511.0	550.3	591.4	633.2	676.6	721.3	878
B/A(%)	5.2	5.4	5.7	5.9	6.1	6.4	7.6

주: 1. 과학자: 연구원(정부·공공단체·비영리 법인 및 기업체)과 자연계 대학교수(4년제 대학 전임강사 이상, 2년제 대학 조교수 이상)
　　2. 기술자: 자연계 대학 및 공전대 이상 졸업자(기사 1, 2급 국가기술자격 취득자 포함)
　　3. 기능자: 공고졸, 직훈 1년 이상 수료자 및 기능사 1, 2급 국가기술자격 취득자
자료: 과학기술처, 『과학 기술 연감』, 1982, 181쪽.

<표 11> 과학자의 수급 전망 　　　　　　　　　　　(단위: 천 명)

구분 ＼ 기간	′79～′81	′82～′86	′87～′91	′79～′91
필요공급량(A)	8.2	23.6	46.0	77.9
현공급능력(B)	5.8	20.6	21.5	47.9
B－A	△2.4	△3.0	△24.5	△30.0

주: 1. 필요공급량: 수요증가분＋탈락자(2%)
　　2. 현공급능력: 자연계 대학원 및 과학기술원의 입학정원 기준(취업률 적용)
자료: 과학기술처, 『과학 기술 연감』, 1982, 181쪽.

<표 12> 기술자의 수급 전망 　　　　　　　　　　　(단위: 천 명)

구분 ＼ 기간	′79～′81	′82～′86	′87～′91	′79～′91
필요공급량(A)	45.5	99.7	194.2	339.4
현공급능력(B)	66.6	166.0	197.2	429.8
A-B	21.1	66.3	3.0	90.4

주: 1. 필요공급량: 수요증가분＋탈락자(2%)
　　2. 현공급능력: 공대 및 공전대 현원및 졸업 정원 기준(취업률 적용)
자료: 과학기술처, 『과학 기술 연감』, 1982, 181쪽.

<표 13> 기능자의 수급 전망 　　　　　　　　　　　(단위: 천 명)

구분 ＼ 기간	′79～′81	′82～′86	′87～′91	′79～′91
필요공급량(A)	175.9	371.8	363.2	911.0
현공급능력(B)	142.7	306.3	336.7	785.8
A-B	△33.2	△65.6	△26.5	△125.2

주: 1. 필요공급량: 수요증가분＋탈락자(5.44%)
　　2. 현공급능력: 공고 및 직훈(1년)의 현원 및 입학정원 기준(취업률 적용)
자료: 과학기술처, 『과학 기술 연감』, 1982, 181쪽.

경제개발에 있어서 과학기술계 인력이 직접적으로 수요되는 것이고 또한 정부가 주도한 인력수급계획도 이공계 대학이나 실업 고등학교를 중심으로 이루어지고 있는 것이 특징적이다. 한편으로 모든 교육과정이 경제개발과 연관되어 정책적으로 고려되어 왔기 때문에, 학과의 증설이나 신설 및 학생 정원의 증원이나 신설이 크게는 이에 영향을 받았다는 점이다. 특히 경제학·경영학·무역학·법학·행정학·관광학·회계학·지역개발학의 학과가 그동안 계속 학과 및 학생수가 증대하여 왔고, 예술학계에 있어서도 생활미술·장식미술·산업공예·건축미술·산업미술·도안·응용미술·의상·요업공예·섬유예술 등의 분야가 경제발전의 시각에서 주목을 받았다. 또한 어문학계에 있어서도 영어·불어·중국어·일어·이란어·아랍어·월남어 등이 또한 그러하였다. 또한 사범계에 있어서는 특히 기능자의 양성(넓은 의미에 있어서는 인문 중고등학교뿐만 아니라 특히 모든 분야의 실업고등학교)을 담당하는 훈련자의 양성이라는 명목 밑에서 자연히 이공계 및 위에서 지적된 여타 분야에 대해 관심을 갖게 되었고, 대학에서 정원이 대폭 증대되기도 하였다.

2) 미국의 대외 교육 원조 정책

한국의 교육제도는 1945년 해방 이후 미군정 기간 동안에 그 골격이 짜여지기 시작했다는 사실은 앞에서 언급하였다. 한편, 한국은 미국의 원조를 받아들임으로써 한국의 경제가 미국의 원조와 밀접히 연관되어 있음도 사실이다. 제1차 경제개발5개년계획이 시작하던 1962년부터 한국의 외자정책이 일대 전환을 이루어, 미국의 무상증여 방식에서 유상차관 방식이 이미 1957년부터 시작되었으나, 1962년부터는 재정차관 말고도 유상외자 도입형태의 하나인 상업차관이나 외국인 투자는 물론 유상의 기술 도입까지도 일제히 도입하였다. 특히 1965년 한일간의 국교회복 이후에는 미국 일변도적인 외자도입 구조에서 일본을 비롯한 각국에 문호를 개방하는 방향으로 전환되었다. 그렇지만 미국의 자본은 한국의 경제 구조에 여전히 중요한 요소였다. 1975년 말 현재 확정 기준으로 외자도입 상황을 보면 외자도입 총액 9,009.2백만 달러 중에서 34%인 3,064.8백만 달러가 미국에서 온 것이며 23.7%인 2,130.7백만 달러가 일본에서 온 것이었다. 그리고 1976년 6월 말 현재 확정 기준으로 외자 도입 총액 10,682.4백만 달러 중에서 교육·기술 부문이 1.4%인 149.4백만 달러(이것은 재정차관이다)를 차지하고 있었다.[41] 한국의 교육제도가 외국의 자본 도입에 의한 경제구조의 변화에 따라 영향을 받고 있을 것이고, 특히 외자도입 중에 교육과 기술 부문에 직접 사용된 것도 있기 때문에 외자의 성격에 따라 한국의 교육문화가 어떤 변모를 취했을 가능성도 있을 것이다. 그러나 여기서는 한국에 대한 미국의 원조 및 교육원조에 대한 자세한 자료가 미비되어 있고, 그러한 문제를 자세히 다룰 수 없으므로 단지 미국의 대외교육원조의 성격만 간단히 언급함으로써 그것에 대응하는 측면에서 한국의 경제정책 및 교육정책이 어떻게 변화되었는가 하는 성격을 짐작하고자 한다.

제2차 세계대전이 끝난 이후에는 미국의 국가적(그리고 군사적) 지원을 받는 대규모 민간 다국적 법인기업과 소련의 관료기구가 세계무대, 특히 제3세계에서 서로 투쟁하는 양상을 띠게 되고 미국의 핵정책은 국가지원형 사기업이라는 이데올로기에 토대를 두었다.[42] 미국이 추진하는 자본주의 구조는 경제성장을 촉진할 수 있는 독립적이고 자본주의적인 국가관료체제의 장기적 안정에 기반하는 것이어야 했다. 제2차 세계대전 이후 미국의 영향력은 세계의 모든 경제와 문화에 침투해서, 미국이 지배하는 경제체제로부터 이탈하려고 몸부림치는 국가일수록 이 영향력을 가장 직접적으로 느끼게 되는 것이다. 미국의 법인기업과 해외원조는 자신들이 세계의 국민들을 위해 최상의 것이라고 생각하는 방향

---

41) 이대근, 「외자도입」, 변형윤·김윤환 편, 『한국경제론』, 유풍출판사, 1980, 392-403쪽.
42) 마틴 카노이, 『교육과 문화적 식민지』, 김쾌상 역, 한길사, 1980, 310쪽.

에서 이루어지는 것이며, 이것을 유지시키기 위해서 직간접의 군사개입이 증가되지 않을 수 없었다. 미국 원조의 대부분은 군사적 원조, CIA의 활동 및 경찰훈련과 장비지원을 위한 것이었다. 43)

미국의 교육원조는 피원조 국가의 질서유지에 보완적인 기능을 하고, 자본주의적 기업 특히 미국 원조를 받는 미국인이 주축이 된 다국적기업과 재정기구를 확대시키는 데도 도움을 주는 교육을 확대시키기 위해서이다. 미국 주도화의 학교교육의 확대와 개혁은 미국식의 능률적이고 민주적인 요소를 발전시키는 수단이 된다. 44)

국제개발처(AID), 세계은행, 그리고 민간재단과 선교단체를 포함한 여타의 기부기관에 의해 제공되는 교육원조는 그 목표가 자본주의적 생산조직(증가하는 산출량의 많은 부분을 상대적으로 소수자의 손에 건네주며, 해외투자를 받아들이고 또 이를 요구하는 경제구조)을 보완해주는 제도 및 이와 같은 상하계층 구조와 미국의 군사적 이익을 돕는 정체를 확립하는 데 있다. 45) 1950년 말까지는 교육의 하부구조적 역할은 미국식 발전을 지지하는 엘리트의 양성 확보에 국한되었으나 그때부터는 학교교육을 숙련노동자에 대한 투자, 즉 기술적 변화와 사회변화에 대해 근대적 태도를 지닌 근대적 노동력을 산출해내는 사회적 투자로 인식하게 되었다. 그리하여 1960년대부터는 대규모 교육원조를 하게 되었다. 46)

미국식 발전 모델에 의한 해외 교육 원조는 기존의 소득 분배와 상하

---

43) 같은 책, 311쪽.
44) 같은 책, 313쪽.
45) 같은 책, 314-315쪽.
46) 같은 책, 320쪽. 대규모 교육원조의 이유는 다음과 같다. 첫째, 많은 저발전 국가들은 교육의 확대에 따른 비용·지출문제에 직면해 있었다. 학교에 취학하지 못한 층으로부터 초등교육에 대한 요구가 점증하였고, 산업자본가들로부터 기술자와 숙련노동력을 늘려달라는 압력을 받게 된 많은 국가들이 이 두 가지 요구를 충족시켜줄 수가 없었다. 둘째, 저발전 국가의 제조업 부문으로 점차 전환해가고 있던 외국 투자가들은 자신들이 필요로 하는 노동력을 공급해줄 수 있는 수준 높은 기술교육의 보급에 중요한 영향력을 발휘하였다. 셋째, 미국의 대외정책 입안자들은 미국의 학자들에 의해서 학교교육의 투자는 경제성장에 필요한 투입기능이라는 사실을 점차적으로 확신하게 되었다.

계층 구조를 그대로 유지하는 결과를 초래한다. 공식적 학교교육은 자본주의적 성장의 한 특징이다. 즉 초등교육을 받은 학생의 숫자가 늘어나게 되자 초등학교를 졸업한 학생들, 특히 초등학교를 갓 나온 학생들의 실업률이 늘게 된다. 따라서 초등학교 졸업생이 중등학교에 진학함으로써 희생하는 소득은 줄어들게 된다. 중등학교에 진학하지 않고 초등교육을 받은 것만 가지고는 일자리 얻기가 어렵게 되므로, 중등학교에 입학하려는 경제적 동기가 늘어나게 된다. 그런데 시간이 지남에 따라 중등학교가 늘어나게 되면, 중등학교 졸업생의 취업 기회가 또 줄어들게 되고 별로 신통한 직장이 나서지 않게 된다. 이렇게 되면 중등학교 졸업생은 대학을 가야 하겠다는 생각을 하게 되고, 정부는 대학 수준의 학교교육을 확대시켜야 할 압력을 받게 된다. 한편 학교교육의 확대 압력은 교육을 받지 못한, 또는 평균이하의 교육을 받은 민중들에게서만 오는 것이 아니다. 질이 높은 소비제품과 서비스를 생산하기 위해서 숙련 노동력이 필요해진다.[47] 말하자면 근대적 자본주의사회를 진전시키면 시킬수록, 그 사회의 모든 수준에서 자본주의에 사회화된 사람들을 필요로 하는 것이다. 따라서 국내의 정치가는 원조를 얻어서라도 학교교육을 확대하려고 하는 것이다. 이미 미국에 의존(종속)하는 자본주의적 경제를 유지하고자 하는 입장에서는 경제와 사회를 근본적으로 재구조화하여, 재화를 생산하고 분배하는 방식을 변화시키고자 하는 대안은 용납될 수 없다. 원조는 원조로 들여온 기금을 가지고 자신들의 이익을 극대화시키는 중개인들을 통해서 주어지고 있기 때문에, 이 중개인이 미국의 자본주의와 연결되는 고리를 이룬다. 미국의 교육원조의 결과는 다음과 같이 요약될 수 있다. 즉 외국기업은 자신들의 출세를 위해서 외국을 이용하고자 하고 자신들의 이익이 본질적으로는 외국 투자가들의 이익과 상충된다고 생각하지 않는, 잘 훈련되었으며 출세가도를 달리고 있고 이데올로기적으로 문제가 없는 엘리트들과 기

---

47) 같은 책, 327-328쪽.

술자들을 확보할 수 있게 된다.[48]

위와 같은 미국의 해외교육원조정책에 한국이 대응한 양상은 상당한 변이가 있을 수 있다. 그러나 그것은 미국의 자본주의 세계적 체제에 끌어들이는 보완적이고도 기본적인 기능을 갖고 있는 바, 그것이 경제계획이 시작된 이래 도입된 과학기술계 인력의 양성과 교육, 그리고 교육과 계급구조와의 관계에 미치는 영향을 우리는 여기서 다시 한번 음미해 보아야 할 것이다.

6. 교육과 계급

현대 산업사회에 있어서는 교육제도 자체가 그 사회 구성원의 계층적 위치를 결정하는 제1차적 관문으로 작용한다. 한 사람이 어느 정도의 교육 수준을 이수했는가에 따라 사회적으로 진출하는 데 있어서 처음으로 차지하는 지위의 위치가 결정되는 것이다. 더구나 고등교육기관(주로 대학)이 발전하고 교육내용이 전문화함에 따라, 한편으로는 산업사회에서 요구하는 전문분야가 마치 전문분야에 따른 인간 능력의 차이가 있다는 묵시적 가정이 확고해지고, 그 가정에 따라 학제가 편성되고 여기서 교육을 받은 사람은 상대적으로 높은 사회적 지위를 차지하게 되는 것이다. 구조·기능주의적 계층론에서 설명되고 있듯이, 희소한 재능을 훈련하고 양성하는 기간이 길면 긴만큼 그 훈련에 소요되는 비용이 크고 희생이 더 크므로 그러한 재능이 요구되는 사회적 지위에는 보상이 상대적으로 크게 주어져야 한다는 식의 기능주의적 사고가 지배하는 사회일수록 교육 정도에 따른 사회적 보상의 차이가 클 수 있다.

따라서 교육을 오래 받을수록 교육은 중·하층 계급에 속한 사람이 상승 이동할 수 있는 수단이 된다. 한국사회에서 가열되고 있는 교육열에는 여러 가지 요인이 있을 수 있으나,[49] 가장 중요한 원인의 하나는

---

48) 같은 책, 321쪽.

교육이 신분상승 이동의 수단이 된다는 믿음이다. 말하자면, 교육수준에 따른 사회적 차별 대우가 있고, 그러한 차별 대우는 대학을 졸업한 사람과 그렇지 못한 사람(초·중·고등학교를 졸업한 사람) 사이에서 더욱 두드러지게 작용한다. 경제적 보수(임금)·직업선택·승진 및 퇴직 등에서 그 차별 대우가 잘 나타나고 있다.

한편 교육은 교육수준에 따른 차별 대우를 정당화·합법화함으로써 기존의 계층구조나 계급질서를 유지하거나 강화시켜 주기도 한다. 교육비 부담이 교육 이수자의 가족에게 많이 주어질 경우, 계급적 요인이 중·하층 계급에게 주어진 교육 기회의 균등을 허구화시킬 가능성이 크며, 이렇게 되면 상승적 사회이동은 일정하게 제약을 받게 되는 것이다. 더구나 고등교육(대학)의 전문화가 강화되고, 공식적 교육 외에 전 생애에 걸친 성인 재교육의 기회가 제도적으로 주어지지 않을 경우에는 교육 정도 자체가 곧 사회적 이동을 막는 봉건적 장애 요인으로 작용하게 되는 것이다.

1) 교육수준과 사회적 차별 대우

교육수준에 따른 사회적 차별대우는 보수(임금)·직업선택·승진 및 퇴직뿐만 아니라 결혼(배우자 선택)·교우관계·인격적 대접에 이르기까지 사회생활 전반에 걸친다고 보겠지만 여기서는 앞의 두 가지만 논급해 보고자 한다.

(1) 교육 수준과 보수 격차

노동청에서 조사한 직종별 임금 실태 조사에서 학력별 임금 격차를 보면 〈표 14〉와 같다.

---

49) 노대래, 『대학진학열의 결정요인과 정책방향』(서울대학교 행정대학원, 1980), 3쪽. 여기에 의하면, 대학 진학 결정 요인 중에서 가장 큰 것이 보수 격차(26.5%)이며, 권력 격차(16.5%), 취업기회 격차 (9.8%), 결혼기회 격차(4.5%), 좋은 직업을 취득하는 가능성의 격차(3.3%) 등이 현저하였다.

<표 14> 연도별 학력별 임금   (단위: 원, %)

학력 연도	전학력	수준	중졸 이하	수준	고 졸	수준	초대 (전문)졸	수준	대졸 이상	수준
1981	209,641	139.0	150,775	100.0	218,502	144.9	313,087	207.7	491,541	326.0
1980	173,150	139.1	124,435	100.0	180,919	145.4	264,762	212.8	413,317	333.2
1979	146,442	140.8	104,034	100.0	157,790	151.7	232,884	233.9	364,010	349.9
1978	104,132	142.8	72,947	100.0	116,898	160.3	174,469	239.2	269,998	370.1
1977	77,375	143.6	53,889	100.0	88,939	165.0	131,112	243.3	204,955	380.3
1976	64,308	148.8	43,226	100.0	73,144	169.2	106,256	245.8	167,982	388.6
1975	46,654	145.7	32,019	100.0	55,982	174.8	76,248	238.1	120,021	374.8

주: ① 월평균 임금은 월평균 특별 급여액(전년 연간 특별 급여액÷12개월)을 포함한
　　 임금임
　　② 1981년 3월 급여계산기간 기준 직종별 임금조사
자료: 노동청, 『직종별 임금 실태 조사 보고서』(1980)

　　중졸 이하 근로자의 임금을 100.0으로 했을 경우, 1975년도에 고졸의
임금이 174.8, 초대(전문대)졸의 임금이 238.1이며, 대학 졸업의 경우
374.8이었다. 1976년에는 고졸의 임금이 169.2, 초대(전문대)졸의 경우
245.8이며 대졸의 경우 388.6에 이르렀고, 그 후에 조금씩 완화되어
1981년에는 고졸의 임금이 144.9, 초대(전문대)졸의 경우 207.7이며 대
졸이 326.0으로서 학력간의 임금 격차가 조금씩 줄어들고 있지만, 고졸
과 대졸간의 격차가 2배 이상으로 벌어진 채로 전개되었다.
　　1981년도 학력별 임금을 산업별로 보면 농업·임업 및 어업에 있어서
학력간의 임금 격차가 가장 심하여 대졸 이상자의 임금은 중졸 이하자
의 임금에 비하여 3.4배이다. 그 다음으로 학력간의 임금 격차가 심한
산업은 제조업으로, 대졸 이상자의 임금은 중졸 이하자보다 3.2배 높
다. 이러한 현상은 제조업 부문 중에서 노동집약산업인 섬유·의복·
합판·고무·전자 등에 비교적 저학력·저경력층이 형성되어 있고 여
기에 저임금 지대가 이루어져 있기 때문에 생긴다. 이와는 달리 학력간

<표 15> 산업별 학력별 임금   (단위: 원, %)

산업 \ 학력	전학력	수준	중졸 이하	수준	고 졸	수준	초대 (전문)졸	수준	대졸 이상	수준
전산업	180,837	132.5	136,528	100.0	186,193	136.4	262,123	192.0	396,373	290.3
1.농업·수렵업·임업 및 어업	199,173	142.0	140,268	100.0	189,187	134.9	221,034	157.6	481,622	343.4
2. 광업	227,728	105.9	215,048	100.0	232,336	108.0	306,873	142.7	441,884	205.5
3. 제조업	153,214	125.5	112,056	100.0	176,167	144.3	248,582	203.7	391,066	320.4
4.전기,가스 및 수도사업	245,584	106.7	230,238	100.0	221,291	96.1	249,868	108.5	332,854	144.6
5. 건설업	272,610	138.2	197,284	100.0	219,149	111.1	294,807	149.4	410,135	207.9
6.도·소매 및 음식·숙박업	203,084	141.7	143,365	100.0	171,445	119.6	255,475	178.2	423,448	295.4
7.운수·창고 및 통신업	218,349	109.4	199,639	100.0	205,586	103.0	295,591	148.1	448,899	224.9
8.금융·보험·부동산 및 용역업	238,445	133.6	178,476	100.0	199,913	112.0	257,727	145.0	396,432	222.1
9. 사회 및 개인 서비스업	273,404	172.0	158,272	100.0	199,338	125.9	264,561	167.2	383,056	242.0

주: 1981년 3월 급여 계산 기간 기준 직종별 임금 조사
자료: 노동청, 『직종별 임금 실태 조사 보고서』(1980)

임금 격차가 가장 낮은 산업은 전기·가스·및 수도 사업으로 대졸 이상자의 임금이 중졸 이하자에 비해 1. 4배이다.

  우리나라 기업의 임금체계에 있어서 흔히 연공제가 도입되어 있다고 한다. 연공제는 근무 연한이 길면 길수록 임금의 수준이 올라간다는 것이다. 여기에 학력별 임금체계가 결부되어 있다는 것이다. 이 두 요소

〈근무연한과 교육수준〉는 기업에 있어서 통합주의적 경영 이데올로기〈기업에의 충성을 중요시한다는 것〉와 능력〈학력〉을 결합시키는 데 작용한 것으로 취급되었다.

경력별 임금을 보면, 1년 미만 경력자의 평균 임금을 100. 0으로 하였을 때 1-2년이 116. 8이고, 3-4년이 141. 8, 5-9년이 190. 0이며, 10년 이상이 275. 3으로 경력 연수가 늘어나면서 임금이 증가하고 있음을 보여주고 있다. 이를 다시 학력별로 보면 1년 미만 경력자의 임금을 100. 0으로 하였을 경우, 10년 이상 경력자의 임금은 고졸이 238. 4로 경력에 따른 임금상승률이 가장 높은 것으로 나타났으며, 그 다음이 중졸 이하로 236. 1이며 초대〈전문〉졸이 210. 4, 대졸 이상이 185. 7의 순으로 나타났다. 이로써 임금상승에 있어서 고학력 계층보다 저학력 계층에 경력 연수가 더 크게 작용하고 있음을 알 수 있다. 그러나 중졸 이하 10년 이상 경력자의 임금이 대졸 이상 1년 미만 경력자의 임금에 훨씬 미달하고 있음을 볼 때 저학력층에 있어서 임금의 연공제는 실제로 허구적인 것으로 나타나고 있는 것이고, 대학졸업자를 최대한으로 우대하는 체계가 형성되고 있음을 알 수 있다.

더구나 60-70년대에 한국의 대기업이 대학졸업자를 우대하는 정책을 추진해왔기 때문에 학력간의 임금 격차는 물론이거니와 고졸 이하자의 소외현상이 현저하게 나타나는 것이다. 예컨대 한 조사에 의하면, 고등학교를 졸업하고 바로 취업한 후 4년의 경력을 가진 자의 임금을 대학 졸업자의 초임과 비교해 보니 약 78%에 머무르고 있었다.[50]

---

50) 김수곤, 『임금과 노사관계』, 1982, 116-117쪽에 의하면 고졸 후 경력 4년의 임금과 대졸 초임 간의 격차가 심해서 현장에서 고졸자의 소외현상이 일어나고 있는 상황에 대하여 언급하고 있다.

<표 16> 학력별 경력 연수별 월급　　　　　　　　　　　　　(단위: 원, %)

경력 / 학력		전경력	수준	1년	수준	1~2	수준	3~4	수준	5~9	수준	10년~	수준
전학력	1981	180,837	152.0	118,938	100	138,913	116.8	168,674	141.8	225,951	190.0	327,388	275.3
	1980	150,747	140.3	107,482	100	124,372	115.7	147,305	137.1	200,069	186.1	282,827	263.1
중졸 이하	1981	136,528	138.4	98,671	100	113,001	114.5	133,511	135.3	175,345	177.7	232,955	236.1
	1980	113,143	130.7	86,559	100	98,037	113.3	114,958	132.8	152,334	176.0	200,089	231.2
고졸	1981	186,193	146.0	127,553	100	149,526	117.2	179,132	140.4	229,223	179.7	304,073	238.4
	1980	155,647	135.8	114,573	100	132,313	115.5	156,670	136.7	202,081	176.4	265,437	231.7
초대 (전문) 졸	1981	262,123	144.1	181,862	100	211,499	116.3	248,555	136.7	296,548	163.1	382,627	210.4
	1980	226,763	133.6	169,780	100	191,303	112.7	222,232	130.9	262,196	154.4	351,022	206.8
대졸 이상	1981	396,373	142.2	278,779	100	303,457	108.9	350,131	125.6	413,751	148.4	517,674	185.7
	1980	338,208	127.6	265,134	100	280,513	105.8	314,187	118.5	359,861	139.5	446,321	168.3

주: 1981년 3월 급여 계산 기간 기준 직종별 임금 조사
자료: 노동청, 『직종별 임금 실태 조사 보고서』(1980)

<표 17> 산업별·계열별 대졸 초임금 및 고졸 4년 경력자 임금 수준 비교

　　　　　　　　　　　　　　　　　　　　　　　　　(단위: 원, %)

구 분	인 문 상 경 계			이 공 계		
	대졸초임(A)	고졸4년(B)	B/A(%)	대졸초임(A)	고졸4년(B)	B/A(%)
전체평균	123,592	97,109	78.6	127,250	99,375	78.1
광업	97,139	83,603	86.1	111,022	92,028	82.9
제조업	123,787	97,898	79.1	127,399	99,515	78.1
건설업	129,302	96,373	74.5	134,221	98,225	73.2

자료: 한국경영자협회, 『대졸초임급(初給)의 동향과 대책 방향』(1977. 1D).

　　이 점을 앞에서 지적한 경력별 임금격차와 연관해 고려한다면, 경력
이 많을수록 실질 임금의 격차는 더욱 커질 것이다. 고졸의 경우에 비

해 중졸 이하는 그 격차가 더욱 격심함을 절감할 수 있다. 학력별 임금 격차는 근년에 와서 더욱 심화되어 왔는데, 〈표 18〉에서 보듯이 고졸자의 임금은 1971-77년 사이에 연평균 20.97%씩 증가해온 데 비해 초대(初大) 및 대졸자의 임금은 그 기간 중에 연평균 25.08%씩 증가하였다. 그 결과로 초대 및 대졸자의 평균 임금에 대한 고졸자의 임금의 비율이, 1971년에는 56.43%이었던 것이 매년 하락하여 1976년에는 46.29%에까지 이르렀고, 1977년에는 46.32% 정도였다.

(2) 교육 수준과 직업별 취업자

직업의 각 부분이 취업자의 교육수준과 밀접히 연관되어 있음을 1970년도 국세조사 결과에서 볼 수 있다. 농·어부의 대다수가 무학이나 초

<표 18> 교육 정도별 임금 추이   (단위: 원, %)

		고졸	초대졸	대졸	(초대+대졸)	고졸/ 대졸	고졸/ (초대+대졸)
1971		28,944	—	—	51,292	—(%)	56.43
1972		29,539 (2.06)	—	—	54,560 (6.37)	—	54.14
1973		34,956 (18.34)	—	—	65,447 (19.95)	—	53.41
1974		44,884 (28.40)	62,711	90,858	85,845 (31.17)	49.40	52.28
1975		55,982 (24.73)	76,248 (21.59)	120,021 (32.10)	113,193 (31.86)	46.64	49.46
1976		73,144 (30.66)	106,256 (39.36)	167,982 (39.96)	158,021 (39.60)	43.54	46.29
1977		88,939 (21.60)	131,112 (23.40)	204,955 (22.01)	192,022 (21.52)	43.40	46.32
연평균 증가율(%)	(1974-77)	25.67	28.12	31.36	30.99		
	(1971-77)	20.97	—	—	25.08		

자료: 노동청, 『직종별 임금조사 보고서』(1971-74, 1976, 1977)
　　　노동청, 『근로자 센서스 보고서』(1975)
　　　김수곤, 『임금과 노사 관계』(한국개발연구원, 1978), 155쪽에서 재인용

등학교 수준의 교육을 받았다. 농·어부를 제외하면, 취업자의 대다수가 중고등학교와 그 이상의 교육을 받은 자의 직업과, 취업자의 대다수가 중고등학교와 그 이하의 교육을 받은 자의 직업으로 나눌 수 있다. 전자는 전문기술직·관리직·사무직이며, 후자는 서비스·기능생산·공정 종사자이다. 대학교육을 받은 자가 상당수 있는 직업은 전문기술직·관리직·사무직뿐이며, 나머지 직업에서는 대학교육을 받은 자가 극히 적다. 한편 남녀를 구분해서 보면 직업별로 여자의 교육수준이 전반적으로 남자보다 낮으나 직종의 교육수준에 대한 민감도는 남자보다도 더 예리한 듯하다.

직종의 교육수준에 대한 민감한 반응은 거꾸로 교육수준의 직종에 대한 비슷한 반응으로 나타난다. 후자의 경우, 그 민감도가 교육수준이 낮을수록 높아지는 것이다. 〈표 19〉에서 볼 수 있는 바와 같이 국민학교 이상의 교육을 받지 못한 자의 압도적인 다수가 농어부·기능생산직 종사자인 데 비하여, 중고등학교 교육을 받은 자는 직종별로 광범위하게 분산되어 있다. 즉 교육을 적게 받은 자는 직업을 선택하는 자유도가 낮고 따라서 사회계층 이동에 있어 극히 제한을 받는 것으로 인식된다. 한편, 만일 중고등학교 교육이나 그 이상을 받은 자들의 직종 간의 분산을 선택의 자유도로 해석한다면 교육의 성장과 함께 위에서 본 직업의 교육에 대한 반응은 약간 둔화될 것으로 예상되지만,[51] 대학졸업자가 대다수 차지하는 직업(종)은 극히 폐쇄적이 될 수도 있을 것이다.

---

51) 장윤식, 「노동력: 성장, 구조와 변동」, 이해영·권태환 편, 앞의 책, 380-381쪽을 참조.

<표 19> 직업교육 정도별 취업자, 1970 (남녀별)

	직업 \ 교육정도	총취업자	불취학	국민학교	중고등학교	대학이상	총취업자	불취학	국민학교	중고등학교	대학이상
합계	총수	100.0	23.8	43.6	26.5	6.1	100.0	100.0	100.0	100.0	100.0
	전문직, 기술직 및 전문기술 관련직	100.0	1.3	5.4	37.7	55.6	30.3	0.2	0.4	4.6	29.9
	행정 및 관리직	100.0	1.2	14.1	44.9	39.8	1.0	0.1	0.3	1.6	6.4
	사무직 및 사무 관련직	100.0	0.4	9.3	58.8	31.5	5.9	0.1	1.3	13.3	31.3
	판매 종사자	100.0	13.3	39.5	40.0	7.2	10.2	5.6	9.2	15.6	12.4
	서비스 종사자	100.0	9.9	50.7	35.6	3.8	6.7	2.8	7.8	9.2	4.3
	농업,축산업,임업, 수산업 및 수렵업	100.0	38.9	49.0	11.5	0.6	51.1	83.0	57.1	22.4	4.8
	생산 및 생산관련직 운수장비 운전자 및 노무자	100.0	9.0	48.1	39.9	3.0	21.8	8.2	23.9	33.3	10.9
남자	총수	100.0	17.3	41.3	32.8	8.6	100.0	100.0	100.0	100.0	100.0
	전문직, 기술직 및 전문기술 관련직	100.0	0.8	5.3	35.2	58.7	3.8	0.2	0.5	4.2	26.9
	행정 및 관리직	100.0	1.1	13.5	44.6	40.8	1.4	0.1	0.5	2.0	6.9
	사무직 및 사무 관련직	100.0	0.4	9.1	54.7	35.8	7.6	0.2	1.6	12.8	32.4
	판매 종사자	100.0	6.4	34.0	49.3	10.3	10.6	3.8	8.6	16.0	12.9
	서비스 종사자	100.0	3.5	39.9	48.7	7.9	4.5	0.9	4.3	6.8	4.2
	농업,축산업,임업, 수산업 및 수렵업	100.0	31.4	51.2	16.5	0.9	46.4	83.3	57.0	23.5	5.1
	생산 및 생산관련직 운수장비 운전자 및 노무자	100.0	7.9	44.5	43.8	3.8	25.7	11.5	27.5	34.8	11.6
여자	총수	100.0	35.7	48.0	14.8	1.5	100.0	100.0	100.0	100.0	100.0
	전문직, 기술직 및 전문기술 관련직	100.0	2.8	6.1	46.1	45.0	2.1	0.2	0.3	5.7	60.9
	행정 및 관리직	100.0	5.2	29.0	52.1	13.7	0.1	0.0	0.1	0.3	0.9
	사무직 및 사무 관련직	100.0	0.4	10.1	76.0	10.3	2.8	0.0	0.6	15.0	19.7
	판매 종사자	100.0	27.0	50.5	21.4	1.1	9.6	7.3	10.1	14.0	7.2
	서비스 종사자	100.0	14.8	58.9	25.5	0.8	10.8	4.5	13.3	18.6	5.3
	농업,축산업,임업, 수산업 및 수렵업	100.0	49.5	46.0	4.4	0.1	59.8	82.8	57.4	18.0	1.9
	생산 및 생산관리직, 운수장비 운전자 및 노무자	100.0	12.7	59.4	27.5	0.4	14.8.	5.2	18.3	27.4	4.1

자료: 경제기획원, 『총인구 및 주택 조사보고』 1970, 제2권, 10%표본조사4-1경제활동, 328-329쪽

2) 교육과 계급 질서 유지와의 관계

근래에, 특히 70년대에 한국사회의 기본가치 중에서 '평등' 문제가 경제개발정책에 의한 빈부격차, 도시와 농촌의 격차가 커지는 현상에 반응해서 제기되었다. 그 '평등'에 대한 가치의식은 특히 교육에 대한 사회적 의식에서 두드러지게 나타나는 것이었고, 그것이 구체적으로 발현된 사례가 중고등학교 평준화정책을 단행한 것이라고 볼 수 있다. 그러나 한국사회가 추구해 나가야 할 평등이념이 구체적으로 어떤 것이냐에 대한 선명한 해답을 마련하지 못한 채 교육부문에서만 강조되는 평준화의 이념과 정책은 많은 문제점을 내포할 수 있다. 그 이유는 어떤 사회를 막론하고 교육이념 및 교육체계의 특징은 국가운영의 기본원칙에 따라 좌우되는 것이지, 교육이 정치와 무관하게 이루어지거나 교육이 역으로 정치경제구조나 이념을 탄생시킬 수는 없기 때문이다.[52]

만약 교육에서 추구되는 평등화의 한계가 국가운영의 기본틀—예컨대, 시장경제와 자유경쟁 사회 모델—에 의하여 규정되는 것이라면 교육이념을 사회구조적 변수와 구분하여 해석하거나, 이러한 발상법에 의하여 수립된 평준화정책은 그 실효를 거두기가 어려울 것이다. 한편 한국인의 교육의식이 바로 정치, 경제 분야에 대해 한국인이 갖는 평등이념을 그대로 반영하는 것이라면 진정한 '평등'교육은 교육체제 안에서만, 예컨대 평준화정책과 같이, 그 해결의 실마리를 찾을 것이 아니라 보다 광범위한 사회적 개혁을 필요로 하는 것이다. 왜냐하면 평준화정책이 이미 '자유'와의 관계를 면밀히 규정해놓고 있지 않기 때문이다. 교육기회의 자유로운 선택(학교의 선택)과 지역이동의 자유(어떤 학교를 선택하기 위한 지역이동: 평준화정책에서는 부모의 주거지에 의한 학교 선택의 폭이 결정되고 있다)가 이미 제한됨에 따라 개인의 인권문제가 기본적으로 제기될 수 있기 때문에, 이에 대한 확고한 규정과

---

52) 이홍구·안청시, 「한국의 교육과 기회 균등」, 『한국정치학회보』 14집, 한국정치학회, 1980, 141쪽.

해명 없이는 그 평준화정책은 행정에 의한 '획일화'의 특징을 강조하는 결과밖에 되지 않을 것이기 때문이다.

교육과 관련하여 기회 균등이 갖는 의미는 크게 보아 두 가지로 구분될 수 있는데, 첫째는 교육체제와 교육과정 안에서 이루어져야 할 기회 균등의 문제이며, 둘째는 이것이 곧 교육을 마친 이후 사회생활에까지 연결되어야 한다는 것이다. 만일 학교교육의 기회 균등이 사회적 평등과 무관하거나 별 도움이 되지 않는다면, 이러한 기회 균등은 민주교육의 궁극적 이념과는 무관한 빈껍데기의 기회 균등이라고 볼 수밖에 없는 것이다.

교육기회의 균등은 다음과 같은 다섯 가지 차원에서 달성되어야 한다.[53] 첫째, 교육을 받고자 하는 사람이 가정적 사회적 배경에 따라 차별을 받지 않아도 학교에 입학할 수 있는 기회가 골고루 주어져야 한다. 둘째, 학생에게 가르치는 교육 내용, 학교 교육의 방법 및 재료, 선생의 자격 등이 지역·계급·성별에 따라 격차가 없어야 한다. 셋째, 불리한 여건에 있는 사람들, 예컨대 선천적으로 부진한 능력을 타고났거나 사회적 환경에 의해 불리한 교육 기회를 갖는 사람들도 교육의 대열에 동등하게 참가할 수 있는 사회적 여건 및 제도가 구비되어야 한다. 넷째, 각자가 지닌 능력과 관심을 개발할 수 있는 기회가 평등하게 주어지는 '균등화'가 추구되어야 하며, 개성의 다양성을 무시하고 만인에게 똑같은 교육 기회를 부여하는 평준화식의 '획일적' 교육이 추구되어서는 안될 것이다.

교육 기회의 균등의 의미가 위와 같지만, 그 균등에 제한을 주는 요소들이 계급 요소와 관련해서 작용하기 마련이다. 이 측면에 대하여 몇 가지 검토하면 다음과 같다.

(1) 진학률

---

53) 같은 책, 145-146쪽.

1960년대 말부터 완벽한 것은 아니지만 실질적인 의무교육이 수행되고 있는 초등교육에 있어서는 취학적령기의 모든 아동이 취학하는 것으로 교육 기회가 보급되었고, 더 나아가 80년대 말에 중학교 의무교육화가 추구되고 있는 현재에 이르러서는 중학교에 있어서도 교육 기회는 거의 확대되고 있다. 1978년의 경우 진학 희망률과 취학률 사이의 격차는 4.3%에 지나지 않았으며, 1982년에는 초등학교 졸업자 908,544명 중에서 진학률은 98.0%였다. 그리고 중학교 졸업자 821,211명 중에서 진학 희망자는 91.9%였고 진학률은 86.8%로 고등학교 진학 기회도 근래에 크게 확대되었다. 대학의 경우는 취학률과 진학 희망률 사이에 상당한 격차를 보이고 있어서 전반적으로 국민의 고등교육 수요에 비하여 그 기회는 아직까지 매우 한정되어 있는 구조를 보이고 있다. 그것은 대학에서 더욱 심한데 1978년 현재 진학 희망률은 34%에 달하고 있으나 취학률은 그 반에도 못 미치는 11% 수준에 머물고 있었으며, 그동안 격심한 입시경쟁을 치러야 할 형편이었음을 보여 주고 있다. 최근에 단행된 입학정원의 대폭 확대로 기회가 대폭 증가하기는 하였다. 그러나 1982년 현재 원칙적으로 대학진학의 단계로 간주되는 인문계 고등학교에 있어서 졸업자 299,782명 중에서 진학희망률은 82.4%였고 진학률은

<표 20> 각급 학교의 취학률 및 그 추세

취학률의 증가추세			각급학교	1978년의 진학희망률과 취학률 및 그 격차			전 망
1966	1970	1976		진학 희망률(A)	취학률 (B)	(A)-(B)	1991년도의 추학률추세
97	100	100	국민학교	100	100	0	100.0
42	56	76	중학교	91.2	86.9	4.3	97.2
28	31	45	고등학교	78.3	51.9	26.4	84.5
10	10	9	대학교	33.9	11.1	22.8	31.9

　　자료: 한국교육개발원, 『교육발전의 전망과 과제: 1978-91』, 1978, 49쪽과 81쪽에서 발췌 정리

55.6%(진학희망자는 166,794명이며, 대학교 진학자는 125,094명이었다)였는데 그 격차가 26.8%나 되고 있다.

상당한 수의 고등학교와 대부분의 대학은 아직까지 극심한 경쟁을 통해야 취학할 수 있고, 전적으로 교육비 부담이 개인에게 전가되고 있는 형편에서는 그 기회도 학생이나 그 학생의 보호자(가족)의 경제적 능력에 따라 차지할 수 있는 것이다. 따라서 현재의 교육제도에서는 고등교육의 교육 기회는 계층별 기회 불균형 현상을 심화시킬 수밖에 없을 것이다. 그리고 그것이 경제적 요인에 달려 있기 때문에, 교육비 부담 자체가 경제개발정책의 분배체제에 따른 계급구성 원리와 일치하여 나오게 마련이다.

(2) 교육비 부담

우리나라 교육재정의 운영은 교육법·지방교육재정교부금법·사립학교법·대여장학금법 등에 의거하여 이루어지고 있다. 교육재정에 관한 현행법령을 총괄해 보면, 초등학교 교원의 봉급 전액과 서울특별시를 제외한 중등학교 및 실업고등전문학교 교원 봉급의 반액에 대한 국고 부담이 보장되어 있으며, 지방재정교부금법에 의하여 내국세의 12.98% 해당액이 교육에 관한 안정 재원으로 확보되어 있다. 그러나 지방교육재정교부금법은 1972년 소위 8·3조치 후 예산의 신축성 확대라는 이유로 중단되고 있으며, 그 환원이 언제 될지는 불투명하다. 이 지방교육재정교부금법의 효력이 중단된 이래로 안정재원의 확보가 어렵게 되고, 교부금의 책정이 미흡하여 문교재정은 난관에 부딪치고 있다. 다음의 〈표 21〉에서 보는 바와 같이 1975년 현재 교부율은 본래의 12.98%에 미달하고 있다.

그리고 중앙 교육 연구소에서 추정한 교육비 총액은 〈표 22〉에서 보듯이(1968년), 문교 예산을 포함한 공적 부담 교육비에 있어서 국가 및 공공단체 부담이 484억, 학부형 부담이 312억으로 그 구성 비율이 6:4를 나타내고 있다. 그런데 학부모가 전적으로 부담하는 사적 부담 교육비(교과서 대금·학용품대·과외수업비 등) 총액은 1968년도에 745억에 달하는 것으로 추정되어 이 금액이 전체 교육비의 약 60% 이상에 해당된다.

<표 21> 교부율 효력 정지 이후의 지방 교육 재정 교부금 책정 상황

(단위: 백만 원)

연 도	내국세(A)	법정교부액(B)	교부책정액(C)	교 부 율 (%)
1972	452,040	58,674	56,320	12.46
1973	431,360	55,991	50,006	11.59
1974	717,955	93,191	52,699	7.34
1975	857,869	111,351	74,614	8.70

자료: 문교부, 보통교육국

<표 22> 공적 부담 교육비 총액(1968)

구 분		금 액
국가 및 공공단체 부담	국가예산	41,954,774,000
	교육위원회	1,379,390,400
	교육청	128,976,800
	사립학교	4,983,864,830
	계	48,437,986,030
학부형 부담	입학금 및 수업료	18,204,323,714
	기성회비	9,479,642,187
	실험실습비	1,657,452,678
	학생자율적 경비	1,821,957,344
	계	31,163,375,923
총 계		79,601,361,953

자료: 문교부

<표 23> 1982년 항목별 학생 1인당 사교육비   (단위: 원)

학교	합계	교재대	부교재	학용품	과외활동	학교지정용품비	단체활동비	교통비	급식비	하숙비	기타
유치원	99,392	—	3,388	15,164	7,387	16,796	6,886	1,233	39,237	—	9,301
국민학교	129,583	—	26,568	19,744	31,456	13,985	12,124	8,986	7,847	—	8,873
중학교	163,283	7,626	37,283	18,483	10,993	34,113	18,748	15,332	5,965	4,287	10,453
인문고	229,380	10,613	48,937	15,361	14,656	45,996	28,993	22,040	8,197	22,104	12,481
실업고	208,631	9,604	28,013	18,263	15,480	27,251	21,851	28,730	8,288	39,788	11,363
전문대	493,022	102,232	35,761	69,734	2,235	14,552	108,847	49,356	64,545	19,435	26,325
교육대	535,023	88,317	31,846	20,551	30,491	71,225	37,463	82,851	66,173	35,813	70,293
대학	686,902	112,398	48,821	26,269	28,084	9,493	39,786	45,153	37,569	264,320	75,009
대학원	462,626	146,876	70,696	28,074	—	—	43,369	42,704	56,044	—	74,863

자료: 한국교육개발원

　　한국 교육원에서 1982년도 교육비를 조사한 결과에 의하면, 82년도 총 교육 투자비는 6조 9천 4백만원에 달하는데 이것은 문교부 예상의 3.5배에 달하고 있어서, 각 가정에서 과중한 교육비를 부담하고 있음을 짐작할 수 있다. 〈표 23〉은 학교 급별로 학생 1인당 사교육비를 계산한 것이다. 여느 학교급에 있어서나 부교재비가 높은 비중을 차지하고 있고, 대학의 경우 하숙비의 비중도 높아지고 있다. 이 조사 결과를 바탕으로 계산해 보면, 한 학생이 유치원에 취학하여 대학까지 졸업을 하려면 평균 1천6백 94만7천8백원의 직접 교육비가 소요된다. 그러나 일정한 교육을 받기 위해서는 교육기간 중에 취업을 할 수 없기 때문에 간접적으로 유실되는 소득을 의미하는 교육의 기회비용(간접교육비)까지 합치면 총비용은 2천69만 3천2백원으로 추산되었다. 또한 직접 교육비 중에서 공교육비와 사교육비를 막론하고 학부모가 부담한 것은 1천1백 22만7천 9백원으로 추산되었다.

　　이렇게 보면 농촌에서 도시로 가서 공부를 하는 경우, 그리고 고등교육으로 갈수록 사교육비는 증대한다. 따라서 그만큼 하층계급에서는 대학교육 기회를 갖기가 어려워지고 있다.

(3) 계층별 교육 기회

진학률과 교육비 부담을 함께 고려해보면, 학생의 혹·부모의 경제적 지위(또는 계층적 지위)가 교육 기회에 크게 영향을 미친다는 것을 알 수 있다. 예시될 수 있는 한 조사연구(표 24 참조)에 의하면, 고등학교의 경우 1960년대의 교육기회는 자영업자와 화이트칼라 계급에 92%가 독점되었고 1970년대도 89.5%였다. 대학의 경우 1960년대의 93.1%에서 1970년대의 92.9%로 나타나고 있다. 그러나 이들 계층의 인구구성비가 1960년 전 인구의 74%에서 70년에는 61.3%로 줄어들고 있으므로, 실제로 고등교육에 대한 자영업자와 화이트칼라 계급의 독점률은 상대적으로 크게 증가된 셈이다.

<표 24> 계층별 교육 기회의 구조 변화(1960-1970)

학교 연도	계층	자영업자	화이트 칼라	노동자	기타	합계	조사연도
1960 년대	중 학	42.1	53.5	—	4.4	—	1959
	고 교	57.3	34.7	0.4	7.2	99.6	1960
	대 학	61.0	32.1	0.5	6.4	100.0	1962
	인구구성비	66.6	7.4	25.0	1.0	100.0	1960
1970 년대	중 학	44.2	53.1	—	2.7	100.0	1969
	고 교	45.4	44.1	0.1	10.4	100.0	1970
	대 학	49.5	43.4	—	7.1	100.0	1970
	인구구성비	46.8	14.5	38.7	—	100.0	1971

자료: 김영모, 「한국사회의 교육기회에 대한 사회계층적 분석」, 『진단학보』, 1973. 4, 159-160쪽 <표 1>에서 발췌

앞서 〈표 15〉 산업별 학력별 임금 구성과, 〈표 19〉 직업교육 정도별 취업자 구성을 참조해보면, 특히 고등교육(특히 대학) 이수자가 집중되는 직업의 계층이 있고 절대적으로 대학졸업자의 임금 수준이 높다는 사실, 그리고 사적 교육비 부담이 가중되고 있다는 사실 등이 상호 연관하여 고등교육 기회가 극히 불균등하게 배포되고 있다고 볼 수 있게 한다. 여기에 도시와 농촌의 차원에서 학력평가, 각급 학교의 교육경력 연도별 교사의 구성, 학교의 교육시설 등을 분석한다면 교육기회의 지역적 차이를 볼 수 있을 것이고, 이것이 교육기회의 계층별 차이와도 상당히 연관성 있게 나타날 것이다. 간단히 보아도 농촌의 저소득층은 고등교육 기회에서 멀리 소외되고 있다고 지적할 수 있을 것이다.

한국에 있어서 학교교육은 계급구조 및 자본주의 원리와 연관되어 결합되고 있다고 볼 수 있다. 초등교육 및 고등교육이 확대됨으로써 일반적으로 교육의 수준을 높여주고 있다. 그러나 이미 학교교육은 직업의 할당(내지 계급적 지위의 할당) 기능을 하고 있다. 중학교에서 고등학교로 진입하는 과정에서 실업고등학교·야간인문학교·주간인문학교로 구분해서 이미 실업고등학교의 졸업생은 특정한 직업과 이에 따른 수입을 예상케 하고 있다. 앞서 학력별 임금 수준에서 보았듯이 이들의 예상되는 수입은 상대적으로 극히 낮을 것이다. 야간인문고등학교의 졸업생은 극히 소수만이 대학에 진학할 것이나 이들은 취업에 관한 한, 가장 애매한 입장에 있게 되고 따라서 경제적·사회적 동기가 약화될 위험에 놓여 있다. 대학에 진출하지 못하는 대다수 학생은 직업을 갖기 위한 또 다른 훈련(교육)을 필요로 할 것이다. 주간인문고등학교 졸업생도 모두 대학에 진학하는 것은 아니다. 교육 기회를 위한 여러 조건이 잘 구비되고 경쟁에서 이긴 자만이 대학에 진학할 것이다. 이들은 졸업하고 수입이 상대적으로 가장 높은 직업을 택할 수 있을 것이다. 중학교부터 아예 학교교육을 받지 못하는 저소득층의 자녀가 있을 수 있는데 이들은 경제적으로 가장 나쁜 상태에서 생활해야 하고 실업 위험도 가장 많이 받을 것이다. 한편 대학원교육 또는 해외유학의 기회를 갖는 사람도 있을 것이며, 이들은 대다수 자본가계급 출신 자녀일 것이다. 가장 출세하는 사람은 대학교육을 받고 외국자본과 연합하고 있는 대기업(재벌)에 취업, 체제긍정적이며 수출지향형 경제에도 적합한 외국지향적이고, 원조의 경제성장적 성격에만 골몰하는 사람일 것이다.

따라서 자본주의 경제성장 모델에 따른 학교교육과 그 교육의 확대에서는 수입의 차이·사회적 대우의 차별 및 계급적 차이 그리고 실업 문제 등이 항상 첨예하게 대두되고 있으며 이것이 한국의 학교교육에 대한 전반적인 문제로 제기되고 있다는 것이다 .

7. 맺는 말

다시 첫 머리에서 제시한 분석의 틀로 되돌아가 보면, 한국의 학교교육은 일정한 형태로 유형화되고 있음을 알 수 있다. 기본적으로 자본주의경제체제에 적합한 모델에 분단상황이 일정한 관계를 긋고 있는 모습이다.

학교교육 내용에 있어서, 국가가 세계자본주의체제와 관련되는 측면에 있어서 국제주의(또는 인류에 대한 일반적인 기본가치와 평화)가 한국이 지향하는 민족주의 위에서 분명히 규정되지 않고 있다. 왜냐하면 민족주의가 분명히 규정되지 않고 있기 때문이다. 오히려 국가에 대한 원초적이고 감정적인 애착이 민족주의인 것처럼 강조되거나 일본에 대한 반일감정을 민족주의의 기초인 양 보여주고 있기 때문이다.

오히려 자본주의세계체제가 연출한 냉전체제로 파생된 반공이데올로기가 민족주의보다 더 강력한 이데올로기로서 표방되고, 이것이 또한 국가가 교육을 통제하는 정당성의 기초가 되기도 하였다. 따라서 국가가 제시한 기본 가치인 자유민주주의는 학교교육 내용에 사회의 여러 수준에서 실천되어야 하는 문제로서 깊고 넓게 유기적으로 제시되지 못하고 있다. 이에 대하여 학교교육을 받는 학생들은 고등학교를 거쳐서 대학사회에 들어감으로써 교육문화의 단절 현상에 직면하게 되고, 해방 이후 어느 세대나 대학교육을 받는 동안 정부에 저항하는 학생운동에 직접적으로나 간접적으로나 참여하거나 또는 그 학생운동의 열기를 느끼지 않고서는 지나가지 못하였다. 여기서 그 열기의 쟁점은 항상 민주주의의 적극적인 가치실현에 관한 문제였다. 이러한 저항에 대하여 정부는 계속하여 학생과 학교교육을 통제하는 방향으로 대처하였고, 심지어는 물리적으로 억압하는 방법을 다양하게 구사해 오고 있다.

한국의 경제발전은 정부가 주도하는 자본주의적 발전모델을 추구하였고 또한 자본주의세계체제와 깊이 연관되어 있다. 이러한 경제가 교육에 대하여 이 자본주의 발전모델에 적합한 경제적·사회적 동기를 가진 인력을 양성해서 공급해주도록 압력을 넣었다. 따라서 70년대는 학교교육의 기회에 인력 개념이 도입되었고, 특히 과학기술계 인력의 양성 공급이 각급 수준의 학생 정원조정을 통하여 이루어지도록 하였다. 이러한 인력공급은 미국의 대외교육원조정책과는 상당히 상응하는 듯한 것이나 여기서는 자세히 다루지 못하였다.

끝으로 학교교육은 계급구조를 형성 유지시키는 기능을 가지고 있다. 특히 경제가 자본주의적 발전 모델을 따르고 있기 때문에 학교교육도 이와 밀접한 연관된 계급 구조를 창출하는 데 기본적이고도 보완적인 기능을 수행하고 있다. 무엇보다도 대학교육을 이수한 자와 이수하지 못한 자 사이에 임금(뿐만 아니라 여러 사회적 보상) 격차가 크게 벌어지고 있다. 이것은 다시 한번 민주주의를 검토케 한다. 교육기회의 확대만이 민주주의의 발전을 의미하지는 않는다. 교육 기회의 확대와 교육 기회의 평등이 사회적으로 경제적으로 귀결되는 결과가 민주주의 측면에서 조정되지 않는다면 학교교육은 사회적 불평등 구조를 더욱 심화시키게 된다. 우리에게는 이 문제가 이미 심각하게 제기되어 있다.

『한국사회변동연구 I』, 민중사, 1984.